Antxon Salvador

Español de cine

Lo que hay que ver

Más de 250 películas imprescindibles de España e Hispanoamérica
desde el inicio del sonoro hasta hoy, rodadas en español

Textos:
María Adell
Rosina Balboa
Aurora Chiaramonte
Llorenç Esteve
Violeta Kovacsics
Mayra Leciñana
Javier Rodríguez Marcos
Antxon Salvador Castiella
Guillem Servitja
José Tirado
Anatxu Zabalbeascoa

Diseño y maquetación:
Roger Zanni
Antxon Salvador Castiella
Urs Hilger

Documentación:
Guillem Servitja

Tratamiento de imágenes:
Roger Zanni
Leicrom, Barcelona

Coordinación / producción:
Cristina Rodríguez Fischer

Primera edición en lengua española 2009

© 2009 Art Blume, S.L.
Av. Mare de Déu de Lorda, 20
08034 Barcelona
Tel. 93 205 40 00   Fax 93 205 14 41
e-mail: info@blume.net
© 2009 Antxon Salvador Castiella

I.S.B.N.: 978-84-9801-372-6
Depósito legal: B-17257-2009
Impreso en Egedsa, Sabadell

En la fabricación de este libro se ha empleado un papel PEFC, que cumple con la normativa EFC (libre de cloro) y que ha recibido la etiqueta EUFlower (fabricado de forma responsable con el medio ambiente)

www.blume.net

Contenido

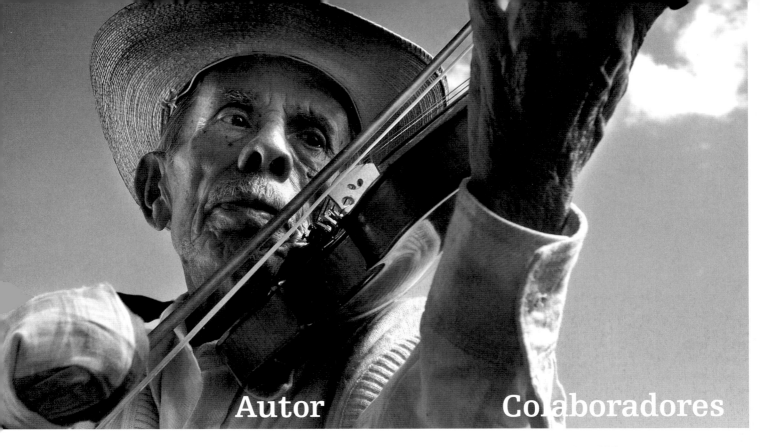

Autor

Antxon Salvador Castiella (AS)

Nació en Pamplona en 1966 y vive en Barcelona desde 1985. Diseñador Industrial por la Escuela Elisava de Barcelona. Director de Imagen de Tresserra Collection (desde 1996 hasta la actualidad). Paralelamente, ha sido Director de Arte de la revista *Section* (monográficos de arquitectura, Gustavo Gili, 1997-1999). Autor de dos guiones cinematográficos: *Polaroids* (2000) y *Uno ladra, dos muerden* (2005). Ha colaborado como analista de guión para la productora Notro Films (asociada a Manga Films). Publica crítica cinematográfica en la revista *Art&Co* (editada por la Feria de Arte Contemporáneo ARCO de Madrid).

Colaboradores

Rosina Balboa Bas (RB)

Nació en Uruguay, alterna su residencia entre Montevideo, Barcelona y Buenos Aires. Desde 1985 ha trabajado como periodista independiente y como editora para distintas editoriales de España y Argentina, coordinando obras de divulgación de gran formato, en particular enciclopedias y diccionarios. Editora de la actualización de contenidos de Ocenet, enciclopedia virtual de editorial Océano (España) y de diversas colecciones de libros de la editorial Capital Intelectual (Argentina). En la actualidad cursa la Licenciatura de Letras en la Universidad de Buenos Aires (UBA).

María Adell Carmona (MA)

Nació en Valencia en 1977 y vive en Barcelona desde 2002. Licenciada en Historia por la Universidad de Alicante y en Comunicación Audiovisual por la Universitat Pompeu Fabra de Barcelona. Actualmente cursa el Doctorado en Teoría y Análisis Cinematográfico de la Universitat Pompeu Fabra. Ha trabajado en el área de Prensa y Comunicación de diversos festivales cinematográficos (Sitges Festival, Festival de Cine Español de Málaga). En la actualidad compagina su labor en el Departamento de Marketing y Comunicación de la distribuidora DeAPlaneta con el análisis de guiones para la misma compañía. Publica en *Projeccions de Cinema* y *Enfocarte*.

Aurora Chiaramonte (AC)

Nació en Argentina y vive en Barcelona. Licenciada en Letras por la Universidad de Rosario, Argentina. Fue Jefa de la sección Museografía de la Filmoteca de la UNAM (Universidad Nacional Autónoma de México) de 1980 a 1983. Ha colaborado como redactora en editoriales de México y España.

Llorenç Esteve de Udaeta (LE)

Nació en Barcelona en 1970, donde vive. Licenciado en Historia por la Universitat de Barcelona y Comunicación Audiovisual por la UOC. Ha colaborado en publicaciones como *Historia y vida*, *Ajoblanco*, *Film-Historia*, *Seqüències de Cinema* o *El viejo topo*. Es autor de *Michael Powell y Emeric Pressburger* (Cátedra, 2002), coautor de *La historia a través del cine: las dos guerras mundiales* (UPV, 2007), además de colaborador en el *Diccionario de Cine Iberoamericano* (SGAE, 2009). También ha sido coordinador del ciclo de cine de la exposición *"Rendeix-le! / ¡Ríndele!"* en el CCCB (1999).

Violeta Kovacsics (VK)

Nació en Barcelona en 1981, donde vive. Licenciada en Comunicación Audiovisual por la Universitat Pompeu Fabra de Barcelona. Colabora habitualmente como crítica cinematográfica y literaria en las revistas *Go Mag* y el suplemento cultural del *Diari de Tarragona*. Ha escrito para diferentes publicaciones como *Scope*, el suplemento *Cultura/s* del diario *La Vanguardia*, *Cahiers du cinéma España*, *Fotogramas*, la publicación on line *Senses of cinema*, entre otras. Ha colaborado, entre otros, en los siguientes libros colectivos: *Barbet Schroeder: itinerarios y dilemas* (editado por el Festival Internacional de Cine de San Sebastián); *Larry Clark, menores sin reparos* (editado por el Festival Internacional de Cine de Gijón) y *Montxo Armendáriz: itinerarios* (editado por la Filmoteca de Extremadura). Ha sido jurado Fipresci de los festivales de Lecce, Locarno, Gijón y Buenos Aires.

Mayra Leciñana Blanchard (ML)

Nació y vive en Buenos Aires. Periodista del diario *Crónica* desde 1986 hasta la actualidad. Graduada en el Instituto Nacional de Cinematografía, especialidad Dirección. Ayudante de ambientación en *Camila*, dirigida por María Luisa Bemberg. Realizó videos institucionales y cortos de ficción (*A quien mi amor maltrata*; mención especial en el III Festival «La Mujer y el Cine», Mar del Plata 1990. *La fuerza de la fuerza*; mención especial en el Festival Latinoamericano de Cine, Santa Fe, 1990). Licenciada en Letras por la Universidad de Buenos Aires (UBA). Investigadora del Instituto Interdisciplinario de Estudios de Género de la UBA. Publica habitualmente en revistas académicas de Argentina y España.

Javier Rodríguez Marcos (JRM)

Nació en Nuñomoral, Cáceres, en 1970 y vive en Madrid. Ha publicado los libros de poesía *Mientras Arden* (Hiperión) y *Frágil* (Hiperión, Premio El Ojo Crítico de Poesía de Radio Nacional de España 2002). Es también autor de los libros de viajes *Los trabajos del viajero* (Editora Regional de Extremadura) y *Medio mundo* (Llibros del Pexe). Su obra ha aparecido en antologías de poesía última española como *Selección Nacional* (Llibros del Pexe), *Milenio* (Sial, Celeste), *La generación del 99* (Nobel), *La lógica de Orfeo* (Visor). Fue redactor del suplemento cultural del diario *ABC* y actualmente trabaja en el diario *El País*. Ha publicado, en colaboración con Anatxu Zabalbeascoa, los libros *Vidas construidas. Biografías de arquitectos* (Gustavo Gili) y el ensayo *Minimalismos* (Gustavo Gili). Fue uno de los comisarios de la exposición *Minimalismos. Un signo de los tiempos*, celebrada en el Museo Reina Sofía de Madrid entre julio y octubre de 2001.

Guillem Servitja Dalmau (GS)

Nació en Barcelona en 1978, donde vive. Ha residido dos años en México. Técnico superior en Realización de Audiovisuales y Espectáculos desde 1999. Ha realizado varios proyectos audiovisuales promocionales. En la actualidad cursa la Licenciatura en Humanidades en la Universitat Oberta de Catalunya.

José Tirado Muñoz (JT)

Nació en Barcelona en 1982, donde vive. Licenciado en Comunicación Audiovisual por la Universitat Pompeu Fabra de Barcelona. Ha cursado estudios de dirección cinematográfica en ECAM, así como un Postgrado de Guión en ESCAC. Compagina labores de guionista en series infantiles y analista de guiones (DeAPlaneta, Morena Films) con el desarrollo de campañas de marketing y prensa para diversas distribuidoras (Warner, Notro Films). Ha participado en los rodajes de *La silla* (Wallowits) y *El silencio antes de Bach* (Portabella). Colabora en *Temps Moderns* y *OjoDePez*.

Anatxu Zabalbeascoa Conca (AZ)

Nació en Barcelona en 1966 y vive Madrid desde 2001. Periodista e historiadora del arte, es corresponsal de las revistas *Art Press* y *Artforum* y colaboradora habitual de numerosas publicaciones especializadas en el campo de la arquitectura y el diseño así como del diario *El País*. Es autora de *The New Spanish Architecture* (Rizzoli, 1992), *La casa del arquitecto* (Gustavo Gili, 1995), *El taller del arquitecto* (Gustavo Gili, 1996), *Vidas construidas* (Gustavo Gili, 1998), *Las casas del siglo* (Gustavo Gili, 1998), todos ellos traducidos a varios idiomas. En la actualidad publica literatura infantil para Tusquets, Beascoa y Blume.

Introducción

Esta aventura llamada *Español de cine* comenzó con el descubrimiento de un vacío editorial, algo cada vez más insólito. El idioma español no contaba con un canon cinematográfico que aunara lo más destacable de su producción internacional. A la extensa bibliografía sobre el cine español le faltaba un título que sumase el cine rodado en Hispanoamérica. Algunos autores han profundizado sobre el cine latinoamericano *(Tierra en trance* de Alberto Elena y Marina Díaz López es un buen ejemplo de ello), pero su campo de visión es más geográfico que cultural o idiomático (incluyen el cine brasileño pero no el español). Y si ese libro no existía, había que hacerlo.

La intención de esta antología es acercar al espectador –español o latinoamericano, francés o japonés– los títulos más significativos rodados en el idioma español en cualquiera de los países que componen su comunidad idiomática. No hemos pretendido escribir un ensayo exhaustivo sobre toda la filmografía rodada en español, sino elaborar una lista de largometrajes sobresalientes que, sin duda, componen un extenso paisaje con lo más destacable de la producción en nuestro idioma a ambos lados del Atlántico.

Confeccionar un listado de películas es tan apasionante como frustrante: nadie estará completamente de acuerdo con los títulos aquí propuestos. Todo cinéfilo tiene su propia lista. Y cada uno de los miembros del equipo de redacción tuvimos que renunciar a alguna de nuestras cintas queridas porque decidimos imponernos un límite de 250 títulos. ¿Por qué esa cantidad y no otra? Porque ese número era lo suficientemente amplio como para ofrecer una visión detallada y lo suficientemente abarcable como para convertirlo en un libro de consulta manejable. Otra decisión complicada fue otorgar los cupos por países: ¿cuántas películas españolas y cuántas hispanoamericanas? Decisión salomónica: la mitad de cada lado. Podría parecer arbitrario, *eurocentrista* incluso, pero si atendemos a los premios internacionales cosechados por las películas de esos dos grandes grupos, la decisión salomónica resulta ajustada. Dentro del grupo hispanoamericano, parecía lógico que los países con más producción tuvieran más títulos. Así, México (que vivió su época dorada del cine en las décadas de 1930 y 1940) y Argentina (siempre en el podio de nuestra cultura) son los países que más películas aportan. Por detrás emerge Cuba, que supo tener voz e identidad propia. Venezuela, Colombia, Chile, Perú, Bolivia, Uruguay y Ecuador aportaron las contadas joyas de su escasa filmografía.

Por otra parte, la globalización cultural hace cada vez más difícil determinar la nacionalidad de una película. Un español exiliado, Luis Buñuel, rodó más de veinte películas en México, todas ellas muy mexicanas. Pero, ¿se puede considerar muy mexicana a *El laberinto del fauno?* Sí, está escrita y dirigida por un mexicano –Guillermo del Toro–, pero su temática es profundamente española. Lo mismo ocurre, en dirección contraria, con *Balseros,* el premiado documental escrito, rodado y producido por catalanes entre Cuba y Estados Unidos. De la misma manera, un neoyorkino –Joshua Marston– escribió y dirigió *María llena eres de gracia,* un viaje de sur (Colombia) a norte (Estados Unidos). O Barbet Schroeder, nacido en Teherán pero criado entre Bogotá y París, que adaptó la novela *La virgen de los sicarios* del colombiano Fernando Vallejo. Las fronteras se cruzan, para acabar diluyéndose. El idioma es un valor mucho más estable.

Al imponernos el idioma español como único común denominador en esta colección de películas, nos pareció oportuno prescindir del cine mudo. Esa condición también dejó dolorosamente fuera algunas cintas rodadas mayoritariamente en catalán (la interesante filmografía de Ventura Pons), quechua (lo mejor del director boliviano Jorge Sanjinés) o guaraní *(La hamaca paraguaya),* así como algunas de las recientes producciones escritas y dirigidas por españoles *(Mi vida sin mí,* de Isabel Coixet o *Los otros,* de Alejandro Amenábar) y mexicanos (la gloriosa *Luz silenciosa,* de Carlos Reygadas o *Babel,* de González Iñárritu) rodadas en otros idiomas.

A la hora de confeccionar el listado hemos querido incluir «un poco de todo», tanto por géneros como por épocas y países; películas con clara voluntad comercial que comparten cartelera con obras más minoritarias y difíciles. *Torrente* en la sala 1, *Japón,* en la 2, y *Amores perros,* en la 3. *Hombre mirando al sudeste, La leyenda del tiempo* y *De cierta manera,* en sesión de madrugada y *Manolito Gafotas* y *Garbancito de la Mancha,* en el pase matinal infantil.

Nuestra intención es ayudar a descubrir buenas películas antes que enumerar íntegramente las filmografías de los realizadores más prestigiosos. De ahí que hayamos preferido limitar el número de films seleccionados de la obra de Buñuel, Almodóvar o Gutiérrez Alea –entre otros– para dar cabida a películas de autores menos conocidos pero igual de interesantes. No tendría mucho sentido ocupar todas las páginas con lo más público para renunciar a las obras malditas *(Tras el cristal),* olvidadas *(Carta de amor de un asesino),* minoritarias *(De niños)* o poco viajadas *(Viaje hacia el mar).*

Para ayudar al espectador a escoger las cintas hemos desdoblado la clásica calificación por estrellas en dos baremos: crítica y público. La primera valoración hace referencia a la consideración crítica de la película, no tanto en el día de su estreno –o a los premios entonces conseguidos– como en la actualidad. Así, algunas películas que en su tiempo no tuvieron un especial reconocimiento, ahora se presentan como muy recomendadas (véase *Arrebato* o *Vida en sombras).* La segunda calificación pretende evaluar la comercialidad de una película para un público mayoritario más que su éxito en taquilla en el momento y en el lugar de su estreno.

Todas las reseñas de las películas comienzan con una sinopsis –no reveladora de la trama– para continuar con un breve apunte sobre el autor y un comentario crítico. Nuestra intención ha sido hacer un libro tan didáctico como crítico. Un manual de consulta –cada película tiene su ficha técnica– entretenido y bien ilustrado –con carteles y fotos de todas las películas– que invite al lector a convertirse en espectador.

Los conocedores del cine español descubrirán que el cine latinoamericano –un hermano lejano y poco visitado– ha producido valiosas historias dignas de ser descubiertas y reconocidas. *Boquitas pintadas, Tiempo de revancha, La ciénaga, La vendedora de rosas, Memorias del subdesarrollo, Soy Cuba, La otra, Tiburoneros, El violín, Oriana, Araya, Machuca* o *Historias extraordinarias* son algunas de esas cintas desconocidas por gran parte del público español y que merecen todos los aplausos. Y junto a ellas, los títulos clásicos del cine español –desde *¡Bienvenido, Mister Marshall!* hasta *Viridiana* pasando por *Marcelino pan y vino*– arropados por una serie de películas con menos galones, premios y entradas vendidas, pero que también iluminan la cultura expresada en español, un idioma que compartimos más de 400 millones de hablantes repartidos en una veintena de países.

Pasen (lean) y vean.

Antxon Salvador

Películas

La mujer del puerto

Arcady **Boytler**   1933

México 76 m b/n
Guión Antonio Guzmán Aguilera
Producción Servando
C. de la Garza
Fotografía Alex Phillips
Música Max Urbán; canción
Vendo placer, de Manuel Esperón
y Ricardo López Méndez
Intérpretes Andrea Palma,
Domingo Soler, Francisco Zárraga,
Antonio Polo

Crítica
Público

Rosario, una joven que vive con su padre, ha perdido la virginidad con su novio. El padre está gravemente enfermo y ella no tiene dinero para comprar las medicinas. Cuando va a ver a su novio en busca de ayuda, descubre que éste la engaña con otra mujer. El padre muere tratando de lavar lo que considera la deshonra de su hija. De este modo, Rosario, deshonrada, sola, sin dinero y abatida por el dolor y la culpa, no encuentra más salida que la prostitución.

Arcady Boytler, nacido en Rusia, filmó varias películas en su país y también en Alemania, Chile y Estados Unidos antes de radicarse definitivamente en México en 1931. *La mujer del puerto* fue el segundo largometraje sonoro que rodó en este país. La influencia del expresionismo, presente en su producción de cine silente, se manifiesta en la concepción visual y en la dirección de los actores con que encara esta película, repleta de los claroscuros y los primeros planos característicos de ese estilo.

Boytler narra con gran lirismo, creando atmósferas de profunda intensidad dramática. Destaca la secuencia del festejo del carnaval, en la que la cámara de Alex Phillips se desplaza delicadamente –en contraposición al dolor que está viviendo la protagonista–, captando el encuentro del carro que lleva el ataúd del padre y la comparsa de disfrazados. O el momento en que Rosario, enfundada en un largo vestido negro y con un chal sobre los hombros, recorre las calles en penumbra del puerto de Veracruz. Mientras, una mujer apoyada en el quicio de una ventana canta *Vendo placer*. En esta escena es fácil reconocer la influencia de la entonces diva Marlene Dietrich en la gestualidad de la debutante Andrea Palma. **AC**

Nobleza baturra

Florián **Rey**   1935

España 84 m b/n
Guión Florián Rey (basado en
la obra de Joaquín Dicenta)
Producción CIFESA
Fotografía Enrique Guerner
Música Rafael Martínez
y José L. Rivera
Intérpretes Imperio Argentina,
Juan de Orduña, Miguel Ligero,
Carmen de Lucio, Manuel Luna,
José Calle, Pilar Muñoz,
Blanca Pozas, Juan Espantaleón

Crítica
Público

María del Pilar y Sebastián son novios en un pequeño pueblo aragonés. Pero Eusebio, el padre de ella, no consiente la relación porque Sebastián es un peón de su finca. Eusebio decide que su hija se relacione con Marco, un rico hacendado, con el fin de saldar conflictos de tierras. Para lograrlo, Marco intenta desprestigiar a Sebastián haciendo correr el rumor de que éste visita de madrugada a María.

Florián Rey, periodista y autor teatral, acabó dedicándose al cine, primero como actor y después como director. Su primera etapa, todavía en el cine mudo, culminó con la experimental *La aldea maldita* (1930). Luego se trasladó durante tres años a Hollywood, donde adquirió la técnica del sonoro y las reglas básicas de la narrativa clásica. A la vuelta se dedicó a realizar un cine comercial, de gran calidad técnica, basado en temáticas populares. La vena folclórica, con la imprescindible presencia de Imperio Argentina, emergió en lo más logrado de su carrera: *La hermana San Sulpicio* (1934), *Morena Clara* (1936) y *Carmen, la de Triana* (1938). Entre todas ellas destaca *Nobleza baturra*, excelente compendio del cine del director aragonés. Su estilo popular consistía en una mezcla de tradición y conservadurismo moral con historias de integración social: por una parte, el papel predominante de valores como la honra, el honor o el poder de la Iglesia en las relaciones sociales; por otra, la relación que se establece entre el empleado pobre y la hija del dueño, en una velada crítica al caciquismo paternal. El film posee una estimable fluidez narrativa, pues en él se combinan la historia principal y las secundarias con oportunos números musicales de jotas y coplas aragonesas. **LE**

Vámonos con Pancho Villa

Fernando **de Fuentes**   1935

Durante la Revolución, seis campesinos del pueblo mexicano de San Pablo deciden sumarse a las tropas de Pancho Villa. Esos hombres, conocidos como los Leones de San Pablo, a los que une una profunda amistad, intervienen de manera valiente en numerosas batallas, y juntos resisten la tragedia y la desesperanza generada por una lucha que a veces sienten como infructuosa.

El rodaje de *Vámonos con Pancho Villa* estuvo plagado de problemas, sobre todo financieros. Filmada en su mayor parte en exteriores, con numerosas escenas de batallas, los costes de producción se dispararon a pesar de que el Gobierno mexicano facilitó trenes, comparsas del ejército y pertrechos militares. De Fuentes introdujo en México para su realización técnicas nuevas, como la sonorización sincrónica y el uso de cámaras Mitchell.

Fue la primera superproducción del cine mexicano y resultó un fracaso de taquilla, tanto que llevó a la quiebra a Clasa, la compañía productora. Varias décadas después, en los sesenta, la crítica y los cine clubes comenzaron a rescatar este filme, que experimentó un proceso de revalorización, hasta el punto que actualmente es considerado una de las joyas del cine mexicano.

A través de un guión ágil y una manera de narrar muy dinámica, De Fuentes logra sintetizar de forma magistral los múltiples temas que aborda el argumento. A diferencia de otros directores mexicanos que trataron la Revolución de manera idealista, él ofrece una mirada desencantada, aunque profundamente humana. En su largometraje no hay triunfalismos sino más bien una sensación de derrota, pero no le faltan, sin embargo, toques de humor. Técnicamente, *Vámonos con Pancho Villa* es una película muy meritoria, De Fuentes filma de manera impecable las escenas colectivas, como las de batallas o las de hombres y mujeres en las estaciones de ferrocarril, con detalles que ponen de manifiesto la intención del director de captar lo auténticamente cotidiano en la vida de los revolucionarios.

Sin embargo, en la cinta prevalece el tono intimista y son las escenas de personajes las que tienen más fuerza, algunas de ellas verdaderamente emotivas, aunque sin caer en el melodramatismo; como cuando Tiburcio (Antonio Frausto), uno de los Leones, se aleja definitivamente del campamento con su fusil al hombro, y la cámara lo sigue caminando de espaldas entre las vías del tren, hasta que se pierde en las sombras de la noche.

La música melancólica de Revueltas, la excelente iluminación de Draper y la expresión contenida de los actores contribuyen a la grandeza de esta obra, que el escritor José de la Colina definió así: «*Vámonos con Pancho Villa* empieza con la sencillez de un corrido y termina con la grandeza de una tragedia antigua». **AC**

México 98 m b/n
Guión Fernando de Fuentes y Javier Villaurrutia, adaptación de la novela de Rafael F. Muñoz
Producción Alberto Pani
Fotografía Jack Draper
Música Silvestre Revueltas
Intérpretes Antonio Frausto, Domingo Soler, Manuel Tamés, Ramón Villarino, Carlos López, *Chaflán*, Raúl de Anda, Rafael F. Muñoz

Crítica
Publico

La verbena de la Paloma

Benito **Perojo** 1935

España 67 m b/n
Guión Benito Perojo
Producción CIFESA
Fotografía Fred Mandel
Música Tomás Bretón,
adaptada por Luis H. Bretón
Intérpretes Miguel Ligero,
Roberto Rey, Raquel Rodrigo,
Selica Pérez Carpio, Dolores Cortés,
Charito Leonís, Rafael Calvo,
Enrique Salvador

Crítica
Público

Las hermanas Casta y Susana, modistillas del Madrid de finales del siglo XIX, acuden a la verbena de la Paloma invitadas por don Hilarión, un acomodado boticario. Julián, un humilde operario de imprenta que siente atracción por Susana, prepara una trampa al boticario para recuperar a la chica.

La República fue un periodo fructífero para el cine español. En pocos años se desarrolló una emergente industria encabezada por productoras como CIFESA o CEA, que basaron su éxito en la adaptación de los géneros musicales autóctonos. El mejor ejemplo es esta cinta dirigida por Benito Perojo (1893-1974), un cineasta de formación cosmopolita que llegó a trabajar en los estudios que tenía la Paramount en Joinville, realizando las versiones en castellano de los films norteamericanos.

La verbena de la Paloma es una adaptación bastante libre de la famosa zarzuela escrita por Ricardo de la Vega. Fiel al ambiente festivo y castizo de las verbenas madrileñas, Perojo retrata con precisión su entramado social, haciendo una aproximación realista al lenguaje y las convenciones de las clases populares. El cineasta creó el musical más brillante del

momento integrando los números fluidamente en la historia. Ese dinamismo también está presente en una equilibrada narrativa, con soluciones visuales de mérito como las sobreimpresiones mientras Julián y Susana cantan en sus respectivos trabajos. Su nítida y expresiva fotografía contribuyó a hacer del film uno de los grandes éxitos del periodo republicano, superando, incluso, al cine que provenía de Hollywood. Esta perfecta combinación de calidad y comercialidad se convirtió en una de las primeras exportaciones del cine español. **LE**

Morena Clara

Florián **Rey** 1936

España 109 m b/n
Guión Florián Rey (argumento de
Joaquín Dicenta según la comedia
de A. Quintero y P. Guillén)
Producción CIFESA
Fotografía Enrique Guerner
Música Rafael Martínez
y Juan Mostazo
Intérpretes Imperio Argentina,
Miguel Ligero, Manuel Luna,
José Calle, María Brú,
Manuel Dicenta

Crítica
Público

Morena Clara y su hermano roban seis jamones para después venderlos. Este pequeño delito los llevará a juicio, donde continuamente se les recuerda su condición de gitanos. La gracia de Clara enseguida llama la atención del fiscal, con el que se volverá a encontrar.

Florián Rey aprovechó un encargo de CIFESA (buque insignia de la producción de la época) para adaptar una obra de teatro popular y trasladarla al terreno puramente cinematográfico. En manos de Florián Rey, *Morena Clara* no tiene nada de teatral. Rey juega continuamente con las posibilidades de

la cámara y, sobre todo, del plano. Planos cortos para definir las relaciones y apuntalar los diálogos, y largos para jugar con los espacios de la arquitectura andaluza, llena de marcos y barandillas que encuadran la imagen. El argumento encaja perfectamente con el imaginario habitual de Rey, amante de un cine popular.

Ésta es una historia de clases en el corazón de Andalucía, con dos personajes que representan los polos opuestos: un educado fiscal de clase alta y una gitana sin modales y con mucho encanto. Lo folclórico se mezcla con una puesta en escena eminentemente clásica que recuerda a algunas comedias del Hollywood de la época y a su musical, como la escena del espectáculo de baile. La primera parte de la película resulta ejemplar por el sosiego con el que Rey conduce la narración. Así, la confrontación entre la gitana y uno de los hermanos de la familia de bien se convierte en un cara a cara filmado en un único plano que transpira la romántica tensión del enamoramiento. *Morena Clara* abría la posibilidad de un cine popular español próximo y cuidado. Una ventana que la inminente Guerra Civil cerraría de golpe. **VK**

Allá en el Rancho Grande

Fernando **de Fuentes**   1936

Al morir su madre, los hermanos José Francisco y Eulalia, y la huérfana Cruz, que había sido adoptada, quedan al cuidado de los padrinos, la planchadora de Rancho Grande, Ángela, y su marido, el borrachín Florentino. José Francisco crece junto a Felipe, el hijo de don Rosendo, el dueño de Rancho Grande. A la muerte de éste, Felipe se hace cargo de la hacienda y nombra caporal a José Francisco. La amistad entre ellos se robustece cuando José Francisco es herido de bala por intentar salvarle la vida a Felipe. José Francisco y Cruz están enamorados y piensan casarse, pero la intriga que teje Ángela hace tambalear la relación y la amistad entre los dos hombres.

Después del fracaso financiero que supusieron *El compadre Mendoza* (1933) y *Vámonos con Pancho Villa* (1935), *Allá en el Rancho Grande* significó un resarcimiento económico y un éxito rotundo para su director, a la vez que un reconocimiento internacional para el cine mexicano muy a la baja en esos años, y que a partir de ese momento empezó a convertirse en una verdadera industria.

Pero paradójicamente, *Allá en el Rancho Grande* es de estas tres películas la menos ajustada a los cánones artísticos que sustentaba De Fuentes. Es una realización bastante plana, casi una sucesión de cuadros de costumbres rurales, aunque, eso sí, con una muy buena fotografía. Algunos críticos acusaron al realizador de hacer teatro filmado matizado con canciones y bailes. De hecho, la música contribuyó en mucho al triunfo del filme, que explota el folclore de Jalisco y el Bajío, con sus charros, chinas y Maríachis, muy del gusto popular. Además, el músico veracruzano Lorenzo Barcelata, que también actúa en la película, compuso especialmente para ésta las llamadas *coplas de retache*.

De Fuentes eligió como actor principal al tenor mexicano Tito Guízar, prácticamente desconocido en su país hasta ese momento, pero que ya gozaba de cierta fama en Hollywood, y situó la acción en una idílica hacienda, en una época indefinida. Guízar, que encarna a José Francisco, y Barcelata, a Martín, protagonizan una de las escenas más memorables de la película cuando en una cantina se enfrentan con sus guitarras en unas coplas de retache, que equivalen a un duelo de palabras.

Lo cierto es que la película, que inaugura el género de la llamada *comedia ranchera*, cautivó al público de todos los países de habla hispana y fue la primera película mexicana que se estrenó en Estados Unidos con subtítulos en inglés.

En 1948 Fernando de Fuentes filmó una nueva versión de *Allá en el Rancho Grande* para lucimiento de Jorge Negrete, el actor más taquillero del cine mexicano en ese momento, que compartió cartel con Lilia del Valle y Eduardo Noriega. Esta vez la fotografía estuvo a cargo del excelente iluminador estadounidense Jack Draper. **AC**

México 100 m b/n
Guión Guz Águila y Fernando de Fuentes (basado en el libro de Luz Guzmán de Avellana)
Producción Alfonso Rivas Bustamante y Fernando de Fuentes
Fotografía Gabriel Figueroa
Música Lorenzo Barcelata, José López Alavés y la canción anónima *Allá en el Rancho Grande*
Intérpretes Tito Guízar, René Cardona, Esther Fernández, Lorenzo Barcelata, Ema Roldán, Carlos López, *Chaflán*
Premios Festival de Venecia: mejor fotografía

Crítica ▰▰▰▰▰▱▱▱
Público ▰▰▰▰▰▰▰▰

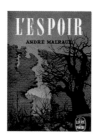

Sierra de Teruel (L'Espoir)

André **Malraux**   1939

Francia/España 76 m b/n
Guión André Malraux,
Denis Marion, Antonio del Amo,
Boris Peskine y Max Aub
(inspirado en la obra
L'Espoir de Malraux)
Producción Subsecretaría de
Propaganda del Gobierno republicano
y Productions Corlignion-Molinier
Fotografía Louis Page
Música Darius Milhaud
Intérpretes Jorge Sempere,
Andrés Mejuto, Julio Peña,
Pedro Codina, José Mª Lado, Nicolás
Rodríguez, Serafín Ferro,
Miguel del Castillo

Crítica ▰▰▰▰▱▱
Público ▰▰▱▱▱▱

Durante los últimos años de la Guerra Civil, a la escasez de medios bélicos que sufre un escuadrón republicano se añade la muerte de uno de sus miembros, lo que empeora más aún su situación.

«Extranjero, ve y dile a los espartanos que hemos muerto defendiendo su ley». Así conmemoró Simónides la hazaña de las Termópilas, donde 300 griegos murieron frente a los persas por defender la democracia. Hoy esta idea asusta, precisamente por el uso que le han dado ciertos gobiernos democráticos. Pero a principios del siglo XX convencía a aquellos idealistas revolucionarios que, como Malraux, viajaron hasta España para luchar contra la amenaza franquista. Allí, en plena Guerra Civil, el escritor francés convenció a la administración republicana para que financiase esta película. Era un intento desesperado por acabar con el pacto internacional de No-intervención.

El resultado es una insólita cinta bélica, una síntesis entre la inmediatez del neorrealismo y la épica del cine soviético. De hecho, el plano final en que los soldados bajan de la montaña para unirse al pueblo evoca la exaltación de solidaridad de la propaganda rusa. Pero entre los elementos propios de la ficción se filtraba, inevitablemente, la realidad del conflicto bélico. Las circunstancias de la guerra impidieron que se rodaran todas las secuencias del guión, lo que generó inesperadas elipsis a lo largo de la historia. La última parte del rodaje tuvo lugar en Barcelona y fue constantemente interrumpida por los bombardeos. Cuando las tropas franquistas ocuparon la ciudad, el equipo volvió a Francia con la película inacabada.

Sierra de Teruel se terminó meses después de que la guerra finalizase. El bando republicano había perdido la guerra. La sierra de Teruel había tomado así el relevo de las Termópilas, pero mientras que aquella derrota sirvió a los griegos para ganar después la guerra, los republicanos no corrieron la misma suerte. La obra que había de servir para reclamar la solidaridad internacional acabó convirtiéndose en el testimonio de una derrota –como le sucedió al *Guernica* de Pablo Picasso–. Pero, para un idealista como Malraux, la revolución era el camino que daba sentido a la vida de un hombre libre y, por tanto, morir por ella era una honra. De forma inesperada, la única experiencia cinematográfica de este escritor reproducía el pensamiento de su obra literaria *La condición humana*. *Sierra de Teruel* fue su particular manera de homenajear a quienes murieron en la Guerra Civil española. Así, las palabras de Simónides recobran su sentido: Malraux fue el extranjero encargado de honrar a quienes murieron por defender la ley. **JT**

Hay que educar a Niní

Luis César **Amadori**   1940

Argentina 95 m b/n
Guión René Garzón, Luis César
Amadori y Tito Davison
Producción Atilio Mentasti
(Argentina Sono Film)
Fotografía Alberto Etchebehere
Música Mario Maurano
Intérpretes Niní Marshall,
Francisco Álvarez, Pablo Palitos,
Nuri Montsé, Héctor Calcaño,
Cirilo Etulain, Carlos Lagrotta,
Elvira Quiroga, Delfy de Ortega

Crítica ●━━━━━━━━━━━━▭
Público ●━━━━━━━━━━━━━━

Niní y su novio Arturito son dos actores de cine que sobreviven gracias a su trabajo como extras en películas de los grandes estudios. Están decididos a casarse e intentan ahorrar para comprar los muebles. Esa necesidad hace que Niní se involucre con un estudio de abogados dedicados a ganar dinero por medios no del todo lícitos. Ella acepta hacerse pasar por la hija no reconocida de un simpático y distraído millonario a quien los letrados intentan chantajear por ese «pecado de juventud» que su esposa ignora. En el papel de adolescente revoltosa, Niní padece –y también propicia– un sinnúmero de enredos y malos entendidos con un fondo de disparatada e inocente comicidad.

Hay que educar a Niní no es sólo una comedia chispeante protagonizada por la principal actriz cómica que dio la Argentina, sino que es un fresco de cómo se filmaba en el país a fines de la década de 1930. En su condición de extras, la pareja representada por Marshall-Palitos es parte de los más de tres mil trabajadores que la incipiente industria cinematográfica local ocupaba por entonces. Con la depresión de los mercados internacionales de la década de 1930, Argentina tuvo que reemplazar mucho de lo que antes importaba, y así surgieron grandes productoras de cine y se construyeron estudios. En 1938 había 29 galerías de filmación, aunque de equipamiento todavía insuficiente; en 1939 se estrenaron cincuenta películas, una importante producción que abastecía también a otros países de América Latina. A la manera del *star system* del

cine de Hollywood, el público catapultaba a la fama a sus estrellas, que podían ser cantantes como Hugo del Carril, Libertad Lamarque, Tita Merello, actrices de melodramas como Zully Moreno o Delia Garcés, o figuras cómicas como Luis Sandrini, Pepe Arias y Niní Marshall.

Marshall fue una comediante excepcional que a lo largo de varias décadas mantuvo una enorme popularidad y dejó una huella imborrable en el humor argentino. El atractivo de Niní radicaba en que era una creadora prolífica; de su sensibilidad fluían múltiples criaturas con modismos propios de distintos orígenes sociales y de colectivos de inmigrantes. Su talento para reproducir los diversos rasgos del habla en la Argentina resultó un valioso aporte para la investigación académica en Filología.

Niní se inició en la radio y continuó luego en el cine, con los mejores contratos y de la mano de grandes directores de la época como Manuel Romero, Luis César Amadori y Luis Bayón Herrera. Aportando muchas veces líneas de diálogo de su autoría, actuó en un total de 37 películas, entre las que destacan *Mujeres que trabajan*, *Casamiento en Buenos Aires*, *Luna de miel en Río*, *Divorcio en Montevideo* y *Cándida*. Con una historia entretenida, un elenco de excelentes figuras encabezado por la desopilante Niní, decorados y ambientes impecables, y el profesionalismo de Amadori en la dirección, *Hay que educar a Niní* resulta una de las mejores comedias que ha dado el cine argentino, sin nada que envidiar a las hollywoodienses. **ML**

Ahí está el detalle

Juan **Bustillo Oro**   1940

México 98 m b/n
Guión Humberto Gómez Landero
y Juan Bustillo Oro
Producción Jesús Grovas
Fotografía Jack Draper
Música Raúl Lavista
Intérpretes Mario Moreno,
Cantinflas, Joaquín Pardavé,
Sara García, Sofía Álvarez,
Dolores Camarillo

Crítica
Público

A Pacita, empleada doméstica en la casa de un matrimonio acomodado, sus amos le han encomendado dar muerte a Bobby, el perro de la casa atacado de rabia. Pero Pacita delega el encargo en su novio Cantinflas. La aparición de un gángster con el mismo nombre que el perro, los celos del dueño de casa, las mentiras de su esposa y las de la criada dan lugar a una serie de divertidos embrollos.

Fue en esta brillante comedia de enredo donde «el cómico de la gabardina» mostró, por primera vez, la vis cómica que lo haría célebre, gracias al hilarante guión de Humberto Gómez Landero y Juan Bustillo Oro y a la brillante dirección de éste último. El célebre monólogo de Cantinflas en la escena del juicio fue creación del realizador. Se basó en un caso verídico –el del reo Álvaro Chapa– que en 1925 desconcertó al jurado con un discurso ininteligible. También fue suya la brillante idea de hacer que todos los letrados terminen imitando los gestos paródicos de Cantinflas, lo que crea una situación desternillante.

Ahí está el detalle fue la quinta película filmada por Mario Moreno, la primera en la que aparece su mítico personaje Cantinflas y, según muchos críticos, la mejor de toda su filmografía. La frase que da título al filme la repetirá el actor como muletilla a lo largo de toda su carrera en sus graciosas *cantinfladas*: «Básicamente, como le iba yo contando a usté, pues se trata de explicar sin ambages, ¿no? Es como si voy por la calle y me preguntan así nomás para que yo le explique por mis haberes y me agarra usté en curva y no pus, como que no, ahí está el detalle».

Cantinflas comenzó muy joven su carrera, al principio haciendo imitaciones en un circo y luego interpretando a un particular *peladito* (hombre vulgar y pobre de México). La leyenda dice, y el actor nunca lo desmintió, que fue durante una función en el Circo Ofelia cuando Mario Moreno se olvidó su parlamento y, presa de la vergüenza, comenzó a expresarse con frases incoherentes y desordenadas que fluían con rapidez. Tuvo tan buena acogida por parte del público que dedujo –con gran lucidez– que en ese tipo de discurso estaba su futuro. Poco después adoptaba el nombre de Cantinflas. Había nacido ese estilo, esa manera de hablar que el escritor mexicano Carlos Monsisváis define como «la manipulación del caos». A lo largo de su filmografía sus múltiples personajes no son más que una variación del mismo personaje. Cantinflas explota este hablar sin decir nada, el cual gana mayor dimensión cuando el interlocutor es alguien al que, de alguna manera, intenta seducir: un acreedor, una muchacha a la que quiere conquistar, agentes del orden a los que quiere convencer de su inocencia...

En el cine debutó en 1936 con un pequeño papel en una película de Miguel Contreras Torres, *No te engañes corazón.* A partir de esta actuación el término *cantinflismo* comenzó a trascender y a ser usado por la gente como sinónimo de hablar de forma disparatada e incoherente. Después de *Ahí está el detalle,* Cantinflas fue cosechando un éxito tras otro con títulos como *Ni sangre ni arena* (1941), la favorita del cómico, *Un día con el diablo* (1942), *El portero* (1949), *El bombero atómico* (1950), *Si yo fuera diputado* (1951), *El bolero de Raquel* (1956). El público sentía por él verdadera devoción no sólo en México, sino en toda Latinoamérica, y aún hoy en día cuenta con numerosos adeptos. Tal vez su éxito resida, más que en la calidad de sus películas, en la extraordinaria expresividad de su caracterización: su inconfundible bigotito, la chaqueta apretada, el pantalón caído, la camiseta harapienta, el pañuelo atado al cuello, y, por supuesto, los circunloquios y gestos que hacen del personaje un ser entrañable.

Filmó dos películas en Hollywood, *La vuelta al mundo en 80 días* (1956), por cuya actuación obtuvo una nominación al Globo Dorado, y a partir de la cual pasó a ser el actor mejor pagado del mundo, y *Pepe* (1960), un fracaso de taquilla, pero que le valió otra nominación al Globo Dorado. A su regreso de Estados Unidos creó su propia compañía, Cantinflas Films, y continuó actuando. De esta etapa son algunos títulos memorables como *El analfabeto* (1960), *El profe* (1970) o *El barrendero* (1981), la última aventura de este simpático e inigualable pícaro. **AC**

Raza

José Luis **Sáenz de Heredia**   1941

España 113 m b/n
Guión José Luis Sáenz de Heredia
y Antonio Román (basado en un
argumento de Jaime de Andrade,
pseudónimo de Francisco Franco)
Producción Luis Díaz Amado
(Consejo de la Hispanidad)
Fotografía Enrique Guerner
Música Manuel Parada
Intérpretes Alfredo Mayo,
Ana Mariscal, José Nieto,
Blanca de Silos, Julio Rey de las
Heras, Luis Arroyo, Raúl Cancio,
Rosina Mendía

Crítica ▰▰▰▰▱▱▱
Público ▰▰▰▱▱▱▱

1898. Pedro Churruca, capitán de navío de la armada española, regresa de Cuba para reunirse con su familia. Su mujer y
sus cuatro hijos le reciben en el muelle. Tras una corta estancia en la mansión familiar, Pedro tendrá que zarpar de nuevo
porque los Estados Unidos han declarado la guerra a España.
Pedro Churruca morirá en acto de servicio a la patria.
1928. Tras la dictadura de Primo de Rivera se proclama la
Segunda República. Los cuatro hermanos Churruca encaran
sus vidas de diferente manera. José –capitán del ejército– y
Pedro –político liberal– se perfilan como representantes de
los dos bandos antagónicos de la Guerra Civil. Isabel contrae
matrimonio con un rico heredero y Jaime, el más pequeño, se
ordena fraile.
1936. Estalla la Guerra Civil. Los hermanos Churruca se posicionan en los dos bandos. José, Isabel y Jaime son convenci-
dos defensores de los militares rebeldes, mientras que Pedro
permanece fiel a la República.
Raza, escrita bajo pseudónimo por el propio Franco nada
más terminar la Guerra Civil, es un documento histórico de
primer orden para entender la ideología de los ganadores de
la contienda. Aquí se exponen sin vergüenzas todos los argumentos que durante 40 años respaldaron al régimen golpista.
Una exaltación del nacionalismo católico en su estado más
puro que hará sonrojar al más tímido de los demócratas. En
la década de 1950 se reestrenó una segunda versión –titulada
Espíritu de una raza– que trató de adaptarse a los nuevos
tiempos: se suavizaron las críticas a los Estados Unidos, se eli-
minaron las referencias a la Falange y se cortaron las secuencias con saludos fascistas. El régimen franquista necesitaba
venderse como adalid de la lucha anticomunista.

Epopeya oficialista, film-manifiesto y autotest psicológico
del dictador, *Raza* se ha convertido en un catálogo de todas
las obsesiones, manías, complejos y principios fundamentales
del Caudillo. Pero no conviene olvidar que esa manera de pensar fue compartida durante muchos años por un buen número
de españoles y que podemos considerarla parte fundamental
de la historia de España. La España cristiana defensora de la
familia, la Iglesia y el enardecimiento patriótico. Y si esta cinta conserva su estatus de clásico, molesto pero ineludible, es
porque también atesora incuestionables valores cinematográficos. Sáenz de Heredia, considerado el director del régimen,
contó con todos los medios para su realización. Así, la trama
abarca las primeras cuatro décadas del siglo xx de la historia
de España con buen ritmo, riqueza visual y ágil planificación.
La narración no decae y contiene unas cuantas secuencias loa-
bles en el aspecto artístico como el fusilamiento de los frailes
en la playa. En el otro lado de la balanza se sitúan la acarto-
nada interpretación de todo el elenco y la superficialidad de
la mayoría de los personajes. En definitiva, un espejo que nos
devuelve la imagen más rancia de nuestro pasado, cada vez
menos reciente. **AS**

El hombre que se quiso matar

Rafael **Gil**   1942

Un ingeniero decide acabar con su vida después de quedarse sin trabajo, sin novia y sin esperanza. Su decisión no está motivada tan sólo por su desgracia, sino también como protesta contra el «mundo injusto» en el que le ha tocado vivir. Aprovechando la repercusión mediática que ha causado su decisión, el protagonista intentará revertir su suerte.

Antes de que Rafael Gil (1913-1986) se convirtiera en uno de los directores más emblemáticos del cine del franquismo, realizó esta curiosa ópera prima que le abrió las puertas de la profesión. Se trata de una fábula moral, con reminiscencias del cine de Frank Capra, sobre un hombre que sabe aprovecharse de su situación en un terreno intermedio entre la vida y la muerte.

Parece sorprendente que, en plena posguerra, el régimen franquista permitiera una producción con un mensaje de claro calado nihilista, lleno de referencias suicidas y críticas directas al capital, en la clásica dicotomía entre materialismo burgués y humanismo. Es probable que todo ello se aceptara por el prestigio de la pluma de Fernández Flórez, o que la habitual miopía de la censura no viera el peligro de un texto tan de-

moledor. El film conserva el tono crítico de la obra original, aunque lo hace más digerible bajo los rasgos de una comedia alocada con ligeros tintes surrealistas. La vis cómica de su protagonista, un excelente Antonio Casal, también contribuyó a matizar la vertiente amarga del personaje.

La cinta transmite cierta ingenuidad y le falta garra visual, pero la frescura de su original planteamiento la convierte en un título imprescindible de los primeros años del franquismo. **LE**

España 70 m b/n
Guión Luis Lucia (basado en la obra de W. Fernández Flórez)
Producción CIFESA
Fotografía Isidoro Goldberger
Música José Mª Ruiz de Azagra
Intérpretes Antonio Casal, Rosita Yarza, Manuel Arbó, José Prada, Irene Mas, Xan das Bolas, Camino Garrigó, Alejandro Nolla, José Acuaviva

Crítica ▰▰▰▰▰▰▱
Público ▰▰▰▰▰▱▱

La guerra gaucha

Lucas **Demare**   1942

Durante el proceso de independencia americana, las guerrillas de gauchos *(montoneras)* comandadas por Martín Miguel de Güemes lucharon en el noroeste de Argentina contra el ejército monárquico español. A ese momento, en particular al año 1817, se remonta la acción de *La guerra gaucha*. Un teniente del ejército realista, americano de nacimiento, resulta herido por los insurrectos y queda cautivo en la estancia de una patriota. Allí conoce el amor y se compenetra con la

causa independentista. Entretanto, el sacristán de una capilla, que mediante el tañido de la campana enviaba mensajes a los rebeldes, es descubierto por los realistas. El hecho precipita una sangrienta batalla, en la que se enaltece el patriotismo fundado en el valor, el sacrificio y las ansias de libertad.

En plena época de oro de la incipiente cinematografía argentina, en la que abundaron las comedias frívolas de gran éxito en toda América Latina, se gestaron proyectos alternativos que buscaban mayor autenticidad creativa. Así surgió Artistas Argentinos Asociados, empresa que se lanzó a realizar esta película, sin precedentes en el cine local por sus escenas de conjunto, en las que participaron cerca de mil extras. Para los exteriores se construyó una aldea en la misma zona donde estaban ambientados los acontecimientos que inspiraron el film. El uso de algunas técnicas propias de los clásicos del cine del oeste hicieron que se la calificara como «un *western* gaucho». La anécdota libertaria, encarnada en héroes sin dobleces y de hablar impostado, se percibe hoy algo elemental. Sin embargo, la fuerza expresiva del conjunto convierte a esta película en un clásico del cine épico americano. **ML**

Argentina 95 m b/n
Guión Ulyses Petit de Murat y Homero Manzi
Producción Artistas Argentinos Asociados y Estudios San Miguel
Fotografía Bob Roberts
Música Lucio Demare y los Hermanos Ábalos
Intérpretes Enrique Muiño, Francisco Petrone, Ángel Magaña, Sebastián Chiola, Amelia Bence
Premios 3 Cóndor de Plata, entre ellos: mejor película

Crítica ▰▰▰▰▰▰▱
Público ▰▰▰▰▰▰▰

Distinto amanecer

Julio **Bracho** 1943

México 108 m b/n
Guión Julio Bracho (con ideas de
La vida conyugal de Max Aub)
Producción Emilio Gómez Muriel
Fotografía Gabriel Figueroa
Música Raúl Lavista (con el *Claro
de Luna* de Beethoven); arreglos
musicales de Manuel Esperón
Intérpretes Andrea Palma,
Pedro Armendáriz, Alberto Galán,
Narciso Busquets

Crítica ▰▰▰▰▰▱▱
Público ▰▰▰▰▱▱▱

Un líder sindical es asesinado en la central de correos de la ciudad de México. Octavio, su compañero, logra huir pero es perseguido por uno de los hombres del gobernador Vidal, promotor del asesinato. Para despistar a su perseguidor, Octavio entra en un cine donde encuentra, por casualidad, a Julieta, antigua compañera de estudios y militancia de la que estuvo enamorado. Ella lo ayuda a escapar y lo refugia en la casa que comparte con su marido, Ignacio, un escritor fracasado con quien también compartió estudios e ideales. Octavio, con la colaboración de Ignacio, deberá recuperar del correo unos documentos comprometedores para sacarlos de la ciudad a la mañana siguiente. En esas angustiosas horas, Julieta y Octavio sienten renacer su amor. Ella decide seguir ayudándolo para que pueda cumplir su misión, y se debatirá entre la posibilidad de un cambio de vida y su deber de esposa.

La acción de *Distinto amanecer* transcurre durante una sola noche. Una noche en que los tres protagonistas principales de este drama político-policial se enfrentan a sus más hondos sentimientos. Una noche tan oscura como la propia película, que sólo se abre a la luz del amanecer.

Con este film, Julio Bracho rompió con la tradición de la comedia ranchera y el melodrama rural para presentar un cine urbano de actualidad, con personajes afectados por profundos conflictos psicológicos. Los diálogos cultos y muy elaborados pueden sonar ahora algo ficticios y el drama al que se enfrenta la protagonista entre el amor y su deber moral resulta hoy anacrónico. De cualquier manera, esta película, que conmovió al público por su historia de amor y fue un importante testimonio de denuncia social, posee méritos suficientes como para ser considerada uno de los mejores exponentes del cine mexicano de la década de 1940.

Con una trama precisa y bien armada basada en el suspense, *Distinto amanecer* luce una factura técnica más que notable. Uno de sus aspectos más sobresalientes es la gran belleza plástica resultante de la excelente ambientación en escenarios naturales, hecho inusual en el cine mexicano de la época. La fotografía, con unos espectaculares claroscuros tanto en exteriores como en interiores, es obra del gran maestro Gabriel Figueroa. Las calles con letreros luminosos, la escalera o la casa de Julieta e Ignacio, son testigos mudos y tenebrosos de escenas conmovedoras.

Julio Bracho narra con dinamismo su historia y la cámara acompaña el discurso narrativo con movimientos sutiles en los largos planos-secuencia que abundan en la película, como el desenlace en la estación, de fuerte contenido emocional. El foco está puesto en el tren que se aleja lentamente, para retrasar el momento de revelar la decisión final de la protagonista. **AC**

La barraca

Roberto **Gavaldón**   1944

La barraca
Roberto Gavaldón

En la huerta valenciana, a finales del siglo XIX, el tío Barret pierde sus tierras y su barraca por las deudas contraídas con el usurero don Salvador. Desesperado, Barret mata al usurero, va a la cárcel y su familia cae en desgracia. Durante años nadie ha podido volver a vivir en esa propiedad porque la gente del lugar, fiel a Barret, no lo ha permitido. Pero un día llegan unos forasteros –Batiste Borrull y su familia– a instalarse en la desvencijada barraca tras un acuerdo con los descendientes de don Salvador. Los vecinos, encabezados por Pimentó, los hostigarán de mil maneras. Pero Batiste, un hombre decidido, luchará para defender su derecho a vivir y trabajar en ese lugar.

Después de haberse labrado un sólido prestigio como asistente de dirección al lado de los más reconocidos directores de los inicios del cine sonoro, Roberto Gavaldón decidió realizar sus propias películas. *La barraca*, la primera de una larga serie, fue ampliamente elogiada y galardonada.

Gavaldón había aprendido el oficio en Hollywood y poseía un notable conocimiento técnico que, unido a su rigor en el trabajo y a su afán perfeccionista, dio como resultado un cine de elevada calidad formal. Sus temáticas preferidas fueron las que reflejaban los conflictos humanos derivados de las desigualdades sociales. En esta película exploró ya un tema que lo obsesionaría en otras posteriormente: el de los antihéroes que luchan pero que terminan cediendo ante la fuerza de una sociedad hostil. Gavaldón logra transmitir la desesperación de estos personajes desamparados en escenas conmovedoras, como la de la muerte del pequeño Pasqualet.

La barraca recibió el elogio de la crítica de la época por la notable ambientación de la vida rural valenciana, en la que no faltan la música y los bailes folclóricos. Gavaldón se rodeó para su filmación de un grupo de exiliados españoles que colaboraron con el director mexicano para brindar una puesta en escena creíble. Como él mismo dice en un reportaje de *Cuadernos de la Cineteca* (1976): «Cuando se me ofreció *La barraca*, incondicionalmente la acepté, y por fortuna tuve mucho éxito con ella. Los actores, en un noventa por ciento eran valencianos, lo mismo que el músico, Samper, autor de la partitura del filme. Tuve la asesoría de Tito Davison, quien intervino en la adaptación con la propia Libertad, la hija de Blasco Ibáñez». Sobre este mismo tema, el historiador de cine Román Gubern, en su libro *Cine español en el exilio*, sostiene que *La barraca* es un ejemplo de «verdadero acto de afirmación política», pues de ella se realizó también –en un alarde de optimismo– una versión en valenciano que, supuestamente, se estrenaría «muy pronto» en España; es decir, después de la caída de Franco. **AC**

México 110 m b/n
Guión Libertad Blasco Ibáñez y Paulino Masip (sobre la novela homónima de V. Blasco Ibáñez)
Producción Alfonso Sánchez Tello
Fotografía Víctor Herrera
Música Félix Baltasar Samper
Intérpretes Domingo Soler, Anita Blanch, Amparo Morillo, José Baviera, Luana Alcañiz, Manolo Fábregas, Narciso Busquets, Manuel Noriega, José Morcillo
Premios 10 Ariel, entre ellos: mejor película, mejor dirección, mejor actor

Crítica ▰▰▰▰▱
Público ▰▰▰▰▱

La torre de los siete jorobados

Edgar **Neville**   1944

España 80 m b/n
Guión José Santugin
y Edgar Neville (basado en
una novela de Emilio Carrère)
Producción Luis Jódez
(J.Films – España Films)
Fotografía Enrique Barreyre
Música José Ruiz de Azagra
Intérpretes Antonio Casal,
Guillermo Marín, Isabel de Pomés,
Julia Lajos, Manolita Morán,
Antonio Riquelme, Félix de Pomés,
Julia Pachelo

Crítica ▰▰▰▰▰▱▱
Público ▰▰▰▰▱▱▱

Madrid, 1890. A un joven sin suerte se le aparece en el casino el espectro de un ilustre arqueólogo que le hace ganar una importante suma de dinero. El espectro le cuenta que su sobrina corre peligro y que debe ayudarla como devolución del favor. En su misión descubre un subterráneo que había servido de refugio a los judíos durante el período de expulsión en el siglo XVI, y en cuyo interior vive un personaje siniestro llamado Doctor Sabatino.

Edgar Neville fue un director singular debido, en parte, a su habilidad para compaginar los géneros autóctonos con una estética internacional. *La torre de los siete jorobados* es uno de los mejores ejemplos. El cineasta parte del sainete costumbrista y festivo de inevitable tono castizo para llevarlo al terreno del fantástico. Del género patrio encontramos la figura del antihéroe, su motivación romántica y la recreación del ambiente de un Madrid de farándula con sus habituales estereotipos. Pero lo que parece en principio una comedia sainetesca se transforma poco a poco en una historia de misterio. La narración se impregna de elementos de un Madrid onírico a través de un espectro de nombre imposible –Robinson de Mantua– que ejerce de guía y motivador del protagonista. La espiral del fantástico se acentúa con la aparición del malvado Sabatino –con reminiscencias del Doctor Mabuse y Caligari–, que dirige una sociedad criminal en los subterráneos de la ciudad.

Estos elementos ya aparecían en la novela original, pero Neville le dio empaque a aquella típica historia de folletín. El cineasta potencia el lado gótico-expresionista, en donde el espacio de lo siniestro es presentado con una recreación teatralizante a través de la estética del claroscuro. Importante es también la aportación del director artístico ruso Pierre Schild, que creó una escenografía angulada e ideó soluciones imaginativas, como la interminable escalera de caracol construida con la efectiva técnica del *glass-shot*. Neville se mueve con holgura en el terreno de lo simbólico, de dos mundos enfrentados: uno feliz e inconsciente en la superficie, el otro tenebroso y subterráneo. Esta dialéctica se refuerza de una manera retroactiva: los apuntes sainetescos contribuyen a reforzar la marginalidad de lo fantástico en una ciudad que vive totalmente ignorante de lo oculto.

Neville obtuvo un extraordinario partido de un material tan poco común en el cine español. La película es accesible y de una frescura envidiable debido al equilibrio conseguido entre los dos tonos dominantes y a su envoltura de comedia de intriga. Pero también por su planteamiento atrevido, capaz de mostrar, aunque en clave fantástica, la existencia de lo clandestino en un país con una guerra fratricida aún reciente. La cinta, excesiva en tiempos de autarquía, no encontró eco en su momento. Pero su singularidad la llevó a un merecido rescate crítico. **LE**

Campeón sin corona

Alejandro **Galindo**   1945

Roberto *Kid* Terranova es un joven heladero de barrio, boxeador aficionado, que vive con su madre. Un día, circunstancias fortuitas lo ponen en el camino de un manager de boxeo que le propone entrenarlo para convertirlo en profesional. Así comienza para Kid una carrera de éxitos en el ring que le va a reportar mucho dinero. Esta racha se acaba cuando es noqueado por Joe Ronda. En ese momento comienza su decadencia.

Galindo, considerado el padre del cine urbano mexicano, tuvo la habilidad de captar y transmitir en sus películas los comportamientos y el habla popular de la ciudad de México. *Campeón sin corona*, película en la que realiza un profundo análisis psicológico de los personajes, es tal vez su mejor ejemplo. Con una gran capacidad de síntesis, Galindo cuenta de manera directa y sencilla la historia sobre el ascenso y la caída del boxeador. David Silva, actor fetiche de Galindo en esos años, encarna a la perfección a ese campeón que es derrotado no por sus rivales sino por sí mismo, por su inseguridad, por sus miedos. Galindo, en esta epopeya del fracaso, hace de Kid un arquetipo del ciudadano mexicano común y corriente. Aunque filmó la mayor parte en estudio, el director recreó situaciones del popular barrio de La Lagunilla, los puestos callejeros de tacos, los billares, los salones de baile, etc., cayendo a veces en el pintoresquismo.

Además de las virtudes de la cinta desde el punto de vista sociológico y su certera caracterización de personajes, la creación de atmósferas que logra Galindo destaca por su fotografía –notable en las escenas de la arena de box–, que pone de manifiesto la habilidad del director para resolver situaciones de gran complejidad técnica. **AC**

México 100 m b/n
Guión Alejandro Galindo
y Gabriel Ramírez
Producción Raúl de Anda
Fotografía Domingo Carrillo
Música Rosalío Ramírez
Intérpretes David Silva, Amanda del Llano, Carlos López Moctezuma, Fernando Soto, *Mantequilla*, María Gentil Arcos
Premios Ariel: mejor actor y nominación mejor película

Crítica ■■■■■■■■
Público ■■■■■■■■

Garbancito de la Mancha

José María **Blay**   1945

Garbancito es un niño alegre que vive en el campo. Sin embargo, en el pueblo están atemorizados por el gigante Caramanga, que devora a los más pequeños. Unas hadas madrinas eligen a Garbancito para enfrentarse al terrible enemigo.

La animación en España ha sido siempre una heroicidad ante la falta de comprensión y perspectiva para reforzar un sector de enorme potencial. Así nació el primer largometraje animado de la historia del cine español y el primero europeo en color. Gracias al empeño del creador Arturo Moreno y la visión de José María Blay, un empresario que vio en el largometraje una salida comercial para la animación. Para ello tuvieron que crear un estudio de la nada, contratar a 80 técnicos y traer el celuloide desde Suiza a través de una Francia todavía en guerra.

La película tiene un esquema tradicional, el del niño transformado en héroe gracias a derrotar a un enemigo feroz. La sombra del estilo Disney es inevitable: personajes entroncados con la naturaleza, hadas madrinas y una galería de simpáticos animalillos que acompañan al protagonista. El diseño de personajes también es deudor de producciones como *Popeye*, con una fuerte caracterización de rostros y brazos. Pero todo ello sin renunciar a una impronta española, que va de la ambientación manchega a la moralina nacionalcatólica o ciertos tipismos como una persecución con un toro.

La cinta tuvo un buen recibimiento y se distribuyó en Francia y Gran Bretaña, donde recaudó lo suficiente como para que sus creadores dibujaran una secuela (*Alegres vacaciones*, 1947), lo que supuso una fugaz etapa de oro de la animación en España. **LE**

España 67 m color
Guión Julián Pemartín
Producción José María Blay
Fotografía José María Maristany
y Enrique Vilarrasa
Directores de animación
Armando Tosquillas
y José María Carnicero
Música Jacinto Guerrero

Crítica ■■■■■■■■
Público ■■■■■■■■

Los últimos de Filipinas

Antonio **Román** 1945

España 99 m b/n
Guión Pedro de Juan y Antonio
Román (basado en los libros de
Enrique Alfonso Barcones, Rafael
Sánchez Campoy y Enrique Llovet)
Producción CEA y Producciones
Cinematográficas Alhambra
Fotografía Enrique Guerner
Música Jorge Halpern
y Manuel Parada
Intérpretes Armando Calvo,
José Nieto, Guillermo Marín,
Manolo Morán, Juan Calvo,
Fernando Rey, Manuel Kayser,
Carlos Muñoz, Alfonso de Horna,
Conrado San Martín, Manuel Arbó,
Tony Leblanc

Crítica ▰▰▰▰▱▱▱
Público ▰▰▰▰▰▱▱

Filipinas, 1898. Ante la inminente insurrección tagala, un destacamento de cincuenta hombres del ejército colonial español se atrinchera en la iglesia del pueblo de Baler. Los soldados resisten varios meses el acoso del enemigo, incluso después de la resolución del conflicto con la perdida de la colonia por parte de la metrópoli española. Los filipinos intentan convencerles de lo inútil de su actitud.

Los últimos de Filipinas es el icono del cine propagandístico de la época. El régimen franquista explotó la epopeya real de aquella gesta de patriotismo estéril y la transformó en «ejemplo» de la «raza» española en los tiempo difíciles de la posguerra. Traspasando los límites del cine de reconstrucción histórica, el film nos habla de 1945 más que de 1898. Desde el mismo comienzo la película hace un paralelismo con la situación de 1945. Como indica la voz en *off* inicial: «Un puñado de hombres lejos de la patria mantiene en pie, sin petulancia, su bandera. Aislamiento, sol, fatiga, lucha, soledad y nostalgia». Una descripción que no dista de la del país descolocado que era España tras la Segunda Guerra Mundial y a pocos meses de su exclusión de la ONU. El film plantea esa idea de manera persistente: la idea del aislamiento, el apoyo de la Iglesia –como simboliza el emplazamiento de la resistencia–, la supremacía de los valores militares por encima de cualquier aspiración personal. Un microcosmos en donde se ensalzan los tópicos españoles de nuestros «valores ejemplares»: alegría, camaradería, música... hasta los toros. Y todo bajo una moral inquebrantable ante la dificultad. La simbiosis entre 1898 y 1945 permite un claro guiño histórico en la escena en la que las tropas norteamericanas fracasan en el desembarco cerca de la iglesia sitiada. Se trata de un gesto malinterpretado por los soldados españoles, que creen que les vienen a rescatar a ellos. Una evidente metáfora de la esperanza frustrada que supuso la actitud estadounidense hacia la España de 1945.

En cuanto al análisis técnico, la cinta es uno de los ejemplos más sólidos del cine patriótico de la época. Empezando por una buena descripción de personajes en la que destaca un joven Fernando Rey, cuya pasión por una nativa le hace ser más ardoroso en la lucha. También es destacable su estructura narrativa, con una combinación fluida entre el tono aventurero y épico del cine colonialista (*Gunga Din* o *La jungla en armas*) con las necesidades propagandísticas, más presentes en el lado intimista de la historia. El film tiene una factura apreciable en la que destaca la interesante labor de cámara de Enrique Guerner, con buenos encadenados, *travellings* pausados que marcan el devenir psicológico de la tropa o el subrayado de los objetos como elementos simbólicos de la historia.

Los últimos de Filipinas fue un éxito de taquilla en su momento y la cima de su responsable, el gallego Antonio Román, que empezó como guionista de *Raza* y director de «panfletos» como *Escuadrilla* (1942) para acabar sucumbiendo a la mediocridad de los géneros y subgéneros que asolaron el cine español de las décadas de 1950 y 1960. **LE**

La vida en un hilo

Edgar **Neville**   1945

Mercedes, una joven y atractiva viuda, coincide en el compartimento del tren con una avispada «vidente del pasado» que le hace ver cómo hubiese sido su vida si en vez de casarse con Ramón, su marido recién fallecido, se hubiese casado con Miguel Ángel, un simpático escultor con el que coincidió fugazmente años atrás.

Edgar Neville, aristócrata nacido en 1899, inició su carrera diplomática en Los Ángeles. Allí, mientras ejercía de cónsul español, asistió al nacimiento del cine sonoro. A principios de los años treinta Hollywood hacía versiones en castellano de sus películas para el mercado hispanoparlante. Neville colaboró como dialoguista para algunas de esas producciones. Tras su experiencia americana regresó a la España de la Guerra Civil donde realizó varios cortos propagandísticos para el bando nacional. Acabada la contienda, comenzó su mejor etapa profesional escribiendo, dirigiendo y produciendo sus títulos más destacados: *La torre de los siete jorobados* (1944), *Domingo de carnaval* (1945), *La vida en un hilo* (1945) y *El crimen de la calle Bordadores* (1946).

La obra de Neville no entusiasmó al público de la época y la administración franquista clasificó como de segunda categoría la mayoría de sus películas, lo que las relegó a una pobre distribución. No es de extrañar que Neville –aristócrata, intelectual y bohemio– no conectara con una sociedad de posguerra dirigida por militares preocupados por sus «intereses nacionales». El director madrileño dejó de rodar unos años más tarde para alternar la escritura de obras de teatro con el periodismo en *ABC*.

La vida en un hilo es lo más parecido a una «alta comedia a lo Lubitsch» rodada nunca en España. Neville, que aborda el siempre atractivo tema de la segunda oportunidad, teje un original guión a base de diálogos rápidos e inteligentes que nos lleva de una vida real a la posibilidad de otra mejor. Y en el caso de una mujer española de los años cuarenta, su vida dependía de con quién se casase. Así que si la protagonista en vez de casarse con un aburrido burgués de provincias lo hubiera hecho con aquel artista divertido y pícaro con quien compartió taxi una tarde lluviosa, todo hubiese sido distinto –y probablemente mejor–. La estructura narrativa de la película es muy imaginativa ya que, partiendo de una conversación en un tren, nos lleva, en diversos *flash-backs*, de la vida pasada de la protagonista a la imaginaria, hasta que ambas confluyen en la lograda secuencia del baile. Por el camino, Neville aprovecha para hacer una aguda crítica de la burguesía de provincias desde su distinguido peldaño de noble. Mercedes –la elegante Conchita Montes– describe su vida de casada como «un nido de aburrimiento profundo y total» y califica a la familia de su difunto esposo como «una mezcla de ordinariez y cursilería». Neville debió identificarse con su personaje del artista bohemio y algo tarambana –interpretado por un divertido Rafael Durán– que juega a sobrevivir en un mundo gris y mediocre.

AS

España 79 m b/n
Guión Edgar Neville
Producción Edgar Neville
Fotografía Enrique Barreyre
Música José Muñoz Molleda
Intérpretes Conchita Montes, Rafael Durán, Guillermo Marín, Julia Lajos, Alicia Romay, María Bru, Joaquín Roa, Eloísa Muro

Crítica ▬▬▬▬▬▬▭▭
Público ▬▬▬▬▬▬▭▭

Enamorada

Emilio **Fernández**   1946

México 99 m b/n
Guión Íñigo de Martino,
Benito Alazraki (sin crédito)
y Emilio Fernández
Producción Benito Alazraki
Fotografía Gabriel Figueroa
Música Eduardo Hernández
Moncada
Intérpretes María Félix,
Pedro Armendáriz,
Fernando Fernández,
José Morcillo, Eduardo Arozamena
Premios 6 Ariel, entre ellos:
mejor película y mejor dirección

Crítica
Público

Durante la Revolución mexicana, las tropas del general José Juan Reyes toman la conservadora ciudad de Cholula. El general se instala y comienza por confiscar los bienes de los ricos del pueblo, entre ellos don Carlos Peñafiel, a quien encarcela. En un paseo por la ciudad Reyes se topa con Beatriz, hija de Peñafiel, de la cual se enamora a primera vista. Ella, por el contrario, lo desprecia. Pero sus sentimientos irán cambiando.

El gran mérito de Emilio *Indio* Fernández es haber creado una estética cinematográfica propia. Un relato cinematográfico sencillo, cuyas premisas, enmarcadas en los ideales de la Revolución, son la dignificación del pueblo indígena y campesino. La acción, por lo general, está situada en un México de paisajes áridos que simbolizan una esencia de lo nacional. En este contexto se ubica *Enamorada*.

En los años anteriores a la realización de esta película, Fernández había rodado en varias ocasiones con Dolores del Río y Pedro Armendáriz, con lo que creó la que se consideraba la pareja estelar por excelencia del cine mexicano. Sin embargo, para el papel de Beatriz decidió optar por María Félix, actriz aún de corta trayectoria pero que se había caracterizado

desde el comienzo de su carrera por papeles de mujer fuerte e indomable. Es indudable que la elección no fue casual; las características de la Doña (como se conocía a la Félix) connotarían el personaje y –como apunta Carlos Monsisváis– marcarían definitivamente el tono de la película. Por contraste, el personaje de Armendáriz no es el del típico *macho* mexicano, sino que se muestra sensible y, por efecto de su amor, cada vez más blando. Una escena ejemplificadora de esta nueva caracterización de los roles femenino y masculino en el cine mexicano es la de la cantina. El viejo soldado Joaquín le cuenta al general Reyes, en tono de lamento, que perdió el amor de una mujer por causa de su orgullo, y agrega: «hay que ser macho para saber pedir perdón». Si bien Beatriz es un personaje independiente y con carácter, Fernández también se encarga de recalcar su pureza; la cámara, en más de una ocasión, enmarca su rostro en el fondo barroco de la iglesia, con el cabello oculto por un rebozo.

La película tiene tintes de comedia de enredo y recuerda en su planteamiento a *La fierecilla domada* de William Shakespeare. El comportamiento altanero de Beatriz provoca la mayoría de las escenas cómicas, como cuando le propina una bofetada al general Reyes después de que él le silbe en el momento en que se levanta la falda para subir una escalinata.

Una vez más, hay que destacar la fotografía contrastada y limpia de Gabriel Figueroa, magnífica en la última secuencia, en la que el contraluz otorga solemnidad a los dos protagonistas. Sus siluetas se alejan campo a través, mientras a su alrededor estallan las municiones enemigas. **AC**

La otra

Roberto **Gavaldón**   1946

México 98 m b/n
Guión José Revueltas
y Roberto Gavaldón
(adaptación de
un cuento de Rian James)
Producción Mauricio de la Serna
Fotografía Alex Phillips
Música Raúl Lavista
Intérpretes Dolores del Río,
Agustín Irusta, Víctor Junco,
José Baviera
Premios Ariel:
mejor guión adaptado

Crítica
Público

Magdalena y María son hermanas gemelas. Magdalena acaba de enviudar y hereda una enorme fortuna. María, en cambio, trabaja de modesta manicura y con lo que gana no le alcanza ni para pagar el alquiler. Roberto, su novio detective, espera mejorar su posición económica para casarse con ella. Pero María, harta de su vida de pobreza, decide matar a su hermana y hacerse pasar por ella. El destino, sin embargo, le deparará una cruel sorpresa.

El mexicano Roberto Gavaldón fue un director controvertido admirado por una parte de la crítica que elogiaba su riguroso control de la cámara y su calidad estética. Pero otros lo vieron como un realizador frío, técnicamente correcto pero falto de personalidad. Sólo en las últimas décadas la crítica se mostró unánime al señalarlo como uno de los realizadores de más valía en la historia del cine mexicano.

Gavaldón tenía especial inclinación por las tramas oscuras y los personajes atormentados y autodestructivos. Según el cineasta Ariel Zúñiga –un estudioso de su obra–, el director trabajó con tres temas recurrentes: la pérdida de la juventud, el fenómeno de la otredad y la muerte. No hay duda de que *La otra* está inscrita en esa segunda categoría: una gemela usurpa la personalidad de su hermana y llevará esa apropiación hasta sus últimas consecuencias. Pero un cambio así no se puede realizar sin conflicto. Gavaldón lo deja expuesto en la inquietante escena en la que María se contempla en el espejo de Magdalena después de haberla suplantado y la imagen triplicada que le devuelve la estremece y espanta.

La acción transcurre en la ciudad de México, una gran urbe que en esos años –década de 1940– comenzaba a mostrar su ingreso en la modernidad gracias al poderío de una burguesía pujante. María es una más entre los que tratan de ascender socialmente a cualquier precio. Pero Gavaldón no la retrata como una malvada, sino que humaniza su personaje al situarlo en un medio social adverso que incita a la gente a corromperse.

Espléndidamente fotografiada por Alex Phillips –que supo captar la atmósfera oscura que el director quiso imprimir a su historia–, esta cinta destaca por sus refinadas imágenes. Gavaldón era el clásico perfeccionista que acostumbraba a repetir las tomas infinidad de veces hasta lograr el efecto deseado.

La otra es la primera colaboración de una larga y fecunda serie entre el escritor José Revueltas y Roberto Gavaldón quienes, en este caso, adaptaron rigurosamente el relato de Rian James. Ese guión y una estética visual de interiores en sombras, paisajes urbanos nocturnos y referencias oníricas hacen de esta cinta una acabada muestra de cine negro. La narración de estilo directo, donde los elementos señalados están al servicio del suspense que genera la trama, denota que la obra de Gavaldón estuvo influenciada por el cine norteamericano de su época, especialmente por directores como Fritz Lang, Alfred Hitchcock y Otto Preminger. **AC**

Nosotros los pobres

Ismael **Rodríguez**   1947

Pepe, *el Toro*, su hija Chachita y su madre paralítica viven en una vecindad, el superpoblado hábitat de la clase humilde mexicana. Pepe, un carpintero con fama de don Juan, tiene de novia a una vecina, Celia, *la Chorreada*. Una serie de enredos y malos entendidos llevan a Pepe a ser culpado de un crimen que no cometió. Los pintorescos amigos del barrio lo ayudan a librar una batalla para salvarlo de la injusticia.

Nosotros los pobres resiste mejor el análisis sociológico que el estrictamente cinematográfico. La que se convertiría en la película más taquillera de la historia del cine mexicano fue concebida para que llegara a ser un éxito. Ismael Rodríguez, su joven director –tenía 30 años cuando la filmó–, ya había rodado dos cintas con Pedro Infante, que lo convirtieron en un actor y cantante muy popular. Pedro de Urdimalas –el guionista– había escrito una serie radiofónica de gran popularidad: *Una tumba para llorar*. Allí se contaba la historia de una niña que, por ser la hija de un carpintero, llevaba el sobrenombre de Viruta. El carpintero, Pepe, *el Toro*, era un joven apuesto, honrado y muy pobre. Urdimalas y Rodríguez basaron en estos dos personajes el argumento de *Nosotros los pobres*. La popularidad de Evita Muñoz y Pedro Infante fueron determinantes para el éxito del largometraje, que significó la consagración definitiva del actor.

Urdimalas también escribió la letra de las canciones, de gran importancia en una película en la que algunas escenas tienen todas las características de la comedia musical. En la secuencia inicial, por ejemplo, todos los personajes aparecen en pintorescos cuadros en los que cantan y bailan. La canción *Amorcito corazón* fue la que más trascendió, causando verdadero furor entre el público. Los grandes intérpretes de la mú-

sica popular mexicana la incluyeron en su repertorio. Sesenta años después, esa canción sigue siendo muy conocida.

A pesar de que en el prólogo de la película el director declara hacer un retrato fiel del mundo de los pobres, ésta es una visión idealizada del sector más humilde del pueblo mexicano, ya que se centra en sus rasgos más pintorescos. Rodríguez armó con ellos una historia de amor, alegría y desgracia. Supo conjurar la fórmula mágica –aunar lágrimas con carcajadas– para tocar la fibra sensible del público. La película, en su estreno, se anunciaba como: «Una historia de impresionante realismo, salpicado por la gracia, el ingenio y los retruécanos de los tipos populares de la barriada». Los habitantes de esas barriadas fueron los que llenaron los cines de la época. Y continúan siendo fieles a una cinta que sigue programándose año tras año en televisión con altas cotas de audiencia. Curiosamente, en el extranjero *Nosotros los pobres* pasó sin pena ni gloria. **AC**

México 125 m b/n
Guión Ismael Rodríguez
y Pedro Urdimalas (Jesús Camacho)
con la colaboración de Carlos
González Dueñas
Producción Ismael Rodríguez
Fotografía José Ortíz Ramos
Música Manuel Esperón
Intérpretes Pedro Infante,
Evita Muñoz, Carmen Montejo,
Blanca Estela Pavón, Katy Jurado

Crítica
Público

Dios se lo pague

Luis César **Amadori**   1948

Argentina 119 m b/n
Guión Tulio Demicheli, sobre
la obra de teatro homónima
de Joracy Camargo
Producción Atilio Mentasti
(Argentina Sono Film)
Fotografía Alberto Etchebehere
Música Juan Elhert
Intérpretes Arturo de Córdova,
Zully Moreno, Florindo Ferrario,
Enrique Chaico, Federico Mansilla
Premios 5 Cóndor de Plata,
entre ellos: mejor película y director

Crítica
Público

Tiempo atrás, un obrero fue despojado por su patrón de los planos de un invento. Su esposa –cómplice sin quererlo–, ante los reproches del marido, se suicida. Él siente que ha perdido todo y que sólo le queda vengarse. Se transforma en mendigo, y esa actividad le reporta ganancias insospechadas. Su singular doble vida lo convierte en una especie de filósofo conocedor de las mezquindades humanas. Un día, mientras pide limosna, conoce a una mujer ambiciosa a la que –en otra oportunidad y en su rol de millonario– propone compartir casa y lujos sin compromiso. Pero pronto ella siente hastío y planea huir con otro hombre. Al enterarse del plan, el protagonista debe optar entre retener a su amada o cometer su venganza.

Con buen tino comercial, Luis César Amadori realizó comedias y melodramas pautados por el sistema de estrellas propio de Hollywood. Para *Dios se lo pague* contó con la participación de su esposa, la actriz Zully Moreno, y Arturo de Córdova, ambos figuras estelares de la década de oro de los cines argentino y mexicano (1940-1950). Rodada por completo en estudios, esta película destaca por el cuidado formal de la puesta en escena. Amadori se muestra aquí como un artesano eficaz, de técnica segura, hábil en el manejo del efectismo dramático. A pesar del carácter fantasioso del argumento, este singular melodrama –que contiene reflexiones de un socialismo de café sobre la hipocresía de los ricos y la bondad de los pobres– fue un éxito en todo el continente, incluido Estados Unidos. Buena parte de la obra de Amadori (63 películas) coincidió con el primer peronismo. Cuando fue depuesto Juan D. Perón (1955), la actriz y el director continuaron su carrera en España. **ML**

Una familia de tantas

Alejandro **Galindo**   1948

México 130 m b/n
Guión Alejandro Galindo
Producción César Santos Galindo
Fotografía José Ortíz Ramos
Música Raúl Lavista
Intérpretes Fernando Soler,
David Silva, Martha Roth,
Eugenia Galindo, Felipe de Alba,
Isabel del Puerto, Enriqueta Reza
Premios 6 Ariel,
entre ellos: mejor película
y mejor dirección

Crítica
Público

Rodrigo Cataño es un estricto padre de familia de clase media mexicana. Vive con su esposa, cinco hijos y una empleada doméstica, que le respetan y hasta le temen. El ritmo regular de sus vidas se ve perturbado el día en que Maru, la hija quinceañera, le abre la puerta a un vendedor de aspiradoras.

Con un estilo sencillo y directo, Galindo trata un tema que hasta entonces el cine mexicano no había abordado: la crisis de una familia urbana de clase media. El relato, con tintes neorrealistas, plantea el fracaso de un padre que ve cómo se desmoronan sus convicciones.

Una familia de tantas no es una película de tono mayor, sino que aborda los pequeños problemas de sus elementales protagonistas. Y son esos problemas triviales los que le dan a la acción su naturalidad. Galindo no pretende ahondar en la psicología de los personajes, sino en las relaciones entre ellos; ahí es donde incide la cámara. Una cámara que, salvo en algunas panorámicas, se mueve muy poco y es siempre observadora respetuosa del tiempo cinematográfico. En este sentido son paradigmáticas las escenas en las que los protagonistas interactúan en la mesa familiar. Es en esos desayunos y co-

midas donde se plantean los conflictos que van desvelando el tipo de vínculos que ha establecido el padre con el resto de la familia.

Esta familia prototípica le sirvió a Galindo para cuestionar determinados valores tradicionales que estaban quedando obsoletos en un México cambiante. Maru –la hija que se rebela ante la autoridad paterna– encarna la modernidad que en la década de 1940 irrumpía en la sociedad mexicana, como los «revolucionarios» productos que vende Roberto. **AC**

Locura de amor

Juan **de Orduña**   1948

En 1504, doña Juana, hija de los Reyes Católicos, y su consorte, Felipe el Hermoso, son nombrados reyes de Castilla. El amor apasionado de Juana hacia su marido y las continuas infidelidades de éste la llevarán a la locura, lo que pondrá en marcha una conspiración para apartarla del trono.

Dejemos las cosas claras desde el principio. Considerar *Locura de amor* como una película histórica es creer que *Buscando a Nemo* es un documental sobre la vida submarina o que *Blade Runner* es una representación exacta de lo que le espera a la raza humana en un futuro no muy lejano. Hay tantas posibilidades de que doña Juana se volviera realmente loca por las infidelidades de su esposo como de que logremos construir *cyborgs* con el aspecto de Rutger Hauer. Si *Blade Runner* se sitúa en el terreno de la ciencia ficción, *Locura de amor* lo hace en el de la historia-ficción. La Loca, el Hermoso... son adjetivos románticos transmitidos y perpetuados por una historiografía parcial y populista que han calado en el inconsciente colectivo, como lo han hecho don Pelayo o las lágrimas de Boabdil al perder Granada. Cuentos chinos, al fin, muy útiles para simplificar la historia de un país y convertirla en un folletín ideológicamente tendencioso. Y es que *Locura de amor* no es sino un grandilocuente folletín con un aparente trasfondo histórico. Lo tiene todo: una reina enloquecida por los celos, un rey vividor e infiel, una mora hermosa y vengativa y una conspiración cortesana. El film se sitúa más cerca de *Elizabeth* o *Las hermanas Bolena* —otros culebrones pseudo-históricos asfixiados por su ambientación— que de la magistral *Cristina, reina de Suecia* de Mamoulian, un drama íntimo y trágico sobre una mujer dividida entre el deber y la felicidad, que planteaba, además, una interesante reflexión sobre la soledad que conlleva el poder.

Aprovechando el éxito arrollador de la cinta, Orduña y Cifesa iniciaron una serie de cine histórico que, aunque no alcanzó la popularidad de su iniciadora, contó con el apoyo incondicional del régimen franquista. La revisión tendenciosa de ciertos acontecimientos del pasado permitía transmitir ciertas ideas y percepciones sobre el presente. En el caso de *Locura de amor*, es inevitable no ver en esa Castilla asediada por potencias extranjeras un símil de la España aislada de los cuarenta. Y en la lucha de Juana por afianzarse como la heredera legítima del poder, la férrea voluntad de Franco de perpetuarse en él.

Esto no significa que la película, una vez resituada en el género del folletín melodramático, carezca de interés. Los monumentales decorados permiten una expresiva planificación que alcanza su punto álgido en la majestuosa entrada de la reina en las Cortes de Burgos. La exaltada interpretación de la torturada Juana reportó a Aurora Bautista, en su primer papel cinematográfico, prestigio y notoriedad. Pero sería con su patética y frustrada tía Tula (1964) con la que alcanzaría su cenit artístico. **MA**

España 120 m color
Guión Manuel Tamayo, Alfredo Echegaray, José Mª Pemán, Carlos Blanco
Producción CIFESA
Fotografía José F. Aguayo
Música Juan Quintero
Intérpretes Aurora Bautista, Fernando Rey, Sara Montiel, Jorge Mistral, Juan Espantaleón

Crítica
Público

Pueblerina

Emilio **Fernández**   1948

México 111 m b/n
Guión Mauricio Magdaleno (sobre
argumento de Emilio Fernández)
Producción Jaime Menasce
y Óscar Dancigers
Fotografía Gabriel Figueroa
Música Antonio Díaz Conde
Intérpretes Columba Domínguez,
Roberto Cañedo, Arturo Soto Ran-
gel, Manuel Dondé, Ismael Pérez,
Luis Aceves Castañeda,
Guillermo Cramer
Premios Ariel: mejor actor,
mejor fotografía, mejor música

Crítica ▬▬▬▬▬▭▭
Público ▬▬▬▬▬▭▭

Tras cumplir una condena de seis años de cárcel, Aurelio regresa a su pueblo. Al llegar le comunican que su madre ha
muerto y que Paloma, la mujer a la que ama –y que fue su novia–, ha tenido un hijo fruto de la violación por cuya venganza
fue encarcelado. El violador –Julio González– y su hermano
Ramiro –los hombres más ricos y poderosos del lugar– no están dispuestos a permitir que Aurelio vuelva a instalarse en el
pueblo. Aurelio, desoyendo las amenazas, decide casarse con
Paloma y quedarse en su tierra. Pero los hermanos González
tratarán de impedirlo a toda costa.

El año en que Emilio Fernández filmó *Pueblerina*, la industria cinematográfica mexicana comenzaba a dar síntomas de
entrar en crisis tras una década de bonanza. A pesar de que
el Indio Fernández había logrado llenar las salas y labrarse
un reconocimiento internacional unánime con sus anteriores
cintas (*Río Escondido* y *Maclovia*), en las que no se había
reparado en gastos, no había en ese momento garantías de
recuperación de lo invertido. Por ese motivo, las compañías
decidieron reducir los presupuestos de sus películas en fase de
producción y Fernández se vio obligado también a disminuir
los costos. Tuvo que comprometerse a reducir el número de
tomas que él y Gabriel Figueroa –con espíritu perfeccionista–
acostumbraban a repetir hasta el cansancio. También debió
prescindir de las grandes estrellas que encabezaban sus re-
partos, como Dolores del Río, María Félix o Pedro Armendáriz.

Para *Pueblerina* contrató a una pareja de segunda fila: la
joven actriz Columba Domínguez y Roberto Cañedo, que hasta
entonces no había pasado de extra. Pero estas concesiones
no supusieron una pérdida ni de independencia ni de estilo.
Más bien al contrario, tal vez ésta sea la película más personal
del Indio. Elogiado por la crítica, que destacó su sobriedad,
Fernández dejó de lado el tono discursivo del que adolecen
muchas de sus obras. Según el historiador de cine Emilio García Riera (*Historia documental del cine mexicano*), «Pueblerina, quizás por su relativa falta de pretensiones, destacó las
mejores cualidades de su realizador».

La trama de *Pueblerina* es muy simple, la historia de un
hombre cabal que ha dejado atrás la violencia y se mueve
por amor a una mujer y a su tierra. El relato peca a veces
de morosidad, con escenas excesivamente largas rodadas por
una cámara que se detiene en rostros y paisajes. Sin embargo,
contiene otras secuencias de una gran belleza que denotan
la delicadeza y capacidad de síntesis de su director. Como el
reencuentro en el río de los dos protagonistas marginados por
su entorno. Allí, y ante la «humillación» de Aurelio lavando su
ropa, Paloma abandonará su resistencia. Ella, al verlo desde la
otra orilla, cruza con paso firme y delicado el curso del agua
para recoger y lavar la ropa de su hombre. No hay diálogos,
tan sólo miradas que lo dicen todo. **AC**

Vida en sombras

Llorenç **Llobet-Gràcia**   1948

España 78 m b/n
Guión I lorenç I lobet-Gràcia
y Victorio Aguado
Producción Castilla Films
Fotografía Salvador Torres
Garriga
Música Jesús García Leoz
Intérpretes Fernando Fernán-
Gómez, María Dolores Pradera,
Isabel de Pomés, Alfonso Estela,
Mary Santpere

Crítica ▬▬▬▬▬▬▬▬▭▭)
Público ▬▬▬▭▭▭▭▭▭▭)

Los señores Durán, matrimonio burgués de principios del siglo XX, disfrutan de un día festivo en la feria. Tras recorrer varias atracciones pasan a una barraca donde se proyectan imágenes en movimiento. Son los primeros pasos del cine, la magia de la época. Allí mismo, en plena sala de proyección, la señora Durán dará a luz al protagonista de la historia: Carlos. El niño crecerá viendo películas y cuando se haga mayor, también él querrá ser cineasta. El cine se convertirá en su pasión y en el hilo conductor de su vida. Una vida en sombras, porque el cine es la luz vista desde la sombra.

Vida en sombras es la ópera prima de su autor, Llorenç Llobet-Gràcia (1911-1976), un director de cine autodidacta que sólo consiguió rodar este su primer sueño largo. Las autoridades franquistas no supieron ver las cualidades artísticas de la cinta y la relegaron a una distribución de tercera categoría. La película fracasó en taquilla, lo que enterró definitivamente la carrera de Llobet-Gràcia, que no volvió a hacer cine profesional. Cuarenta años más tarde, Ferran Alberich, de la Filmoteca Española, recuperó unas copias en 16 mm muy deterioradas y las hizo restaurar. La película se proyectó en la 25ª Semana Internacional de Cine de Barcelona y el jurado le dedicó una mención especial. A partir de ese momento, *Vida en sombras* comenzó a ser reivindicada por los críticos como un título importante en la historia del cine español. Internet ha hecho el resto.

¿Y por qué gusta tanto ahora si no gustó en su día? Porque es la película de un cinéfilo para cinéfilos, puro cine de autor. Y en 1948, en plena posguerra, el público buscaba otra cosa cuando pagaba una entrada de cine. ¿Y por qué no gustó a la administración franquista? Porque en la cinta no hay el menor atisbo de la doctrina nacionalcatólica, sino más bien una absoluta falta de interés por cualquier ideal político. Cuando los protagonistas, Carlos y Ana, escuchan por la radio la noticia del alzamiento, sus caras expresan lo que debería expresar la cara del sentido común: preocupación y tristeza. Llegaban los tiempos del millón de muertos. Otro detalle que debió «encantar» a los censores, evaluadores y demás interventores del gusto ajeno fue que se escuchara hablar a Companys, presidente de la Generalitat de Cataluña, por la radio y en catalán.

¿Y por qué nos gusta a los cinéfilos? Porque es la historia de un hombre con una pasión que compartimos: el cine (el protagonista, de niño, sustituye la foto de un futbolista por la de Chaplin); porque su director supo salvar lo precario del presupuesto con una planificación llena de aciertos; por sus brillantes encadenados entre secuencias; por sus elipsis temporales imaginativas (Carlos le comenta a su amigo Luis que espera que su padre le compre una cámara de cine y en la siguiente secuencia vemos a Luis en una extraña actitud ante una copa de vino hasta que entendemos que está actuando para su amigo, ya dueño de la cámara); porque los protagonistas se declaran sin palabras su amor en el cine, viendo *Romeo y Julieta*; por el magnífico plano secuencia, de más de cuatro minutos, que hace de eje de la película, en el que se nos cuenta la llegada de la Guerra Civil; por los elegantes y ajustados movimientos de cámara; por la interpretación fresca y amable de todos sus intérpretes; porque *Vida en sombras* mejora en cada visionado; porque Llobet-Gràcia era *uno de los nuestros*. **AS**

Aventurera

Alberto **Gout**   1949

México 101 m b/n
Guión Álvaro Custodio; adaptación,
Álvaro Custodio y Carlos Sampelayo
Producción Pedro
y Guillermo Calderón
Fotografía Alex Phillips
Música Antonio Díaz Conde,
canciones de Agustín Lara
(Aventurera) y Alberto Domínguez
Intérpretes Ninón Sevilla,
Tito Junco, Andrea Palma,
Rubén Rojo

Crítica ▬▬▬▬▬▬▭▭
Público ▬▬▬▬▬▬▬▭

Elena es una chica de buena familia que vive feliz con sus padres en Chihuahua. Pero su vida cambia radicalmente cuando su madre deja el hogar para irse con su amante y su padre se suicida. Ella decide trasladarse a Ciudad Juárez, donde encuentra diferentes trabajos que se ve obligada a abandonar porque sufre acoso sexual de sus jefes. Desesperada y hambrienta encuentra un día a Lucio, un conocido de Chihuahua, que con la excusa de invitarla a cenar la vende a Rosaura, la dueña de un prostíbulo y también de un cabaret.

A finales de la década de 1940, las películas de cabaret eran muy frecuentes y populares en México, y Alberto Gout logró en este subgénero una cinta que se convirtió en su mejor exponente. Supo aprovechar las dotes de la rumbera cubana Ninón Sevilla, mejor bailarina que actriz, todo hay que decirlo. Ninón se mueve en espléndidos escenarios –desmedidamente grandes en proporción con el tamaño del cabaret–, al son de ritmos tropicales.

Gout hace gala de un notable pulso narrativo para llevar adelante la historia de la evolución del personaje de Elena, sobre todo a partir de una sorprendente vuelta de tuerca que desata una serie de situaciones de fuerte tensión dramática. La música juega un papel importante en la acción, sobre todo el bolero de Agustín Lara –del que toma el nombre la película–, interpretado por Pedro Vargas (que aparece en la película, al igual que Ana María González y el trío Los Panchos). Una escena inolvidable es la de Ninón Sevilla enfundada en un traje plateado y recostada sobre una columna mientras Vargas desgrana meloso: «Vende caro tu amor, aventurera... ». **AC**

El rey del barrio

Gilberto **Martínez Solares**   1949

México 101 m b/n
Guión G. Martínez Solares
Producción G. Martínez Solares
y Juan García
Fotografía G. Martínez Solares
Música Luis Hernández Bretón
Intérpretes Germán Valdéz,
Tin Tan, Silvia Pinal, Marcelo
Chávez, Famie Kauffman, *Vitola*,
Ismael Pérez, *Poncianito*

Crítica ▬▬▬▬▬▬▭▭
Público ▬▬▬▬▬▬▭▭

Tin Tan finge que trabaja como ferroviario, pero en realidad es el jefe de una banda de ladrones de poca monta y más bien patosos, que le temen por las hazañas de las que hace alarde. Pero sus buenos sentimientos le llevan también a ayudar a sus vecinos más pobres. Entre ellos está Carmelita, una guapa muchacha de la que está enamorado y a la que se empeña en proteger pese a su reticencia. Planea grandes «golpes maestros» que consisten en estafar a millonarias haciéndose pasar por distintos personajes. Pero sus planes se complican cuando Nena, una de sus candidatas millonarias, cae rendida a sus pies.

Tin Tan, además de actor, fue cantante, bailarín, locutor, imitador y músico. Su versatilidad se manifiesta en esta comedia arrabalera en la que el cómico se convierte en pintor francés, cantaor de flamenco, gángster de Chicago y profesor italiano de canto. Martínez Solares, que lo dirigió en muchas de sus películas, supo aprovechar las dotes del gran cómico mexicano, permitiéndole improvisar gracias al notable manejo del ritmo cinematográfico que poseía su estrella. *El rey del barrio*, tal vez su película más reconocida, presenta con humor

los personajes y situaciones que hizo célebres el melodrama mexicano. Es destacable por su comicidad la escena en la que los hombres de la banda se ven sorprendidos por el gran jefe mientras están jugando al billar y hablando de sus raterías.

Tin Tan cosechó en su país tantos adeptos como Cantinflas, si bien con un sentido del humor muy diferente. Protagonizó más de 100 películas, entre las que sobresalen *Soy charro de levita* (1948), *Calabacitas tiernas* (1952), *Simbad el mareado* (1950), *Mátenme porque me muero* (1952) y *El vagabundo* (1953). **AC**

Apartado de correos 1001

Julio **Salvador**   1950

Un joven es abatido a tiros en el centro de Barcelona. Antonio, un policía experimentado, y Miguel, un joven recién graduado que afronta su primer caso, serán los miembros de la brigada criminal encargados de investigar el asesinato. Durante las pesquisas descubren que la víctima guardaba un anuncio de periódico con un número de apartado de correos. Ésa será la única pista para llegar al asesino. A partir de ese número la policía descubrirá una compleja red criminal.

Apartado de correos 1001 refundó el género policíaco español y fue el detonante de una escuela que se extendió durante casi dos décadas. El film está enfocado desde una clave verista, muy en boga desde el triunfo del neorrealismo. En el inicio vemos las imágenes de las calles mas céntricas de Barcelona, y una voz en *off* nos dice que la ciudad es testigo real de los hechos. La cámara hace reconocible la ciudad gracias a la precisión con que recoge los rincones de una urbe bulliciosa. Ese documentalismo, inédito hasta entonces en el cine español, funciona como contrapunto del verismo oficial que limitaba la historia a una perspectiva estrictamente policial. El criminal es una figura invisible, matizando así un género de por sí peligroso, ya que cuestionaba la «paz social» con la que se autolegitimaba el régimen franquista.

Por encima de las raíces neorrealistas, el film plantea un dispositivo cercano al modelo americano. Y lo hace con un guión en forma de rompecabezas, donde a través de una sucesión de pistas vamos averiguando todo el proceso criminal. Un puzzle ideado para que el espectador –que comparte la perspectiva de la policía– no conozca la identidad del culpable hasta el final. Todo encajado en una estructura narrativa ordenada –en la que se incluyen dos *flashbacks* explicativos– con secuencias bien resueltas, como la del descubrimiento de la pista del trabajador de correos. La trama sigue un *crescendo* dramático que culmina en el clímax final. Al llegar al desenlace, el film se aparta del verismo estricto y entra de lleno en el puro espectáculo, como en la escena de los espejos falsos, deudora de *La dama de Shanghai* (1947), o cuando el asesino muere de forma grotesca en un parque de atracciones situado en la conocida sala Apolo.

Apartado de correos 1001 fue dirigida casi por casualidad por el barcelonés Julio Salvador (1908-1974), ya que sustituyó a última hora al experimentado Antonio Román. Era el premio de Emisora Films para uno de sus técnicos más activos. El éxito de la cinta permitió a Salvador desarrollar una irregular carrera como director. Emisora Films estaba estructurada al estilo americano, con equipos técnicos y artísticos asalariados. Esto permitió una producción estable durante más de una década, con un estándar de calidad bastante aceptable. De esta cantera surgieron grandes técnicos y futuros cineastas como Julio Coll, Antonio Isasi-Isasmendi, Josep M. Forn o Francisco Pérez-Dolz. Todos ellos presentes de alguna forma en esta emblemática película. **LE**

España 90 m b/n
Guión Julio Coll
y Antonio Isasi Isasmendi
Producción Emisora Films
Fotografía Federico G. Larraya
Música Ramón Farrés
Intérpretes Conrado San Martín, Elena Espejo, Tomás Blanco, Manuel de Juan, Carlos Muñoz, Luis Pérez de León, Casimiro Hurtado, Guillermo Marín

Crítica
Público

Los olvidados

Luis **Buñuel** 1950

México 80 m b/n
Guión Luis Alcoriza y Luis Buñuel
Producción Óscar Dancigers
Fotografía Gabriel Figueroa
Música Rodolfo Halffter
Intérpretes Stella Inda,
Alfonso Mejía, Miguel Inclán,
Roberto Cobo, Alma Delia Fuentes
Premios Festival de Cannes:
Palma al mejor director
11 Ariel, entre ellos: mejor película,
mejor dirección, mejor argumento
original, mejor fotografía

Crítica ▬▬▬▬▬▬
Público ▬▬▬▬▬▭

Jaibo se ha escapado del correccional y vuelve a liderar la pandilla del barrio. Decidido a vengarse de su delator, lo busca con la ayuda de Pedro –uno de los chicos de su grupo– y lo mata en su presencia. Pedro, un chico de buen corazón, queda horrorizado por el crimen. Temeroso de la justicia, decide enmendarse y comienza a trabajar. Pero no le resultará fácil: acusado injustamente de un robo, será enviado al correccional.

En 1949 Luis Buñuel filmó *El gran calavera*, película que obtuvo gran éxito comercial. El productor Óscar Dancigers, entusiasmado, le propuso al director aragonés volver a trabajar juntos, pero esta vez en una película de mayor calidad artística. Dancigers sugirió el tema de la infancia abandonada que se desliza hacia la delincuencia. Buñuel, al que convenció el tema, dedicó varios meses a investigar las condiciones de vida de los chicos marginales en los barrios más pobres de la ciudad de México.

Los olvidados es una cinta de profunda denuncia social y, a la vez, una tesis acerca de la fatalidad del destino. Un letrero inicial señala la autenticidad de los acontecimientos narrados. Estas características, sumadas al hecho de utilizar actores no profesionales y escenarios reales, vinculan la película con el neorrealismo italiano, en pleno auge en aquellos años. Pero Buñuel va más allá: el suyo es un relato pesimista que cuestiona la posibilidad de revertir, en un determinado contexto psicosociológico, ciertas situaciones. Por otra parte, no le faltan a la cinta señas surrealistas buñuelianas, como las secuencias oníricas (es emblemática la pesadilla edípica de Pedro, filmada en cámara lenta) o la extraña y constante presencia de gallinas.

En *Los olvidados* se evidencia una vez más el talento narrativo de Buñuel; la trama se desarrolla bajo un clima de tensión desgarradora que no da respiro. La enriquecen una serie de interesantes personajes, como Carmelo, un ciego malvado y reaccionario; Ojitos, el lazarillo abandonado por su padre; la madre de Pedro, que desprecia a su hijo; o Meche, una adolescente inquietante. El elenco actoral cumple a la perfección la tarea de dar vida a estos personajes ambivalentes y atormentados. En la elaboración de los diálogos fue fundamental la colaboración del escritor Jesús Camacho –conocido como Pedro de Urdimalas–, que logró volcar en ellos el habla popular mexicana hasta hacerlos creíbles. Todos estos elementos, sumados a la excelente fotografía de Gabriel Figueroa en su primera colaboración con Buñuel y la inquietante música vanguardista de Rodolfo Halffter, contribuyeron a hacer de *Los olvidados* una obra maestra.

Hace unos años se encontró en la Filmoteca de la UNAM un rollo con un final distinto, supuestamente rodado para sustituir al otro en caso de que no gustase al público o por si había problemas con la censura. De hecho, la película sufrió rechazo y desde diversos medios se solicitó la expulsión del cineasta del país. Cuatro días después de su estreno fue retirada de los cines sin que faltaran intentos de agresión física contra Buñuel. Afortunadamente, algunos intelectuales salieron en su defensa y, tras la concesión del premio al mejor director en el Festival de Cannes, los ánimos se calmaron. Una vez presentada la película en Cannes con este final ya no tenía sentido cambiarlo. **AC**

Surcos

José Antonio **Nieves Conde**   1951

España 99 m b/n
Guión Gonzalo Torrente Ballester
y J. A. Nieves Conde (basado en
un texto de Natividad Zaro
y Eugenio Montes)
Producción Atenea Films
Fotografía Sebastián Perera
Música Jesús García Leoz
Intérpretes María Asquerino,
Luis Peña, Félix Dafauce, Francisco
Arenzana, Marisa de Leza,
José Prada, Ricardo Lucía,
María Francés

Crítica ▬▬▬▬▬▭▭
Público ▬▬▬▬▭▭▭

La familia Pérez abandona el campo para instalarse en Madrid con la esperanza de prosperar. Se instalan en la humilde casa de un pariente y todos los miembros se disponen a buscar trabajo para aportar un jornal a la economía familiar. Pepe, el mayor de los hijos, encontrará empleo en asuntos poco legales, su hermana Tonia se empleará como asistenta y Manolo, el pequeño, conseguirá ocupación como chico de los recados. Manuel, el padre, tendrá que afrontar un duro trabajo en una fundición. Sus sueños de alcanzar una vida mejor chocarán de frente con la áspera realidad de la sociedad española de la posguerra.

Surcos se puede considerar uno de los escasos títulos españoles adscritos al estilo neorrealista que los maestros de la edad de oro del cine italiano pusieron en boga a principios de los años cincuenta. Nieves Conde, su director, defendió el carácter naturalista de la cinta, y es de esos dos conceptos estilísticos de los que bebe esta dura película que trata el entonces candente tema del éxodo rural. Desde comienzos del siglo pasado –y especialmente después de la Guerra Civil– el campo español sufrió un paulatino despoblamiento en favor de las grandes ciudades. Un aluvión de emigrantes llegaba a las capitales con más esperanzas que posibles para incorporarse a la sociedad industrial. Dejaban atrás un modo de vida ancestral para convertirse en la primera generación de algo nuevo. No es de extrañar que el cine se fijara en el fenómeno y lo retratara. Lo que sí que resulta curioso es que los autores de esta historia fueran reconocidos falangistas. Su filiación les permitió levantar esta producción que provocó polémica y un enfrentamiento con la Iglesia, que denunció el tratamiento que se daba a temas como la miseria y el estraperlo. También sorprendió que el comportamiento amoral del estraperlista no tuviera un claro castigo final. El público de la época ya estaba acostumbrado a las producciones norteamericanas de evasión amable y no recibió bien un retrato tan incómodo y cercano. Uno de los personajes de la historia hace referencia directa a esta cuestión al criticar la película neorrealista que acaba de ver: «¡Menudo tostón la película ésta! No sé qué gusto encuentran en sacar a la luz la miseria. ¡Con lo bonita que es la vida de los millonarios!».

Nieves Conde realizó su mejor obra a partir de un texto-denuncia escrito por una mujer, Natividad Zaro, algo muy inusual en la época. *Surcos* es un retrato coral de personajes bien construidos en una narración que salta de uno a otro con eficacia para pintarnos un cuadro que es crudo, pero sin caer en el tremendismo, algo que hubiera sido del todo imposible.

Trabajos mal pagados o ilegales, abusos de poder, sirvientas mancilladas, padre de familia avergonzado por no tener ocupación, cuatro tortas «bien dadas» a las mujeres descaradas, gente que vive hacinada en pequeñas viviendas... ¡Con lo bonita que es la vida de los millonarios! **AS**

Cielo negro

Manuel **Mur Oti** 1951

Emilia es una apocada modistilla que vive en un barrio pobre de Madrid. Cuando su amado Fortún le invita a la verbena, Emilia toma prestado un vestido de la tienda en la que trabaja. A partir de ese momento, las desgracias y humillaciones se sucederán hasta llevar a la joven a la más profunda desesperación.

Un chotis se convertirá en símbolo del único instante de felicidad en la vida de Emilia: las 2 horas pasadas en la verbena junto a Fortún. Esa melodía, típicamente madrileña, se convertirá en el *leitmotiv* musical de la película, evidenciando los contrastes de una obra de claras filiaciones internacionales (de Öphuls a Rossellini) pero marcado carácter nacional y local.

En este magnífico melodrama, Mur Oti conjugó con maestría los mecanismos narrativos y la estilización visual propia de este género con el naturalismo e inmediatez del neorrealismo. Junto a la prototípica heroína abnegada y la recreación de una realidad estilizada (la secuencia de la verbena, el uso de escaleras y ventanas como espacios en los que se enmarca la acción...), se percibe una voluntad de captar la realidad de las clases más modestas de la sociedad española, que se evidencia

formalmente en el uso de luz natural y la filmación en exteriores, algo insólito en la época.

El devenir de Emilia, miope física pero también sentimental, alcanza su culminación en el *travelling* final, el más largo del cine español. La agónica carrera de dos minutos de duración, bajo una lluvia redentora, actuará como catarsis para esta Cenicienta frustrada que, durante 120 minutos, vio la vida a través de un cristal de color de rosa. Este *travelling* es, más que una cuestión moral, pura emoción cinematográfica. **MA**

España 90 m b/n
Guión Manuel Mur Oti
(Basado en el relato *Miopita*,
de Antonio Zozaya)
Producción Intercontinental Films
Fotografía Manuel Berenguer
Música Jesús García Leoz
Intérpretes Susana Canales,
Fernando Rey. Luis Prendes.
Teresa Casal, Inés Pérez Indarte,
Julia Caba Alba

Crítica
Público

El Judas

Ignacio F. **Iquino** 1952

Maríano Torné, un mezquino negociante odiado por todo el pueblo, interpreta a Judas en la tradicional representación de La Pasión de Jesucristo de Esparreguera. Como ambiciona el papel de Jesús, acusa falsamente al actor que lo representa y logra sustituirlo, lo que le llevará a una sorprendente transformación.

A pesar de su discreto reconocimiento en la historia del cine español, Ignacio F. Iquino (Valls, 1910 - Barcelona, 1994) fue uno de los cineastas más prolíficos a lo largo de cinco décadas y alcanzó una notable repercusión popular. Adaptó el formato de las pequeñas productoras de Hollywood: films muy asequibles, de todos los géneros y con un decidido enfoque comercial, en los que él mismo intervenía en todo el proceso de producción, desde el guión hasta la edición. De entre sus más de cien títulos, la mayoría de dudosa calidad, destacan *Brigada criminal* (1950), *Fuego en la sangre* (1953) y *El ojo de cristal* (1956).

El Judas posee un gran realismo ambiental gracias a estar rodada en escenarios naturales y a contar con los propios habitantes del pueblo como actores. Pudo, incluso, haber sido la

primera película en catalán después de la Guerra Civil, pero el régimen franquista lo impidió a última hora. A diferencia del ortodoxo cine religioso de la época destinado a contentar a la Iglesia católica, esta cinta contiene un punto de vista más humanista, pues hace hincapié en el dramatismo y verosimilitud de su protagonista. El enfoque en melodrama que hace *El Judas* de los valores cristianos universales ha envejecido bien y su lectura resulta vigente incluso para el descreído público contemporáneo. **GS**

España 94 m b/n
Guión Rafael J. Salvia
Producción Ignacio F. Iquino
y José Carreras Planas
Fotografía Pablo Ripoll
Música Augusto Algueró
y Josep Casas Augé
Intérpretes Antonio Vilar,
Manuel Gas, María Rosa Fornaguera
y elenco del Patronato de la Passió
de Esparreguera

Crítica
Público

¡Bienvenido, Mister Marshall!

Luis **García Berlanga**   1952

España 75 m b/n
Guión Luis García Berlanga,
Juan Antonio Bardem
y Miguel Mihura
Producción UNINCI
Fotografía Manuel Berenguer
Música Jesús García Leoz
Intérpretes José Isbert,
Manolo Morán, Lolita Sevilla,
Alberto Romea, Elvira Quintillá,
Luis Pérez de León, Félix Fernández,
Manuel Alexandre y la voz
de Fernando Rey
Premios Festival de Cannes:
mención especial del jurado

Crítica ━━━━━━━━━
Público ━━━━━━━━━

Son los años cincuenta del siglo pasado. Villar del Río es un tranquilo pueblecito castellano donde la vida trascurre sin sobresaltos. Hasta que un buen día llegan unos señores trajeados –el delegado del Gobierno y sus ayudantes– con una noticia explosiva: una delegación americana va a visitar la comarca y hay que hacerles el gran recibimiento que se merecen. El alcalde reúne con carácter de urgencia a las fuerzas vivas del pueblo: el médico, el señor cura, el boticario, la maestra, el hidalgo; entre todos aportarán ideas para preparar el acontecimiento.

Para entender el contexto histórico en el que se desarrolla la acción conviene recordar que a finales de los años cuarenta los americanos desplegaron el famoso Plan Marshall de ayuda a la recuperación económica de Europa tras la Segunda Guerra Mundial. España, que no había participado en la contienda, quedó excluida de las ayudas. Así que, todavía en plena posguerra civil, vimos como una lluvia de dólares caía en países vecinos más desarrollados sin poder evitar cierta sensación de envidia –y hasta de ridículo. En los años cincuenta España era un país cerrado a cal y canto, internacionalmente aislado debido a que Franco se había posicionado ideológicamente con los fascistas que provocaron y perdieron la Segunda Guerra Mundial. Con ese caldo de cultivo, Berlanga y Bardem escribieron una parodia que sacaba a relucir todos los complejos de un país que se hallaba en sus horas más bajas. Y lo hicieron de la mejor manera: con un gran sentido del humor que, sin ocultar nuestras muchas miserias, presentaba cierto orgullo de perde-

dor esperanzado. En su génesis, los productores pretendieron hacer una película que sirviera de lanzamiento para la cantante Lolita Sevilla. Pero, una vez en manos de dos geniales cineastas como Berlanga y Bardem, la historia tomó un rumbo muy distinto. Y además Lolita cantó. De las canciones, escritas por el comediógrafo Miguel Mihura, que también intervino en los diálogos, hay que resaltar una pegadiza tonadilla que ha calado en el subconsciente colectivo de los españoles: «Americanos, os saludamos con alegría».

Además de su enorme valor histórico como retrato de una época, la película atesora grandes logros estrictamente cinematográficos. Los primeros 30 minutos tienen un ritmo endiablado, consiguen presentarnos un pueblo y sus habitantes con singular fuerza, a través de acertados encadenamientos entre secuencias que nos llevan de un lado para otro ilustrando la voz del narrador (un acertado Fernando Rey). El tono, entre tierno y jocoso, insufla vida a cada uno de los personajes (magníficas interpretaciones de José Isbert y Manolo Morán). La fotografía, del entonces ya veterano Berenguer –que se puso, a regañadientes, a las órdenes del joven director– destaca por la contundencia de su blanco y negro, especialmente en los exteriores, como en la memorable secuencia del tractor arrastrando el paracaídas.

En fin, una divertida comedia con mucho fondo que el tiempo ha convertido en una crónica histórica y su calidad en un clásico del cine español. **AS**

Él

Luis **Buñuel**   1952

México 91 m b/n
Guión Luis Alcoriza y Luis Buñuel
(basado en la novela homónima
de Mercedes Pinto)
Producción Óscar Dancigers
Fotografía Gabriel Figueroa
Música Luis Hernández Bretón
Intérpretes Arturo de Córdova,
Delia Garcés, Luis Beristáin,
Aurora Walker, José Pidal

Crítica
Público

Francisco Galván, un hombre adinerado, muy religioso y conservador, participa durante un Jueves Santo en la ceremonia del *mandatum*, el lavado de pies que efectúa el sacerdote de su parroquia. Entre los fieles descubre a Gloria, de quien se queda absolutamente prendado. Gloria resulta ser la novia de un amigo suyo, azar que aprovecha para conquistarla y casarse con ella. A partir de la misma noche de bodas, Francisco comienza a mostrar unos celos patológicos que van a desembocar en una verdadera paranoia.

En una dramatización irónica y con grandes dosis de humor negro, Luis Buñuel narra una historia de *amour fou*. De manera sobria y con gran capacidad de síntesis, indaga en el interior de Francisco las obsesiones sexuales y matrimoniales características de su clase social y religión.

Susceptible de múltiples lecturas, como la mayoría de sus películas, *Él* impacta desde su primera escena podofílica, marca del autor: un sacerdote lava y besa con delicadeza unos pies adolescentes. Este hecho despierta en Francisco su propio fetichismo y lo lleva a buscar con la mirada los pies de las señoras sentadas en la primera fila de la iglesia hasta encontrar los de Gloria, expuestos en un magnífico plano detalle. El comportamiento obsesivo y paranoico de Francisco se manifiesta antes de que comience su relación con Gloria, cuando discute con su abogado por su derecho a recuperar los terrenos expropiados a su abuelo. La incapacidad del protagonista para aceptar la realidad es otro de los temas recurrentes a lo largo de toda la cinta.

Buñuel comentó que *Él* era la película en la que había puesto más de sí mismo («Hay algo de mí en el protagonista»). Arturo de Córdova, que realiza aquí una de sus más brillantes actuaciones, incorpora a su personaje una serie de gestos y comportamientos propios del director aragonés, entre ellos, su peculiar manera de caminar.

La puesta en escena de la película es impecable. La mayor parte de la acción transcurre en la casa de Francisco, una espléndida escenografía modernista realizada en *set* por el canadiense Edward Fitzgerald. Este espacio, probablemente inspirado en obras de Gaudí, tortuoso como la personalidad de su dueño, adquiere un carácter aún más inquietante realizado por el magnífico tratamiento de luces y sombras de Gabriel Figueroa. Los numerosos movimientos de cámara en espacios pequeños, como en el compartimento del tren, la habitación del hotel o el estudio de Francisco, incrementan la sensación de agobio.

Él, una de las películas favoritas del propio Buñuel, resultó un fracaso en taquilla en su estreno. Pero desde entonces ha sido unánimemente aclamada por la crítica y alabada por directores de la talla de François Truffaut y Alfred Hitchcock. Por otra parte, psiquiatras y psicoanalistas, entre ellos Jacques Lacan, la consideran un modelo de caso paranoico. **AC**

Las aguas bajan turbias

Hugo **del Carril**   1952

Argentina 85 m b/n
Guión Eduardo Borrás, sobre
la novela *El río oscuro*
de Alfredo Varela
Producción Guillermo Zúñiga
(Lina C. de Machinandiarena)
Fotografía José Mª Beltrán
Música Tito Ribero
Intérpretes Hugo del Carril,
Adriana Benetti, Raúl del Valle,
Gloria Ferrandiz, Pedro Laxalt,
Eloy Álvarez, Herminia Franco,
Joaquín Petrosino, Luis Otero
Premios Festival de Venecia:
diploma de honor
4 Cóndor de Plata, entre ellos:
mejor película

Crítica ▬▬▬▬▭
Público ▬▬▬▭▭

A finales del siglo XIX se establecieron en zonas selváticas del Paraguay y el noreste argentino (el Alto Paraná) plantaciones de yerba mate en las que sus dueños impusieron regímenes de explotación y semiesclavitud. Escapando de la pobreza de la década de 1920, los hermanos Santos y Rufino Peralta se trasladan a la zona para ser contratados como peones rurales migrantes *(mensúes)*, sin saber que serán sometidos a condiciones de trabajo infrahumanas, maltratos y abusos, que en el caso de las mujeres serán también sexuales. Quienes intentan escapar de ese infierno son castigados brutalmente y muchas veces terminan convertidos en cadáveres que flotan aguas abajo. Los Peralta se resisten a la cruel ley imperante y se enfrentan con patrones y capataces por defender a las mujeres que aman. Sin embargo, se vislumbra una esperanza cuando en los trabajadores germina la idea de unirse para defender sus derechos.

Hugo del Carril era una figura consagrada como cantante de tangos y como actor cuando comenzó su carrera de realizador cinematográfico, a finales de la década de 1940. Si bien el drama de los mensúes en los yerbatales misioneros ya había sido tratado por el director Mario Soffici en *Prisioneros de la tierra* (1939), Del Carril lo encaró de modo menos romántico: no es el fatalismo de la tierra lo que oprime a sus personajes, sino la explotación de los poderosos. Filmada parcialmente en escenarios naturales de la selva misionera, entre las dos primeras presidencias de Juan Domingo Perón, *Las aguas bajan turbias* es una obra representativa del estilo de cine político-social del director, quien a su vez encarna al personaje principal del film. Aunque Del Carril era un conocido militante peronista, a la hora de concretar su proyecto tuvo que enfrentarse a la dificultad que implicaba la proscripción de Alfredo Varela, escritor comunista autor del libro original, *El río oscuro* (1943), quien se encontraba en la cárcel en el momento de la filmación y cuyo nombre no figura en los créditos de la película por razones políticas.

La realización de *Las aguas bajan turbias* evidencia un manejo original y maduro del lenguaje cinematográfico. Su fuerza expresiva se apoya en una fotografía en blanco y negro muy lograda, que permite resaltar la crudeza de las situaciones y los climas sombríos. Por su parte, la cámara imprime un ritmo vigoroso a la narración (es memorable la secuencia de la huida a caballo de la pareja protagonista). Quizá los diálogos y las apariciones de un narrador en *off* resulten al oído contemporáneo un tanto declamatorios, así como la presentación de los personajes, que muestra un maniqueísmo algo ingenuo. Sin embargo, el poder visual de la narración se mantiene intacto y la película, a pesar de conservar un estilo clásico, anticipa el modelo autoral de lo que será conocido en la cinematografía argentina como *generación del sesenta*.
RB

Marcelino pan y vino

Ladislao **Vajda**   1954

España 91 m b/n
Guión Ladislao Vajda y José Mª
Sánchez Silva (basado en un relato
homónimo de Sánchez Silva)
Producción Chamartín/
Falco Film
Fotografía Enrique Guerner
Música Pablo Sorozábal
Intérpretes Pablito Calvo,
Rafael Rivelles, Juan Calvo,
Antonio Vico, José Prada,
José Nieto, José Marco,
Juanjo Menéndez, Fernando Rey
Premios Festival de Berlín:
Oso de Plata
Festival de Cannes:
mención especial a Pablito Calvo

Crítica ▬▬▬▬▬▬▭
Público ▬▬▬▬▭

Un recién nacido es abandonado a las puertas de un convento franciscano. Tras intentar encontrar una familia de adopción, los frailes deciden hacerse cargo del bebé y lo bautizan como Marcelino. El niño crece alegre y feliz entre los cuidados de los religiosos hasta que un día desobedece la prohibición de subir al desván del convento. Allí encontrará la imagen de un Cristo crucificado con quien establecerá una misteriosa relación.

El guión de *Marcelino pan y vino* se escribió a partir de un popular serial por entregas publicado en el diario *Ya* a principios de los años cincuenta y firmado por Sánchez Silva. Ladislao Vajda, un húngaro exiliado en España, donde desarrolló lo más interesante de su carrera (*El cebo, Mi tío Jacinto*), puso su gran talento de narrador fílmico al servicio de la historia. El otro gran artífice de la película fue un niño de apenas cinco años, Pablito Calvo, que encandiló a medio mundo con su interpretación plena de frescura y alegre expresividad. El enorme éxito de taquilla de *Marcelino pan y vino* inauguró en España un género, el de «película con niño», que tuvo mucha aceptación durante las décadas de 1950 y 1960. La cinta se estrenó en numerosos países –algo insólito entonces para la industria española– y obtuvo muy buenos resultados en Italia y Japón. En 1991 Luigi Comencini rodó un *remake* que está muy lejos del original y más recientemente se ha realizado una versión en dibujos animados.

Una de las bazas de la película es la extraordinaria fotografía de Enrique Guerner, uno de los grandes operadores del cine español de todos los tiempos (*Raza, Los últimos de Filipinas*). El blanco y negro de Guerner se llena de matices bajo los cielos secos y luminosos de la meseta castellana. Los encuadres pictóricos y los ajustados movimientos de cámara, siempre elegantes, enriquecen una narración bien planificada y servida con el *tempo* justo por el maestro Vajda.

El argumento transpira la moralina catolicista que impregnaba gran parte de la producción del momento. El retrato de la comunidad de religiosos que adopta a Marcelino parece un catálogo de santos varones; todos son virtuosos, cariñosos y amables. Pero si la película sigue funcionando –y muy bien– es, precisamente, por ser muy fiel a ese patrón católico de *buenismo* tierno y entrañable. En este cuento mágico, articulado en forma de largo *flash-back* contado por el «fraile» Fernando Rey, es imposible no sentir una gran simpatía por el huérfano Marcelino. Resulta sorprendente que una historia tan afable, imbuida de un humor tierno y protagonizada por un niño adorable, tenga un final que pueda considerarse, como mínimo, tenebroso. Es la dicotomía de la religión católica: el cielo y el infierno; lo bueno y lo malo. Pero es esa dualidad, acentuada por el blanco y negro, la que confiere sentido a esta cinta que ocupa su inamovible puesto entre los clásicos españoles. **AS**

Ensayo de un crimen

Luis **Buñuel** 1955

México 89 m b/n
Guión Luis Buñuel, Eduardo Ugarte
(versión libre de la novela
homónima de Rodolfo Usigli)
Producción Alfonso Patiño Gómez
Fotografía Agustín Jiménez
Música Jorge Pérez H.
Intérpretes Ernesto Alonso,
Miroslava Stern, Rita Macedo,
Ariadne Welter, Rodolfo Landa

Crítica
Público

A raíz de un relato que le cuenta su institutriz, Archibaldo de la Cruz, hijo único de un matrimonio burgués, cree que puede provocar la muerte de las personas con el poder que le otorga una caja de música que le regaló su madre. La primera supuesta víctima es la propia institutriz, a la que le seguirán, muchos años después, otras tres mujeres muertas en distintas y extrañas circunstancias a las que él había deseado y planeado matar. Estas fantasías lo hacen sentirse culpable y decide confesar a un juez todos sus «crímenes».

Luis Buñuel rodó en México 21 películas, de notable eficacia artesanal y, en general, cargadas de humor, desparpajo e ironía. Fue un realizador único y diferente, que supo navegar a contracorriente de la industria cinematográfica nacional. Si bien sus comienzos no fueron fáciles en este país, logró afianzarse y aportar una obra rica en elementos oníricos y delirantes, que juega permanentemente entre la realidad y la fantasía. De ella son una buena muestra –además de las reseñadas en este libro– *Demonio y carne* (1951), *La ilusión viaja en tranvía* (1954), *Nazarín* (1958) y *Simón del desierto* (1965).

Con *Ensayo de un crimen* Buñuel logra una de las obras más ricas y personales de toda su filmografía. La película comienza con una voz en *off* que luego se sabrá que es la del protagonista contando su historia, no al espectador sino a otro personaje. En este *flashback* desfilan las circunstancias de cada uno de sus imaginarios crímenes, en un relato sumamente divertido y, a la vez, perturbador, hasta componer el retrato de una personalidad desequilibrada.

Como ya hiciera con su película *Él* (1952), Buñuel centra todo el interés de la narración en el protagonista. Es este personaje contradictorio, con su enorme carga de frustración por no poder llegar a materializar los crímenes que planea, el que mueve la acción protagonizando la mayoría de las secuencias importantes. Como otros protagonistas del cine de este realizador, las fantasías de Archibaldo se materializan en la imaginación y cuando descienden al ámbito de lo real se transforman en obsesiones. Estas obsesiones no sólo tienen que ver con la muerte, sino también con lo erótico, dos conceptos estrechamente relacionados para Buñuel. Esta relación es patente en muchas escenas de *Ensayo de un crimen*: cuando Archibaldo niño observa a la institutriz muerta, su mirada se queda clavada en las piernas desnudas; mientras planea el asesinato de Lavinia acaricia con deleite unas prendas íntimas de mujer; su fantasía es matar a Carlota el día de la boda, vestida de novia y reclinada rezando, es decir, antes de consumar el acto sexual. Una vez más, el realizador saca a la luz de la pantalla lo oculto, lo silenciado. Y como siempre, lo expresa con importantes dosis de humor negro. **AC**

Muerte de un ciclista

Juan Antonio **Bardem**   1955

España/Italia 81 m b/n
Guión Juan Antonio Bardem
Producción Cesáreo González
y Manuel J. Goyanes (Suevia Films/
Guión Films/Trionfalcine)
Fotografía Alfredo Fraile
Música Isidro B. Maiztegui
Intérpretes Lucía Bosé,
Alberto Closas, Bruna Carrá,
Carlos Casaravilla, Otelo Tosso,
Alicia Romay, Julia Delgado Caro,
Manuel Alexandre,
Fernando Sancho, Matilde Muñoz
Sampedro, Mercedes Albert,
José Sepúlveda, José Prada
Premios Festival de Cannes:
Premio de la Crítica Internacional

Crítica
Público

María José y su amante, Juan, atropellan accidentalmente a un ciclista y, aterrorizados, huyen abandonando al moribundo. Ya reincorporados a su vida cotidiana, la pareja no puede evitar los remordimientos.

Muerte de un ciclista es uno de los films intocables del cine español, la obra con la que Juan Antonio Bardem alcanzó su madurez como director y la que le convirtió en el principal referente del cine crítico contra el franquismo. Años atrás, Bardem y Berlanga hicieron su debut con un título también clave, *Esa pareja feliz* (1951), convirtiéndose en la más sólida esperanza para revolucionar el inmovilismo del cine nacional. Una vez separados, los dos cineastas continuaron por caminos bien distintos. Berlanga optó por la vía del sainete crítico mientras Bardem se decantó por un cine de tesis, fuertemente politizado por su discurso crítico de la realidad.

La anécdota inicial parece el detonante típico de un film de intriga. La diferencia estriba en que las consecuencias derivadas del acto en sí (el atropello y la posterior huída) no son mostradas exclusivamente desde un punto de vista moral, sino también desde una profunda crítica social. La pareja forma parte de esa burguesía que se benefició de los privilegios otorgados por el régimen franquista. Juan, por ejemplo, es un profesor cuya buena posición se debe más a sus contactos que a sus méritos. Tras el atropello, sin embargo, su cómodo mundo se resquebraja y el personaje evoluciona hacia una profunda toma de conciencia acerca de la realidad que le rodea

que recuerda al tránsito emocional y mental que vive Ingrid Bergman en *Europa 51* (1952) de Rossellini. La carga política de la cinta, su carácter de obra de tesis, aparece subrayada por la filmación en espacios abstractos y despojados de todo ornamento, lo que permite una conexión más fluida entre historia y mensaje. El espacio deviene un símbolo del vacío interior de los personajes, como esos paisajes desolados por los que transita la pareja protagonista. A través del montaje, el director relaciona, a la vez que confronta, las clases en lucha: fiestas burguesas y barrios deprimidos son presentados en plano-contraplano como situaciones de causa-efecto. También la profundidad de campo tiene una lectura ideológica, como se hace patente en la escena de la discusión entre Juan y su alumna. El espacio marca, así, el grado de transformación moral de Juan: estos dos personajes se vuelven a encontrar más tarde, ahora sólo separados por una ligera valla metálica, que demuestra que la evolución, aunque iniciada, aún no se ha completado.

Estos planteamientos, meticulosamente formalistas, provenían tanto de la formación de Bardem como ingeniero como de su ejercicio de la crítica cinematográfica. Sus numerosos referentes –desde Antonioni a Welles– no diluyen, sin embargo, su estilo personal, fuertemente entroncado en la realidad española. Con esta cinta, Bardem conseguía una reputación internacional que se fue desgastando progresivamente debido a la irregularidad de su filmografía. **LE**

España 96 m b/n
Guión José Luis Sáenz de Heredia
Producción Chapalo Films
Fotografía Manuel Beringola
Música Ernesto Halffter
Intérpretes Francisco Rabal,
Margarita Andrey, José Isbert,
Tony Leblanc, José Luis Ozores,
Ángel de Andrés, Alberto Romea,
Guadalupe Muñoz

Crítica
Público

Historias de la radio

José Luis **Sáenz de Heredia**   1955

Tres historias tejidas con las ondas de la radio. En la primera, dos inventores sin blanca deciden participar en un concurso radiofónico con la idea de ganar el premio con el que pagar su patente. En la segunda, un ladrón comete la imprudencia de contestar el teléfono mientras roba en casa ajena. Y en la tercera, un maestro rural es animado por sus vecinos a participar en un concurso cultural radiofónico.

Vestido de comedia sentimental, este tríptico es la radiografía de toda una época: los años cincuenta de un país que comenzaba a respirar tras una larga posguerra. La historia está impregnada de la ideología franquista. No hay que olvidar que Franco escogió a Sáenz de Heredia para dirigir el guión de *Raza*, escrito por el propio dictador. La filiación ideológica de su autor se traduce en cierto tufillo moralista y patriotero. Pero la historia ha aguantado muy bien el paso del tiempo porque está admirablemente construida. Está compuesta con numerosos ingredientes muy heterogéneos: tres *sketchs* independientes, una historia de amor que transcurre en la emisora, actuaciones musicales, entrevistas a personajes reales, así como un prólogo y un epílogo para conformar un todo coherente que no decae en ningún momento. Es muy difícil equilibrar un conjunto tan complejo y Sáenz de Heredia lo consigue, porque es un maestro narrador.

Los diálogos son incisivos y divertidos. Todos los personajes tienen alma, por pequeño que sea el papel. El inventor (inolvidable Isbert) es un hombre inseguro y con gran sentido del rídiculo que transmite una enorme ternura. No hay ni un solo personaje negativo en la trama; es la visión de la época: todo el mundo era bueno o redimible. **AS**

España 98 m b/n
Guión Antonio Guzmán Merino
Producción Argos Films
Fotografía César Fraile
Música Antonio Valero
Intérpretes Joselito,
Maríano Azaña, Lina Canalejas,
Luis Induni, Mario Berriatúa,
Aníbal Vela, Luis Domínguez Luna,
José Prada

Crítica
Público

El pequeño ruiseñor

Antonio **del Amo**   1956

Joselito vive con su abuelo en el campanario de una iglesia de pueblo. El niño tiene una voz prodigiosa, pero el abuelo no quiere que cante porque su hija –la madre del pequeño– se marchó con un cantante trotamundos. A pesar de la disconformidad de su abuelo, Joselito canta en bodas y bautizos llevado por el sacristán de la iglesia, que ve en el niño un negocio fácil y productivo.

Joselito es uno de los iconos de la memoria colectiva de los españoles. Paradigma del niño-prodigio, realizó una precoz carrera cinematográfica gracias a su voz superdotada que terminó con la llegada de la adolescencia. Aunque no fue el primero (Pablito Calvo ya había protagonizado *Marcelino pan y vino),* se convirtió en la más rutilante de las estrellas infantiles e iniciador de la saga de los niños-cantores del cine español, un subgénero que resultó muy popular. La mayoría de estas cintas estaban cortadas por el mismo patrón: estructura de improvisado *biopic* en el que un niño –siempre de origen humilde– logra abrirse paso, no sin dificultades, en el mundo del espectáculo. La mezcla perfecta entre musical y melodrama con grandes dosis de sensiblería. Y como pasa en la mayoría de las ocasiones, la primera suele ser la mejor.

La fórmula del musical con niño funcionó a las mil maravillas y en tres años Joselito ya había protagonizado media docena de títulos *(Saeta del ruiseñor,* 1957; *El ruiseñor de la cumbres,* 1958), todos ellos bajo la batuta de Antonio del Amo, un cineasta prometedor que a raíz de este éxito se dedicó exclusivamente a su tarea de pigmalión. A su estela surgió una interminable saga de niños-artistas –Marisol, Rocío Durcal, Ana Belén– que acabaron por agotar el filón. **LE**

Calle Mayor

Juan Antonio **Bardem**   1956

Un grupo de aburridos amigos de una ciudad de provincias decide gastar una broma a una solterona, Isabel, haciéndole creer que uno de ellos, Juan, está enamorado de ella. Pronto Juan empieza a sentir remordimientos y dudará entre seguir con el engaño o confesarle la verdad.

Obra clave de la historia del cine español, *Calle Mayor* confirmó a Bardem como una de las dos B que, durante la década de los cincuenta, encabezaron un movimiento de profunda renovación del cine nacional. La otra B es, evidentemente, de Berlanga, ya que Buñuel no volvería del exilio hasta 1960.

La película, inspirada libremente en *La señorita de Trevélez* de Carlos Arniches, parte del mismo núcleo argumental pero se aleja de su tono sainetesco, a caballo entre el drama y la comedia. En *Calle Mayor* no encontramos el menor atisbo del lenguaje humorístico de la obra arnichesca. Bardem utiliza los recursos narrativos y estilísticos del drama intimista para, a partir de él, elaborar un discurso más cercano al realismo crítico o al cine militante. Su concepción del cine como instrumento de reivindicación política se evidencia en el tono excesivamente discursivo de ciertos pasajes, como las ácidas reflexiones que intercambian los dos intelectuales.

En este caso, Bardem supera la contraposición entre estética e ideología, presente en la mayor parte de su obra, a través de una estilizada gramática visual, logrando un equilibrio modélico entre forma y contenido. Los hermosos primeros planos de la protagonista, que registran cada sutil cambio en su estado de ánimo, o el modo de usar ventanas y escaparates como marcos de acción que delimitan lo que se ve y se oye, son prueba evidente de la férrea voluntad de Bardem de controlar lo que es mostrado. En este sentido, hay dos secuencias clave: la del salón de baile vacío, en el que las luces se apagan y la cámara cae a la vez que se desmorona el mundo ficticio de la protagonista, y la de la procesión, concebida al modo del montaje soviético, como un *crescendo* de imágenes y voces que producen un efecto climático, arrebatado, similar al estado de éxtasis de Isabel.

La tediosa vida provinciana es un argumento recurrente en la narrativa española, de Clarín a Galdós, pero Bardem potencia su carga política al mostrar la provincia como sinécdoque de la España franquista. Es imposible no identificar ese microcosmos asfixiante y vacío, sin aspiraciones ni futuro, como trasunto de ese país inmóvil. Bardem apunta a la burguesía, acomodada y desideologizada, como culpable de la perpetuación de la dictadura. Y convierte esa calle Mayor en un escaparate en cuyo cristal se refleja la mezquindad, el cinismo y la crueldad de una clase decadente, atrapada entre las convenciones sociales y las falsas apariencias. El mismo cristal en el que se verá reflejada Isabel en el desolador plano final: el que la separa de sus ilusiones y tras el cual se encerrará (o enterrará) para siempre, en un acto de sumisión total del *statu quo*. **MA**

España/Francia 93 m b/n
Guión Juan Antonio Bardem
(inspirado en *La señorita de Trevélez* de Carlos Arniches)
Producción Guión Films-Suevia Films/Play Art/Ibéria Films
Fotografía Michael Kelber
Música Joseph Kosma
Intérpretes Betsy Blair, José Suárez, Dora Doll, Yves Massard, Luis Peña
Premios Festival de Venecia: Premio Internacional de la Crítica y mención especial para Betsy Blair

Crítica
Público

Mi tío Jacinto

Ladislao **Vajda**   1956

España/Italia 86 m b/n
Guión Andras Laszlo,
José Santugini, Max Korner,
Gian Luigi Rondi y Ladislao Vajda
Producción Chamartín/
Falco Film/Enic
Fotografía Enrique Guerner
Música Roman Vlad
Intérpretes Antonio Vico,
Pablito Calvo, José Marco Davó,
José Isbert, Miguel Gila

Crítica
Público

Pepote es un niño huérfano que comparte chabola de extrarradio con su tío Jacinto, un novillero retirado. Viven en la completa indigencia debido al alcoholismo del tío. Pero un día reciben una carta con una jugosa oferta profesional. Para poder atender esa última oportunidad, Jacinto y Pepote dispondrán de unas horas para conseguir el dinero del alquiler del traje de luces.

Tras el enorme éxito de *Marcelino pan y vino*, Vajda volvió a contar con el protagonismo de su niño talismán, Pablito Calvo. Esta sería la segunda película juntos de una trilogía que cerrará *Un ángel pasó por Brooklyn* (1957). En esta ocasión, el maestro húngaro, influenciado por el neorrealismo italiano, nos cuenta una fábula sobre la dignidad apoyada en el sólido trabajo interpretativo de sus dos protagonistas. Las referencias a *El ladrón de bicicletas* (1948) de De Sica son incuestionables, pero Vajda supo introducir componentes propios de la tradición picaresca española y enriquecer la historia con su peculiar humor tierno.

La cinta está repleta de secuencias muy logradas. En una de ellas, Pepote colabora con un timador –un joven Miguel

Gila– haciéndose pasar por un niño muerto de hambre. En otra, un organillero le propone que pase el platillo para recoger las propinas, pero antes le obliga a cazar una mosca y mantenerla encerrada en la otra mano para evitar que pueda robarle. Todo muy en la línea del *Lazarillo de Tormes*. Pero *Mi tío Jacinto* contiene una lectura más profunda, la del retrato de la dignidad del perdedor, encarnado magistralmente por un Antonio Vico en el mejor papel de su carrera. Vico recuerda al Buster Keaton más amargo en una historia que aúna realismo social y ternura. **AS**

Torero

Carlos **Velo**   1956

México 80 m b/n
Guión Hugo Mozo y Carlos Velo
Producción Manuel
Barbachano Ponce
Fotografía Ramón Muñoz
Música Rodolfo Halffter
Intérpretes Luis Procuna,
Consuelo de Procuna,
Manuel Rodriguez, *Manolete*,
Carlos Arruza, Manuel dos Santos

Crítica
Público

En un viaje en coche rumbo a la plaza, el torero mexicano Luis Procuna recuerda episodios de su vida y confiesa su miedo a la muerte cada vez que debe enfrentarse a un toro.

Manuel Barbachano Ponce y Carlos Velo –documentalista español exiliado en México tras la Guerra Civil– decidieron en 1952 realizar un documental sobre el toreo. Cuenta Velo en sus memorias que la idea inicial era más ambiciosa que la que finalmente se plasmó. El director, que despreciaba la fiesta porque le parecía «una prueba del atraso cultural y social», in-

virtió innumerables tardes de domingo filmando corridas para este proyecto. Una de esas tardes presenció una faena de Procuna que los aficionados calificaron de inolvidable. Entonces comprendió «la emoción que suscita el espectáculo taurino». A partir de ese momento fue armando la que se considera la mejor película que se ha hecho sobre la tauromaquia.

Velo concibió un montaje en el que se mezclan escenas documentales con episodios de la vida de Procuna y tuvo la originalidad de proponer que fueran los personajes reales los que protagonizaran las escenas interpretadas. En los episodios documentales se puede ver al diestro compartiendo ruedo con figuras consagradas como Manolete, Arruza o Dos Santos. Corridas en las que triunfa o fracasa, pero en las que lucha siempre contra los que él consideraba sus tres enemigos: el toro, el público y su miedo a morir.

El excelente guión permitió entrar en la intimidad del torero, arrancarle confesiones verdaderamente emotivas y tejer una trama de un dramatismo más próximo al de un film de ficción que al de un documental. Muchos críticos no dudan en señalar a *Torero* como un antecedente del *cinéma verité*. **AC**

La casa del ángel

Leopoldo **Torre Nilsson**   1957

Ana es una adolescente de 14 años que ha crecido en el ambiente protegido de la alta burguesía porteña de principios del siglo XX. En ese universo hay hombres dedicados a la política, que a veces frecuentan lugares de costumbres libertinas. Las mujeres, mientras tanto, se ocupan de la crianza de hijos e hijas, para las que conservan los preceptos religiosos más represivos. Ana es sometida a un encierro ejemplificador pergeñado por su madre, quien da órdenes a una institutriz para que la controle férreamente con el objetivo de aumentar su recato. Ese control despierta en la joven una turbación ávida de emociones ante cualquier destello de sexualidad. La casa familiar se abrirá al mundo exterior de la política, y ese acontecimiento expondrá a Ana a una situación que la marcará para siempre.

La casa del ángel selló el comienzo de la consagración y el alcance internacional de Leopoldo Torre Nilsson, así como el inicio del fructífero trabajo conjunto con su esposa, la escritora argentina Beatriz Guido, quien participó como guionista en más de quince de sus películas. Durante la década de 1950 la dupla retrató la decadencia de valores morales de la oligarquía ganadera argentina antes de la crisis del 30. El film trata muchos de los temas que reaparecerán en trabajos posteriores de la pareja: la corrupción en la política, los efectos represivos de la educación religiosa y las iniciaciones sexuales traumáticas.

Al comienzo de la película, el relato de Ana en voz en *off* construye una noción subjetiva de realismo, ya que con él se accede a un pasado que proviene de su memoria personal. Luego, un largo *flash back* orienta las acciones; y aun cuando la voz enmudece, persiste su punto de vista en el relato. Si bien los ojos de Ana aparecen a menudo en cuadro mirando a la cámara, es evidente que es su mirada la que interpreta el universo que la rodea. Esto hace recordar lo que Pier Paolo Pasolini denominó «subjetiva indirecta libre», un procedimiento narrativo cinematográfico en el que se fusionan el punto de vista del personaje y la marca de estilo del autor. En *La casa del ángel* hay una confluencia notable entre fondo y forma: la fuerza melodramática aumenta a medida que la trama se va cerrando sobre sí misma y va enclaustrando a los protagonistas dentro de la casa. Ese movimiento en espiral se realza a través de ángulos osados de la cámara y de claroscuros extremos, para acompañar un erotismo que roza lo siniestro en una atmósfera gótica notablemente original. Muchas imágenes tienen dimensión onírica o hacen foco en elementos simbólicos, el más llamativo de los cuales es la figura de un ángel.

A diferencia del cine clásico, en el que la premisa era que «la cámara no tiene que notarse», Torre Nilsson deja que la cámara se evidencie. Con esta película, el director inauguró una estética vinculada a la vanguardia del cine europeo. Estética que hizo de él un autor muy personal, hasta convertirlo en uno de los grandes maestros de la historia del cine argentino. **ML**

Argentina 75 m b/n
Guión Beatriz Guido, Leopoldo Torre Nilsson y Martín Rodríguez Mentasti, sobre la novela homónima de Beatriz Guido
Producción Atilio Mentasti (Argentina Sono Film)
Fotografía Aníbal González Paz
Música Juan Carlos Paz
Intérpretes Elsa Daniel, Lautaro Murúa, Guillermo Battaglia, Berta Ortegosa, Bárbara Mújica, Yordana Fain, Alejandro Rey, Lily Gacel, Alicia Bellán, Paquita Vehil

Crítica ▬▬▬▬▬▬▭
Público ▬▬▬▬▬▬▬▭

El último cuplé

Juan de Orduña 1957

María Luján, una cupletista venida a menos, recibe la visita del que fuera su mentor, que le hace recordar una vida tan llena de éxitos artísticos como de sinsabores sentimentales. El empresario le ofrece volver a los escenarios y recuperar así su condición de estrella.

España 110 m color
Guión Antonio Más-Guindal y Jesús María de Arozamena
Producción Producciones Orduña/CIFESA
Fotografía José F. Aguayo
Música Adaptación de Juan Solano de canciones populares
Intérpretes Sara Montiel, Armando Calvo, Matilde Muñoz Sampedro, José Moreno, Enrique Vera, Julita Martínez, Alfredo Mayo, José María Cafarell

Crítica ▬▬▬▬▭▭
Público ▬▬▬▬▬▬

El nombre de *El último cuplé* va indisolublemente asociado al de Sara Montiel. La artista manchega tuvo una carrera llena de vaivenes. Debutó a mediados de la década de 1940 con pequeños papeles en superproducciones como *Mariona Rebull* (1947) o *Locura de amor* (1948). Como se sentía poco valorada, emigró a México donde alcanzó gran popularidad protagonizando melodramas. De allí pasó a Hollywood, donde intervino en tres films: *Veracruz* (1955), *Dos pasiones y un amor (Serenade*, 1956), a las órdenes de su futuro marido Anthony Mann, y *Yuma (Run of a Arrow*, 1957), la más destacable de las tres, dirigida por Samuel Fuller. Con una carrera americana en vías de consolidarse, Sara Montiel eligió volver a España de la mano de Juan de Orduña.

El último cuplé ofrece una particular lectura entre realidad y ficción. La historia aborda el tema de la segunda oportunidad, la posibilidad de que la cupletista en decadencia logre recuperar momentáneamente el éxito. En claro paralelismo con la carrera de la actriz y su vuelta triunfal a España, Montiel y Luján tienen en común una decidida ambición por alcanzar el triunfo. Así, Sara Montiel puso como condición para su regreso cantar ella misma en todos los números musicales. Esta fusión entre vida y arte funcionó a las mil maravillas y cautivó a un público que vio reflejados los avatares de Luján/Montiel en las letras de sus canciones. La reivindicación de géneros populares denostados como el cuplé y la zarzuela centralizan este sentido homenaje al mundo teatral desde una óptica tan colorista como nostálgica.

Orduña presenta una historia-río que explota el filón melodramático de un personaje incapaz de compaginar la vida personal y la carrera artística. La identificación entre vida y arte culmina en el clímax final con la muerte de la cupletista en el teatro. Esa imagen de fusión recuerda al desenlace de *Las zapatillas rojas (The Red Shoes*, 1948) de Michael Powell y Emeric Pressburger, cuando el pigmalión anuncia emocionado la muerte de la artista en un desolado escenario.

La película –que tuvo muchos problemas de producción y se pudo terminar gracias a los préstamos de los amigos del director– fue un gran éxito. Permaneció más de un año en cartel, con una cifra de recaudación que rondó los cien millones de pesetas de la época. Sara Montiel se convirtió en la más grande de las estrellas del cine español, un icono popular que aunaba erotismo y carisma. Su carrera, ya definitivamente en nuestro país, prosiguió con sucesivas imitaciones de la misma fórmula durante una década, con un progresivo aumento de la parte melodramática. **LE**

Amanecer en Puerta Oscura

José María **Forqué**   1958

En una mina andaluza del siglo XIX, un minero mata al capataz. El ingeniero de la mina, en su afán por defenderlo, hace lo propio con un superior. En su huída a la sierra se les une otro prófugo, Juan Cuenca. Juntos intentarán llegar a la costa donde les espera un barco que les llevará a América.

Amanecer en Puerta Oscura fue una de las primeras grandes producciones del cine español que se atrevió a mostrar elementos críticos con el régimen franquista en su argumento. El film se planteó como un híbrido entre el cine de bandoleros –nuestra genuina versión del *western*– y el religioso, muy en boga en la época. La particularidad reside en el guión de Sastre, que introduce elementos inéditos en el cine español. Así, los dos asesinatos se producen en un clima de conflicto social, que muestra las inhumanas condiciones de las minas andaluzas. Durante la huída asistimos a un ágrio retrato rural donde se muestran el revanchismo a la española, el conformismo social y una velada crítica a los poderes fácticos. Y todo ello mediante una narración vibrante, acelerada a veces, pero definitivamente espectacular gracias a los soleados paisajes naturales de la serranía malagueña, todavía virgen.

El desenlace de la historia contiene una inédita secuencia de carácter religioso que proporciona gran originalidad a la cinta. Los ritos de la Semana Santa andaluza se incorporan al género del *western* con imprevista eficacia y se convierten en el contrapeso de la voz crítica subyacente: Dios es el único que puede juzgar. Sin embargo, la fuerza de la «catarsis moral» en las imágenes de la procesión, nos otorga otra lectura: la de una sociedad oprimida por el peso de lo eterno y sagrado. **LE**

España/Italia 85 m color
Guión José Mª Forqué,
Alfonso Sastre y Natividad Zaro
Producción Atenea Films (Italia)/
Estela Films (España)
Fotografía Cecilio Paniagua
Música Regino Sáinz de la Maza
Intérpretes Francisco Rabal,
Luis Peña, Alberto Farnesse,
Isabel de Pomés, Luisella Boni,
José Marco Davo
Premios Festival de Berlín:
Oso de Plata

Crítica
Público

Rosaura a las 10

Mario **Soffici**   1958

Camilo Canegato es un hombrecito esmirriado, de voz aguda y vida reservada, que trabaja como restaurador de cuadros y habita en la pensión La Madrileña. Allí comparte sus días con otros huéspedes y con Milagros –dueña de la casa y madre de tres hijas–, quien se empecina en orientar los sentimientos amorosos de ese ser solitario. Una noche, cuando el reloj marca las 10 y el grupo está cenando en torno a la mesa, alguien llama a la puerta y pregunta por Camilo. Es Rosaura, una misteriosa mujer sobre la cual caerán todas las expectativas y todas las sospechas de ese clan, en el que Camilo creía haber encontrado una familia y que lo empuja hacia una trampa laberíntica y dramática.

Rosaura a las 10 es una pequeña joya de la cinematografía argentina de mediados del siglo XX que revolucionó el modo de narrar en el cine local. En el film coexisten elementos del melodrama y del policial –con una buena dosis de *suspense*–, que son articulados mediante la imbricación de cuadros costumbristas, algunos de intenso dramatismo y otros de cierto humor. La trama adquiere gran complejidad debido a que está construida mediante la superposición de relatos, que tienen, a su vez, diferentes temporalidades. Al espectador se le exige atención para seguir cada una de las versiones sobre los hechos que dan los personajes y que, enunciadas desde un presente, son insertadas como *flash backs* en los que se narra tanto una historia fantasiosa como el largo contenido de una carta. *Rosaura a las 10* es una película sobre la diversidad de las miradas. Su mayor logro –al que colabora la magnífica actuación de Juan Verdaguer como Camilo– fue inaugurar una nueva manera de representar la realidad. **RB**

Argentina 94 m b/n
Guión Marco Denevi y Mario
Soffici (basado en la novela
homónima de Marco Denevi)
Producción Argentina Sono Film
Fotografía Aníbal González Paz
Música Tito Ribero
Intérpretes Juan Verdaguer,
Susana Campos, María Luisa
Robledo, Alberto Dalbes,
María Concepción César

Crítica
Público

La vida por delante

Fernando **Fernán-Gómez**   1958

España 90 m b/n
Guión Manuel Pilares
y Fernando Fernán-Gómez
Producción Estela Films
Fotografía Ricardo Torres
Música Rafael de Andrés
Intérpretes Analía Gadé,
Fernando Fernán-Gómez,
José Isbert, Félix de Pomés,
Manuel Alexandre, Rafaela Aparicio,
Gracita Morales

Crítica ▐▐▐▐▐▐▐▐▐▐▭
Público ▐▐▐▐▐▐▐▐▐▭▭

Antonio, estudiante de derecho, y Josefina, alumna de medicina, deciden casarse tras acabar los estudios, pero su sueño de encontrar trabajo y comprarse un piso propio se complica

Fernando Fernán-Gómez dedicó su vida a la creación artística, combinando la interpretación con la dirección y la escritura. Como actor trabajó en 200 películas –muchas de ellas referentes del cine español– y a las órdenes de los más grandes directores nacionales, a excepción de Buñuel (Fernán-Gómez no redujo su salario por nadie). Aunque se consideraba cómico antes que actor y actor antes que director, realizó treinta películas, siendo *La vida por delante* su primer éxito de público y crítica. Este humanista, asiduo por igual a las reuniones del Café Gijón como a las fiestas de Lola Flores, fue uno de los personajes más singulares de la cultura española del último siglo.

La vida por delante está llena de aciertos –estructura en *flashback*, ritmo dinámico– y descubrimientos –gags de montaje, monólogos a cámara–, además de contener un momento célebre de nuestro cine. Retomando la tradición del *slapstick*, Fernán-Gómez crea, en la comisaría, una divertidísima situación junto a otro genio de la comedia: el gran Pepe Isbert. Por su humor inteligente, basado en la ironía y la representación estilizada de la realidad, este madrileño de adopción podría haber sido el Lubitsch de Chamberí, pero Garci prefirió definirlo como «el Molière español». Razón no le faltaba. Fernán-Gómez quería, como el padre de la *Comédie Française*, hacer reír a la gente honrada. Sus comedias, y en especial ésta, instruían en la bondad a base de carcajadas, además de comprometerse con la sociedad del momento.

La vida por delante muestra con acidez y ternura las miserias cotidianas –algunas aún vigentes– de un país ávido de desarrollo: problemas de vivienda, precariedad laboral, pluriempleo, supervivencia y chapuza. Lamentablemente, el desenlace no podía ser tan esperanzador como en los films de Capra –de quien tomó el tono amable de sus comedias– debido al incierto futuro que deparaba a los españoles. Aun así, el tono de la película destila cierta fe en el progreso. El Madrid de los descampados empezaba a transformarse en una ciudad de grandes avenidas –todavía sigue en ello– y sus habitantes derrochaban vitalidad. Esa frescura de la capital convierte la película en precedente de la posterior comedia madrileña. Su humor desenfadado no exento de denuncia, el galán ligón pero fracasado, torpe en sus relaciones a causa de una chulería no reñida con un buen corazón, conecta con esa comedia urbana que se prodigó en los ochenta a partir de *Ópera prima* (Fernando Trueba, 1980). No en vano, Trueba es un declarado admirador de Fernán-Gómez. También lo es su hermano David, autor del documental *La silla de Fernando*, homenaje definitivo al gran cineasta. **JT**

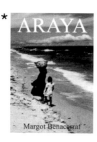

Araya

Margot **Benacerraf**   1959

Venezuela 82 m b/n
Guión Margot Benacerraf
Texto Margot Benacerraf
y Pierre Seghers
Producción Caroni Films
Fotografía Giuseppe Nisoli
Narrador José Ignacio Cabrujas
Música Guy Bernard
Premios Festival de Cannes:
Gran Premio de la Crítica

Crítica ▬▬▬▬▬▬
Público ▬▬▬▬▬▬

Araya es una árida península del noreste venezolano. La única vida existente es la que llega por mar. Casi cinco siglos después de su descubrimiento por los españoles, sus habitantes siguen explotando manualmente la salina natural. La familia Pereda trabaja en equipo durante toda la noche para recoger con su barca la sal que venderán por la mañana. Los Ortiz salen todos los días a pescar para poder alimentar a los pobladores de este hábitat que mantiene su inmutable sistema de vida generación tras generación.

Después de estudiar cine en París, Margot Benacerraf dedicó muchas semanas de rodaje a plasmar la belleza mineral de Araya para completar este documental mítico de la cinematografía latinoamericana. Bajo la luz cegadora del trópico, los habitantes del lugar encadenan duros trabajos en una repetición de gestos heredados para poder sacar del mar la sal y el pescado que les permite subsistir en ese entorno hostil. El sol abrasa las pirámides blancas elevadas por un trasiego de hombres que vacían sus espuertas saladas. Los niños lavan en silencio la sal en los muelles mientras las mujeres pesan y empaquetan la mercancía que los barcos se llevarán lejos. Con un enfoque antropológico, Benacerraf muestra un estilo de vida preindustrial que está a punto de sucumbir. Y lo hace con una mirada contemplativa de bellos encuadres de poderosa carga estética. La narración en *off* subraya el lirismo de la rica propuesta visual. A pesar de retratar una dura forma de vida, el tono no es de denuncia (no hay un patrón explotador), pero ya contiene la sensibilidad social que impregnará, años más tarde, los documentales del nuevo cine latinoamericano. **AS**

El esqueleto de la señora Morales

Rogelio A. **González**   1959

México 92 m b/n
Guión Luis Alcoriza (basado en
la novela *El misterio de Islington*,
de Arthur Machen)
Producción Sergio Cogan
Fotografía Victor Herrera
Música Raúl Lavista
Intérpretes Arturo de Córdova,
Amparo Rivelles, Antonio Bravo,
Elda Peralta, Rosenda Monteros

Crítica ▬▬▬▬▬▬
Público ▬▬▬▬▬▬

Pablo Morales, un taxidermista que encara la vida con optimismo, adora a los niños y a los animales. Pero su mujer, Gloria, se empeña en hacerle la vida imposible. Siempre enferma y amargada porque tiene un defecto en la pierna, no soporta el oficio de su marido ni que éste sea feliz fuera de casa. Su vida se reduce a ir a la iglesia o reunirse con los compañeros de congregación. Hastiado, Pablo le pide el divorcio, pero ella, por sus creencias religiosas y por fastidiarlo, se lo niega.

Esta ácida comedia arremete contra las instituciones de manera sarcástica. Se burla de la Iglesia católica, del matrimonio burgués, de la falibilidad de la justicia, del machismo mexicano, de los buenos modales de la gente de «sociedad»; resumiendo, que no deja títere con cabeza. Un guión bien estructurado escrito por el buñueliano Alcoriza (*Él, El ángel exterminador*) permite que la narración fluya para mostrar que la relación de Pablo y Gloria es insostenible porque no tienen nada en común; bien al contrario, todo es oposición entre ellos. Las acertadas interpretaciones (tanto de los protagonistas principales como del resto del elenco, lo que denota una buena dirección de actores), las situaciones ingeniosas y los diálogos plagados de ironía convierten a *El esqueleto de la señora Morales* en una cinta muy amena y divertida.

Como dice el crítico Jorge Ayala Blanco en su libro *La aventura del cine mexicano*, aquí se conjugan «tres concepciones de humor completamente diferentes, el esquema inicial corresponde a la noción anglosajona del humor negro ortodoxo, al que se añaden el humor español de Luis Alcoriza y el relajo mexicano de Rogelio González». **AC**

El lazarillo de Tormes

César **Fernández Ardavín**   1959

España/Italia 105 m b/n
Guión César Fernández Ardavín
(adaptación de la anónima novela
homónima)
Producción Hesperia Films/
Vertix Films
Fotografía Manuel Berenguer
Música Salvador Ruiz de Luna
Intérpretes Marco Paoletti,
Juanjo Menéndez, Carlos
Casaravilla, Memmo Carotenuto,
Carlo Pisacane, Antonio Molino
Rojo, Margarita Lozano
Premios Festival de Berlín:
Oso de Oro

Crítica ▰▰▰▰▰▰▱▱
Público ▰▰▰▰▰▱▱▱

Basada en la novela picaresca homónima, *El Lazarillo de Tormes* cuenta la historia de un muchacho huérfano que se pone al servicio de varios amos para escapar del hambre en la mísera España del siglo xvi.

Pocas obras de la literatura clásica española han tenido tanta relevancia y han sido tan adaptadas –y no sólo para el cine– como *El lazarillo de Tormes*. Florián Rey ya había realizado una versión en 1925 y Fernán-Gómez insistió en 2000 basándose en un monólogo teatral interpretado por Rafael Álvarez, *el Brujo*. César F. Ardavín recogió el testigo de Rey y retomó la historia original del pequeño Lázaro. En una inteligente labor de adaptación, Ardavín convirtió en *flash-back* explicativo las peripecias del protagonista en forma de confesión. El convincente resultado asombró –como indica el galardón obtenido en el Festival de Berlín–, tanto por su estructura narrativa como por su poderoso planteamiento visual.

El lazarillo de Tormes aglutina las dos líneas primordiales de la filmografía de César Fernández Ardavín: por un lado, el gusto por el tono documental, y por otro, la predilección por los clásicos del Siglo de Oro (*La Celestina*, 1969). Además, el paisaje se convierte en uno de los motivos más hermosos de la película, que dibuja con exquisitez la geografía de la meseta castellana. El cuidado blanco y negro de Manuel Berenguer se esfuerza en resaltar la belleza de los lugares por los que transcurre la acción: las vastas llanuras con sus pueblos todavía intactos.

Este Lazarillo de Tormes se alejó del costumbrismo para sumergirse en un imaginario lleno de claroscuros con efectos simbólicos. En una escena, Lázaro intenta beber el agua que chorrea del cántaro roto del ciego. Ardavín ensombrece la escena y filma al ciego en un plano contrapicado que refuerza la figura imponente y autoritaria de ese personaje frente a la pequeñez de Lázaro. El director no subraya las miserias del niño, sino que adopta su inocente mirada al mundo de los adultos, los cuales quedan retratados como seres crueles dispuestos a realizar todo tipo de artimañas en su favor. Así, capta la esencia de la novela, pues la picaresca no es tanto la del niño como la de los adultos que lo rodean.

Para el papel protagonista se escogió a Marco Paoletti, un niño que ya había interpretado a Marco en *De los Apeninos a los Andes* (Folco Quilici, 1958). Su rostro ingenuo y angelical quizás no era el más adecuado para el piojoso Lázaro, pero la moda de «película con niño» imponía unos cánones que había que respetar. Con todo, *El Lazarillo de Tormes* sigue considerándose una de las mejores adaptaciones que el cine español ha hecho de su literatura. **VK**

El cochecito

Marco **Ferreri**   1960

España 85 m b/n
Guión Rafael Azcona
y Marco Ferreri
Producción Pere Portabella
Fotografía Juan Julio Baena
Música Miguel Asíns Arbó
Intérpretes José Isbert,
Pedro Porcel, José Luis López
Vázquez, María Luisa Ponte,
Antonio Gavilán, Ángel Álvarez
Premios Festival de Venecia:
Premio FIPRESCI

Crítica ▬▬▬▬▬▬▬▬
Público ▬▬▬▬▬▬▬▭

Anselmo, un hombre mayor que vive con la familia de su hijo, ve como su mejor amigo, inválido, recibe al fin un pequeño motocarro para sus desplazamientos. Pronto la alegría dará paso a la desesperación, ya que, con tan flamante adquisición, su amigo comienza a pasar el rato con otros discapacitados motorizados y deja de lado al pobre Anselmo. Como su familia tampoco le presta mucha atención, Anselmo se encuentra muy solo. Lo único que se le ocurre para recuperar a su amigo es comprarse un cochecito para unirse al grupo de impedidos, asunto que no le resultará nada fácil teniendo en cuenta que puede caminar perfectamente.

El italiano Marco Ferreri aterrizó en España en la década de los cincuenta. En Madrid conoció al guionista Rafael Azcona, con quien firmaría dos películas de tintes cómicos sobre la España gris del momento: *El pisito* (1958) y *El cochecito*. Este díptico presagió la retahíla de películas que llegarían de la mano de Luis García Berlanga y Azcona como *Plácido* o *El verdugo* y sería el comienzo de una extensa colaboración –ya en el extranjero– entre el guionista y el director italiano *(La gran comilona)*.

José Isbert fue una de las constantes de esa serie de películas. En *El cochecito* recrea un personaje inolvidable, el del abuelo solitario que se ve abocado a toda una serie de dudosas acciones con tal de conseguir una sencilla recompensa: volver a gozar de algo de compañía. He aquí la clave de la denuncia planteada por Azcona y Ferreri: una sociedad en la que

los ancianos no tienen cabida. *El cochecito* retrata con ironía las obsesiones de la época, como la admiración por la mecánica y por todo lo americano. España era un país que todavía iba a pie y a otro ritmo, y ese sentimiento de inferioridad está tan presente en esta cinta como en *¡Bienvenido, Mr. Marshall!*. Todo esto se muestra aquí de soslayo mientras las artimañas del protagonista llevan la película al terreno del divertimento y la comedia. La cámara de Ferreri se muestra ágil tras los pasos de su inquieto protagonista en pos de la motorización.

El estilo neorrealista está presente en esta película, pero enfocado de manera muy diferente a como De Sica lo hizo en su obra mayor: *Ladrón de bicicletas* (1948). En ambas películas la trama gira alrededor del anhelo de sus protagonistas por la obtención de un vehículo, reflejando, de paso, sociedades empobrecidas. La diferencia, radical, estriba en el tono. *Ladrón de bicicletas* es cine social, mientras que *El cochecito* se asienta en cierta comicidad irónica que hace que su discurso sea mucho más amplio. Así se logra una narrativa con profundidad de campo. El primer término se pinta con un luminoso sentido del humor y en el fondo permanecen los tonos oscuros que se materializan en un final desolador. *El cochecito* plantó la semilla de la comedia con trasfondo profundo y triste que culminaría con *El verdugo* (1963). Éste es el retrato de una España gris que no perdió el gusto por la ironía punzante. **VK**

La sombra del caudillo

Julio **Bracho**   1960

México 126 m b/n
Guión Julio Bracho
y Jesús Cárdenas
Producción José Rodríguez
Granada
Fotografía Agustín Jiménez
Música Raúl Lavista
Intérpretes Tito Junco, Tomás
Perrín, Carlos López Moctezuma,
Miguel Ángel Ferríz, Ignacio López
Tarso, Bárbara Gil
Premios Ariel de Oro (1991)
Festival de Karlovy Vary:
Premio Especial del Jurado

Crítica
Público

En el México de la década de 1920 se abre el proceso de sucesión del caudillo militar que gobierna el país. El candidato preferido por el jefe cesante es el ministro de la Gobernación, el general Hilario Jiménez. Otros sectores apoyan al ministro de la Guerra, el general Ignacio Aguirre. Éste último, por no oponerse al caudillo, presenta su renuncia. Pero la insistencia de sus partidarios lo impulsa a aceptar nuevamente su candidatura. Sin embargo, Jiménez y los suyos se valdrán de todos los medios para impedir su triunfo.

La sombra del caudillo está considerada una de las películas «malditas» del cine mexicano. Si bien había contado con el apoyo de diversos organismos y hasta con el del presidente de la República –Adolfo López Mateos–, estuvo prohibida durante casi treinta años. Bracho, su director, murió sin haber visto estrenada la que la mayoría de los críticos señalan como su mejor película.

Julio Bracho decidió llevar al cine la novela homónima de Luis Guzmán –publicada en 1929, durante su exilio en Madrid– tres décadas después, convencido de que ya había pasado el tiempo suficiente para que los hechos que se narran no irritaran a los estamentos de poder. Pero no fue así. Aunque los nombres de los personajes fueron cambiados, es fácil reconocer en ellos a las figuras que protagonizaron los sucesos: el caudillo es el general Álvaro Obregón –presidente de México de 1920 a 1924–, Jiménez es Plutarco Elías Calles –sucesor de Obregón– y Aguirre la suma de Adolfo de la Huerta y del general Francisco Serrano, asesinado junto con sus partidarios en 1927. La película contó con los actores más representativos del cine mexicano del momento, entre los que destacan Ignacio López Tarso (Jiménez), Tomás Perrín (Axkaná González) y Tito Junco, sobrio y certero en su caracterización de Aguirre.

En 1990, durante el gobierno de Carlos Salinas de Gortari, se permitió el estreno de la cinta, después de que comenzaran a circular varias copias encontradas en un mercadillo del Distrito Federal. Sin embargo, todas estas copias eran de 16 mm; la original, filmada en 35 mm, continuó desaparecida hasta 2005.

Bracho narra de manera audaz y comprometida una historia que le sirve para cuestionar el sistema político mexicano, y que se sustenta en un guión muy bien armado que no deja ningún cabo suelto. La acción es rápida, con localizaciones variadas. La mayor parte de la película fue rodada en escenarios naturales, incluso en los interiores de un cuartel militar, de la Cámara de Diputados y del Palacio de Chapultepec, filmación que facilitaron las autoridades. Esto corroboraría la versión de que fue después de su exhibición privada cuando la cúpula militar presionó al Gobierno para que secuestrara la cinta. **AC**

Un rayo de luz

Luis **Lucia**   1960

España 104 m color
Guión Félix Atalaya,
Manuel Atalaya
y Jaime García Herranz
Producción Manuel Goyanes
y Benito Perojo
Fotografía Manuel Berenguer
Música Gregorio García Segura,
Augusto Algueró (hijo)
Intérpretes Marisol,
Anselmo Duarte, María Mahor,
Julio Sanjuán, María del Valle,
Joaquín Roa, María Isbert

Crítica
Público

Durante una breve estancia en España, Carlos –primogénito de una acaudalada familia italiana– se casa con Elena, una modesta cantante. En el viaje de regreso a Italia, Carlos muere en un accidente aéreo. De ese fugaz matrimonio nace Marisol, que crece en un internado alejada de su madre y sin conocer a su familia paterna. El conde D'Angelo, el rico y hosco abuelo paterno de Marisol, reclama que su nieta pase un verano en la gran mansión de la familia. Una vez allí, Marisol se ganará el cariño de su abuelo y conseguirá la reconciliación de éste con su madre.

Marisol, nacida como Josefa Flores en una humilde familia malagueña en 1948, comenzó a cantar desde muy niña. A los seis años ya formaba parte del grupo de Coros y Danzas de la Obra Sindical de Educación y Descanso, para convertirse más tarde en su principal solista. En 1959, la precoz cantante deslumbró, en un programa de la recién nacida Televisión Española, al empresario y productor Manuel Goyanes, que llegó a un acuerdo con los padres de la pequeña para representarla. *Un rayo de luz* es el primer fruto de ese acuerdo y el trampolín desde el que Marisol se lanzó al estrellato. El éxito arrollador de la cinta convirtió a esa niña rubia de 12 años en una popular cantante y actriz que mantuvo una intensa carrera durante más de dos décadas. Después de ésta llegaron otras películas también muy populares: *Ha llegado un ángel* (1961), *Tómbola* (1962), *Marisol rumbo a Río* (1963), y hasta un intento –frustrado– de exportación a pantallas extranjeras con *La nueva*

Cenicienta (1964). Marisol fue creciendo hasta convertirse en la Pepa Flores cantante y actriz adulta. Grabó varios discos entre los que destaca *Háblame del mar, marinero* (1976). Como intérprete se especializó en dramas históricos (*Proceso a Maríana Pineda,* miniserie televisiva) sin alcanzar el éxito de su etapa adolescente.

El debut de Marisol en *Un rayo de luz* puede considerarse la penúltima entrega del fenómeno «película con niño» que inició Pablito Calvo en 1954 con *Marcelino pan y vino*. Después llegó el niño intérprete que, además, cantaba: Joselito (*El pequeño ruiseñor*, 1957). Marisol, además de actuar y cantar, era niña, rubia y con ojos azules, el no va más. Tras su estela aparecieron las otras «niñas prodigio del cine español» –Rocío Dúrcal y Ana Belén, también descubiertas por Luis Lucia–, pero el asunto ya se había explotado en exceso y el público empezó a cansarse de la fórmula.

Luis Lucia fue uno de los directores más prolíficos del cine español del siglo pasado. Firmó más de cuarenta largometrajes, casi todos ellos con una inequívoca voluntad de alta comercialidad. *Un rayo de luz* fue su mayor éxito de taquilla y buen exponente de un estilo que podría calificarse de *kitsch* a la española. Un cruce entre Vincent Minnelli y Doña Rogelia. Partiendo de una trama previsible y con unos diálogos muy explícitos, Lucia sigue las andanzas de la pizpireta Marisol fotografiada en el tecnicolor saturado de la época. Todo un mito del cine español. Corre, corre, caaaballitooo. **AS**

Diferente

Luis María **Delgado** 1961

España 102 m color
Guión Alfredo Alaria,
Luis María Delgado,
Jesús Sáiz y Jorge Griñán
Producción Águila Films
Fotografía Antonio Macasoli
Música Adolfo Waitzman
Intérpretes Alfredo Alaria,
Manuel Monroy, Sandra Le Brocq,
Manuel Barrio, Julia Gutiérrez Caba,
Mara Laso, Gracita Morales,
Olvido Rodríguez, Marta Reves

Crítica ▬▬▬▬▬▭▭▭▭
Público ▬▬▬▬▭▭▭▭▭

Un joven burgués se siente diferente por su oculta homose-xualidad. Su estilo de vida y su pasión por el baile le enfrentan a su familia.

Tras algunas sugerencias homoeróticas en películas ante-riores (*Harka* de Carlos Arévalo, 1941), *Diferente* fue el primer film español que abordó el tema de la homosexualidad. Este melodrama *queer* en forma de musical *kitsch* burló la censu-ra a pesar de ser un manual de imaginería gay: referencias a Wilde, Lorca o *Siete novias para siete hermanos*, así como la alusión fálica a la taladradora de un obrero. Si lo consiguió, fue gracias a la popularidad del coreógrafo argentino Alfredo Alaria y a que su personaje fue entendido como un rebelde sin causa. Influenciado por las malas compañías y el movimiento contestatario que nacía en Europa, el protagonista acababa recibiendo su merecido castigo.

El héroe abnegado de este melodrama antepone su familia a su propio camino. El dolor que provoca la negación de uno mismo le empuja a la autodestrucción, materializada en ese antro de perversión –más parecido al de *Stuck Ruber Baby* de Howard Cruse que a cualquier local español de la época–. En el fondo, el suyo es un conflicto de aceptación frente a la fa-milia y, más concretamente, frente a un padre de bondad tan ambigua como la de la madre del *Zoo de cristal*. Como bien sabía Tennessee Williams, la negación personal acarrea una tragedia que sirve, al menos, como revulsivo redentor para el protagonista. Así, el film es un canto a la aceptación: Alfre-do, que se siente tan incómodo en su círculo heteropatriarcal como en el bar que frecuenta, acabará asumiendo su sexuali-dad, propia y diferente. **JT**

Los hermanos del Hierro

Ismael **Rodríguez** 1961

México 95 m b/n
Guión Ricardo Garibay;
adaptación, Ismael Rodríguez
Producción Gregorio Walerstein
Fotografía Rosalío Solano
Música Raúl Lavista
Intérpretes Antonio Aguilar,
Julio Alemán, Columba Domínguez,
Patricia Conde, Ignacio López Tarso,
Emilio Fernández, Pedro Armendáriz

Crítica ▬▬▬▬▬▬▬▭▭
Público ▬▬▬▬▬▬▭▭▭

A comienzos del siglo xx, en el norte de México, es asesinado Reynaldo del Hierro mientras cabalga con sus hijos. Su viu-da decide entonces que éstos deberán vengar en el futuro la muerte de su padre y los entrena con ese objetivo. Pasan los años y Martín, el menor de los hermanos, mata a Pascual Velasco, el asesino de su padre. A partir de ese momento la historia entra en una espiral de violencia de la que su hermano Reynaldo quiere –pero no puede– escapar.

A principios de los años sesenta, el cine mexicano atrave-saba una importante crisis de calidad. Salvo contados títulos, el grueso de la producción estaba destinado a la complacencia del mercado. *Los hermanos del Hierro* es una de estas excep-ciones, una película que rompe con las convenciones del géne-ro. La narración tiene como eje central la relación de los dos hermanos, que, a pesar de sus desencuentros y rivalidades, siempre permanecerán unidos. Es notable la interpretación de Antonio Aguilar, que compone un Reynaldo rico en los matices que dan cuenta de su metamorfosis.

La acción transcurre en una zona desértica y ventosa, acorde con el drama que viven los protagonistas. La audaz fotografía de Rosalío Solano potencia la fuerza de este paisaje yermo, de la polvareda que levanta el viento, de los cielos car-gados de nubes amenazadoras. La música de fondo acompaña el clima de desolación. Las canciones, en cambio, tienen que ver con los momentos alegres y cobran gran fuerza dentro del relato, especialmente la pegadiza *Dos palomas al volar*, con la que se abre y se cierra el film. Este *western* contiene una amarga reflexión sobre la inutilidad de la venganza y sus nefastas consecuencias. **AC**

Prisioneros de una noche

David José **Kohon**   1961

Argentina 80 m b/n
Guión Carlos Latorre
Producción German S. Calvo
y Néstor Gaffet
Fotografía Alberto Etchebehere
Música Vivaldi y Juan C. Cobián
Intérpretes María Vaner,
Alfredo Alcón, Osvaldo Terranova,
Elena Tritek, José Edelman,
Salo Vasocchi

Crítica ▬▬▬▬▬▬▭▭
Público ▬▬▬▬▬▬▭▭

Prisioneros de una noche es la historia de amor de Elsa y Martín, dos jóvenes pobres y sin familia que trabajan duramente para sobrevivir en la ciudad. En los fines de semana él es *grupí* (postor falso en subastas), y en las madrugadas, peón de carga y descarga del mercado de abasto porteño; ella es bailarina nocturna en una academia. Una soleada tarde de sábado se conocen, y entre ambos surge una atracción inmediata; pero Elsa parece resistirse ante esa evidencia. Caminan, conversan, viajan en tren juntos, se despiden. En verdad, sólo será por unas horas, ya que Martín va a la academia de baile a buscarla. Al reencontrarse esa noche, la pasión fulminante hace caer las últimas barreras, bailan juntos, caminan por la ciudad: se han enamorado. Pero ella presiente que su modo de ganarse la vida la ha marcado, que para muchos hombres sin escrúpulos que frecuentan la academia –en particular, un vecino de la pensión que la acosa sexualmente–, siempre será presa codiciada. En el transcurso de un día y una noche, Martín y Elsa intentarán escapar a un destino funesto.

En su ópera prima, David José Kohon inserta a sus protagonistas en una Buenos Aires reconocible, con espacios reales como el mercado de abasto, el parque Japonés, el mercado de flores, una academia de baile y bares y restaurantes del centro porteño. Este «sacar la cámara» de los estudios fue una de las claves del nuevo cine argentino de la década de 1960. Los jóvenes directores de muy distintos orígenes que hicieron sus primeros films en esos años fueron asiduos asistentes a cineclubes y estaban al tanto de las nuevas tendencias del cine europeo. La *nouvelle vague* fue la fuente de inspiración de la corriente más intelectual de esos cineastas, representada por David Kohon (*Breve cielo, Tres veces Ana*), Simón Feldman (*El negoción, Los de la mesa diez*), Rodolfo Kuhn (*Pajarito Gómez, Los jóvenes viejos*) y Manuel Antín (*La cifra impar, Los venerables todos*).

En el plano formal, es constante en la generación del setenta la búsqueda de la expresividad de la cámara que puede traducirse en novedosos encuadres, audaces *travellings* o una cámara en mano refinada. Este último recurso está presente significativamente en *Prisioneros de una noche*, combinado con una inusual fotografía de un Buenos Aires trasnochado y auténtico. La mayor parte de la película se hizo en escenarios naturales, incluso las tomas del viaje en tren, resueltas magistralmente gracias al buen pulso del camarógrafo.

Kohon se destaca por saber hacer de la ciudad un bullicioso o lóbrego escenario que puede al mismo tiempo ser refugio de la intimidad de los amantes; pero, sobre todo, la ciudad tiene su propio e intenso protagonismo. Por otra parte, el director sabe extraer los signos más delicados de los personajes merced a la gran actuación de María Vaner y Alfredo Alcón, pero también por un interés notorio en bucear en las relaciones subjetivas. **ML**

Viridiana

Luis **Buñuel** 1961

España 87 m b/n
Guión Luis Buñuel
y Julio Alejandro
Producción UNINCI/Films59
y Gustavo Alatriste
Fotografía José F. Aguayo
Música Selección
de Gustavo Pittaluga
Intérpretes Silvia Pinal,
Fernando Rey, Francisco Rabal,
Margarita Lozano, Teresa Rabal,
Victoria Zinney, José Calvo,
Joaquín Roa, Lola Gaos,
Juan García Tienda, María Isbert
Premios Festival de Cannes:
Palma de Oro a la mejor película

Crítica ▬▬▬▬▬▬▬▬▬
Público ▬▬▬▬▬▬▬▬▭

Viridiana, novicia a punto de tomar los hábitos de monja, sale del convento para visitar a su tío, don Jaime, que fue quien le pagó los estudios. Terminados los días de la breve visita, don Jaime intenta retenerla para que no regrese al convento. Ante la negativa de Viridiana, su tío se cuelga. Los hechos provocan que Viridiana renuncie a ser monja y se quede en la mansión a ejercer la caridad cristiana.

Buñuel, tras más de 25 años en el exilio –en Estados Unidos primero y México después, donde rodó cerca de 20 películas– aceptó el regalo envenenado de Franco de volver a dirigir cine en España. El dictador quería beneficiarse del gran prestigio del director aragonés y demostrar al mundo que su régimen era más abierto y tolerante de lo que la comunidad internacional pensaba. La censura aprobó un guión lleno de referencias anticlericales, pero obligó a cambiar la secuencia final. En el texto original estaba previsto que Viridiana, al aceptar la inutilidad de su caridad, acabase acudiendo al dormitorio de su primo para entregarse a él. Pero los censores –fieles a su torpeza habitual– prefirieron añadir a la criada en esa escena final, con lo que la convirtieron en un velado *ménage à trois*, para regocijo del propio Buñuel. Tras su estreno en Cannes, donde ganó la primera Palma de Oro del cine español, el régimen franquista prohibió la exhibición de la cinta en España, que no pudo verse hasta 1977, con gran éxito de público. Unos días después del estreno en Cannes, *L'Osservatore Romano* –periódico portavoz del Vaticano– publicó un extenso artículo calificando a *Viridiana* de irreverente, blasfema y obscena.

Luis Buñuel, nacido en una familia acomodada y educado en la más estricta ortodoxia católica, hizo de *Viridiana* la respuesta a esa educación castrante y castigadora. Ateo practicante –«Soy ateo, gracias a Dios»–, volcó en esta historia todo su pensamiento anticlerical. El film está plagado de bofetadas al catolicismo entonces reinante. En la secuencia en la que Viridiana obliga a rezar el Ángelus a su legión de mendigos, el director intercala imágenes de los operarios laborando en las mejoras de la finca, para crear la sólida idea de la inutilidad de la oración frente al esfuerzo del trabajo. En otra memorable secuencia reúne a los mendigos en torno a una larga mesa para componer *La última cena* según Leonardo da Vinci, convirtiendo al ciego de los desharrapados en el Cristo de la «foto». Además de esas dos largas secuencias, Buñuel intercaló breves imágenes con el mismo espíritu sacrílego, como el crucifijo-navaja o la mano de la beata Viridiana en el intento de ordeñar una vaca, creando divertidas –o incómodas– metáforas visuales.

Viridiana es una crítica contra la caridad ejercida desde el paternalismo, un elogio al pragmatismo de quien acepta la vida como viene, una tragedia a veces divertida, un anticuento de hadas y, como resultado de toda esa suma, una de las obras maestras del genio de Calanda, el más grande de los narradores cinematográficos que ha dado la cultura española y, por tanto, una de las cimas artísticas que recoge este libro. **AS**

Plácido

Luis **García Berlanga**   1961

España 85 m b/n
Guión José Luis Colina,
José Luis Font, Rafael Azcona
y Luis García Berlanga
Producción Alfredo Matas
Fotografía Francisco Sempere
Música Miguel Asíns Arbó
Intérpretes Casto Sendra,
Cassen, Elvira Quintillá,
José Luis López Vázquez,
Amelia de la Torre, Manuel
Alexandre, Agustín González,
José Mª Cafarell, José Orjas,
Amparo Soler Leal

Crítica ████████
Público ████████▱▱▱

En una ciudad de provincias, durante la Nochebuena, la empresa de ollas Cocinex patrocina una subasta de pobres. Cada familia rica se lleva a casa a su respectivo pobre. Para encabezar la cabalgata contratan a Plácido, un modesto trabajador que debe pagar el primer plazo de su estrenado motocarro esa misma noche.

Después de una década de obras fundamentales, Berlanga dio un paso más como director. *Plácido* se gestó a partir de la campaña ideada por el régimen franquista que, bajo el lema de «siente un pobre a su mesa», pretendía fortalecer en el país un sentimiento de caridad hacia los más necesitados. Berlanga le sacó punta al tema con un guión firmado, entre otros, por un Rafael Azcona en su primera colaboración con el cineasta valenciano. Azcona ya había mostrado en sus trabajos para Marco Ferreri una acidez poco habitual en el cine español. En ellos, y junto a la negrura de su tono, destacaba una precisión natural en el retrato de lo cotidiano. En *Plácido*, la aportación del guionista riojano fue más de método que de tema, estructurando y ordenando el planteamiento anárquico y disperso de la historia. Permitiendo, por ejemplo, larguísimos planos-secuencias en donde se entrelazan las situaciones y personajes sin romper la continuidad. Azcona le da la carcasa perfecta a su director para que éste pueda explayarse a su gusto.

Plácido supuso un giro en la obra de Berlanga. La amargura que rezuma *Plácido* es consustancial a la azarosa biografía del valenciano, que sale a la luz a modo de ajuste de cuentas. Berlanga vivió la experiencia de un padre condenado a muerte y obligado a comprar en el estraperlo su derecho a la vida. También influyeron las dificultades del cineasta para levantar sus proyectos después de los problemas que tuvo con la censura por *Los jueves milagro* (1957). Berlanga se despacha en un retrato inmisericorde con una sociedad egoísta e instalada en la desigualdad, donde la supuesta armonía social se disfraza de hipocresía para los espectáculos de falsa caridad. Es también el relato de una España a punto de entrar en el desarrollismo e incapaz de esconder su alma retrógrada ante la avidez que despierta un futuro bienestar material.

Berlanga no abandonó la comedia sainetesca para dibujar esta historia y eso la hizo más digerible a la censura, pero el absurdo y el esperpento están presentes y con gran fuerza. Sin embargo, esa capa de comedia tan suya no resulta un matiz, sino la caja de resonancia de un retrato exento del optimismo de sus títulos previos. Berlanga modificó también su particular estructura dramática; el protagonismo coral decrece en favor del personaje interpretado por Cassen. Y es al salir ese personaje del grupo cuando el contexto se brutaliza: su humilde vida resulta ejemplar ante la miseria moral que lo rodea. Plácido vive en el urinario que regenta su esposa, una de las muchas paradojas que alumbra esta historia. Todo un precedente para su siguiente y también fundamental película: *El verdugo* (1963). **LE**

Tlayucan

Luis **Alcoriza**   1961

Eufemio y Chabela viven en Tlayucan, un pequeño pueblo cuya riqueza principal proviene de un ingenio azucarero. Eufemio trabajaba en él, pero fue despedido por defender los intereses de los trabajadores. Su situación económica es cada día más precaria. El hijo de ambos enferma de gravedad y Eufemio, desesperado, roba una perla de la corona de la Virgen de la iglesia local para poder comprar los medicamentos. Los vecinos, que han costeado con su esfuerzo la perla, se ponen en su contra al enterarse. Don Tomás, un viejo rico y cascarrabias que desea a Chabela, pretende aprovecharse de la situación, pero ella lo rechaza. Finalmente él paga las medicinas... pero la perla no aparece.

En esta comedia de costumbres en la que abundan los simbolismos, Alcoriza desmitifica el México rural alejándose de los estereotipos convencionales y maniqueos del cine de la época. Los habitantes de Tlayucan son hombres y mujeres de carne y hueso que están presos de las mismas pasiones, padecen los mismos conflictos y actúan con los mismos códigos morales que los habitantes urbanos. El pueblo es un microcosmos en el que hay oprimidos y opresores, y en el que los representantes de las instituciones políticas y religiosas se mueven con venalidad e hipocresía. La película fue rodada en bellos escenarios naturales que el director supo aprovechar para construir personajes ligados al paisaje. El resultado son algunas escenas de mucho encanto y, a la vez, de gran sutileza, como las que transcurren en el río.

En tono intimista, y a través de pequeñas historias cruzadas, Alcoriza trazó un original e irónico retrato de la vida popular del México rural. **AC**

México 103 m b/n
Guión Luis Alcoriza
Producción Antonio Matoyk
Fotografía Rosalío Solano
Música Sergio Guerrero
Intérpretes Julio Aldama,
Norma Angélica, Jorge Martínez
Hoyos, Andrés Soler,
Anita Blanch
Premio Oscar: nominada a mejor
película de habla no inglesa

Crítica ▰▰▰▰▱▱
Público ▰▰▰▱▱▱

La gran familia

Fernando **Palacios**   1962

Los quince hijos de la familia Alonso ni despeinan a la madre ni roban la sonrisa del padre. La manera en que desayunan (en la mesa y con mantel) o dan las buenas noches (con besos y rezos) se mueve entre la ñoñería de *La casa de la pradera* y el surrealismo. Por si el número de hijos no evidenciara un entendimiento considerable, el matrimonio no deja de repetir lo mucho que se quiere. Aunque el padre llegue a casa a tiempo para besar a sus hijos ya bañaditos y cenados.

El argumento es un decálogo costumbrista: desayuno, comunión, exámenes, vacaciones y colas para el baño. Y la presentación de los personajes ocupa una parte considerable del metraje: la coqueta, el travieso, el deportista, la hacendosa, el comilón y así hasta 15. El giro no llega hasta que el héroe –el abuelo afónico– pierde al más pequeño de los siete vástagos que le han encomendado durante un paseo navideño. Entonces aparece la salvadora, que no es la Virgen María sino la televisión. Ya ha aparecido antes en una escena antológica, cuando ha congregado a toda la familia delante de una ventana para intentar ver una película en la pantalla del vecino. La gran familia no tiene tele, pero es un anuncio en ese medio lo que les permite recuperar al menor de sus hijos, el famoso Chencho perdido. Como no podía ser de otra manera, la cinta termina con el anuncio de un nuevo embarazo (el decimosexto, que servirá la secuela: *La familia y uno más*, 1965).

Que esta película fuera declarada de Interés Nacional la convierte hoy en un documento sociológico en el que se muestra el ideal de familia del franquismo. La comedia dulzona que fue pasa a contemplarse ahora como una comedia sarcástica cuando no como una tragedia. **AZ**

España 100 m b/n
Guión Rafael J. Salvia, Pedro Masó
y Antonio Vich
Producción Pedro Masó
(Jet Films)
Fotografía Juan Mariné
Música Adolfo Waitzman
Intérpretes Alberto Closas,
Amparo Soler Leal, José Luis López
Vázquez, José Isbert

Crítica ▰▰▰▰▱▱
Público ▰▰▰▰▱▱

Tiburoneros

Luis **Alcoriza** 1962

México 100 m b/n
Guión Luis Alcoriza
Producción Antonio Matouk
Fotografía Raúl Martínez Solares
Música Sergio Guerrero
Intérpretes Julio Aldama,
Dacia González, David del Carpio,
Tito Junco, Enrique Lucero
Premios Festival de Cine
de Mar del Plata: mejor guión
Festival de San Sebastián: mención
especial del jurado

Crítica ▬▬▬▬▬▬▬▭
Público ▬▬▬▬▬▬▬▭

Aurelio, un hombre rudo de sólidos principios y respetado por sus compañeros, vive en la costa de Tabasco donde se dedica a la pesca del tiburón. Consigue que Manela, una joven lugareña secretamente enamorada de él, sea su amante a partir de un trato comercial que establece con la familia de ella. Pero Aurelio tiene una esposa y cuatro hijos que viven en la capital y a los que mantiene. Lleva más de tres años sin verlos y ellos le piden que vuelva; finalmente, él accede. Vende su barco y regresa a la ciudad. Allí se da cuenta de que, pese a todas las comodidades, añora el mar, su vida de pescador y a Manela.

Luis Alcoriza, hijo de españoles exiliados en el país azteca, está considerado como el principal discípulo del maestro Buñuel, con quien colaboró en numerosos proyectos de su etapa mexicana (coguionista de *Él* y *El ángel exterminador*). En su faceta como director logró captar la esencia del México de su época para plasmarla en su famosa trilogía: *Tlayucan*, *Tiburoneros* y *Tarahumara* –conocidas como «las tres T»–. En su momento, estas películas aportaron una nueva visión de la vida en el interior del país, muy alejada de aquella idealizada que proponían los filmes de la época de oro del cine mexicano. Por otra parte, cuando rodó *Tiburoneros* el cine mexicano estaba atravesando uno de sus peores momentos, tanto por la escasa producción como por la baja calidad. Esta película supuso una renovación basada en su planteamiento valiente y realista. El espectador de *Tiburoneros* puede llegar a pensar, en la prime-

ra parte de la película, que está viendo un documental por la detallada descripción de cómo faena un patrón de un pequeño barco dedicado a la pesca de tiburones. Una cámara objetiva da cuenta de los movimientos del pescador y de sus dos ayudantes. La destreza que demuestra Julio Aldama (Aurelio) en el desempeño de esta tarea refuerza la sensación de realidad. Antes de filmar, Luis Alcoriza había visitado la zona y entrevistado a buen número de pescadores, experiencia que, unida a su particular sensibilidad, le permitió elaborar un guión ajustado y sólido.

El director no quiso narrar una película de aventuras, sino una historia moral, entendida ésta en su acepción más clásica. El protagonista vive un conflicto entre la vida que ama –con su incomodidad y su rudeza– y la de la tranquilidad monótona que le ofrece la ciudad y la familia; su elección final es un grito de libertad. *Tiburoneros* es un canto épico a un hombre de acción que decide vivir sin ataduras. Si bien éste es el *leitmotiv*, la cinta se apoya en otros temas, como el amor, el trabajo y la amistad. Ambientada en un pequeño pueblo de pescadores, las historias entrecruzadas de estos hombres sirven como trama de una narración sencilla y lineal. Sin alardes técnicos ni demasiadas pretensiones formales, *Tiburoneros* es una película que destila autenticidad y que conmueve poderosamente. Está considerada la obra maestra de su interesante autor. **AC**

El ángel exterminador

Luis **Buñuel**   1962

México 93 m b/n
Guión Luis Alcoriza y Luis Buñuel
Producción Gustavo Alatriste
Fotografía Gabriel Figueroa
Música Raúl Lavista
Intérpretes Silvia Pinal,
Enrique Rambal, Claudio Brook,
Jacqueline Andere, Patricia Morán,
Ofelia Guilmáin
Premios Festival de Cannes:
Premio FIPRESCI
Asociación de Críticos de
Cine de Londres:
mejor película del año

Crítica ▬▬▬▬▬▬
Público ▬▬▬▬▬▭▭

Tras una función de ópera, un grupo de burgueses asisten como invitados a una cena en la mansión del matrimonio Nóbili. A su llegada, sirvientes y cocineros sienten un deseo irrefrenable por abandonar la casa e, inexplicablemente, se marchan. Al terminar la velada, los invitados se dan cuenta de que no pueden irse, no logran salir de la sala por una razón que desconocen, aunque aparentemente no hay nada que lo impida. Transcurren las horas, y los alimentos y las bebidas comienzan a escasear, la basura se acumula y los protagonistas van perdiendo la cordialidad y las buenas maneras hasta llegar a comportarse como verdaderos inadaptados.

En un principio, Luis Buñuel pensó en titular esta obra coral *Los náufragos de la calle Providencia*. Efectivamente, aislados en una suerte de naufragio, los protagonistas no pueden salir y los que están fuera tampoco pueden entrar en la casa. Con esta historia, Buñuel hace un retrato de la decadencia humana, la que sobreviene cuando los individuos se enfrentan a situaciones extremas. El hecho de que sus personajes sean unos burgueses educados y refinados acentúa el contraste entre lo que eran y en lo que se convierten. La película, sin embargo, no cae en truculencias porque está tamizada por elementos surrealistas y salpicada con bufonadas y recurrencias al esperpento, tan del gusto de Buñuel como de su guionista, el también español Luis Alcoriza. Lo más interesante del filme es que la historia consigue hacer perfectamente verosímil un planteamiento absurdo.

El realizador utilizó en esta película uno de sus recursos favoritos, la repetición. En su libro de memorias, *Mi último suspiro*, Buñuel comenta: «La repetición me atrae, tiene un efecto hipnótico». Hay un gran número de secuencias duplicadas, aunque con pequeños cambios: en una de las primeras escenas, los invitados entran dos veces a la mansión, pero con una leve diferencia, la cámara realizó una toma en picado y la otra en contrapicado. Y no sólo se repiten secuencias, hay otros tipos de reiteraciones, como distintos personajes pronunciando las mismas palabras. El filme tiene una estructura circular: en los créditos iniciales aparece el pórtico de una catedral y se escucha el *Tedéum*, igual que ocurre en el desenlace. Además, la escena final anuncia que la situación vivida por los protagonistas volverá a repetirse, afectando ahora a más gente.

El ángel exterminador es una película enigmática, perturbadora y sorprendente. En ésta, como en otras obras de su autor, la gran cantidad de interrogantes abiertos ha dado lugar a numerosas interpretaciones. El director aragonés la presentó así en ocasión de su estreno: «Si el film que van a ver les parece enigmático e incoherente, también la vida lo es. Es repetitivo como la vida y, como la vida, sujeto a múltiples interpretaciones. El autor declara no haber querido jugar con los símbolos, al menos conscientemente. Quizás la explicación de *El ángel exterminador* sea que no hay ninguna». **AC**

Atraco a las 3

José María **Forqué**   1962

España 92 m b/n
Guión Vicente Coello y Pedro Masó
Producción José Alted
y Pedro Masó
Fotografía Alejandro Ulloa
Música Adolfo Waitzman
Intérpretes
José Luis López Vázquez,
Casto Sendra, *Cassen,*
Gracita Morales, Manuel Alexandre,
Agustín González, Alfredo Landa

Crítica ▰▰▰▰▰▱▱
Público ▰▰▰▰▰▱▱

Un grupo de empleados de un banco, descontentos con su trabajo, deciden planear un atraco en su sucursal y llevarse todo el dinero. Durante los preparativos, estos ladrones de poca monta encadenarán una chapuza tras otra hasta llegar el momento del atraco, que les deparará una desagradable sorpresa.

Atraco a las tres es un excelente ejemplo de comedia popular española, de gran éxito de público en la época y cuya calidad supera ampliamente productos posteriores de similares características. José María Forqué había empezado su carrera con proyectos personales que le habían reportado cierto prestigio crítico, pero aceptó el encargo del popular productor Pedro Masó de dirigir esta versión a la española de la magnífica *Rufufú (I soliti ignoti,* 1958) de Mario Monicelli, consiguiendo así el mayor éxito de su carrera.

Más allá de la poca originalidad del guión, la película cuenta con la solvencia de un director capaz de convertir un sainete costumbrista en una alocada comedia coral que, a pesar de rozar en ocasiones el patetismo (la escena del hospital en la que, acuciados por el hambre, se comen el pollo del convaleciente), nunca llega a caer en la astracanada. Pero, sobre todo, cuenta con un reparto en estado de gracia, un *all-stars* de la comedia española del momento: José Luis López Vázquez (a medio camino entre Groucho Marx y Peter Sellers), Gracita Morales (nadie como ella dice eso de: «Qué trabajo éste, ¡no ganamos para sustos!»), Cassen, Manuel Alexandre,

Agustín González y un jovencísimo Alfredo Landa en su primer papel cinematográfico.

La estereotipada construcción de los personajes, así como algunas líneas de diálogo («No robaría nunca a un semejante, pero un banco no es un semejante» o «El trabajo es la única lotería de los pobres») ponen en evidencia la simpatía de los autores hacia la gente corriente, así como su antipatía hacia las clases poderosas y pudientes, muy en la línea de Capra o del neorrealismo más blando, el llamado *neorrealismo rosa.* Del mismo modo, se percibe un cierto tono crítico (muy leve: sólo hay que fijarse en el conservador final) en relación a las penurias económicas de la clase trabajadora de principios de los sesenta. En uno de los momentos más hilarantes del film, los improbables atracadores, a semejanza de lo que hacen los habitantes de Villar del Río en *¡Bienvenido, Mr. Marshall!,* elaboran una lista de todo lo que se comprarán cuando consigan el dinero. Sus necesidades son tan básicas, sus aspiraciones tan poco ambiciosas, que provocan tanta ternura como indignación por las condiciones miserables de los españolitos de la época: pagar las letras de la televisión, casarse con su novia, viajar a Logroño, conseguir un cochecito para el niño, o «comprarse un abriguito de entretiempo», como dice la inefable Morales. *Atraco a las 3* no es, efectivamente, nada más que una divertidísima comedia coral con actuaciones memorables de un conjunto irrepetible de cómicos españoles que marcaron una época. Nada más, ni nada menos. **MA**

Los inundados

Fernando **Birri**   1962

Al sur de la ciudad argentina de Santa Fe, un grupo de familias que viven precariamente a la vera del río Salado sufren una inundación que obliga al Gobierno a socorrerlas. En un predio céntrico se disponen vagones del ferrocarril para alojar a los damnificados hasta que bajen las aguas. Dolorcito Gaitán, pícaro vocero de los inundados, solicita quedarse a vivir ahí. Las elecciones comunales están próximas, y uno de los candidatos se lo promete. Sin embargo, Dolorcito y su familia serán sorprendidos cuando su vagón-casa sea enganchado a una locomotora para un viaje inesperado.

Los inundados es un exponente del nuevo cine argentino de la década de 1960, en la línea del neorrealismo italiano: por la escenografía «natural» (reconstrucción de ranchos –chabolas– en locaciones reales), por la clase social de sus protagonistas (encarnados por actores naturales y locales) y por los diálogos repletos de modismos regionales.

Fernando Birri, que estudió cine en el Centro Sperimentale di Roma y fundó en 1956 la Escuela Documental de Santa Fe, privilegia en esta película la construcción de caracteres y emplea una cámara distante; los hechos no necesitan ser subrayados: el agua arrasa y los pobres son trofeo de elecciones. Pero en ocasiones los personajes hablan al espectador para hacerlo cómplice o interpelarlo. Quizá el rasgo sobresaliente de este fresco es su adscripción a un cine político que da voz a los que no la tienen, pero sin paternalismo ni estilizaciones, sino mediante la inclusión del humor. Y si bien hay una crítica mordaz a los políticos y a la burguesía pretendidamente «solidaria», también los propios inundados resultan satirizados con agudeza. **ML**

Argentina 85 m b/n
Guión Fernando Birri
y Jorge Alberto Ferrando,
sobre un relato de Mateo Booz
Producción C. A. Parrilla,
E. Pallero, D. Zwilich (PAN)
Fotografía Adelqui Camusso
Música Ariel Ramírez
Intérpretes Pirucho Gómez,
Lola Palombo, María Vera, Héctor
Palavecino, Julio González
Premios Festival de Venecia:
mejor ópera prima

Crítica
Público

A tiro limpio

Francisco **Pérez-Dolz**   1963

Martín y Antoine organizan una banda de atracadores a la que se unen Román y el Picas. Después de cometer varios robos, la policía les sigue la pista. En un tiroteo en el puerto, el Picas resulta herido y Martín, por temor a que caiga en poder de la policía, lo ahoga. Román decide vengarse.

A tiro limpio es la obra cumbre del policíaco barcelonés. Francisco Pérez-Dolz, formado como técnico al lado de los grandes realizadores del género, hizo aquí un brillante compendio. El film transita por la vía abierta por *Los atracadores* (1961) de Rovira Beleta, una historia vista desde la perspectiva del criminal, con personajes perdedores y amistades masculinas puestas a prueba. Pero esta cinta ofrece algo más: la recreación de un universo pesimista alrededor del criminal que matiza su moralidad. Este elemento era debido al trasfondo político de los personajes –inspirados en los guerrilleros del maquis– y que la censura se encargó de eliminar. Formalmente, *A tiro limpio* es deudora del *film-noir* europeo, al estilo de *Rififí* (1958) de Jules Dassin, con toques veristas muy de la Nueva Ola. De ritmo trepidante, contiene escenas memorables como el atraco inicial rodado con una cámara situada en el asiento trasero del coche o la persecución final en la conocida estación barcelonesa de Lesseps.

Estrenada en muy malas condiciones (en Madrid no se vio hasta 1965), su discreta recaudación convirtió a Pérez-Dolz en uno de los más injustos perdedores del cine español. En 1996 se realizó un olvidable *remake* y poco después un interesante documental firmado por Diego Zavala en el que se volvía tras las huellas de este film, ya revalorizado y confirmado como imprescindible en su género. **LE**

España 85 m b/n
Guión José Mª Ricarte,
Miguel Cussó y Francisco Pérez-Dolz
Producción Francisco Balcázar
Fotografía Francisco Marín
Música Francisco Martínez Tudó
Intérpretes José Suárez,
Luis Peña, Carlos Otero,
Joaquín Nóvales,
María Asquerino, Rafael Moya,
María Francés, Gustavo Re

Crítica
Público

Del rosa al amarillo

Manuel **Summers**   1963

España 88 m b/n
Guión Manuel Summers
Producción Francisco Lara
y Manuel Summers
Fotografía Francisco Fraile
Música Antonio Pérez Olea
Intérpretes Cristina Galbó,
Pedro Díez del Corral, Lina Onesti,
José Vicente Cerrudo,
María Jesús Corchero
Premios Festival de
San Sebastián:
Concha de Plata a Manuel Summers
y premio revelación a
los intérpretes principales

Crítica
Público

Los niños Guillermo y Margarita son novios, pero llegan las vacaciones y tienen que separarse. Valentín y Josefa se quieren, pero en el asilo, los hombres y las mujeres viven separados. Dos historias sobre dos etapas de la vida con un tema común: el amor.

Del rosa al amarillo es una de las obras emblemáticas del Nuevo Cine Español, movimiento de renovación que surge a raíz de la política de ayudas del régimen a los diplomados de la Escuela Oficial de Cinematografía, entre los que encontramos, además de al propio Summers, a Regueiro, Camus o Borau. Summers consiguió, con esta modesta y brillante ópera prima, el mayor éxito crítico de su carrera, así como unos notables resultados en taquilla.

La película constituye un díptico en el que el segundo episodio se convierte en el reflejo deformado del primero. Siguiendo el dicho popular «los extremos se tocan», se puede decir que la ilusión e ingenuidad del amor infantil se reproduce, aunque de un modo más amargo, en la historia de los ancianos. Como Guillermo y Margarita, Valentín y Josefa se intercambian ingenuas cartas de amor que alimentan una relación platónica que empieza y termina en esas líneas manuscritas que les proporcionan sus únicos instantes de felicidad. Aun separados por décadas de vivencias, el sentimiento es el mismo: «Tú eres mi primer amor», le escribe Valentín a Josefa.

El episodio rosa narra, con una sensibilidad y espontaneidad sorprendentes, la sencilla historia de un amor preadolescente truncado por las vacaciones del verano. Con un lenguaje directo y una gran facilidad para captar detalles, Summers elabora un certero retrato de la infancia. Como dice Guarner: «En él late con fuerza lo que podríamos llamar el espíritu de la infancia, un sentimiento que sólo Vigo y Truffaut habían conseguido comunicarnos».

En el episodio amarillo, la mirada nostálgica se sustituye por un tono más irónico y crepuscular, no exento de ternura. El humor negro aparece cuando, tras la muerte de un anciano que lleva un carrito, otro interno se abalanza sobre él para sustituirle. Esto recuerda, evidentemente, al Ferreri de *El cochecito* pero también a uno de los maestros de Summers en la EOC: Berlanga.

En conjunto, ambos episodios presentan una crítica a las instituciones disciplinarias causantes de su separación (el campamento militar y el asilo), así como una estética naturalista que recuerda en ciertos aspectos al *cinéma-verité*. La utilización de actores no profesionales, el rodaje en exteriores (que capta retazos de realidad, como los ancianos del asilo, auténtico catálogo de los rostros de la vejez), así como un original concepto del sonido (prescinde de los diálogos y mezcla la voz en *off* con el sonido directo y una acertada selección de canciones de la época), hacen de este film una obra tan notable como arriesgada. En definitiva, una película que, según Zacarías Cotán, versa «sobre la comunicación, sobre la necesidad que el ser humano tiene de otro ser humano». Una necesidad que supera cualquier distancia y barrera física y origina luminosas palabras de amor. **MA**

Los Tarantos

Francisco **Rovira Beleta**   1963

Los Tarantos es una versión del drama de William Shakespeare *Romeo y Julieta* en el que los Montescos y los Capuletos han sido sustituidos por los Tarantos y los Zorongos, dos familias gitanas.

Cuando el Taranto Rafael (Daniel Martín) conoce a la Zorongo Juana (Sara Lezama) durante una boda, surge entre ellos un amor instantáneo que todos creen imposible por la antigua rivalidad de sus respectivos clanes. Ellos, no obstante, como en el clásico, lucharán por sus sentimientos contra viento y marea. «¿Has visto que es un Taranto?», le pregunta una amiga a Juana. «Sólo le he visto a él», responde ella. A pesar de que la madre de Rafael (interpretada por la bailaora Carmen Amaya) termina por apoyar a la pareja, el padre de Juana se opone firmemente a la relación.

El resultado es una suerte de *West Side Story* de Somorrostro. «Vete con ella, Romeo», le dice al protagonista su amigo Moji (Antonio Gades), en un guiño más que explícito. Efectivamente, la película está salpicada de momentos musicales y de fiesta flamenca de la mano de profesionales incorporados aquí como actores secundarios: el propio Gades, Peret, el Chocolate o la citada Carmen Amaya. La cinta, de hecho, se mueve entre la juerga y el drama. Cualquier momento es bueno para arrancarse a cantar y bailar. Y si la cara B de tanta alegría es el previsible drama shakesperiano que viven los dos jóvenes amantes, la cara C constituye lo mejor del filme. Lo mejor de *Los Tarantos*, de hecho, está fuera del argumento principal. Su gran valor reside hoy en día en lo que tiene de documento de época, de retrato de la Barcelona de Las Ramblas y el puerto y, sobre todo, de la zona de Somorrostro, un barrio suburbial marcado por la presencia de una refinería y por una pobreza de la que, en el largometraje y dentro de un orden (o de un desorden), han conseguido zafarse los Zorongos pero no los Tarantos. La posición social es, pues, otro motivo para la disputa sin salir de la etnia gitana.

Además, la fotografía de Massimo Dallamano se mueve también entre el tópico simbolismo de la historia de amor y un naturalismo aplicado al retrato social que arropa el argumento. La boda gitana, el comercio de ganado y, fundamentalmente, el chabolismo, son lo mejor de una película que representó a España en los premios Oscar y que, pasados más de cuarenta años, tiene más interés sociológico que cinematográfico. La Barcelona que aparece en *Los Tarantos* es, por cierto, la misma que fotografió el impagable Joan Colom –un maestro de la fotografía social y Premio Nacional de Fotografía– un año después del rodaje de la película de Rovira Beleta. Para entonces, las instantáneas callejeras de Colom había inmortalizado ya a los protagonistas anónimos del barrio Chino. No es pues casual que, décadas más tarde, un filme como *En construcción* –que transcurre en el mismo barrio–, se abriera con unas secuencias rodadas en blanco y negro en 1960 por el mismo fotógrafo. Entre los resquicios que deja la historia sentimental de dos jóvenes acaramelados en cada plano, *Los Tarantos* es otro capítulo de esa particular historia universal de los barrios bajos. **JRM**

España 82 m color
Guión Francisco Rovira Beleta
(sobre argumento de Alfredo Mañas)
Producción M. A. Martín Proharam
Fotografía: Massimo Dallamano
Música José Solá
y Fernando García Morcillo
Intérpretes Sara Lezama, Daniel Martín, Carmen Amaya, Antonio Gades, Antonio Prieto

Crítica ▬▬▬▬▬▭
Público ▬▬▬▬▭▭

El verdugo

Luis **García Berlanga**   1963

España/Italia 87 m b/n
Guión Rafael Azcona, Luis García
Berlanga y Ennio Flaiano
Producción Naga Films/
Zebra Films
Fotografía Tonino Delli Colli
Música Miguel Asins Arbo
Intérpretes José Isbert,
Nino Manfredi, Emma Penella,
José Luis López Vázquez,
Ángel Álvarez
Premios Festival de Venecia:
Premio FIPRESCI

Crítica ━━━━━━━━━━
Público ━━━━━━━━━━

José Luis trabaja de enterrador, una profesión que le dificulta relacionarse con las mujeres. Un día conoce a Amadeo, un amigable verdugo del que procura mantenerse alejado hasta que éste le presenta a Carmen, su bonita hija. Carmen tampoco tiene mucho éxito con los hombres debido a la profesión de su padre. Tras una breve relación, José Luis y Carmen terminan casándose de penalti para irse a vivir al piso que la Administración ha concedido a Amadeo. Pero como Amadeo está al borde de la jubilación temen quedarse sin vivienda, así que la única solución para preservarla será que José Luis herede de su suegro el cargo de verdugo.

En plena dictadura, con la censura al acecho y el garrote vil todavía vigente, Luis García Berlanga y Rafael Azcona se atrevieron a torear las circunstancias para crear una película en torno a la pena de muerte. La censura presionó para que la película no se estrenara, pero al ser una coproducción con Italia, no pudo evitar la invitación del Festival de Venecia, donde obtuvo un reconocimiento unánime y el premio de la crítica. Y no era para menos, pues representa la quintaesencia de un estilo visual –el de Berlanga– y otro narrativo –el de Azcona– que retrata con humor y garra la grisácea España de la época. *El verdugo* es una de las muchas colaboraciones de ese genial tandem que comenzó con *Plácido* (1961) y que continuó hasta la última cinta de Berlanga (*París-Tombuctú*, 1999).

Nino Manfredi (consecuencia de la coproducción italiana) interpretó al desafortunado José Luis mientras el gran José Isbert recreó un personaje que ya es todo un mito de la cinematografía española: el verdugo amable que no oculta su trabajo y hasta lo defiende con pragmatismo. El marco es el del desarrollismo español de los pisos de nueva obra, el incipiente turismo de Mallorca y los matrimonios de penalti. Un paisaje que se quiebra con el personaje interpretado por Isbert: la España católica del sol y la familia era también la del garrote vil. Quedaban más de tres lustros para la derogación de la pena de muerte.

Berlanga creó todo un imaginario a partir de secuencias inolvidables en las que el espacio se define a través de la profundidad de campo. Como la habitación de Carmen, con la cama revuelta en primer plano mientras José Luis se esconde de Amadeo. O en el piso nuevo, donde la cama del abuelo se ve desde la puerta del comedor.

Esta cinta es un retrato emblemático de la España franquista en la que un hombre corriente se ve arrastrado, sin posibilidad de escape, hacia el horror. Por eso, si hay que destacar una imagen de *El verdugo* será la del patio blanco –rodado en un largo plano general picado– por el que los guardias arrastran a José Luis, desfallecido y derrotado, hacia el cadalso. Con ese insuperable plano secuencia, Azcona y Berlanga convierten a un inocente «españolito de a pie» en víctima de los más oscuros mecanismos del Estado. Una paradoja con la que alcanzaron la inmortalidad cinematográfica.
VK

El extraño viaje

Fernando **Fernán-Gómez**   1964

España 86 m b/n
Guión Manuel Ruiz Castillo
y Pedro Beltrán (basado en una
idea de Luis G. Berlanga)
Producción Izaro films/Impala
Fotografía José F. Aguayo
Música Cristóbal Halffter
Intérpretes Carlos Larrañaga,
Tota Alba, Lina Canalejas,
Jesús Franco, Rafaela Aparicio,
Sara Lezana, María Luisa Ponte

Crítica
Público

Venancia y Paquito, dos hermanos solterones de pocas luces, viven aterrorizados por su dominante hermana mayor, Ignacia, con la que comparten el caserón familiar en un pueblo castellano. Ignacia tiene un amante secreto, Fernando, un músico de orquesta que planea matarla para quedarse con las posesiones de la familia. Pero Fernando no es el único interesado en la muerte de Ignacia y el desenlace acabará con un rocambolesco crimen.

El argumento de Berlanga rescata un suceso real conocido como «el crimen de Mazarrón» y contiene uno de los temas favoritos del cineasta valenciano: la descripción de un microcosmos rural en tono de sainete con aires esperpénticos. Basándose en esa idea previa de Berlanga, Manuel Ruiz Castillo y Pedro Beltrán escribieron un guión muy en la línea de Azcona. Fernán-Gómez evitó esquematizarlo bajo ningún género (aunque se adivinen varios: terror, costumbrismo o comedia negra) hasta convertirlo en todo un ejercicio de estilo a través de una narrativa llena de giros y de acciones simultáneas. De telón de fondo, un despectivo retrato del subdesarrollo rural donde el baile subraya la frustración de un pueblo inmóvil, con sus ter-

tulias de abuelos reprimidos y cotillas. La mezquindad de sus personajes, entendida como consecuencia de sus limitaciones, acaba por resultar conmovedora. Y todo bajo un tono tan hilarante como surreal, con toques añadidos de fetichismo, en un viaje hacia las raíces de la represión.

El film tardó cinco años en estrenarse para entrar en la categoría de maldito por su originalidad y poca aceptación. Considerada una de las obras maestras de Fernán-Gómez, con los años alcanzó la categoría de clásico del cine español. **LE**

En este pueblo no hay ladrones

Alberto **Isaac**   1964

México 99 m b/n
Guión Emilio García Riera
y Alberto Isaac
Producción Grupo Claudio
Fotografía Carlos Carbajal
Música Nacho Méndez
Intérpretes Julián Pastor,
Rocío Sagaón, Graciela Henríquez,
Luis Vicens, Antonio Alcalá,
Alfonso Arau

Crítica
Público

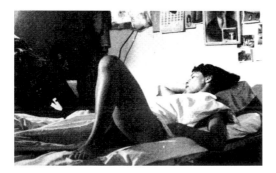

En un poblado pequeño y pobre vive Dámaso, un joven vago y presuntuoso, mantenido por Ana, su mujer embarazada. Una noche Dámaso fuerza el candado del bar y salón de billar de don Ubaldo con la intención de robar dinero, pero como no lo encuentra se lleva tres bolas de billar. Este robo genera gran excitación entre los vecinos, que terminan culpando del mismo a un forastero. Don Ubaldo amenaza con cerrar el salón por la falta de las bolas, y esto despierta malestar entre los hombres, ya que el billar era su única diversión.

Alberto Isaac se inició en el cine con esta película, realizada expresamente para competir en el primer Concurso de Cine Experimental que se celebraría en México, en 1965. *En este pueblo no hay ladrones* es casi un cuadro de costumbres, una pintura sobre los habitantes de un pequeño y mísero pueblo. De factura sencilla y lenguaje sobrio, la cinta, linealmente narrada, tiene un final sorpresivo.

Basada en el cuento homónimo de Gabriel García Márquez, contó con un reparto de extras de lujo gracias al carisma de su director, capaz de lograr que accedieran a participar del proyecto sus amigos. Así, aparecen escritores como el mismo García Márquez, Carlos Monsisváis, Carlos Fuentes, Juan Rulfo; directores de cine, como Alfonso Arau, Arturo Ripstein y hasta el mismo Buñuel –personificando a un cura–, la pintora Leonora Carrington, el caricaturista Abel Quezada, etcétera, que dan vida a personajes con apariciones fugaces. Esta curiosa característica y su guión, que consigue recrear de manera convincente el universo del escritor colombiano –tarea nada fácil–, han hecho de *En este pueblo no hay ladrones* una película de culto. **AC**

La tía Tula

Miguel **Picazo**   1964

Tras la muerte de su hermana, Tula acoge a sus sobrinos y a su cuñado. El progresivo enamoramiento de éste choca con las estrictas creencias de Tula con respecto al sexo. La tensión en el hogar que comparten no tardará en estallar.

Tomando la obra de Unamuno como punto de partida, Picazo realizó una ópera prima deslumbrante, situada a medio camino entre la modernidad y el clasicismo, y que se convertiría en uno de los mejores films del Nuevo Cine Español.

La Tula unamuniana —virgen admirable entre santa Teresa y Don Quijote—, da paso, en su versión fílmica, a una mujer patética, víctima de su obsesión por mantenerse pura. Picazo traslada la acción a los años sesenta, a través de esta Madre Virgen, disecciona la represora y beata España de la época. Tula es una madre postiza, el centro femenino alrededor del que gravitan unos hijos y un marido impuestos, a los que cuida con abnegación y domina con mano firme. Pero la intimidad que conlleva ser esposa le repugna. La negación de esa otra mitad de su feminidad la conducirá a la soledad.

La cinta, con sus largos planos secuencia, es una bellísima coreografía sobre los deseos no consumados. Como en *In the mood for love*, los cuerpos de los no-amantes se encuentran en estrechos espacios cotidianos sin que sus miradas lleguen a cruzarse ni exista contacto físico alguno. Un roce, una caricia fugaz, es todo lo que conseguirá Ramiro de la estricta Tula. La tensión acumulada estalla en el *crescendo* final: un ataque sexual, un sensual viaje al campo, una fiesta de solteronas (magistralmente descrita), una confesión y un abandono. Tula convertida para siempre en tía, nunca más madre. **MA**

España 109 m b/n
Guión Miguel Picazo, Luis Sánchez Enciso, Manuel López Yubero y José Hernández Miguel
Producción EcoFilms/SurcoFilms
Fotografía Juan Julio Baena
Música Antonio Pérez Olea
Intérpretes Aurora Bautista, Carlos Estrada, Irene Gutiérrez Caba, Laly Soldevilla, José Mª Prada
Premios Festival de San Sebastián: mejor dirección y Perla del Cantábrico a la mejor película de habla hispana

Crítica
Público

Pajarito Gómez (una vida feliz)

Rodolfo **Kuhn**   1964

Un muchacho de provincias se ve transformado en ídolo masivo de la canción *nuevaolera* de la década de 1960 con el nombre de Pajarito Gómez. Llega a la cima de la fama; pero su representante y el gerente de la empresa discográfica comienzan a digitar su vida para mantenerlo al tope de las ventas. El joven es atrapado por las obligaciones, al extremo de que acepta formalizar un romance, no por amor, sino para responder a la imagen que su público tiene de él. La presión del éxito lo agobia y lo enajena.

Pajarito Gómez es una parodia mordaz de los ídolos de barro, en este caso de los cantantes de música ligera moldeados por la industria del espectáculo, que termina fagocitándolos. Los inicios de Palito Ortega, exitoso cantante de la época en la Argentina, intérprete del *hit La felicidad*, guardan similitudes con los del personaje. Rodolfo Kuhn, claro exponente de la vertiente más intelectualizada de la generación del sesenta del cine argentino –deudora del cine francés que interpreta de modo crítico la realidad–, toma posición mediante recursos genuinamente cinematográficos: encuadres, ritmo, montaje, manejo de actores, silencios y reflexiones (dentro del film se muestra, incluso, un debate televisivo sobre el fenómeno Pajarito). Es notable el recorte en secuencias: la producción de una fotonovela cuadro a cuadro, el paseo del concurso *Un día con el ídolo*, la elección televisiva de la novia ideal. Destaca también un montaje contrapunteado, como en la entrevista inicial, en la que el relato del personaje sobre su vida se reinicia una y otra vez, mientras la cinta de grabación es rebobinada y las imágenes pasan en cámara rápida de adelante hacia atrás. **ML**

Argentina 83 m b/n
Guión Francisco Urondo, Carlos del Peral y Rodolfo Kuhn
Producción José Antonio Jiménez
Fotografía Ignacio Souto
Música Óscar López y Jorge López
Intérpretes Héctor Pellegrini, María Cristina Laurenz, Nelly Beltrán, Lautaro Murúa, Maurice Jouvet, Federico Luppi
Premios Festival de Berlín. Premio del Senado a la mejor película para la juventud

Crítica
Público

Soy Cuba

Mikhail **Kalatozov**   1964

Cuba/URSS 140 m b/n
Guión Enrique Pineda Barnet
y Yevgeny Yevtushenko
Producción Miguel Mendoza
y Simyion Maryachim
(ICAIC, MOSFILM)
Fotografía Sergei Urusevsky
Música Carlos Fariñas
Intérpretes Luz María Collazo,
José Gallardo, Raúl García,
Sergio Corrieri, Jean Bouise

Crítica ▰▰▰▰▰▰▱
Público ▰▰▰▱▱▱▱

Cuatro episodios consecutivos para explicar los porqués de la Revolución cubana. María se prostituye entre ociosos norteamericanos en un lujoso hotel durante la dictadura de Batista. Uno de sus clientes la acompaña de noche a su casa. Al día siguiente el americano descubre la miseria del barrio. Pedro es un humilde campesino que cultiva caña de azúcar con la ayuda de sus hijos. La cosecha parece que va a ser buena, pero recibe la inesperada visita del dueño de las tierras que él trabaja. El patrón le anuncia que acaba de vender las tierras a una compañía norteamericana. Enrique es un estudiante universitario que participa en un grupo de oposición al régimen del dictador. Planea asesinar a un violento jefe de policía, pero no consigue apretar el gatillo cuando lo tiene a tiro. Mario y su familia son pobres campesinos de la sierra Maestra. Una mañana reciben la inesperada visita de un guerrillero perdido y hambriento. Le ofrecen comida y reposo, pero tras una áspera discusión lo echan de su casa. Tras un indiscriminado bombardeo, Mario cambiará su actitud hacia la Revolución.

Soy Cuba es una coproducción cubano-soviética con un claro propósito propagandístico. Pero también es un memorable ejercicio de estilo del gran director Kalatozov (Palma de Oro en el Festival de Cannes de 1958 por *Cuando pasan las cigüeñas)* y de su director de fotografía, Urusevsky. Juntos realizaron esta épica cinta que contó con todas las ayudas de los dos gobiernos implicados. El ejército ruso suministró el material fotográfico infrarrojo (exclusivo del espionaje soviético) que proporciona una hermosa textura al blanco y negro. Castro no dudó en enviar a miles de soldados para las secuencias que requerían numerosos extras. A Urusevsky no le gustaba filmar sin nubes, así que detenían el rodaje cada vez que el cielo estaba demasiado límpido. No es de extrañar que el rodaje se prolongara durante más de 20 meses. Pero el resultado bien valió el esfuerzo. La increíble belleza de cada uno de sus planos ha sobrevivido mucho mejor que el mensaje político que impulsó la realización de la película.

El fracaso en taquilla y la guerra fría se aliaron para que *Soy Cuba* permaneciera casi 30 años metida en una lata hasta ser redescubierta por Coppola y Scorsese a principios de los noventa. Desde entonces no ha dejado de crecer el aura de una cinta que contiene fascinantes alardes técnicos, como la larguísima toma que se pasea por un hotel, recorre varias plantas hasta zambullirse en la piscina, donde el sonido adquiere una condición sumergida. Treinta años más tarde Paul Thomas Anderson todavía consiguió sorprender haciendo algo muy parecido en *Boogie Nights*.

Rodada con gran angular y en largos planos secuencia milimétricamente planificados *Soy Cuba* hipnotiza al espectador desde el primer minuto con su seco lirismo. La belleza plástica de sus imágenes convierte a esta película en un clásico imprescindible para cualquier amante del buen cine. No hace falta comulgar con las ideas de sus creadores para apreciar que quienes hicieron este esencial documento histórico eran grandes artistas. **AS**

Nueve cartas a Berta

Basilio **Martín Patino**   1966

España 95 m b/n
Guión Basilio Martín Patino
Producción Juan Miguel Lamet
(Eco Films/Transfisa)
Fotografía Luis Enrique Torán
Música Carmelo Bernaola
Intérpretes Emilio Gutiérrez
Caba, Mary Carrillo,
Elsa Baeza, Antonio Casas
Premios Festival de San
Sebastián: Concha de Plata

Crítica ▉▉▉▉▉▉▭▭
Público ▉▉▉▉▭▭▭▭

Lorenzo, estudiante universitario, regresa a Salamanca tras pasar una temporada en Londres. En la capital inglesa ha conocido a Berta, hija de un catedrático en el exilio, y un estilo de vida muy distinto al axfisiante de su ciudad de provincias. A través de nueve cartas en *off*, el protagonista le trasmite a su amada sus inquietudes... y al espectador un acertado retrato de la pequeña burguesía franquista.

Ópera prima de carácter autobiográfico, *Nueve cartas a Berta* es una de las cintas más representativas del NCE (Nuevo Cine Español), que pretendió una renovación ideológica y formal en la cinematografía de la época, todavía muy pendiente del dictado nacionalcatólico de los ganadores de la Guerra Civil.

La estructura narrativa de la historia resulta muy moderna para su tiempo: un mosaico compuesto por nueve piezas cortas unidas por una leve trama argumental. La cuidada composición de los planos, el preciosista retrato de la belleza de Salamanca, la originalidad de su puesta en escena y, sobre todo, la radiografía de una época muy singular de la historia de España hacen de esta película un clásico indispensable.

Discurso existencialista rodeado de tunos, angustia vital con catedral renacentista al fondo, incertidumbre juvenil bajo cartel de toros, discusión generacional frente a una mesa camilla, aburrimiento en romerías, niño bien entre campesinos desdentados en blanco y negro. Todo un retrato. Y como dice el tío cura del protagonista: «Los comunistas por un lado, que si el Congo, que si Cuba; los otros, los países que estaban civilizados: Francia, incluso Italia... y los americanos, que van a lo suyo. Cada vez estamos más solos: España y Portugal, está visto». **AS**

Juguetes rotos

Manuel **Summers**   1966

España 80 m b/n
Guión Manuel Summers
y Tico Medina
Producción Productores-
Exhibidores Films
Fotografía Luis Cuadrado
y Francisco Fraile
Música Carmelo Bernaola
Intérpretes *El Gran Gilbert*,
Paulino Uzcudum, Nicanor Villalta,
Justo Masó, Guillermo Gorostiza,
Hilario Martínez, Ricardo Alís

Crítica ▉▉▉▉▉▭▭▭
Público ▉▉▉▉▭▭▭▭

Documental de denuncia social en el que varios personajes olvidados de la cultura popular de posguerra (cantantes, boxeadores, futbolistas y toreros) recuerdan sus años dorados.

Poco después de la aparición en Europa del cine directo, Summers utiliza los mismos mecanismos –cámara en mano, sonido directo y preguntas a pie de calle sin guión previo– para crear un documental expositivo. Extrae el material de la realidad con inmediatez, pero lo manipula en función de su discurso. La tesis, omnipresente, se construye con apuntes rápidos antes que con reflexiones, y subraya la idea en lugar de abrirla a la sugerencia. Como en otras de sus cintas, Summers sacrifica la efectividad narrativa en favor de una elocuencia satírica no siempre conseguida. Sus bromas visuales y el uso de la música como contrapunto cómico resulta a veces pueril. Aun así, mediante la repetición y la burla consigue que el mensaje cale, lo que otorga cierto tono didáctico a la obra. Como si Summers, siempre interesado por la infancia, quisiera advertir a las nuevas generaciones de los errores pasados.

La originalidad del formato y su revulsivo mensaje supuso una bocanada de aire fresco frente a otros films de carácter crítico de la época. Precisamente por ello topó tanto con la censura. A diferencia de otras películas más densas y complejas, el público comprendió fácilmente su mensaje crítico. En pleno apogeo del discurso aperturista, promesa de prosperidad económica y social, Summers mostró los residuos del régimen. Estos juguetes rotos probaban la crueldad de un sistema capaz de desechar a quienes, poco antes, había utilizado como símbolos. **JT**

La ciudad no es para mí

Pedro **Lazaga**   1966

Agustín Valverde decide dejar su pequeño pueblo aragonés de Calacierva para pasar una temporada en Madrid en la casa de su hijo médico. Al llegar, se encuentra con un entorno hostil, la gran ciudad, y cierta incomprensión por parte de sus familiares. Sin embargo, Agustín conseguirá enderezar los problemas de su prole y regresar feliz a su pueblo.

El *boom* económico de la década de los sesenta transformó profundamente la sociedad española. La pantalla plasmó ese cambio a su manera, con el denominado *cine desarrollista*,

que mostraba las inquietudes de la nueva clase media. Un cine de claro talante comercial que explotó el costumbrismo en forma de comedia, impulsado por productores como Dibildos o Masó, y en donde la figura del director era puramente funcional. Como en la mayoría de los títulos del desarrollismo, *La ciudad no es para mí* se disfraza de fácil sociologismo: el pueblo frente a la ciudad, lo viejo frente a lo nuevo, y siempre con el subrayado de la recurrente *voz en off*. Pronto queda visible su verdadera alma: comedia de pocos matices habitada por estereotipos de sainete. La dialéctica se resuelve con el esperado –y a veces cargante– mensaje moralizante: los valores tradicionales de la gente del campo todavía son valiosos en la nueva sociedad urbana.

Pero es su carácter emblemático lo que hace reseñable a *La ciudad no es para mí*. Si triunfó en taquilla, fue por el carisma de su protagonista. Paco Martínez Soria (1905-1982) fue un actor de larga carrera teatral, pero dispersa en el cine. Su interpretación caló tan hondo que creó un poderoso icono: el paleto de buen corazón y moral inquebrantable. Un personaje que no abandonaría hasta el final de su carrera. **LE**

España 101 m b/n
Guión Pedro Masó y Vicente Coello
Producción Pedro Masó, P.C
Fotografía Juan Mariné
Música Antón García Abril
Intérpretes Paco Martínez Soria, Doris Coll, Eduardo Fajardo, Cristina Galbó, Alfredo Landa, Margot Cottens, Manolo Gómez Bur, Gracita Morales, José Sacristán, Sancho Gracia

Crítica
Público

La muerte de un burócrata

Tomás **Gutiérrez Alea**   1966

Paco, un obrero ejemplar que ha inventado una máquina para fabricar bustos de héroes socialistas, muere engullido por su propio invento. Tras el entierro, su viuda se presenta a la Administración para solicitar la pensión de viudedad. Pero el burócrata de turno le reclama el carnet laboral del muerto como requisito imprescindible. La viuda llora desconsolada porque a su esposo lo acaban de enterrar con ese documento en el bolsillo. Un sobrino del difunto se encargará de realizar los penosos trámites para desenterrarlo y recuperar el dichoso carnet.

Tras el fracaso que supuso su tercera película *(Cumbite,* 1964) y justo antes de realizar la que sería su obra maestra *(Memorias del subdesarrollo,* 1968), Tomás Gutiérrez Alea rodó esta sátira social concebida como crítica contra la maquinaria burocrática socialista. Una crítica al sistema hecha desde dentro del sistema. Porque G. Alea era un marxista convencido, aunque cuestionó aspectos discutibles de la Revolución.

La cinta está plagada de homenajes cinéfilos (Chaplin, Harold Lloyd) y contiene muchos de los ingredientes del cine italiano de la época, pero tiene un tono que oscila entre Berlanga y Buñuel, aunque no alcanza la comicidad del primero ni la genialidad del segundo.

La muerte de un burócrata respira un humor entre ácido y negro. Un humor que no hace reír pero que invita a la reflexión. Un ejemplo: un hombre alega ante un mostrador de la Administración que tiene los pies muy pequeños y que no encuentra zapatos de su talla. «¿Ha probado con calzado para niños?», le responde la funcionaria. «Traté de comprar un par, pero me dijeron que como yo no era niño...». Y la funcionaria le entrega un formulario para que rellene la solicitud. **AS**

Cuba 85 m b/n
Guión Alfredo del Cueto, Ramón F. Suárez y Tomás Gutiérrez Alea
Producción Margarita Alexandre (ICAIC)
Fotografía Ramón F. Suárez
Música Leo Brower
Intérpretes Salvador Wood, Manuel Estanillo, Silvia Planas, Gaspar de Santelices, Pedro Pablo Astorga, Carlos Gargallo

Crítica
Público

La caza

Carlos **Saura** 1966

España 84 m b/n
Guión Carlos Saura
y Angelino Fons
Producción Elías Querejeta PC
Fotografía Luis Cuadrado
Música Luis de Pablo
Intérpretes Ismael Merlo,
Alfredo Mayo, José Mª Prada,
Emilio Gutiérrez Caba,
Fernando Sánchez Pollack,
Violeta García
Premios Festival de Berlín:
Oso de Plata a la mejor dirección

Crítica ████████▬▬▬▬▬
Público ██████▬▬▬▬▬▬▬

Paco, José y Luis son tres viejos amigos que se van a cazar conejos en compañía de Enrique, el joven yerno del primero. Tras el almuerzo en un bar de las cercanías, el *jeep* les deja en el coto de caza propiedad de José, que fue escenario de una sangrienta batalla durante la Guerra Civil. Los tres amigos están pasando por momentos difíciles en sus vidas –separaciones, problemas con el alcohol, negocios fracasados–, y lo que iba a ser una animada jornada de caza acaba convirtiéndose en un abierto enfrentamiento entre todos.

Tras el relativo éxito de *Los golfos* (1959), su ópera prima inscrita en la corriente neorrealista, Carlos Saura rodó *Llanto por un bandido* (1963), título que sufrió limitaciones en la producción, problemas con la censura y cortas colas en taquilla. Si consiguió levantar *La caza*, fue gracias al interés de Elías Querejeta, que a partir de entonces –y hasta 1981– sería su productor. Querejeta aportó su gran talento y un equipo técnico de altura para convertir *La caza* en una de las primeras perlas del llamado Nuevo Cine Español. A partir de aquí, y tras ganar el Oso de Plata en Berlín, la carrera de Saura se disparó hasta convertirse en el máximo representante del cine del tardofranquismo y la primera transición.

La caza se rodó en el tórrido verano de 1965 en un árido coto de la provincia de Toledo. Allí, bajo una luz cegadora que el operador Luis Cuadrado supo convertir en esencial escenario, Saura narró esta parábola sobre la podredumbre de la amistad. Evitando alusiones directas a la Guerra Civil, la historia escarba en la amargura de la generación de los vencedores de la contienda. Ya habían pasado casi 30 años, pero las heridas cicatrizadas picaban bajo las camisas sudadas de los veranos de la autarquía. O eso es lo que muchos han querido ver en esta violenta, seca y dura historia de hombres que se odian bajo la apariencia de una amistad desgastada.

Con una estructura narrativa muy clásica, la acción avanza tensa hacia un logrado y furioso *crescendo* final. La cámara sigue los hechos a cierta distancia para aproximarse paulatinamente, con movimientos cada vez más marcados y encuadres más cerrados, como imantada por la violencia. Mientras los cuatro protagonistas preparan su jornada de caza, escuchamos sus monólogos interiores cargados de crueldad y desprecio e ilustrados a base de planos cortos. Bajo el sol de las chicharras, sudan las pieles que tapan celos, envidias y rencores. Son las pieles de cuatro grandes actores, de quienes destacan las composiciones en duelo de Alfredo Mayo e Ismael Merlo –los machos alfa del grupo– y de un joven Emilio Gutiérrez Caba convertido en el espectador que huye del espectáculo.

Es difícil encontrarle inconvenientes a esta película, salvo que nos cuenta lo que no queremos recordar, que el hombre es un animal, un peligroso cazador: «Por eso alguien dijo que la mejor caza es la caza del hombre». **AS**

Este es el romance del Aniceto y la Francisca...

Leonardo **Favio**   1967

Argentina 60 m b/n
Guión Leonardo Favio (basado en
el cuento *El cenizo* de Zuhair Jury)
Producción Armando Bresky
y Walter Achúgar
(Renacimiento Films)
Fotografía Juan José Stagnaro
Intérpretes Federico Luppi,
Elsa Daniel, María Vaner,
Edgardo Suárez, Carlos Mendoza,
Eduardo Vargas, Ernesto Utrera,
Jaly Bergant, Lorenzo de Luca
Premios 8 Cóndor de Plata,
entre ellos: mejor película
y mejor dirección

Crítica ▰▰▰▰▱
Público ▰▰▰▱▱

En un pueblo de la provincia de Mendoza, el Aniceto, un hombre callado y dedicado a su gallo de pelea, conoce a la Francisca, una chica humilde que ha llegado allí para trabajar de sirvienta. Son personajes sin pasado y sin familia, que se descubren y se amanceban en el rancho (chabola) del gallero. El Aniceto es un tahúr que de vez en cuando consigue algún dinero merced a su gallo blanco; mientras, la Francisca se levanta todos los días bien temprano y se va a trabajar. En circunstancias oscuras, el hombre recibe una puñalada y posteriormente va a parar a la cárcel. Ella lo espera con paciencia, mientras cuida el gallo como él le ha ordenado. Ya en libertad, el Aniceto conoce a la Lucía, una mujer provocadora que parece arrasar con los hombres. La Francisca percibe que algo ha cambiado y, cuando quiere preguntar, él la echa; ha decidido jugarse todo por aquella mujer.

En ésta, su segunda obra cinematográfica, Leonardo Favio cuenta meticulosa y sencillamente los avatares de un triángulo amoroso pueblerino. La trama es un cliché de una de las más clásicas fantasías masculinas: la Francisca, una chica sumisa y dedicada –«la santita» la llama el Aniceto– y la Lucía, apasionadamente sexual –«putita» le dice él– se enfrentan como dos gallos de riña por el amor del varón. Y cada una actuará según ese arquetipo. Por su parte, él será un antihéroe fiel a sí mismo hasta el fin.

Favio, que en su filmografía posterior se caracterizará por ser un director de la desmesura, en esta película condensa en las imágenes y no en los diálogos el peso de la trama. En el título –el más largo del cine argentino– se anuncian a la manera de un cuento popular las pocas peripecias que se sucederán y dividirán la narración en tres secciones: «De cómo se encontraron», «Comienzo de la tristeza», «... Y unas pocas cosas más». Estos subtítulos expresan simpleza; sin embargo, el relato está impregnado de una delicada poética y un intenso dramatismo. Sorprende que bajo el enunciado «... Y unas pocas cosas más» se narre el agónico desenlace.

Gran parte del *Romance*... está compuesto por cuadros quietos y silenciosos que ofrecen datos sobre los personajes y sus vínculos; pocas son las veces en que ocurre algo más vertiginoso que un intenso intercambio de miradas. En la línea del cine de autor, como el de su maestro Leopoldo Torre Nilsson o los integrantes de la llamada *generación del sesenta,* Favio despliega una estética intimista y despojada, y presta particular atención a las resoluciones formales (el rancho se percibe con medidas diferentes entre un encuadre y otro; el barrio en el que viven se ve desde extrañas panorámicas; las riñas de gallo, en tomas cenitales). Hay una trabajada y artificiosa puesta en escena, casi de abstracción geométrica, que podría preanunciar el *Dogville* de Lars von Trier y que, paradójicamente, logra aparecer como el extremo de la sencillez. Mediante este doble procedimiento, la película se adentra con profundidad en los vericuetos más primitivos del amor y el deseo. **ML**

La piel quemada

Josep María **Forn**   1967

España 110 m b/n
Guión Josep Mª Forn
Producción Josep Mª Forn
(PC Teide)
Fotografía Ricardo Albiñana
Música Federico Martínez Tudó
Intérpretes Antonio Iranzo,
Silvia Solar, Marta May,
Ángel Lombarte, Luis Valero,
Carlos Otero

Crítica ●━━━━━━━━━━
Público ●━━━━━━━━━

Un emigrante andaluz que trabaja de albañil en la costa catalana espera la llegada de su mujer y sus hijos. La noche previa, sale a divertirse con sus compañeros al terminar el trabajo.

Un montaje casi documental de cuerpos quemados por el sol abre este valiente film realizado con alma de francotirador. Esa *pell cremada* del título original hace referencia, tanto a los bronceados turistas que disfrutan de sus vacaciones en la costa como a los obreros que, a unos metros de la playa, se tuestan en el andamio del edificio de apartamentos que están construyendo.

Éste es un film excepcional en muchos sentidos. Por su inusual temática: la vida de los emigrantes andaluces (los *charnegos)* en la Cataluña del *boom* turístico. Por su audaz mezcla de catalán y castellano, que supuso todo un desafío a la dictadura. Por su estructura narrativa: la acción transcurre durante las 24 horas previas a la llegada de la familia de José; como el obrero de *Sábado noche, domingo mañana,* José trabajará de sol a sol para, por la noche, salir a olvidar su alienada vida entre alcohol y sexo fácil con las turistas. Y por su estilo documental, deudor tanto del neorrealismo como del

free cinema inglés, patente en el rodaje en exteriores y en la elección de los estupendos actores no profesionales.

Forn habla de una clase humillada por su doble condición de extranjera y pobre, y del desprecio y la explotación con que se enfrenta a diario. De paso, nos recuerda algo que se nos olvida con facilidad: que somos un país de emigrantes. Una lección de especial relevancia en estos días de cierre de fronteras y racismo encubierto de autodefensa. **MA**

Aventuras de Juan Quinquín

Julio **García Espinosa**   1967

Cuba 110 m b/n
Guión Julio García Espinosa (basado en la novela *Juan Quinquín en Pueblo Mocho,* de Samuel Feijóo)
Producción ICAIC
Fotografía Jorge Haydú
Música Leo Brouwer
Intérpretes Julio Martínez, Edwin Fernández, Adelaida Raymat, Enrique Santisteban, Agustín Campos, Manuel Pereiro

Crítica ▐▐▐▐▐▐▬▬▬▬
Público ▐▐▐▐▐▐▬▬▬▬

Dos amigos, Juan Quinquín y Jachero, se ven obligados a buscarse la vida realizando los más disparatados trabajos: monaguillos, exhibidores de fieras, toreros, cómicos; todo ello en la Cuba prerrevolucionaria de Batista. Pero siempre acaban tropezando con la autoridad, hasta que finalmente se unen a la guerrilla, más como una continuación de sus peripecias que como fruto de una decisión ideológica.

Una desenfadada cinta de aventuras en tono de comedia que tuvo una gran aceptación popular, lo que la convirtió en la película cubana más taquillera de la década. La película contiene ingredientes novedosos como los «bocadillos» con los que sus personajes expresan pensamientos al modo de los cómics o el uso de la cámara lenta o rápida, para otorgar el tono popular que pretendía su director, Julio García Espinosa, uno de los fundadores del Nuevo Cine Cubano y primer director del ICAIC (Instituto Cubano del Arte e Industria Cinematográficos). A pesar de ser la obra de un comunista convencido, el carácter desenfadado de la acción y la propia naturaleza de la trama nos remite a los clásicos norteamericanos de aventuras.

La excelente fotografía nos da un agradable paseo por la Cuba rural, lástima que el montaje no esté a la altura del conjunto. El guión es bastante irregular, con momentos divertidos (los protagonistas arrastrando una jaula con un león, Juan Quinquín haciendo de Jesucristo y quitándose la corona de espinas para saludar, los números del circo) pero carece de una estructura sólida. No es de extrañar en la obra de un director que años más tarde escribiría un manifiesto titulado *Por un cine imperfecto*. **AS**

La hora de los hornos

Fernando **Solanas**   1968

Argentina 260 m b/n
Guión Fernando Solanas
y Octavio Getino
Producción Fernando Solanas
(Cinesur)
Fotografía Juan Carlos Desanzo
Música Roberto Lar
Premios Festival de Cannes:
Premio de la Crítica

Crítica ▬▬▬▬▬▬▭▭
Público ▬▬▬▬▬▭▭▭

Este documental, obra que responde a la filosofía estética del Grupo Cine Liberación, pasó a la historia por ser la primera película modélica de la cinematografía política argentina. Sus hacedores lo definieron como un film-ensayo, ya que su premisa consistía en hacer un cine que se correspondiera con los procesos liberadores existentes por entonces en América Latina. Los miembros del Grupo Liberación se manifestaron contrarios al cine como evasión, al que según ellos adscribían las producciones de Hollywood y el cine de autor. Por eso defendieron las realizaciones artísticas colectivas y renunciaron a cualquier forma de neutralidad. Al cine que reivindicaban lo llamaron «tercer cine».

El extenso metraje de *La hora de los hornos* está dividido en tres partes: «Neocolonialismo y violencia» (95 m), «Acto para la liberación» (120 m) y «Violencia y liberación» (45 m). Durante los dos años del rodaje el equipo recorrió 18.000 kilómetros de territorio argentino y filmó un total de 180 horas de reportajes y tomas. La película fue realizada durante la dictadura de Juan Carlos Onganía y su estreno local estuvo prohibido hasta 1973; mientras viajaba por el mundo y cosechaba diversos premios en países de América y Europa, en Argentina era exhibida clandestinamente.

El discurso ideológico, verdadero protagonista del film, está construido a partir de una amplia variedad de tipos iconográficos, que se van articulando como contrapuntos para argumentar la rebelión de los pueblos oprimidos latinoamericanos –entre ellos el argentino– ante la dependencia de los países centrales. El montaje, sutilmente ensamblado con el sonido, requirió trabajar con materiales tan diversos como escenas y entrevistas rodadas por el propio director (algunas de incógnito), fotografías, material fílmico de archivo, secuencias de películas de otros realizadores y leyendas impresas. Solanas hace un empleo extremo, incluso maniqueísta, del montaje (con reminiscencias eisenstenianas) para forzar el *tempo* cinematográfico; a veces lo acelera al ritmo trepidante de una percusión y otras lo detiene hasta la exasperación, como ocurre con la imagen de la cara del Che Guevara muerto, que permanece fija durante tres minutos en la pantalla. El montaje tiene como objetivo interpelar de forma permanente al espectador, acorralarlo para que defina su posición en un mundo dramáticamente injusto.

Aunque para ciertas miradas del siglo xxi esta película pueda resultar anacrónica (además de tediosa por su extensión), a su valor documental sobre una época (que incluye también los primeros gobiernos peronistas y la figura del propio Juan Domingo Perón) se debe agregar el logro estético de numerosas escenas. Una de las más singulares es la rodada en un matadero, donde, por el efecto de los golpes de un verdugo, las vacas van cayendo, una tras otra, en agonía. Pero los ojos aún abiertos de los animales también interpelan al espectador, mientras una melodía lánguida es tarareada por una voz lírica. **RB**

Lucía

Humberto **Solás**   1968

Cuba 160 m b/n
Guión Humberto Solás, Julio García
Espinosa y Nelson Rodríguez
Producción Raúl Canosa
y Camilo Vives (ICAIC)
Fotografía Jorge Herrera
Música Leo Brower,
Joseíto Fernández, Tony Taño
Intérpretes Raquel Revuelta,
Eduardo Moure, Eslinda Núñez,
Ramón Brito, Adela Legrá,
Adolfo Llauradó
Premios Festival de Cine
de Moscú: Gran Premio

Crítica ▰▰▰▰▱▱
Público ▰▰▰▰▱▱

Lucía cuenta la historia de tres mujeres cubanas que comparten ese nombre. La primera Lucía vive en La Habana de la guerra de la independencia contra los españoles (1895). La segunda Lucía formará parte activa de la lucha contra la dictadura de Machado en los años treinta del siglo pasado. Y la tercera Lucía vive en la Cuba de los primeros sesenta, en plena resaca posrevolucionaria.

Humberto Solás solamente había rodado el mediometraje *Manuela* antes de acometer la escritura y dirección de *Lucía*, ópera prima y cénit de una larga carrera que conoció más títulos, pero sin alcanzar nunca el nivel de éste primero. Y eso que la empresa de *Lucía* era muy ambiciosa y arriesgada. Toda una antología de la historia del último siglo cubano contado en tres episodios, con tres estilos fílmicos diferentes para casi tres horas de duración. El resultado es una de las películas más emblemáticas no sólo de Cuba, sino de todo el cine latinoamericano.

Solás recorre la historia de la isla a través de tres mujeres que encaran de diferente manera los problemas que su momento les hace vivir. La primera Lucía –que pertenece a una familia de la burguesía colonial– es rehén de una sociedad patriarcal, donde el papel de la mujer está supeditado primero al padre y después al marido. Para este episodio Solás utilizó una narrativa de corte clásico, con fotografía de fuertes contrastes, tono elegíaco e interpretaciones melodramáticas. El lenguaje que utilizan los personajes y la banda sonora suenan decimonónicos.

El episodio central nos habla de una Lucía –esta vez de clase media– que se ve envuelta en la revuelta fracasada para echar del poder al dictador Machado, apoyado por los Estados Unidos. Ahora la mujer empieza a tener cierta independencia, pero sigue estando tutelada por figuras masculinas. La trama avanza a un ritmo más tenso, la cámara adopta una mirada más natural, los personajes y sus diálogos están enfocados desde el realismo y suena el *jazz* de la época.

En la última parte del tríptico, durante los primeros años de la Revolución, Solás nos presenta a una Lucía –ahora campesina– que intenta acomodarse a los nuevos tiempos. Pero a pesar de que el recién llegado sistema comunista defiende la igualdad de sexos, la realidad es otra. Los valores tradicionales no cambian a la misma velocidad que los acontecimientos políticos y Lucía sufre el cruel machismo de su pareja. Este episodio está muy influenciado estilísticamente por las vanguardias europeas del momento, desde el *free cinema* inglés hasta la *nouvelle vague* francesa. La cámara se acerca a los protagonistas, algunos de los cuales –como la misma Lucía (Adela Legrá)– son intérpretes naturales. Los diálogos están expresados en la viva jerga del pueblo cubano y suenan las canciones de los bardos de la Revolución. Y aunque Lucía todavía tenga que luchar por sus derechos, la película se cierra con la imagen de una niña sonriente, metáfora de la inminente liberación de la mujer. **AS**

Nocturno 29

Pere **Portabella**   1968

Nocturno 29 es un caleidoscopio de secuencias en torno a una pareja adúltera. No hay historia, porque lo realmente importante es el tema: la crítica al franquismo y al anquilosamiento burgués.

Portabella ocupa un lugar singular dentro (o mejor dicho, al margen) del cine y la política española. Productor *(Los golfos, El cochecito, Viridiana),* director, senador y diputado, su concepción ideológica del cine cuestiona tanto el sistema político como el lenguaje cinematográfico. Como heredero de las vanguardias, Portabella amplía los márgenes expresivos del cine. Para ello anula la narración clásica causa-efecto, la relación espacio-tiempo y la sincronía imagen-sonido.

A diferencia de otros rupturistas, el cineasta catalán destruye para empezar desde cero. Cuenta con autores ajenos al cine –el poeta Brossa o el músico Santos– para interrelacionar los diferentes lenguajes artísticos. Por eso su obra va más allá del ámbito cinematográfico, como han sabido ver los numerosos comisarios que lo han programado en sus museos. De naturaleza compleja, su obra invita al espectador a enfrentarse a lo desconocido y a aportar su experiencia para completar lo contemplado. *Nocturno 29* apela a la memoria colectiva de aquellos 29 oscuros años transcurridos de dictadura. Durante el franquismo, fue ese carácter agitador el que le obligó a buscar canales de difusión clandestinos. Hoy, es su carácter anticomercial el que le lleva a espacios alternativos. Como un francotirador solitario, Pere Portabella ha estado siempre al margen de los sistemas de narración, producción y distribución convencionales. **JT**

España 83 m b/n y color
Guión Joan Brossa
y Pere Portabella
Producción Films 59
Fotografía Luis Cuadrado
Música Carles Santos
y Josep Mª Mestres Quadreny
Intérpretes Lucía Bosé, Mario Cabré, Ramón Julià, Antoni Tàpies, Antonio Saura, Joan Ponç, Luis Ciges, Willy Van Rooy

Crítica ▬▬▬▬▬▭
Público ▬▬▬▭▭

Tres tristes tigres

Raúl **Ruiz**   1968

Tres hombres y una mujer beben y hablan –de todo y de nada– mientras deambulan por bares y calles en el Santiago de 1968. Resulta imposible hacer una sinopsis más detallada de una historia cuya mayor particularidad es no estar sujeta a trama alguna.

Raúl Ruiz, tras varios años como guionista en la televisión chilena, convenció a un grupo de amigos para rodar este largo en régimen de cooperativa. Ese sistema por el que nadie cobra y hasta la cámara es prestada. El grupo de amigos del padre del director financiaron la aventura del novel Ruiz. El resultado es esta película mítica en la filmografía chilena. Una de las razones de ese reconocimiento es la larga carrera que su director desarrolló en su exilio francés, tras el golpe de Pinochet. Ruiz es un cineasta reconocido en Francia, donde ha firmado numerosos documentales y largometrajes, entre los que destaca *Las tres coronas del marinero.* Adoptado por la cinematografía gala –la revista *Cahiers du Cinéma* llegó a dedicarle un número especial en 1983–, ha desarrollado un particular estilo basado en narraciones laberínticas con juegos espacio-temporales.

En su ópera prima Ruiz estaba todavía lejos de su madurez creativa, pero ya apuntaba maneras. Hay en *Tres tristes tigres* una clara voluntad de hacer un cine distinto y alejado de cualquier convencionalismo. La cámara sigue con una mirada entre irónica e irritante a un grupo de personajes que se emborrachan durante todo un largo fin de semana. Con los diálogos, a veces divertidos, Ruiz pretendió retratar la manera chilena de hablar mucho para decir poco. Según su autor «esta película no es que no trate de nada, trata de la nada chilena». **AS**

Chile 99 m b/n
Guión Raúl Ruiz (basado en la obra homónima de Alejandro Sieveking)
Producción Gustavo Meza, Enrique Reiman, Ernesto Ruiz, Serafín Selanio
Fotografía Diego Bonacina
Música Tomás Lefever
Intérpretes Shenda Román, Nelson Villagra, Luis Alarcón, Jaime Vadell, Delfina Guzmán

Crítica ▬▬▬▬▭
Público ▬▬▭▭▭

Memorias del subdesarrollo

Tomás **Gutiérrez Alea**   1968

Cuba 97 m b/n
Guión Tomás Gutiérrez Alea
y Edmundo Desnoes (basado en la
novela homónima de éste último)
Producción Miguel Mendoza
(ICAIC)
Fotografía Ramón F. Suárez
Música Leo Brouwer
Intérpretes Sergio Corrieri,
Daisy Granados, Eslinda Núñez,
Beatriz Ponchova, Gilda Hernández,
Omar Valdés, René de la Cruz
Premios Festival Internacional
de Karlovy Vary:
Premio Extraordinario del Jurado

Crítica ■■■■■■■■■■
Público ■■■■■■■□□□

Ya derrocado Batista, Sergio –burgués cubano– decide permanecer en la isla mientras su familia, su mujer y sus amigos huyen camino de Miami. Tras despedir en el aeropuerto a toda esa diáspora se queda solo e incomprendido, inmerso en sus lúcidas reflexiones acerca del radical cambio político y social que le ha tocado vivir.

Tomás Gutiérrez Alea, guionista y director, pertenecía a una familia de la burguesía cubana prerrevolucionaria pero desde muy joven simpatizó con el pensamiento comunista, lo que no le impidió marchar a Italia a estudiar cine durante dos años. Allí conoció un modo de hacer cine que exportó a Cuba a su regreso, cuando la Revolución ya había triunfado. Así que el Nuevo Cine Cubano tuvo, en sus inicios, un claro aire elitista a la europea, con reminiscencias del neorrealismo y del *free cinema* inglés. Estas influencias, bien asimiladas y tratadas, convirtieron a Gutiérrez Alea en el destacado de su generación.

A través de Sergio, explícito *alter ego* del propio Gutiérrez Alea, asistimos al proceso de descomposición personal y moral de alguien que decide vivir a contracorriente. Un «señorito» que se queda en «la isla del pueblo», sin otra ocupación que analizar lo que le rodea. Continúa viviendo en su gran apartamento amueblado a la europea y se entretiene observando como evoluciona su entorno. Desde el telescopio del ventanal de su casa enfoca el pedestal que debería apoyar a la Paloma de la Paz prometida por Picasso al pueblo cubano («Es muy fácil ser comunista y millonario viviendo en París»). Pero no se atrinchera, desciende a la calle –vestido con sus trajes caros cortados a medida– para enfrentar, ante ese espejo, todas sus contradicciones.

Con un estilo que recuerda al de Antonioni –pero exento del toque plúmbeo del maestro italiano–, G. Alea nos muestra la relación dialéctica entre un contexto histórico y una conciencia individual. Una serie de brillantes reflexiones –en forma de monólogos interiores– acerca de temas como la noción de subdesarrollo o el papel de los intelectuales en el proceso revolucionario, se alternan con el día a día de alguien que se siente extranjero en su propio país. Espectador pasivo de la realidad, Sergio se relaciona con la «nueva Cuba» sin descender de su estatus de burgués. No pelea contra el nuevo sistema, pero tampoco puede desprenderse de la mentalidad que él mismo critica.

Titón –alias con el que era conocido en su isla el maestro cubano– no desatiende los aspectos formales de esta inteligente película y cuida cada encuadre, cada movimiento de cámara para hacerla, además, bella. La honesta interpretación de su protagonista, Sergio Corrieri –un John Malkovich latino–, acaba de redondear la propuesta.

Memorias del subdesarrollo es la gran película del cine cubano y una de las más importantes aportaciones de Latinoamérica al séptimo arte. Obra de total madurez de un artista que supo ser fiel a sus ideas revolucionarias sin callar nunca sus fundadas críticas al sistema. **AS**

El chacal de Nahueltoro

Miguel **Littín**   1969

Chile 89 m b/n
Guión Miguel Littín
Producción Luis Cornejo
y Luis Alarcón (Cine Experimental
de la Universidad de Chile)
Fotografía Héctor Ríos
Música Sergio Ortega
Intérpretes Nelson Villagrá,
Shenda Román, Marcelo Romo,
Héctor Noguera, Luis Alarcón,
Pedro Villagrá

Crítica
Público

La historia, basada en hechos reales, nos cuenta la vida y muerte de José del Carmen Valenzuela Torres, un campesino analfabeto que, tras una penosa vida, dio muerte a su compañera sentimental y a sus cinco hijas. Parte de una infancia desprovista de cariño y educación y finaliza en el pelotón de fusilamiento pasando por el juicio y la cárcel.

Con *El chacal de Nahueltoro*, su primer largometraje, Miguel Littín puso en pie uno de los títulos más emblemáticos del llamado Nuevo Cine Latinoamericano, que vió la luz en el Festival de Viña del Mar durante la segunda mitad de los sesenta del siglo pasado. En ese certamen, un grupo de jóvenes cineastas se propusieron darle una voz nueva al cine sudamericano, haciéndolo más comprometido en temáticas y enfoques con la realidad social del continente. Allí se estrenaron muchos de los títulos que vertebraron la nueva cinematografía chilena como *Tres tristes tigres* de Raúl Ruiz, *Caliche sangriento* de Helvio Soto, o *Valparaíso, mi amor* de Aldo Francia. Todos ellos eran directores jóvenes que compartían cámara, actores y técnicos además de sus ideas progresistas. Cuando llegó Pinochet, tuvieron que exiliarse. Littín se instaló en México, donde desarrolló una irregular carrera.

De todas aquellas películas, *El chacal de Nahueltoro* fue la que mejor acogida tuvo por parte del público –que todavía recordaba el caso del crimen ocurrido tan sólo unos años antes–. Littín, a la manera del Truman Capote de *A sangre fría*, reconstruye los hechos intentando encontrar una explicación para el horrendo asesinato. Investiga en la desgraciada infancia de un niño maltratado y obligado a trabajar desde muy chico en los *cundos* (latifundios) hasta convertirse en un *afuerino* (campesino nómada temporero). La cinta comienza con una bellísima imagen del niño José escapando de casa camino de una vida mejor. Un largo plano a contraluz, con la diminuta figura del niño recortada contra la majestuosa cordillera andina, ilustra la narración en voz en *off* del protagonista. Recuerda a algún pasaje de *La noche del cazador* de Charles Laughton. Pero es un espejismo; Littín continúa después por otros caminos estilísticos más próximos a la recreación documental con ecos de las vanguardias europeas del momento.

El chacal de Nahueltoro tiene dos partes bien definidas. En la primera se nos muestran las andanzas del asesino mirado desde la compasión de quien entiende que una infancia miserable no puede formar a un adulto admirable. La cámara sigue nerviosa a su protagonista, los encuadres son traumáticos y la narración fragmentada. Cuando el Chacal es detenido y llevado a prisión, comienza una segunda parte. José, entre rejas, come cada día, aprende a leer, a escribir y un oficio. Por fin, se convierte en hombre. Ahora la cámara y la narración se serenan al tiempo que el discurso deriva en un sólido alegato contra la pena de muerte. **AS**

Invasión

Hugo **Santiago**   1969

Año 1957. La ciudad de Aquilea está amenazada por la invasión en ciernes de una fuerza enemiga que se hará efectiva por aire, tierra y mar, y que atravesará sus cuatro fronteras. Algunos invasores, que visten impermeables y trajes de color claro, ya se han infiltrado; han cruzado el perímetro urbano y comenzado a desarrollar acciones. Un grupo de hombres comandados por Julián Herrera, y que responden a las órdenes superiores de don Porfirio, tienen a su cargo encabezar la resistencia. Paralelamente, Irene, la compañera sentimental de Julián, dirige otro grupo más amplio que funciona como retaguardia. Pero el comportamiento clandestino de ambos, que da lugar a preguntas capciosas y reproches, los lleva a ignorar que forman parte del mismo plan.

Indisolublemente apegada al universo literario de Jorge Luis Borges, *Invasión* es una obra de cine fantástico ambientada en Aquilea, ciudad imaginaria cuyo nombre remite, según la tradición clásica, al lugar asediado y defendido con coraje. Como fondo de esta Aquilea moderna se halla la Buenos Aires borgeana, con sus calles empedradas, su ritmo de milonga y sus personajes porteños que frecuentan los arrabales. Sin embargo, el film no constituye una alegoría sobre hechos ocurridos en esa inmensa ciudad de América del Sur, sino que –como afirma el propio director Hugo Santiago– «es un cuento fantástico que no tiene símbolos» y cuya lectura se antoja universal. Más bien se trata de una obra premonitoria, ya que muestra algunos de los procedimientos político-militares que en la década de 1970 se revelarían como parte de la más contundente realidad argentina (de hecho, la película estuvo prohibida durante la dictadura y parte de sus bobinas originales fueron robadas en 1978).

Varios son los ejes temáticos que atraviesan el esqueleto de la narración: la idea de un héroe colectivo, la relación con el extranjero, el sacrificio por la causa, la tentación del desafío, el desconocimiento de los seres próximos, la sapiencia de la vejez, el miedo, la muerte. En el guión –complejo, de clima enigmático y con diálogos de notoria economía–, estos ejes se despliegan sobre un mapa geográfico acotado por los cuatro puntos cardinales y sobre el cual se desplaza la resistencia. Del mismo modo que ocurre en otros textos de Borges –por ejemplo, en cuentos policiales como *La muerte y la brújula*– la frontera sur se presenta como la más extrema en cuanto a los riesgos que puede entrañar. En esa frontera se inicia el film y en ella acaba, siendo el escenario en el que se juega el destino de su protagonista, Herrera. La localización real de esas escenas es el estadio del Boca Juniors, situado efectivamente en el sur de Buenos Aires.

Película de culto entre cinéfilos y amantes del universo borgeano, *Invasión* es una obra de alto valor estético que se convirtió en mítica gracias a la excelente conjunción que lograron sus autores de los lenguajes cinematográfico y literario, no siempre fáciles de entramar. **RB**

Argentina 124 m b/n
Guión Hugo Santiago y Jorge Luis Borges (sobre argumento de Jorge Luis Borges y Adolfo Bioy Casares)
Produccción Hugo Santiago
Fotografía Ricardo Aronovich
Música y sonido Edgardo Cantón
Intérpretes Olga Zubarry, Laularo Murúa, Juan Carlos Paz, Roberto Villanueva, Martín Adjemián, Óscar *Lito* Cruz, Daniel Fernández, Leal Rey, Juan Carlos Galván

Crítica
Público

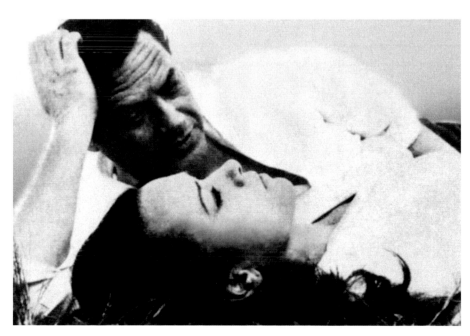

Tristana

Luis **Buñuel** 1969

España/Francia/Italia
98 m color
Guión Luis Buñuel
y Julio Alejandro
Producción
Epoca Film-Talia Film (España),
Les Films Corona (Francia),
Selenia Cinematografica (Italia)
Fotografía José F. Aguayo
Intérpretes Catherine Deneuve,
Fernando Rey, Franco Nero,
Lola Gaos, Antonio Casas,
Jesús Fernández, Vicente Soler,
José Calvo, Antonio Ferrandis

Crítica ▬▬▬▬▬▬
Público ▬▬▬▬▬▭

Al quedar huérfana, la joven Tristana va a vivir con su tutor, don Lope, un solterón ocioso y liberal que pronto la convierte en su amante. Tras conocer a Horacio, un joven pintor, Tristana abandona a don Lope; pero un año después decide regresar con él cuando enferma de un tumor en la pierna. Tras amputársela, Tristana se vuelve cada vez más fría y ausente, mientras, la salud de don Lope comienza a deteriorarse.

A pesar de la traumática experiencia que supuso el rodaje de *Viridiana* (1961), Buñuel decidió volver al cine español. Pudo más la idea de trabajar en su país que la humillación a la que le sometió el *establishment* franquista. La adaptación presentaba sustanciales cambios con respecto al original de Galdós, como el hecho de situar la acción en la década de 1930 y en la ciudad de Toledo, en un claro homenaje a las correrías de juventud del director. Esos ecos autobiográficos se evidencian también en la escena en la que Horacio pinta un catalán con barretina, en referencia a su viejo amigo Dalí.

Tristana se puede leer en clave nostálgica. Buñuel traslada la historia a su singular universo, pero mantiene el tono cos-

tumbrista habitual en toda la obra galdosiana, sobre todo en lo que se refiere a los detalles de la vida cotidiana. El director aragonés utiliza la novela de Galdós para elaborar su particular *Gatopardo*, pues combina la descripción del ocaso de los caballeros de rancio abolengo y sus retrógradas actitudes con la nostalgia por los cafés de provincias y la aparente placidez de esa burguesía que lavaba los trapos sucios en casa. La fotografía serena y en tonos ocres certifica esa visión otoñal y definitivamente decadente. Se hace evidente, así, una cierta contradicción en la mirada lanzada sobre el personaje principal, acusatoria y nostálgica a la vez: don Lope es paternalista, machista y castrador, pero también, en apariencia, liberal y anticlerical. Su decadencia se plasmará no sólo en los síntomas físicos de la vejez, sino en el patetismo y la renuncia final que supone acabar compartiendo mesa con los curas, antes denostados. De este modo, *Tristana* se puede interpretar también en clave política, convirtiendo a la muchacha coja en metáfora de la convulsa España franquista: ingenua al principio, rebelde después y destructiva al final.

A pesar de su tono sereno y algo nostálgico, la película conserva la capacidad revulsiva que Buñuel lograba imprimir en cada imagen. La iconografía surrealista aparece aquí con efectos más devastadores que nunca, ya que la fina línea que separa el sueño y la realidad es casi imperceptible. Como en toda su obra, Buñuel dota a los objetos de una poderosa carga simbólica: las pantuflas, el bastón o la pierna amputada devienen objetos-fetiche típicamente buñuelianos. La comunión entre sexo, muerte y religión se hace patente en la escena en la que, por medio del montaje, se vincula a Tristana, al mostrar su cuerpo, con diversas imágenes de vírgenes. Sin duda una obra imprescindible del genial cineasta aragonés y, por ende, del cine español. **LE**

La primera carga al machete

Manuel Octavio **Gómez**   1969

Cuba 80 m b/n
Guión Alfredo del Cueto, Jorge
Herrera, Manuel Octavio Gómez
y Julio García Espinosa
Producción Miguel Mendoza
(ICAIC)
Fotografía Jorge Herrera
Música Leo Brouwer,
Pablo Milanés
Intérpretes José Antonio
Rodríguez, Adolfo Llauradó,
Idalia Anreus, Carlos Bermúdez,
Omar Valdés, Eduardo Moure

Crítica ●▬▬▬▬▭▭
Público ●▬▬▬▭▭▭

En 1868 comenzaba la guerra de los Diez Años con la que los cubanos buscaban deshacerse de la dominación colonial española. *La primera carga al machete* narra fragmentos de esa primera lucha que llevó a la consecución de la independencia en 1898.

Manuel Octavio Gómez reconstruye estos hechos históricos a través de un original falso documental que simula presentar el pasado desde el mismo pasado. La propuesta consiste en ofrecer al espectador un noticiero de la época, que recoge entrevistas con los protagonistas históricos, fragmentos de las batallas y hasta encuestas a pie de calle. Y todo contado desde 1868, casi tres décadas antes de que los Lumière tuvieran a bien inventar el cinematógrafo.

Gómez aprovechó su experiencia de documentalista para aportar numerosos recursos de ese género –como la cámara en mano o el sonido directo– que otorgan la sensación de verismo a esta importante cinta. Además de su audaz enfoque narrativo, la película ofrece interesantes aportaciones en el campo visual, con una fotografía de alto contraste que elimina los matices de grises en favor de blancos y negros drásticos. El dramatismo queda acentuado por el uso de una película de gran sensibilidad de la que resulta el grano grueso que acaba de conferir ese *look* de vieja imagen de archivo.

Uno de los momentos más intensos del film es la entrevista en su palacio a Francisco Lerchundi, capitán general y gobernador de Cuba. Sentado en su mesa de despacho y bajo un enorme retrato de Isabel II, el agrio gobernador se muestra firme en la intención de mantener Cuba bajo dominio español y decidido a aplastar cualquier intento independentista. **AS**

No desearás al vecino del quinto

Ramón **Fernández**   1970

Pedro Andreu es un joven y apuesto ginecólogo de provincia que debe enfrentarse a una curiosa realidad: apenas cuenta con pacientes porque los maridos no toleran que un hombre vea desnudas a sus esposas. En cambio, Antón Gutiérrez, un modisto homosexual vecino de Pedro, tiene clientas a raudales. Pedro vive con su madre y bajo la presión de la familia de su recatada novia, que desconfía de él cuando viaja a Madrid para atender una conferencia. En la capital descubre, en vez de una lección de medicina, a Antón ligando con unas chicas espectaculares, pues en realidad su homosexualidad no es más que una tapadera para poder contar con una abundante clientela.

No desearás al vecino del quinto resume la moral de una época, recatada a la vez que desenfrenada en cuanto a la fanfarronería sexual, en la que se admira a un marido que se acuesta con un puñado de azafatas suecas y se recela de un homosexual. La película se sitúa entre la estética pop y el humor grueso, entre la represión pueblerina y el libertinaje urbanita, entre una aparente modernidad y un discurso retrógrado. Alfredo Landa interpreta a Antón, modisto con mucha pluma en Toledo y macho español y vividor en Madrid. Con este papel se inició el llamado *landismo*, películas costumbristas con un sentido de la comicidad poco refinado. *No desearás al vecino del quinto* es la madre de una comedia española chabacana que no conoce la sutileza, una de las películas más taquilleras del cine de este país y un carrusel de despropósitos difícil de superar. Contiene lo peor del cine español y quizás por todo esto merezca ser vista como un objeto para analizar, una pieza histórica. **VK**

España/Italia 85 m color
Guión Juan José Alonso Millán
y Sandro Continenza
Producción José Frade (Atlántida
Films /Fida Cinematográfica)
Fotografía Hans Bürmann
Música Piero Umiliani
Intérpretes Alfredo Landa,
Jean Sorel, Ira de Fürstemberg,
Isabel Garcés, Margot Cottens,
Adrián Ortega, Annabella Incontrera

Crítica ●▬▬▭▭▭▭
Público ●▬▬▬▭▭▭

El Topo

Alejandro **Jodorowsky**   1970

El Topo, un pistolero vestido de absoluto negro, cabalga haciendo justicia por los pueblos en compañía de su hijo, un niño de siete años cubierto tan sólo por un sombrero. Tras obligar a su vástago a enterrar en la arena el retrato de su madre, lo deja –«porque ya es un hombre»– en manos de un grupo de franciscanos. Tras ese prólogo, el Topo parte en busca de los cuatro maestros del duelo, a los que desafiará y vencerá.

Alejandro Jodorowsky tiene una biografía a la altura de su peculiar obra. Nació en Tocopilla (Chile) en 1929 de unos emigrantes judíos de origen ucraniano. A principios de la década de 1950 viajó a Francia donde hizo mimos con Marcel Marceau. En París conoció a Fernando Arrabal y Roland Topor, con quienes fundó el Grupo Pánico. Ya en los sesenta se asentó en México para comenzar su carrera como cineasta adaptando la obra teatral de Arrabal *Fando y Lis* (1967). Se dice que en el estreno de esa película tuvo que salir huyendo por un intento de linchamiento. Pero no se arrugó, porque tres años más tarde volvió a la carga con la cinta que nos ocupa. *El Topo* fascinó a John Lennon, que le facilitó la producción de la siguiente: *La montaña sagrada* (1973). En esa película, otro Beatle, George Harrison, debía enseñar el ano a la cámara, pero finalmente Jodorowsky no consiguió convencerle. Tras el «no del ano», la carrera cinematográfica de Jodorowsky cayó en declive (intento frustrado de realizar *Dune* después de cinco años de trabajo) y el chileno-ucraniano-mexicano-francés se decantó por escribir guiones de cómics en colaboración con el gran dibujante galo J. Giraud –alias Moebius–. *El Incal* –obra magna del cómic fantástico-metafísico– es fruto de esa unión. En 1989 logró presentar (tras el fracaso de *Tusk*) su quinta película, *Santa sangre*, convertida también en film de culto. Entre tanto, a Jodorowsky le dio tiempo de crear dos técnicas terapéuticas –psicomagia y psicogenealogía– además de impartir clases de tarot y de escribir un puñado de libros (*Donde mejor canta un pájaro, El niño del jueves negro, La danza de la realidad*).

Pero este polifacético psicoartista pasará a la historia del cine por *El Topo*, una especie de *spaguetti-western* entre psicodélico y metafísico que parece estar escrito por la unión de Pier Paolo Pasolini, Luis Buñuel y Jesús Franco en una noche de alicientes químicos. No en vano, la generación *hippy* veneraba esta cinta y llegó a conocerla como «La Biblia del LSD». Hay quien ha visto en la trama una metáfora del Antiguo y Nuevo Testamento. De hecho, la historia se compone de dos mitades bien diferenciadas. En la primera, el Topo se encarga de liquidar a cuatro personajes delirantes tras olvidarse de su vástago desnudo –interpretado por Brontis Jodorowsky, hijo de Alejandro– y rodearse de chicas disfrazadas que enseñan los pechos mientras el pistolero hace manar agua de las rocas del desierto. Esto debe ser el Antiguo Testamento. En el Nuevo, Jodorowsky se convierte en una especie de anacoreta de pelo cardado (¿Jesucristo?) para raparse luego al cero y parecerse al Pequeño Saltamontes. Sus apóstoles son una pandilla de enanos, deformes, tullidos, desdentados y obesas que le siguen a todas partes. Entre ellos destaca el centauro sin cuartos traseros, compuesto por un hombre sin piernas encaramado a las espaldas de otro sin brazos.

Jodorowsky debió disfrutar con el *casting* tanto como con el diseño de vestuario o la localización de exteriores. Parajes inauditos del México más árido se alternan con arquitecturas bizarras bajo el cielo seco del desierto. Y la banda sonora es un *mix* entre música étnica y órgano de iglesia. Inefable. Muy recomendable para degustadores de hachís en una tarde tonta de invierno. **AS**

México 120 m color
Guión Alejandro Jodorowsky
Producción Juan López Moctezuma, Moshe Rosemberg, Roberto Viskin
Fotografía Rafael Corkidi
Música Alejandro Jodorowsky y Nacho Méndez
Intérpretes Alejandro Jodorowsky, Brontis Jodorowsky, Mara Lorenzio, Alfonso Arau

Crítica ▆▆▆▆▆
Público ▆▆▆▆▆▆

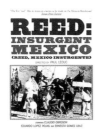

Reed, México insurgente

Paul **Leduc**   1970

México 105 m b/n
Guión Juan Tovar y Paul Leduc con
la colaboración de Emilio Carballido
Producción Luis Barranco
Fotografía Alexis Grivas
Intérpretes Claudio Obregón,
Hugo Velázquez, Eduardo López
Rojas, Eraclio Zepeda
Premios Ariel:
mejor dirección y mejor película

Crítica
Público

Corre el año 1913. John Reed, periodista norteamericano de 26 años, cruza la frontera y se interna en el desierto mexicano para hacer un reportaje sobre la Revolución. Así llega al cuartel del general villista Tomás Urbina, en Durango. A lo largo de un año y medio confraterniza con los revolucionarios y termina por tomar parte activa en la contienda.

Paul Leduc, considerado uno de los mejores realizadores del cine independiente mexicano de la década de 1970, concibió *Reed, México insurgente* casi como un noticiero de época. Fue filmada en 16 mm (y posteriormente pasada a 35 mm), en blanco y negro virado al sepia, sin música de fondo, con carteles que introducen los capítulos y una voz en *off* que aporta datos sobre el protagonista. Este primer largometraje de Paul Leduc, basado en *México Insurgente*, libro que reúne las crónicas escritas por Reed, destaca por la reconstrucción de época.

Reed llegó a conocer al presidente Venustiano Carranza y entrevistó al general de la división del Norte, Pancho Villa, pero sobre todo vivió la Revolución al lado de los soldados, de la gente de pueblo, hombres y mujeres que retrató en sus crónicas, y este espíritu es el que está presente en la película de Leduc. El realizador no incurre en ningún momento en una pintura idealizada de los personajes; los soldados y oficiales revolucionarios son profundamente humanos, están mostrados con sus virtudes y defectos.

Las películas de Leduc tienen en común que se desarrollan a partir de un personaje, como él mismo afirmó: «A partir de ese personaje, me intereso por su relación con su momento histórico. Todo eso viene de mi interés en mezclar lo privado y lo político, lo personal y lo social». **AC**

Canciones para después de una guerra

Basilio **Martín Patino**   1971

España 110 m b/n y color
Guión Basilio Martín Patino
Producción Julio Pérez
Tabernero
Fotografía José Luis Alcaine
Música Manuel Parada
Colaboradores Julio Pérez
Tabernero, José Luis García
Sánchez, José Luis Peláez,
Alfredo Alcaín... entre otros

Crítica
Público

La España de la posguerra vista a través de sus canciones. Un film-*collage* que nos acerca a la realidad de aquellos años a través de documentos visuales y sonoros. Se trata de una excelente muestra de cine de montaje con una larga gestación: dos años llevó finalizar este recorrido folclórico-político por la memoria colectiva del país. Tras otros cinco en el limbo burocrático, *Canciones*... se estrenó en 1976 despertando gran expectación.

Partiendo de materiales de diversa procedencia –películas, noticiarios, periódicos, anuncios–, Patino elabora un *collage* visual y sonoro que es, a la vez, terapia colectiva y ejercicio de autoreconocimiento para toda una generación. El hilo conductor son 45 canciones populares del período 1939-1953, los *hits* emocionales de una época. De *La bien pagá* a *La vaca lechera*, las canciones acompañan a las imágenes a la vez que actúan como contrapunto irónico. Esta colisión entre imagen y sonido sirve a Patino para elaborar un discurso crítico-burlesco sobre la realidad española.

El racionamiento, el estraperlo o la educación, así como ciertos fenómenos populares –los tebeos, la televisión, la cocacola–, son objeto de una mirada nostálgica e irónica que pretende agitar conciencias y llamar a la reflexión. Su cáustico sentido del humor y el carácter «innoble» del material con el que trabaja (que lo emparenta con cierta estética *kitsch*) refuerzan el carácter subversivo de un film que ridiculiza al régimen utilizando sus propios métodos. Esto es: la instauración de una visión nostálgica del pasado y la apropiación del folclore popular para perpetuar una cultura de «pan y circo». Patino sabe, como ellos, que el montaje es un arma política poderosa. **MA**

Mi querida señorita

Jaime **de Armiñán**   1971

España 80 m color
Guión Jaime de Armiñán
y José Luis Borau
Producción José Luis Borau
y Luis Merino (El Imán/In-cine)
Fotografía Luis Cuadrado
Música Rafael Ferro
Intérpretes José Luis López
Vázquez, Julieta Serrano,
Antonio Ferrandis, Mónica Randall,
Lola Gaos, Chus Lampreave,
Enrique Ávila
Premios Oscar: nominada a mejor
película de habla no inglesa

Crítica ▬▬▬▬▬▬▭▭
Público ▬▬▬▬▬▬▬▭▭

Adela, una solterona de provincias que trabaja ocasionalmente como costurera, vive acompañada de su asistenta Isabelita con el pesar de no haber mantenido nunca una relación con un hombre. Un día, un empleado de banca del pueblo, viudo y con sus hijas ya mayores, le pide el matrimonio con la idea de hacerse mutua compañía. Con la proposición, a Adela le asaltan las dudas pues sospecha que en ella hay algo extraño. A instancias de un cura visita a un médico, que le confirma lo que ella siempre intuyó: Adela, en realidad, es un hombre. Comienza entonces una nueva vida como Juan, un cambio de identidad que no le resultará nada sencillo.

El tema de la transexualidad se asomó al cine español por primera vez con esta curiosa película sobre un hombre que creció pensando que era una mujer. Lejos de tratar el tema de forma bufa o chabacana, Jaime de Armiñán planteó *Mi querida señorita* con gran delicadeza, con un humor fino que se entremezclaba a la perfección con el drama. A pesar de los inconvenientes que en un principio puso la censura a una temática tan alejada de los gustos del régimen franquista, la sexta versión del guión obtuvo finalmente el permiso de rodaje.

José Luis López Vázquez, cómico clave de los años cincuenta y sesenta (décadas en las que había trabajado, entre otros, a las órdenes de Berlanga y Ferreri) se convirtió en rostro perenne del cine español gracias al cambio de registro dramático iniciado con *El bosque del lobo* (1970) de Pedro Olea. Pero fue su magnífica interpretación de Adela/Juan en *Mi querida señorita* la que le abrió definitivamente las puertas a otro tipo de películas como *Carta de amor de un asesino* (1972) de Regueiro o *La prima Angélica* (1973) de Saura. Su papel de travestido en la ignorancia, apuntalado mediante pequeños gestos y soterradas miradas, resultó brillante y conmovedor. La sobriedad desde la que construyó el personaje contrasta con la energía de Julieta Serrano y se contrapone al manierismo hilarante de Alfredo Landa en su doble rol de macho y homosexual en *No desearás al vecino del quinto* (1970).

Mi querida señorita se abre con el rostro de Adela en un espejo mientras Isabelita termina de vestirla. Esta imagen es la que mejor define una película que está planteada a través de la dicotomía del sexo de su protagonista. Si la primera parte se centra en Adela y termina con un *crescendo* musical que acompaña el descubrimiento de su verdadera naturaleza, la segunda lo hace en Juan, cuya primera imagen es también ante un espejo. *Mi querida señorita* se divide en esas dos partes simétricas, parábolas de la imagen y el reflejo de una misma persona: Adela y Juan.

El final de la *Mi querida señorita*, con Isabelita confesando que siempre supo que Juan y Adela eran la misma persona, resulta tan transgresor como la última secuencia de *Con faldas y a lo loco* de Billy Wilder, otra película sobre el travestismo que –mediante la conocida réplica de «nadie es perfecto»– abría la puerta de la aceptación. **VK**

El castillo de la pureza

Arturo **Ripstein**   1972

México 110 m color
Guión Arturo Ripstein y
José Emilio Pacheco
Producción Angélica Ortíz
Fotografía Alex Phillips
Música Jesús Gutiérrez Heras
Sonido Jesús González Gancy
Intérpretes Carlos Brook,
Rita Macedo, Diana Bracho,
Arturo Beristáin, Gladys Bermejo
Premios 5 Ariel, entre ellos:
mejor película y mejor guión

Crítica
Público

Gabriel Lima se gana la vida fabricando raticida que envasa con la ayuda de sus tres hijos y que luego vende en pequeños comercios. Lleva 18 años sometiendo a su familia a un encierro para, supuestamente, evitarles el daño que podría producirles el contacto con una sociedad enferma por el vicio. Él mismo se encarga de la educación de los hijos y es severo y arbitrario, tanto con ellos como con su mujer, y los somete no sólo a maltrato psicológico, sino también físico. El frágil equilibrio emocional en que viven termina por quebrarse el día en que Gabriel descubre a sus dos hijos mayores en un escarceo erótico.

Basada en un hecho verídico que tuvo lugar en la ciudad de México en la década de 1950, la historia sirvió de base para la novela de Luis Espota *La carcajada del gato*, y más tarde para la obra de teatro *Los motivos del lobo* de Sergio Magaña. Fue la actriz Dolores del Río la que tuvo la idea de llevar al cine esta historia. Compró los derechos y le propuso a Luis Buñuel filmarla, quien declinó el ofrecimiento y le sugirió que se la ofreciera a Ripstein, que aceptó. Con posterioridad surgieron desacuerdos que dejaron sin efecto la colaboración, pero el joven director, que ya había realizado y registrado el guión, decidió llevar a cabo por su cuenta la filmación con una subvención del Estado mexicano.

Ripstein y el escritor mexicano José Emilio Pacheco elaboraron un guión sin fisuras que guarda equilibrio entre la acción y la palabra; son tan importantes las situaciones como los diálogos. El relato cinematográfico gana fuerza también con unos personajes muy bien caracterizados; el más complejo es el del padre, el único que tiene contacto con el exterior, el que vigila día y noche, el que decide lo que se debe hacer y lo que no, el que mientras mantiene encerrada a su familia para evitarle el contacto con un mundo impuro, acude a un prostíbulo, trata de seducir a una jovencita, miente...

La película tiene muy pocas escenas de exteriores. Con un ritmo que no decae, la mayor parte de la acción transcurre en una excelente escenografía diseñada por Manuel Fontanals, una casa lúgubre y decrépita. Allí se va deslizando el drama que Ripstein filma de manera sobria, con una cámara que parece tomar distancia de lo que está sucediendo.

El clima asfixiante lo envuelve todo, sólo la lluvia que cae la mayor parte del tiempo parece limpiar la atmósfera de los que viven encerrados, momento en el que la madre y los hijos disfrutan jugando bajo el agua. No hay casi música de fondo, uno de los sonidos incidentales que más fuerza tiene es el de la lluvia. La película comienza con la imagen de unas latas vacías

colgadas a modo de carrillón y continúa con un *travelling* del patio vacío en el que cae sonoramente la lluvia. En la escena final también llueve, la cámara se detiene otra vez sobre el carrillón y avanza en un largo plano secuencia siguiendo a la familia a través de la casa mientras golpes intermitentes de tambor se van convirtiendo en un redoble. **AC**

Carta de amor de un asesino

Francisco **Regueiro** 1972

En una pequeña ciudad de provincias, un vecino asesina sin motivo aparente a cuatro personas en una cafetería para desaparecer después sin dejar rastro. En la misma ciudad vive Blanca, la joven directora de la biblioteca municipal, quien un día recibe una carta del misterioso asesino.

Ésta es la quinta película de Francisco Regueiro –auténtico francotirador del cine español–, autor de *cult movies* como *Padre nuestro* (1984) o *Madregilda* (1993). Pero fue en esta *Carta de amor de un asesino* donde Regueiro desplegó de forma más visible su raro talento, si bien dejó de lado esta vez su peculiar humor negro *(Amador,* 1965). De la mano de Querejeta abordó una historia de tono sombrío e invernal, centrándose en el amor platónico de don Antonio (José Luis López Vázquez, en otro de sus papeles graves de los setenta), el asesino con ínfulas poéticas que envía cartas cursis a la guapa y seria bibliotecaria. Como contrapunto a esos dos introvertidos personajes, aparece Ramón –el pragmático bedel–, para convertirse en el tercer vértice del triángulo.

La cinta contiene varias secuencias memorables, como el encuentro entre el asesino y Blanca en el despacho de la

biblioteca, retorcidos ambos en una mueca muda. O la limpieza de las sardinas en la cocina de Ramón. O las alucinaciones «carnales» de Blanca al más puro estilo Lynch. La película provoca primero desconcierto (por sus gélidas interpretaciones y pausado ritmo), después sorpresa (por su atmósfera inquietante acompañada de una banda sonora culta y deliciosa) para terminar causando admiración por ser una propuesta tan original como radical. Regueiro es todo un autor, con un universo propio poco visitado y muy recomendable. **AS**

España 84 m color
Guión Francisco Regueiro
Producción Elías Querejeta
Fotografía Luis Cuadrado
Música Luis de Pablo
(música española medieval
y del Renacimiento)
Intérpretes Serena Vergano,
Rosa María Mateo, José Calvo,
José Luis López Vázquez,
Manuel Tejada, Alejandro López

Crítica
Público

La prima Angélica

Carlos **Saura** 1973

Luis, un hombre maduro y apocado, regresa a Segovia para inhumar los restos de su madre en el panteón familiar. Allí se reencuentra con su familia materna a la que hacía muchos años que no visitaba. Con ellos convivió durante la Guerra Civil, cuando era un niño, al quedar sus padres en el otro lado del frente.

Cuando estrenó *La prima Angélica*, Saura ya se había convertido en el director español de referencia del tardofranquismo tras rodar varios de sus títulos mayores como *La caza* (1966) o *Peppermint Frappé* (1967). Aliado con Azcona y Querejeta, otros dos pesos pesados en el arte de contar historias, Saura dio a luz esta original revisitación de la Guerra Civil española que tuvo problemas con la censura por contener un discurso crítico y una visión más bien triste y pesimista de la España de los años setenta.

Uno de los aciertos de la película es el original manejo de los dos tiempos históricos abordados. El protagonista revive su infancia al entrar en contacto con el escenario y los personajes de su niñez, pero no lo hace a base de *flash-backs* convencionales, sino que es el mismo actor, un acertado López Vázquez

convertido en imposible niño calvo, el que presencia y actúa en su pasado. En este viaje de intromisión a la propia memoria cabría destacar la secuencia en la que el profesor-sacerdote ejerce el terrorismo psicológico cuando explica a sus jóvenes alumnos el concepto de la eternidad del infierno. La forma en que se funden el pasado (1936-1939) y el presente (principios de los setenta) conviviendo en un mismo espacio, ayuda a entender al protagonista de la historia, un hombre malherido y truncado por las experiencias recordadas. **AS**

España 102 m color
Guión Rafael Azcona
y Carlos Saura
Producción Elías Querejeta
Fotografía Luis Cuadrado
Música Luis de Pablo
Intérpretes José Luis López
Vázquez, Fernando Delgado,
Lina Canalejas, Lola Cardona,
Encarna Paso, Julieta Serrano
Premios Festival de Cannes.
Premio Especial del Jurado para
Carlos Saura

Crítica
Público

España 103 m color
Guión Ángel Fernández-Santos
y Víctor Erice
Producción Elías Querejeta
Fotografía Luis Cuadrado
Música Luis de Pablo
Intérpretes Ana Torrent,
Fernando Fernán-Gómez,
Isabel Tellería, Teresa Gimpera,
Laly Soldevilla, Miguel Picazo,
Estanis González, Juan Margallo,
José Villasante
Premios Festival de San
Sebastián: Concha de Oro
Festival de Chicago:
Hugo de Plata

Crítica ▬▬▬▬▬▬▬▬▬
Público ▬▬▬▬▬▬▬▭▭

El espíritu de la colmena

Víctor **Erice** 1973

Un pequeño pueblo perdido entre la meseta castellana y los años cuarenta. Las niñas Ana e Isabel viven con sus padres, Fernando y Teresa, en un viejo caserón. Un domingo llega el camión ambulante del cine para proyectar *El doctor Frankenstein* y la pequeña Ana quedará fascinada por la película. Pronto comenzará a hacerse preguntas en su camino hacia la pérdida de la inocencia.

Con el corto bagaje de haber rodado uno de los tres episodios de *Los desafíos* (1969), Víctor Erice se alió con Ángel Fernández-Santos (posteriormente crítico de cine de *El País*) para escribir el guión de esta película fundamental no sólo del cine español, sino de toda la historia del séptimo arte. Con sus siguientes cintas (*El sur*, 1983, y *El sol del membrillo*, 1992), Erice se confirmó como uno de los genios cinematográficos del siglo xx. El primer eslabón de esta corta e inoxidable cadena de tres contiene ya todos los adjetivos que definirán el estilo del maestro. Cine de raíz poética que desatiende las convenciones narrativas clásicas para adentrarse en un universo de melancólica belleza, que provoca tanto al intelecto como a la sensibilidad.

En *El espíritu de la colmena* conviven dos mundos opuestos: la inocencia infantil de Ana y el amargo desencanto adulto de sus padres. Entre ellos se encuentra Isabel, la hija mayor, que ya ha traspasado esa barrera y que arrastra, desafiante, a su hermana pequeña hacia la tierra de los mayores. Los padres, que no se hablan, parecen víctimas del desamparo emocional generado por la Guerra Civil y son incapaces de sobrevivir a un pasado que se intuye dichoso. El misántropo Fernando sólo se preocupa del cuidado de sus abejas y de una frustrante necesidad por estudiar el comportamiento de la colmena. Mientras, Teresa, la madre casi ausente, escribe cartas a un amante que intuímos perdido. A base de provocar esas intuiciones, esas lecturas entre líneas, Erice y Fernández-Santos nos regalan esta misteriosa historia en forma de cuento infantil, que requiere interpretación a la vez que proporciona disfrute. Así, cuando la pequeña Ana observa en silencio el album familiar, aparece fugazmente una foto de su padre acompañado de Unamuno. Pero Erice no se detiene ni subraya, deja bajo las manos del espectador la cicatriz que supuso la guerra.

Luis Cuadrado vistió de luz invernal un guión parco en diálogos y lleno de logradas elipsis (la culpabilidad de Ana en la secuencia muda del desayuno). Los encuadres pictóricos se alternan con serenos movimientos de cámara hasta componer un plasticismo crepuscular que mantiene el tono susurrado de la narración. Y de fondo musical la sugerente tonadilla infantil *Vamos a contar mentiras* en guitarra desmayada.

La mirada asombrada y profunda de Ana –icono Torrent– se convierte en el hilo conductor de una historia que viaja en tren. Sobre las vías se inclina Ana para escuchar el rumor de lo que está por llegar. Un mundo fascinante poblado por setas venenosas, prófugos, abejas y monstruos de Frankestein. **AS**

De cierta manera

Sara **Gómez**   1974

Cuba 79 m b/n
Guión Sara Gómez
y Tomás González
Producción Camilo Vives (ICAIC)
Fotografía Luis García
Música Sergio Vitier
Intérpretes Mario Balmaseda,
Yolanda Cuéllar, Mario Limonta,
Isaura Mendoza, Bobby Carcasés,
Sarita Reyes

Crítica
Público

El nuevo barrio de Miraflores se levanta sobre lo que antes era un reducto de marginalidad. Son sus propios habitantes los que construyen las que serán sus viviendas. Yolanda, joven maestra revolucionaria, es destinada a la escuela del barrio. Allí conoce a Mario, un obrero de la barriada, con el que comenzará una relación sentimental.

Ópera prima y póstuma de su joven realizadora, Sara Gómez, que murió a los 32 años antes de ver finalizada la película. *De cierta manera* es uno de los títulos más citados del cine cubano. Una cinta que contiene elementos muy diversos. Combina lenguajes de ficción y documental deconstruyendo los métodos tradicionales de narración, tanto temática como formalmente. Película comprometida con su época, en su corto metraje se tratan multitud de temas: los roles hombre/mujer, el machismo, las relaciones entre obreros en un sistema nuevo, el papel de la mujer en la Revolución, la reformulación de las clases sociales, la importancia de la enseñanza en la sociedad socialista, la diversidad racial en Cuba, etc. Y lo hace respirando ligereza y desenfado. Es un cine complejo pero fácil de ver, que aun siendo agitador y didáctico, no resulta ni aleccionador ni intelectualoide.

En palabras de su directora: «El cineasta cubano se expresa en términos de revolución; el cine, para nosotros, es inevitablemente parcial, estará determinado por una toma de conciencia, será el resultado de una definida actitud frente a la necesidad de descolonizarnos política e ideológicamente, romper con los valores tradicionales, ya sean económicos, éticos o estéticos». Cine orgullosamente imperfecto pero repleto de claves que harán las delicias del espectador con capacidad analítica. **AS**

La Mary

Daniel **Tinayre**   1974

Argentina 107 m color
Guión José Martínez Suárez
y Augusto R. Giustozzi (basado en la
novela homónima de Emilio Perina)
Producción Ricardo Tomaszewski
y Guillermo Cervantes Luro
Fotografía Miguel Rodríguez
Música Luis María Serra
Intérpretes Susana Giménez,
Carlos Monzón, Alberto Argibay,
Dora Baret, Juan José Camero,
María Rosa Gallo, Antonio Grimau

Crítica
Público

La Mary es una atractiva chica de barrio que conoce a un joven de su misma condición, apuesto y trabajador, con el que se casa. Los mandatos de una educación tradicional, con los tabúes y los prejuicios sobre la mujer vigentes en la década de 1940 (casarse virgen, dedicarse al hogar, venerar al hombre), se entremezclan con un deseo sexual desenfrenado. La férrea defensa de esos valores y los desencuentros entre las familias de ambos contaminan el amor de la pareja y enfrentan a ésta a una dramática encrucijada.

Bajo una trama de suspense, en *La Mary* confluyen romance, erotismo, fenómenos paranormales y trasfondo costumbrista. Su director, Daniel Tinayre (nacido en Francia en 1910), dirigió 22 películas, entre las cuales sobresalieron las de género policial; ésta fue su última realización. Con buen ritmo y destacadas puestas de cámara que revelan su admiración por el cine de Alfred Hitchcock, en *La Mary* Tinayre intentó conjugar calidad artística y éxito comercial. Para ello se valió de unas muy buenas escenografía y ambientación que, combinadas con un encuadre expresivo, permiten que la película cobre intensidad a medida que los climax se vuelven más asfixiantes. Asimismo, la utilización del *flash forward* (salto hacia delante en el tiempo para, después, retornar al presente de la narración) contribuye al avance del relato, al tiempo que delata el desequilibrio que empieza a aparecer en la protagonista. *La Mary* convocó a un elenco artístico notable e incluyó como protagonistas a Carlos Monzón, campeón mundial de boxeo, y Susana Giménez, una famosa *top model* argentina. La popularidad de la pareja contribuyó al éxito comercial de la película. **ML**

La Patagonia rebelde

Héctor **Olivera** 1974

A inicios de 1919 un grupo de trabajadores hoteleros de Río Gallegos, en la provincia patagónica de Santa Cruz, comienza una huelga contra los empresarios de su sector. La decisión es tomada durante una asamblea de la Sociedad Obrera, entidad anarcosindicalista cuya dirección está integrada mayoritariamente por inmigrantes (españoles, alemanes, polacos). Las autoridades locales consideran intolerable la medida y ordenan arrestar a los huelguistas. Pero lejos de acabar con el conflicto, los reclamos se multiplican y la Sociedad Obrera inicia una campaña de sindicalización que alcanza a toda la provincia y consigue paralizar la actividad de las estancias. En 1922 el poder administrativo y el poder económico ganadero, dirigido sobre todo por terratenientes británicos, se unirán para encargar al ejército la ejecución de un plan que será una de las más feroces masacres emprendidas contra el movimiento obrero en el país.

A lo largo de su extensa carrera como director cinematográfico –que incluye más de veinte títulos–, Héctor Olivera ha elegido en reiteradas ocasiones la adaptación de libros de escritores argentinos. En *La Patagonia rebelde* reconstruye una historia real, que alcanzó amplia difusión gracias a la publicación del libro *Los vengadores de la Patagonia trágica* (1972) de Osvaldo Bayer. Los hechos históricos ocurrieron durante la primera presidencia del radical Hipólito Yrigoyen (1916-1922) y siguieron a lo que en la historia argentina se conoce como Semana Trágica. Ésta consistió en una serie de enfrentamientos violentos entre huelguistas y policías que sacudieron a la ciudad de Buenos Aires en enero de 1919 y que fueron determinantes en la consolidación del movimiento obrero nacional.

La casi totalidad de la película es un largo *flash-back* que narra los acontecimientos de la resistencia sindical con un desarrollo clásico, en el que los debates asamblearios sobre las estrategias que seguir constituyen uno de los ejes principales. Entre los cabecillas de la rebelión están Soto, Facón Grande y Schultze, tres hombres que comparten las ideas libertarias, pero discrepan, en parte, sobre los métodos de lucha para conseguir que sus derechos laborales se cumplan. Paralelamente, como defensor del imperio de la legalidad, el teniente coronel Zavala protagoniza un *crescendo* de intolerancia y violencia que deja al descubierto los horrorosos límites a los que puede llegar la condición humana en el cumplimiento de la obediencia debida. En medio de ambos bandos, negociando con el poder local, el de Buenos Aires y el de las grandes metrópolis, están los terratenientes: dueños y señores de un universo de opulencia, en el que el ejército y el peón rural son solo piezas de su juego económico.

El abismal paisaje patagónico, con la precordillera andina de fondo, sirve de marco a este film –todo un clásico en el cine político local–, en el que muchas de sus escenas destacan por el carácter épico y la acertada recreación de los enfrentamientos bélicos. **RB**

Argentina 102 m color
Guión Osvaldo Bayer, Fernando Ayala y Héctor Olivera (basado en el libro *Los vengadores de la Patagonia trágica*, de Osvaldo Bayer)
Producción Héctor Olivera y Fernando Ayala (Aries Cinematográfica Argentina)
Fotografía Victor Hugo Caula
Música Oscar Cardozo Ocampo
Intérpretes Héctor Alterio, Luis Brandoni, Federico Luppi, Pepe Soriano, Pedro Aleandro, Osvaldo Terranova, José Mª Gutiérrez, Alfredo Iglesias, Carlos Muñoz, Eduardo Muñoz, Héctor Pellegrini, Jorge Rivera López, Jorge Villalba
Premios Festival de Berlín: Oso de Plata

Crítica
Público

Boquitas pintadas

Leopoldo **Torre Nilsson**   1974

Argentina 120 m color
Guión Leopoldo Torre Nilsson
y Manuel Puig (basado en la novela
homónima de Manuel Puig)
Produccción Juan José Jusid
y Leopoldo Torre Nilsson
Fotografía Aníbal Di Salvo
Música Waldo de los Ríos
Intérpretes Alfredo Alcón,
Marta González, Luisina Brando,
Raúl Lavié, Leonor Manso,
Isabel Pisano, Cipe Lincovsky,
Mecha Ortiz, Oscar Pedemonti,
Luis Politti
Premios Festival de San
Sebastián: Premio Especial
del Jurado y Concha de Plata

Crítica ▬▬▬▬▬▭
Público ▬▬▬▬▭

Al enterarse de la muerte de Juan Carlos Etchepare en un sanatorio para tuberculosos, en abril de 1947, Nené, ya casada y con dos hijos, se perturba de tal modo que pone en marcha una revisión de la pasión que la unió a ese joven. Esto había ocurrido diez años atrás, en un pueblo de la provincia de Buenos Aires donde la pequeña burguesía local se vinculaba con cortesía no exenta de falsedad. Al privilegiar hipócritamente las apariencias, bajo un manto de censura y represión se escondían envidias y pasiones enmarcadas en una sexualidad desbordada y compulsiva. A medida que revisa el pasado, Nené tendrá que enfrentarse a la huella que aquellos hechos dejaron en su presente.

La versión fílmica de *Boquitas pintadas* resulta un notable ejemplo de una buena conjunción entre literatura y cine. Probablemente porque tanto el escritor Manuel Puig como el director Leopoldo Torre Nilsson tuvieron una relación muy poderosa con ambas formas de narrativa. En la literatura de Puig proliferan las técnicas cinematográficas, sobre todo un intenso uso del montaje, que pone en relación textualidades diversas como letras de canciones, cartas, artículos periodísticos, informes y relatos policiales. Torre Nilsson, por su parte, logra volcar en imágenes la riqueza y variedad compositiva del texto literario: los diversos puntos de vista, la fragmentación de temas y subtemas, la polifonía de voces con niveles de habla propios. En la película, el director reproduce monólogos interiores que se intercalan en el diálogo de algunos personajes; así ocurre en el aparentemente inocente flirteo entre

Pancho, trepado a una higuera, y Mabel, que lo incita a recoger la fruta. En esa escena se inserta lo que ambos se van diciendo para sus adentros: un torrente de vulgaridades excitantes. La plasticidad de los encuadres, un ritmo narrativo sostenido, las excelentes actuaciones, la subrayada ambientación y el vestuario de época, todo suma para que el texto de Puig se traduzca al lenguaje cinematográfico mediante una reescritura fiel y al mismo tiempo original. La estética resultante de la confluencia Puig-Torre Nilsson parece anticiparse a Pedro Almodóvar en adjudicar a las voces populares jerarquía de discurso literario, así como en el homenaje a géneros menores: el policial, la novela rosa, el melodrama, la novela epistolar. Siempre en los bordes de la parodia.

El título de *Boquitas pintadas* está tomado de un tango-foxtrot de Carlos Gardel y Alfredo Le Pera, *Rubias de New York*, cuya letra dice: «deliciosas criaturas perfumadas, quiero el beso de sus boquitas pintadas», versos que parecen condensar un sentimentalismo extremo. Sin embargo, lo que emerge con vigor en esta puesta en escena heredera del expresionismo es la hipocresía, el puritanismo, los celos femeninos y el egoísmo masculino en el amor. Varios escorzos significativos y el uso de grandes angulares desplazan las imágenes del mero naturalismo, para forzar la visión hacia lo más íntimo y sórdido de los personajes. **ML**

Argentina 102 m color
Guión Sergio Renán y Aída Bortnik
Producción Tita Tamames
y Rosa Zemborain
Fotografía Juan Carlos Desanzo
Música Julián Plaza
Intérpretes Héctor Alterio,
Ana María Picchio, Luis Brandoni,
Marilina Ross, Oscar Martínez,
Aldo Barbero, Carlos Carella,
Antonio Gasalla, Lautaro Murúa,
Walter Vidarte, China Zorrilla,
Luis Politti, Hugo Arana,
Sergio Renán, Norma Aleandro,
Juan José Camero,
Cipe Lincovsky
Premios Oscar: nominada a mejor
película de habla no inglesa

Crítica ■■■■■■□
Público ■■■■■■□

La tregua

Sergio **Renán** 1974

Martín Santomé es un hombre arrastrado por la rutina que, a sus 49 años, no ha superado la muerte de su esposa, ocurrida dos décadas atrás. Tiene un trabajo de oficinista, al cual se ha resignado; si bien ahora está expectante por su próximo retiro. Sus tres hijos jóvenes, con los que convive y a los que no conoce cabalmente, ven en él un modelo de existencia asfixiante, una suerte de espejo premonitorio que buscan evitar para su futuro. En medio de ese simple transcurrir aparece Laura Avellaneda, una nueva compañera de trabajo de la que Martín se enamora y que, en el éxtasis sereno de una pasión indescriptible, lo lleva a deslizar una frase que resume el desborde de sus sentimientos: «Así, exactamente así, es la felicidad». El hombre cansino despierta a la vida; pero el destino le tiene reservada una nueva carta en ese despertar.

La tregua, versión libre de la novela homónima de Mario Benedetti, recoge parte del espíritu del texto original, que constituye una crítica amarga a la clase media montevideana de mediados del siglo XX afectada por la monotonía burocrática y la desidia. El director Sergio Renán ubicó la historia en Buenos Aires y en los primeros años de la década de 1970. En su momento, esa decisión fue criticada por Benedetti, al igual que la ausencia en el guión de algunos aspectos políticos que estaban presentes en la novela, escrita en forma de diario íntimo y publicada en 1960.

La historia, narrada en código naturalista, cobra cuerpo a partir de la transformación del protagonista, en cuyo entorno se van sucediendo cambios que lo empujan hacia una nueva realidad. En el ámbito público de su trabajo, Martín es un hombre reservado, que ejerce de modo ecuánime su función de jefe medio. Allí aparecerá Avellaneda para despertarlo del letargo. En el ámbito familiar es un padre algo indolente y será interpelado por Jaime, el hijo homosexual, e increpado por Esteban, el otro hijo, que siente pánico de que su vida futura sea igual a la de su padre. Su hija Blanca es la única que parece disculparlo, y lo apoya en su nueva relación amorosa, marcada por los escasos 24 años de edad que tiene Avellaneda. Sociedad, familia, juventud, madurez, prejuicios y amor son los hilos que arman la compleja red del guión, sobre la cual planea una profunda reflexión acerca de la fugacidad de la vida.

La tregua fue el primer título argentino nominado al Oscar como mejor película en habla no inglesa. En la edición de los premios de Hollywood de 1974 compitió, entre otras, con la francesa *Lacombe Lucien* y la italiana *Amarcord*, que fue la que se llevó el trofeo. Aunque *La tregua* no subió al podio mayor, pasó a integrar la lista de las mejores películas de la cinematografía argentina, condición que debe a la efectividad lograda por su director y a la excelencia de su amplio elenco, en el que estaban reunidos gran parte de los mejores actores locales del momento. **RB**

Cría cuervos

Carlos **Saura**   1975

Una mujer relata su infancia delante de la cámara. Una noche, a la pequeña Ana le despiertan unos ruidos que vienen de la habitación de su padre. Esa misma noche su padre fallece. Ana y sus dos hermanas, que ya habían perdido a su madre, quedan al cargo de su tía. Ana observa el mundo de los adultos y recuerda también cómo era la vida junto a su madre, una mujer enferma que vio cómo su marido la engañaba constantemente. La muerte sobrevuela el día a día de la niña y sus hermanas.

La primera escena de *Cría cuervos* se desarrolla durante la noche, en la penumbra del pasillo de una casa familiar. La cámara nos muestra a la pequeña Ana vestida con un camisón blanco que resplandece en la oscuridad. De pronto, una mujer sale apresuradamente de la habitación vecina mientras se calza los zapatos. No se da cuenta de que alguien la está observando. La mujer acaba sintiendo la presencia, se da la vuelta, descubre a Ana y sale de la casa. Esta secuencia resume a la perfección la esencia y la forma de *Cría cuervos*. Por un lado tenemos la mirada de la niña, motor de toda la película; por el otro, el mundo lleno de secretos y conversaciones a media voz de los adultos. Y todo ocurre bajo la luz tenue y la densa sombra del cine intimista de Saura. Es la penumbra del hogar; misteriosa, sugerente y cargada de lirismo. Inmerso en esa oscuridad se esconde el misterio, lo que no se ve: la muerte del padre. *Cría cuervos* trata de la obsesión de una niña por los muertos, de sus recuerdos llenos de fantasmas y del amor eterno por su madre.

El rostro de la niña Ana Torrent se convirtió en uno de los iconos del cine español de la Transición. La jovencísima intérprete (tenía tan sólo siete años cuando protagonizó *Cría cuervos*) trabajó a las órdenes de los tres directores más relevantes de ese periodo: Víctor Erice *(El espíritu de la colmena*, 1973), Carlos Saura y Jaime de Armiñán *(El nido*, 1979). De alguna manera, los ojos de Torrent se han convertido en una de las imágenes más representativas de la mirada del niño; ya sea hacia el mundo de los adultos –como en *Cría cuervos*– o hacia el cine –como en *El espíritu de la colmena*–. Saura juega continuamente con esa mirada convertida en punto de vista. Así, en una secuencia de la película, la niña mira a lo alto de un edificio para verse a ella misma saltando. En otra, observa a la criada mientras limpia los cristales y Ana imagina a su padre acariciando a través del vidrio los pechos de la asistenta. La cámara nos descubre entonces a Ana acompañada por su madre contemplando la escena en el umbral de la puerta. Con ese rápido tránsito Saura ha pasado de lo real –la criada limpiando– a lo imaginario –el padre muerto– para llegar al recuerdo –Ana contemplando la escena–. Película compleja y oscura, *Cría cuervos* resulta una de las mejores obras que ha dado el cine sobre la mirada infantil del dolor por la pérdida de un ser querido. **VK**

España 107 m color
Guión Carlos Saura
Producción Elías Querejeta
Fotografía Teodoro Escamilla
Música Federic Mompou
Intérpretes Ana Torrent, Geraldine Chaplin, Mónica Randall, Florinda Chico, Héctor Alterio, Germán Cobos
Premios Festival de Cannes: Gran Premio del Jurado

Crítica ▬▬▬▬▬▬▬
Público ▬▬▬▬▬▬▭

La Raulito

Lautaro **Murúa**   1975

Argentina 90 m color
Guión Lautaro Murúa y José Mª
Paolantonio (sobre una idea de Juan
Carlos Gené y Martha Mercader)
Producción Sabina Siegler
(Helicón Producciones)
Fotografía Miguel Rodríguez
Música Roberto Lar
Intérpretes Marilina Ross, Duilio
Marzio, María Vaner, Luis Politti,
Juanita Lara, Fernanda Mistral,
Jorge Martínez, Virginia Lago, Ana
María Picchio, Adriana Aizemberg

Crítica ▰▰▰▰▰▰▱▱
Público ▰▰▰▰▰▰▰▱

La Raulito tuvo una infancia sufrida. Su madre murió joven y a su padre lo perdió el alcohol, por lo que ella terminó de crecer en la calle. Ya adolescente, decide adoptar hábitos y vestimenta de varón para defenderse mejor de las agresiones en el duro ambiente de Buenos Aires. De mentalidad ingenua e infantil, fanática del fútbol y del club Boca Juniors, deambula entre el reformatorio para delincuentes juveniles, la cárcel y el hospital neuropsiquiátrico; un círculo vicioso que se repite por

la falta de contención real de las instituciones. Finalmente, encuentra refugio y trabajo como vendedor de periódicos (en la jerga local, *canillita),* pero su ambigüedad sexual la expone a nuevas situaciones dramáticas. Al conocer a Medio Pollo, otro niña/niño de la calle, descubre un compañero de aventuras y la oportunidad de dar y recibir afecto.

La historia se basa en un caso real, el de María Esther Duffau, conocida como La Raulito, quien tras la película adquirió gran popularidad en el ambiente del fútbol, al punto de que, cuando falleció en 2008, a los 74 años de edad, sus restos fueron velados en el estadio porteño de Boca Juniors. Marilina Ross encarnó con maestría a una Raulito adolescente, con su lenguaje y picardía, y sobre todo con una fuerte carga de humanidad. La actriz cuenta que al conocer el caso de Duffau se conmovió ante «tanta necesidad de libertad junto a una gran falta de pertenencia», y eso la motivó para llevar la historia al cine. Lautaro Murúa, actor de prestigio y realizador de estilo directo, sensible y sin artificios –director también de *Shunko* y *Alias Gardelito*–, logró con esta obra uno de los films más exitosos de la década de 1970. **ML**

Nazareno Cruz y el lobo

Leonardo **Favio**   1975

Argentina 90 m color
Guión Leonardo Favio
y Jorge Zuhair Jury, basado en
un radioteatro de Juan C. Chiappe
Producción Choila
Producciones Cinematográficas
Fotografía Juan José Stagnaro
Música Juan José García Caffi
y Jorge Candía
Intérpretes Juan José Camero,
Marina Magalí, Alfredo Alcón,
Lautaro Murúa, Nora Cullen,
Saúl Jarlip

Crítica ▰▰▰▰▰▰▱▱
Público ▰▰▰▰▰▰▰▱

En un remoto pueblo, una mujer da a luz su séptimo hijo varón. El niño está signado por la maldición: al llegar a la juventud, en las noches de luna llena se convertirá en lobisón y buscará saciar su sanguinario apetito. Para escapar al maleficio, la bruja de la comarca aconseja nombrar al recién nacido Nazareno Cruz; pero advierte de que, si él se enamora, no habrá conjuro posible. Años más tarde, el joven Nazareno conoce a Griselda, y en sus corazones se enciende el amor. Entonces, un extraño personaje le ofrece un pacto: escoger entre el amor y la riqueza; si elige lo segundo, nunca se convertirá en lobo.

La película se apoya en la leyenda del hombre-lobo y es uno de los pocos exponentes del género fantástico en el cine argentino. El guión esta basado en una serie radiofónica y mantiene, en gran medida, los tópicos del género. Los ejes narrativos son la arrolladora pasión entre los amantes y el imposible pacto con el diablo.

Si hay algo en lo que sobresale el film, es en la desmesura. La puesta de cámara es más audaz que naturalista, sobre todo en las escenas de los amantes, y la banda sonora alterna una insistente melodía coral *pop* con el romanticismo operís-

tico de Verdi. Estos rasgos muestran un tratamiento estético algo grandilocuente, que no coincide con el ritmo cansino de la narración. A ello contribuyen la voz en *off* del narrador y los parlamentos, en ocasiones discursivos. En los diálogos –en particular el mantenido entre Nazareno y el diablo, con apariencia de estanciero de la pampa– se registra el uso de términos gauchescos. Este film, uno de los más taquilleros del cine argentino, le debe a esa combinación de estilos su originalidad. **ML**

Canoa

Felipe **Cazals**   1975

México 115 m color
Guión Tomás Pérez Turrent
Producción Roberto Lozoya,
Alfredo Chavira
Fotografía Alex Phillips Jr.
Intérpretes Ernesto Gómez Cruz,
Salvador Sánchez, Enrique Lucero,
Rodrigo Puebla, Roberto Sosa,
Arturo Allegro, Carlos Chávez
Sonido Manuel Topete
Premios Festival de Berlín:
Oso de Plata a la mejor película

Crítica
Público

El 14 de septiembre de 1968, un grupo de cinco amigos empleados de la Universidad de Puebla deciden ir de excursión al volcán Malinche. En las faldas de la montaña se levanta el pequeño pueblo de San Miguel de la Canoa, cuyo párroco –Enrique Lucero– actúa como verdadero cacique local. Cuando los jóvenes llegan al pueblo, se desata una fuerte tormenta que les obliga a pernoctar en el municipio. Tras negarles el cobijo en la iglesia, el cura incita a la gente del pueblo a linchar a los visitantes acusándolos de ser «estudiantes comunistas poseídos por el demonio».

La película de Felipe Cazals se expresa en lenguaje casi documental y narra un suceso verídico. Pero hace, también, una velada referencia a un hecho mucho más grave, un tema tabú en el cine mexicano: los graves sucesos ocurridos en la ciudad de México unos días después, el 2 de octubre. En la plaza de Tlatelolco, cientos de estudiantes cayeron asesinados por las fuerzas policiales enviadas por el Gobierno. Este conflicto está planteado desde las primeras escenas. Así, los soldados que desfilan por la conmemoración del día de la Independencia se encuentran con la manifestación que lleva los féretros de los muertos en Canoa y que porta carteles pidiendo justicia. La cámara, que ha venido enfocando alternadamente a unos y otros, capta en un picado cómo se cruzan y continúan, sin mirarse, su marcha en direcciones contrarias. Esta secuencia, con marcha militar de fondo, es una de las más memorables de la película.

Cazals, basándose en el excelente guión de Tomás Pérez Turrent, opone a la frecuente versión idílica de lo rural, la imagen cruda y descarnada de un pueblo que obra con insensatez y crueldad, arrastrado por las arengas de un cura manipulador. Como en otros de sus films, el director elige un marco histórico para plantear al espectador las preguntas sobre el porqué de un hecho. La cinta deja ver que la tragedia tiene su origen en el fanatismo, la intolerancia y el miedo. Ocurrió en Canoa, pero podía haber sucedido en cualquier otro pueblo con características similares: analfabetismo, falta de trabajo, explotación, alcoholismo...

Aunque el espectador conoce un desenlace que el realizador explicita desde la primera escena, la tensión de la narración es siempre creciente. Cazals alterna en su película el reportaje sociológico, la crónica periodística y el cine de suspense. Son numerosos los recursos estilísticos de los que se sirve el realizador para conformar su innovadora propuesta: idas y vueltas en el tiempo, múltiples registros de la realidad, acciones mostradas y a la vez relatadas. Y como argamasa de todo ello, la inclusión de la figura de un narrador –un meritorio Salvador Sánchez– que habla a la cámara sobre la realidad del pueblo, y que responde a las preguntas que no se oyen de un reportero que no se ve. **AC**

Furtivos

José Luis **Borau**   1975

España 83 m color
Guión José Luis Borau
y Manuel Gutiérrez Aragón
Producción José Luis Borau
Fotografía Luis Cuadrado
Música Vainica Doble
Intérpretes Lola Gaos,
Ovidi Montllor, Alicia Sánchez,
José Luis Borau
Premios Festival de
San Sebastián: Concha de Oro a
la mejor película

Crítica
Público

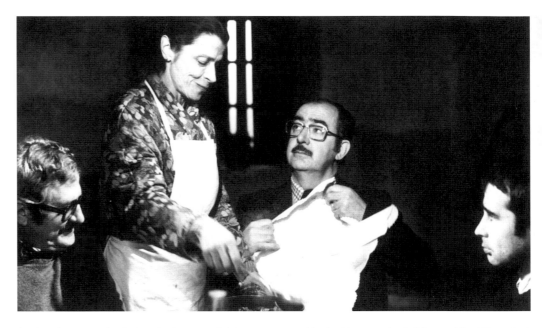

Ángel, taciturno cazador furtivo, vive junto a su tiránica madre, Martina, en el corazón del bosque. La llegada a la casa de Milagros, una joven huída del reformatorio, coincide con la visita del gobernador civil, hermano de leche de Ángel. Las relaciones entre estos personajes, marcadas por la sumisión, la posesión, la pasión y el incesto, desencadenarán la tragedia.

Un bosque y Lola Gaos. Borau partió de estos dos elementos para elaborar un film que, más allá de su condición de película-bisagra entre el franquismo y la Transición, es, ante todo, una de las obras maestras del cine español. Estrenada dos meses antes de la muerte de Franco, su enfrentamiento con la censura la convirtió en símbolo político, en ejemplo de resistencia frente a un régimen agonizante. La crítica y el público la apoyaron sin fisuras: ganó la Concha de Oro del Festival de San Sebastián y reventó taquillas.

En una época en la que no se podía llamar a las cosas por su nombre, Borau y su coguionista, el director Manuel Gutiérrez Aragón, construyeron un film que, bajo la apariencia de un drama rural, ocultaba en sus entrañas un furibundo ataque al régimen franquista. Partiendo de una sórdida trama propia de la crónica negra, se describe un sistema caciquil basado en el abuso institucionalizado y una moral obsoleta y asfixiante. Sin embargo, más allá de su valor coyuntural, la película puede leerse como una reflexión sobre los mecanismos del poder y la sumisión. *Furtivos* es una alegoría sobre la violencia y la

opresión ejercidas en varios ámbitos: social, político y familiar. Una fábula cruel sobre esos «furtivos» que viven al margen y que acaban siendo perseguidos y cazados, como esos lobos que caen en los cepos de Martina o los ciervos que el gobernador mata por diversión.

Alejándose del cripticismo del llamado *cine metafórico*, Borau narra esta tragedia rural con un estilo conciso y directo, tan seco como la historia que está contando. La excelente fotografía de Luis Cuadrado consigue crear una atmósfera claustrofóbica incluso en exteriores. Ejemplo de ello es ese bosque húmedo y asfixiante que, para el director, simboliza la España atávica, primitiva, a la que pertenece Martina.

Borau y G. Aragón escribieron el personaje de Lola Gaos tras verla interpretar a Saturna en *Tristana* de Buñuel. Tomando como referente *Saturno devorando a sus hijos*, de Goya, construyeron un personaje tan oscuro como las obras del pintor aragonés: una Medea rural que devora a su hijo, si no física, sí anímicamente. Apoyada en su peculiar físico, la actriz recrea impecablemente a esta madre incestuosa y cruel, seca «como un sarmiento», de aspecto cadavérico, mirada salvaje y voz ronca. Hiela la sangre verla, ya sea matando a golpes a un lobo o aceptando estoicamente su destino con un rotundo «¡Hazlo ya, jodío!». En este bosque oficialmente «pacífico» en el que, aparentemente, nunca pasa nada, los cadáveres se descomponen ocultos bajo la hojarasca, o cubiertos por la nieve. **MA**

Chile 272 m b/n
Guión Patricio Guzmán
Producción Patricio Guzmán
y Federico Elton
(Equipo Tercer Año/ICAIC)
Fotografía Jorge Müller Silva
Montaje Pedro Chaskel
Sonido Bernardo Menz
Narrador Pedro L. Fernández Vila
Asesores Julio García Espinosa,
Pedro Chaskel, Marta Harnecker
y José Pino

Crítica ▰▰▰▰▱
Público ▰▰▱▱▱

La batalla de Chile

Patricio **Guzmán**   1975/1979

Parte I: La insurrección de la burguesía (1975, 100 min). En marzo de 1973 se celebran las últimas elecciones democráticas chilenas durante el gobierno de Salvador Allende. A pesar de que la oposición y la clase media votan contra la amenaza comunista, la Unión Popular de Allende logra la victoria con un 43,4 % de los votos. La oposición comprende que los mecanismos legales ya no le sirven y alienta el golpe de Estado.

Parte II: El golpe de Estado (1976, 90 min). Entre marzo y septiembre de 1973 la izquierda y la derecha se enfrentan en las calles, en los tribunales, en las fábricas, en las universidades, en el Parlamento y en los medios de comunicación. Allende fracasa en su intento de alianza con el centro político representado por la Democracia Cristiana. Los militares comienzan a preparar el golpe de Estado en Valparaíso. Estados Unidos financia la huelga de los camioneros. Se crea el caos social. Un millón de ciudadanos se manifiesta a favor del gobierno de Allende. El 11 de septiembre Pinochet bombardea el palacio de la Moneda.

Parte III: El poder popular (1979, 82 min). Paralelamente al desarrollo de los acontecimientos políticos que narran las dos primeras partes, el tejido social de Chile –y particularmente sus clases más humildes– se organizan y ponen en marcha numerosas acciones colectivas: comités campesinos, almacenes comunitarios, cordones industriales. Su intención es contener el caos y superar la grave crisis económica y social en la que está sumergida el país.

El chileno Patricio Guzmán, tras su paso por la Escuela de Cine de Madrid a finales de los años sesenta, regresó a su país para encontrarlo al borde de un enfrentamiento civil. Capitaneando un reducido equipo de cinco personas, salió a la calle para captar una situación que apuntaba a histórica. Tras varios meses rodando manifestaciones populares, asambleas sindicales, enfrentamientos con la policía, comités de campesinos, noticieros televisados y huelgas, finalmente los militares usurparon el poder. El equipo de rodaje consiguió salir del país; excepto el operador de cámara, Jorge Müller Silva, que sigue –35 años después– en la nómina de los 3000 desaparecidos bajo la dictadura de Pinochet. Guzmán se exilió a Cuba y las películas le llegaron gracias a la ayuda de la Embajada sueca. En la isla contó con la ayuda del ICAIC para un montaje que se extendió a lo largo de casi cuatro años. Una vez terminado, este documental se exhibió en numerosos festivales de todo el mundo en los que obtuvo reconocimientos y aplausos. Estuvo prohibido en su país durante muchos años y todavía no ha sido retransmitido por la televisión pública chilena.

La batalla de Chile no pretende ser objetiva, tiene un enfoque decididamente izquierdista. Pero no por ser parcial deja de ser un documento imprescindible para entender la dolorosa historia reciente de Chile. Historia contada desde la misma historia. **AS**

La pasión según Berenice

Jaime Humberto **Hermosillo**   1976

Berenice, joven maestra de dactilografía, lleva una vida aburrida en una ciudad de provincias. Vive con su madrina, una usurera vieja y enferma, a la que cuida con devoción. La llegada a la ciudad de Rodrigo, un joven médico, desata en ella sus deseos más escondidos.

La pasión según Berenice es uno de los máximos exponentes de la llamada *segunda época de oro* del cine mexicano, que coincide con el impulso dado por el gobierno de Luis Echeverría (1970-1976) a la industria cinematográfica.

El registro sobrio y contenido que eligió el realizador para narrar la historia es el que confiere a la protagonista su enorme fuerza. Berenice –estupendamente interpretada por Martha Navarro– tiene mala reputación en el entorno conservador de Aguascalientes, ciudad en la que transcurre la acción de la cinta. Su condición de viuda de un marido muerto en extrañas circunstancias y la cicatriz que lleva en el rostro desatan habladurías que la hacen sospechosa de haberlo asesinado. En medio de ese clima opresivo, ella sueña con llamas abrasadoras y un brioso caballo blanco; con esta escena, que tiene como fondo musical la potente segunda sinfonía de Mahler, da comienzo la historia.

En el film abundan las imágenes sugerentes, como las del plano secuencia en que Rodrigo y Berenice se ven por primera vez, y que dan la pauta del contexto en que se desarrollará la trama. Una historia, sórdida a veces, que se adentra en el mundo de Berenice, de sus sentimientos y deseos, pero que deja en sombra muchas circunstancias de su vida. Como apuntó Hermosillo: «Es un primer intento de desnudar a una sociedad mexicana llena de complejos, tabúes e hipocresía». **AC**

México 99 m color
Guión Jaime Humberto Hermosillo
Producción Maximiliano Vega Tato y Roberto Lozoya
Fotografía Rosalío Solano
Música Joaquín Gutiérrez Heras
Intérpretes Martha Navarro, Pedro Armendáriz Jr., Emma Roldán, Manuel Ojeda, Blanca Torres
Premios Ariel: mejor película Academia Mexicana de Artes y Ciencias: mejor director, mejor argumento original, mejor actriz

Crítica
Público

Las largas vacaciones del 36

Jaime **Camino**   1976

Julio de 1936. La Guerra Civil estalla mientras varias familias burguesas veranean en un pequeño pueblo catalán. Una pareja de republicanos y sus hijos menores conviven en el pueblo con una criada roja y un comerciante que mantiene escondido a su primo fascista. Conforme la guerra avanza, la supervivencia se va haciendo cada vez más difícil.

En el otoño de 1976, con el franquismo dando sus últimos coletazos, Jaime Camino y Manuel Gutiérrez Aragón –nombre clave del cine español de aquel período– estrenaron *Las largas vacaciones del 36*, una película sobre la Guerra Civil en la que se entreveía ya el espíritu de la Transición. Camino se instala en la cotidianeidad de aquellas vacaciones permanentes: tras las dudas iniciales llegará la angustiosa falta de alimentos y el crecimiento de los niños en una situación excepcional. Gutiérrez Aragón y Camino retratan con maestría a cada uno de los personajes: el republicano cauto –interpretado por Sacristán–, el profesor vocacional que sigue dando clases a pesar del hambre y la enfermedad o el comerciante –*botiguer* catalán–, que se preocupa de bajar todos los días a Barcelona para abrir su tienda. La puesta en escena descriptiva hace de

Las largas vacaciones del 36 un fresco que se va ensombreciendo a medida que avanza el conflicto y se acerca el final, que deja a un lado el sol vacacional y da paso a la penumbra del invierno bélico.

Este adagio sobre los tiempos difíciles que marcaron la historia del país se ve acompañado por la melodía de *El cant dels ocells*, una canción tradicional catalana que Pau Casals inmortalizó con su interpretación al chelo ante las Naciones Unidas. **VK**

España 107 m color
Guión Manuel Gutiérrez Aragón y Jaime Camino
Producción José Frade
Fotografía Fernando Arribas
Música Xavier Montsalvatge
Intérpretes José Sacristán, Analía Gadé, Concha Velasco, Ismael Merlo, Ángela Molina, Vicente Parra, Francisco Rabal
Premios Festival de Berlín: Premio FIPRESCI

Crítica
Público

España 97 m b/n
Guión Jaime Chávarri
Producción Elías Querejeta
Fotografía Teo Escamilla
y Juan Ruiz Anchia
Música *Sonata para piano*
de Schubert
Intérpretes Felicidad Blanc,
Juan Luis Panero, Leopoldo María
Panero, Michi Panero

Crítica ▰▰▰▰▱
Público ▰▰▱▱▱

El desencanto

Jaime **Chávarri** 1976

En 1974, doce años después de la muerte del poeta Leopoldo Panero, su viuda y sus hijos le rinden homenaje. Sus recuerdos acabarán desmontando el mito y evidenciando la decadencia del régimen franquista.

Michi Panero convenció a su amigo Jaime Chávarri y a Elías Querejeta –productor fundamental del Nuevo Cine Español– para realizar un documental que rememorara la figura de su padre. Su intención conmemorativa se difuminó enseguida. El recuerdo del «amantísimo padre, esposo inolvidable y paladín de los justos» quedó oculto tras la sombra del poeta del régimen, patriarca del modelo de familia franquista. Este carácter crítico convirtió el film en un fenómeno social.

En este documental testimonial, los gestos y miradas de los protagonistas sugieren más que sus comentarios. Los conflictos familiares de los Panero no eran más graves que los de muchos españoles, pero verlos en una pantalla suponía romper la barrera entre lo público y lo privado instaurada por el franquismo. Para desvelar la hipocresía de la familia, hubo que esperar a que muriesen los patriarcas: Leopoldo Panero y Francisco Franco; con ellos desaparecía también el servilismo hacia sus figuras autoritarias.

Además de ese carácter político, la cinta ofrece un original aliciente: dar voz real a un argumento propio de la ficción, la familia. Los protagonistas hablan de forma retórica, pero sus sentimientos son sinceros. Aun así, piensan más que actúan, y parecen sentirse más cerca de las novelas rusas que de su familia. Esa intelectualidad impostada de la viuda y el hijo mayor contribuye a preservar el mito de la estirpe. En contraposición a ellos está la visión rupturista de los hijos menores. Pero sus opiniones tampoco coinciden. Leopoldo María evoca la infancia como el único período satisfactorio junto a su familia. Este poeta maldito y autodestructivo, un loco muy lúcido de nuestras letras, pertenecía a una generación que aún concebía la infancia como lugar paradisíaco. Michi, en cambio, asume que esa etapa está tan mitificada como el resto del relato familiar. El menor de los Panero encarna el auténtico desencanto y supera el *peterpanismo* que definió a la sociedad y el cine de la Transición.

Por su definición de la estructura familiar y por su carácter desmitificador –subrayado por el alcohol, las enfermedades y las drogas–, *El desencanto* recuerda a otro gran documental creado más allá de nuestras fronteras, *Crumb*, de Terry Zwigoff. *El desencanto* comparte muchos elementos con este demoledor ataque al sueño americano y a su represor modelo de familia. Los patriarcas de ambas sagas artísticas tenían para los demás la sonrisa que negaban a los suyos. Los Panero llaman «conejito» a esa actitud que entre los Crumb se conoce como «el síntoma del trabajador japonés». En el fondo, tanto unos como otros muestran un conflicto universal: el abismo que separa a los padres de los hijos. **JT**

¿Quién puede matar a un niño?

Narciso **Ibáñez Serrador** 1976

España 100 m color
Guión Narciso Ibáñez Serrador
(basado en la novela
El juego de los niños de J. J. Plans)
Producción Penta Films
Fotografía José Luis Alcaine
Música Waldo de los Ríos
Intérpretes Lewis Fiander,
Prunella Ransome, Antonio Iranzo,
Miguel Narros, María Luisa Arias,
Marisa Porcel, Javier de la Cámara,
Lourdes de la Cámara, Luis Ciges

Crítica ▬▬▬▬▬▬▭▭
Público ▬▬▬▬▬▬▬▭

Una pareja de turistas ingleses llega a una pequeña isla que parece estar habitada tan sólo por niños.

El cine de terror ha reproducido los temores inconscientes de cada época. Entre ellos el mito del niño portador del mal que acaba con los adultos. Desde los orígenes de la ficción occidental (el oráculo advierte a Cronos y Layo de que serán aniquilados por sus hijos) está presente la amenaza del sucesor convertido en asesino. Los motivos han ido evolucionando con el tiempo. Tras las guerras del siglo xx y las revoluciones «parricidas» (la contracultura *hippy* y el Mayo del 68), se extiende el sentimiento de culpa adulto por el feo mundo que se deja en herencia a las generaciones venideras. Los niños han sido las principales víctimas de las guerras recientes (desde la Segunda Guerra Mundial a la de Camboya), de ahí que el prólogo-noticiario con que se abre el film asocie esa realidad a la posterior venganza infantil.

El tema de la paternidad domina todo el film. La protagonista está embarazada de un hijo que su marido no desea, y en un momento de peligro él tira de ella sin preocuparse por un feto que se convertirá en su propio verdugo. La cinta contiene una reveladora conversación: ella no entiende que un padre pueda matar a su hijo, mientras que él sí. Dicha idea toma tanto peso que la película puede leerse como un *thriller* en el que interrogante es saber si alguien será capaz de matar a los niños. Quien lo haga deberá sacrificar también su vida –como en *El pueblo de los malditos*– o recibir su castigo –como en *Edipo Rey*–. Esta tragedia de difícil representación se convirtió en manos de Ibáñez Serrador en uno de los pocos clásicos españoles del género de terror. **JT**

Soy un delincuente

Clemente **de la Cerda** 1976

Venezuela 112 m color
Guión Clemente de la Cerda
Producción Andrés de la Cerda
(Proyecto 13)
Fotografía José Jiménez
Música Miguel Ángel Fuster
y Ricardo Landaeta
Intérpretes Orlando Zarramera,
María Escalona, Chelo Rodríguez,
Carlos Carrero, Emilia Rojas
Premios Festival de Locarno:
Premio Especial del Jurado

Crítica ▬▬▬▬▭▭▭▭
Público ▬▬▬▬▬▬▭▭

Ramón Antonio Brizuela, un adolescente que vive con su madre y su hermana en una barriada marginal de Caracas, empieza a delinquir desde niño corrompido por una vecina alcohólica. Ante la precariedad de la economía familiar comienza a involucrarse en robos cada vez más importantes al frente de la banda de su barrio. La escalada delictiva le llevará a frecuentar el correccional del que entra y sale para enfrentarse a su madre y su hermana.

La película, basada en la novela testimonial homónima de Gustavo Santander, inauguró un género que tuvo gran aceptación en la Venezuela de los últimos años setenta. Batió en taquilla al *Tiburón* de Spielberg y abrió las puertas a numerosas producciones nacionales que aprovecharon la línea crediticia del enriquecido Gobierno venezolano por el encarecimiento del petróleo. De la Cerda, tras su paseo por televisión y publicidad, se centró en la temática social con la que logró sus mejores títulos. *Soy un delincuente* supuso un inesperado éxito que vio numerosas secuelas e imitaciones.

La cámara sigue las andanzas de Ramón Antonio –interpretado por el actor no profesional Orlando Zarramera– en sus tropelías justificadas o justificables por la miseria de su entorno. El guión resulta algo reiterativo y la realización tan honesta como modesta, pero consigue interesarnos por su joven y decidido protagonista. El tono del film es de tibia denuncia y parece preferir entretener a conmocionar conciencias. O ésa es la impresión que causa vista con los ojos de hoy después de cintas mucho más comprometidas como *La vendedora de rosas* de Gaviria (1998). Pero *Soy un delincuente* abrió el camino y, por eso, conserva sus galones de pionera. **AS**

La última cena

Tomás **Gutiérrez Alea**   1976

A finales del siglo XVIII, el señor conde –amo de una plantación azucarera– regresa a sus tierras para pasar la Semana Santa. El señor conde cree que ejerce un «esclavismo benévolo» y para demostrar su virtud hace invitar a doce de sus siervos escogidos al azar a compartir su misma mesa la noche de Jueves Santo.

Con *Memorias del subdesarrollo* (1968) Tomás Gutiérrez Alea se había convertido en el director más respetado de la Cuba revolucionaria y una de las grandes figuras de la cultura latinoamericana. Tras ocho años sin rodar, *La última cena* fue la confirmación de su talento. Fiel a sus ideas socialistas escogió de nuevo una temática de alto contenido político, esta vez ambientada en la Cuba colonial. Para hablar de la injusticia social, recurrió al ejemplo primordial del esclavismo. La aristocracia cubana del siglo XVIII consideraba que el trato que daba a sus esclavos traídos de África era más humano que en los países vecinos. El protagonista de *La última cena*, el señor conde, representa esa clase social y su paternalista visión del esclavismo. En forma de fábula, Gutiérrez Alea defiende la idea de que «la libertad hay que conquistarla», y que no suele quedar otro camino que la rebelión ante la injusticia del amo-patrón. Es obvio que, mediante la metáfora de la esclavitud, G. Alea estaba hablando también de la Revolución cubana.

Casi la mitad del metraje de *La última cena* pertenece a su magistral secuencia central, el nudo de 50 minutos que da título a la cinta. El amo de la plantación, en un alarde de caridad cristiana, invita a una opípara cena a doce de sus esclavos: «Cristo se reunió con sus amigos como yo me reúno con vosotros». Sentado en la posición de Jesús y rodeado por sus apóstoles negros les diserta sobre las bondades de la esclavitud. Con un discurso plagado de obscenas ideas intenta convencer a los esclavos de que «los negros tienen una disposición innata para cortar caña». Los esclavos, asustados y atónitos al principio, se van soltando al calor del vino y comienzan a mostrar sus respectivas personalidades en diversos solos que van dando réplica al conde. Sobre esta escena planea la *Viridiana* de Buñuel; pero si el maestro aragonés explotaba su visión surrealista encarnada en los mendigos, el maestro cubano aprovecha para articular su alegoría social con los esclavos. A pesar de ser una secuencia muy larga, G. Alea evita el estatismo con un buen trabajo de cámara y logra que la intensidad no decaiga a base de diálogos inteligentes expresados por los negros desde su inculta lucidez.

La última cena ilustra la teoría hegeliana de la dialéctica del amo y el esclavo, pero ese enfoque intelectual no hace olvidar a G. Alea la parte más artística de su propuesta. Los encuadres pictóricos de García Joya, la música siempre expresiva y apasionada de Bouwer, la interpretación de Nelson Villagra –que sabe revestir con humildad la peor arrogancia– terminan por completar esta adulta, grave y bella película. **AS**

Cuba 109 m color
Guión Tomás Gutiérrez Alea, Tomás González y Mª Eugenia Haya
Producción Santiago Llapur y Camilo Vives (ICAIC)
Fotografía Mario García Joya
Música Leo Brouwer
Intérpretes Nelson Villagra, Silvano Rey, Luis Alberto García, José Antonio Rodríguez, Samuel Claxton, Mario Balmaseda

Crítica ▬▬▬▬▬▬
Público ▬▬▬▬▬

Asignatura pendiente

José Luis **Garci**   1977

España 105 m color
Guión José Mª González Sinde
y José Luis Garci
Producción José Luis Tafur
Fotografía Manuel Rojas
Música Jesús Gluck
Intérpretes José Sacristán,
Fiorella Faltoyano, Antonio Gamero,
Silvia Tortosa, Héctor Alterio,
Simón Andreu, María Casanova

Crítica
Público

José, abogado laboralista, y Elena, ama de casa, se reencuentran después de muchos años sin verse. Fueron novios adolescentes, y la vida les ha llevado a casarse y formar sus respectivas familias, pero entre ellos quedó aquella asignatura pendiente que da título a la cinta.

José Luis Garci debutó como director con esta película, tras ejercer de crítico cinematográfico y de guionista asalariado, y obtuvo un notable éxito de público. Toda una generación –la de los nacidos en la posguerra– se vio reflejada en esta historia, que transcurre en los primeros meses de la Transición. El espíritu de esa época quedó atrapado en este oportuno filme que el tiempo ha convertido en un monumental documento histórico. Quien haya vivido los últimos años setenta españoles no podrá evitar una inmediata simpatía por la *Asignatura pendiente* de Garci. Se acababa una forma de vida, comenzaba algo nuevo y distinto, y todo un país se asomaba, entre asustado y expectante, a su futuro. Para contar su historia, Garci utilizó la voz de la clase media mayoritaria que resultó tras cuarenta años de dictadura. Una clase media de padres con profesiones liberales, madres aburridas y asistentas domésticas que convivían con los señores y los niños en pisos de noventa metros cuadrados. Todo un retrato de los tiempos en los que la UCD de Suárez se proponía renovar un país sin romper demasiado el paisaje.

Además de su valor sociológico, *Asignatura pendiente* contiene una reflexión –si no muy original, al menos cercana y creíble– del amor y la pareja. Un adulterio protagonizado por los desencantados hijos de la Guerra Civil, quienes, instalados ya en cierto bienestar económico, tenían la sensación de haberse perdido una parte importante de la vida. A través del romance aplazado de José y Elena, Garci esgrime la teoría de que la rutina y las costumbres acaban con la pasión, incluso la de los amores prohibidos. El adúltero José menciona haber visto *Secretos de un matrimonio* (1973) de Bergman, película en la que el maestro sueco ya diseccionó las fases por las que pasa la vida conyugal burguesa. La cinta también denuncia, aunque superficialmente, la alienación del ama de casa una vez que sus hijos se han hecho mayores y se queda, sola y desocupada, encerrada en el ámbito doméstico.

A pesar de que la puesta en escena no es muy imaginativa (abundan las conversaciones en torno a una mesa rodadas a base de planos y contraplanos), la riqueza visual de la película viene dada por su interesante ambientación: todo un catálogo del *setentismo*. Por otro lado, los diálogos de Garci y González Sinde siguen sonando frescos y creíbles. La habitual tendencia discursiva de Garci queda aquí salvada por la gracia de un José Sacristán autoparódico que logra componer un tipo *progre*, algo cargante y humano. Garci utilizó ya ese tono entre tierno y pusilánime al que sería fiel en el resto de su producción. Ese tono por el que ha sido tan criticado, pero que es el que otorga personalidad a su obra. **AS**

Tigres de papel

Fernando **Colomo** 1977

España 92 m color
Guión Fernando Colomo
Producción La Salamandra
Fotografía Ángel Luis Fernández
Música Tommaso Albinoni
Intérpretes Carmen Maura,
Joaquín Hinojosa, Miguel Arribas,
Pedro Díez del Corral,
Concha Gregori, Félix Rotaeta,
Juan Lombardero, Emma Cohen

Crítica
Público

Dos parejas de *progres* treintañeros se entrecruzan en el Madrid de las primeras elecciones democráticas. Sus ideales izquierdistas les conducen a manifestaciones y mítines, pero se sienten perdidos cuando intentan llevarlos a la práctica en sus vidas personales.

La primera película de Fernando Colomo es todo un icono generacional. Los jóvenes que habían vivido bajo la dictadura franquista se encontraban ante un panorama muy diferente en el que la palabra *libertad* era un confuso *leitmotiv*. A los *sesentayochistas* se les estaba pasando el arroz y comenzaban a quedarse calvos, pero pronto se verían al frente de un país que prefirió su mediocridad antes que la bondad largamente conocida. El retrato que Colomo hizo de aquellos idealistas despistados se convirtió en el punto de partida de lo que más adelante se llamaría *nueva comedia madrileña*. Colomo rodó posteriormente otras cintas clave de la Transición como *¿Qué hace una chica como tú en un lugar como éste?* (1978) –cuya banda sonora es un *top ten* de la movida madrileña– o la divertida *La línea del cielo* (1983), que llevó a Antonio Resines hasta Nueva York en un intento frustrado de «comerse el mundo». *La vida alegre* (1987) y *Bajarse al moro* (1988) cerraron la etapa más exitosa de un cineasta cuyos veinte largometrajes le han convertido en uno de los pesos pesados del cine español contemporáneo.

La ópera prima de Colomo contenía ya las señas identificativas de su estilo: comedias populares de amplio espectro que logran plasmar, con ironía, cinismo y don de la oportunidad, el momento histórico en el que fueron rodadas. Así, *Tigres de papel* recoge aquellos convulsos tiempos en los que un país *francodirigido* durante cuarenta años se disponía a modernizarse entre porros, liberación sexual mal entendida, carreras delante de los grises y elecciones generales. Aquí encontraremos la mejor definición posible de un tipo social que hizo furor a finales de los setenta: los *progres* (de progresistas). La expresión tenía cierto carácter peyorativo, pero en la cinta escuchamos a los protagonistas utilizarla para denominarse. Como el retrato que hace *Tigres de papel* de aquella tribu urbana en peligro de extinción no es precisamente enaltecedor, hay quien lo ha calificado de crítico. Pero nada más lejos de la realidad; el propio Colomo se reconoce en sus personajes y no pasa de ser autoparódico. Además, si los otros *progres* de la época –los de la *Asignatura pendiente* de Garci– miraban hacia atrás, estos *progres* tigres miran con ilusión hacia adelante.

Rodada con la osadía que concede la ingenuidad y en régimen de cooperativa, *Tigres de papel* no es un ejercicio de perfeccionismo, es más, su nivel técnico es más que limitado. Su puesta en escena es reiterativa y el trabajo de cámara muy funcional. Pero la estructura narrativa mantiene el interés, los diálogos son frescos y divertidos y el trabajo actoral destila autenticidad. Carmen Maura debutó en el cine con esta cinta para presentarse como «la chica que vale mucho». El tiempo le dio la razón. A ella y a toda aquella generación de *Tigres de papel*. **AS**

La escopeta nacional

Luis **García Berlanga** 1977

España 88 m color
Guión Rafael Azcona
y Luis García Berlanga
Producción Alfredo Matas
(Incine)
Fotografía Carlos Suárez
Intérpretes José Sazatornil,
Antonio Ferrandis, José Luis López
Vázquez, Luis Escobar,
Mónica Randall, Agustín González,
Rafael Alonso, Amparo Soler Leal,
Luis Ciges, Bárbara Rey,
Laly Soldevilla, Chus Lampreave

Crítica ▬▬▬▬▬▬▭▭
Público ▬▬▬▬▬▬▭▭

Jaume Canivell –un industrial catalán– acude, acompañado de su señora, a una cacería en la provincia de Madrid. Durante un fin de semana, Canivell pretende establecer los contactos que le faciliten la comercialización en todo el país de los porteros automáticos que fabrica.

Después de dirigir once películas durante casi tres décadas de franquismo, Luis G. Berlanga se había convertido en el gran

realizador español capaz de sortear la censura con sus divertidos artefactos cargados de crítica ironía. *La escopeta nacional* supuso el desafío de rodar por primera vez en la incipiente democracia y Berlanga se asoció de nuevo con Rafael Azcona para disparar a diestro y siniestro en esta cacería en la que no dejaron títere con cabeza.

Situaron la acción unos pocos años antes, en los últimos días de la dictadura. Por la mirilla de su escopeta de feria, Berlanga y Azcona hicieron pasar a todos los representantes de un orden político y social que se desmoronaba por momentos: marqueses arruinados que se ven obligados a alquilar su finca para sesiones de fotografías eróticas; ministros y subsecretarios representantes de las distintas familias políticas que se iban turnando en el poder; burgueses catalanes que intentan hacerse un sitio entre el pasteleo mesetario; mozas de buen ver aspirantes a actrices a cualquier precio; sirvientes convertidos en cómplices palanganeros de sus degenerados amos... y, cómo no, el clero, representado por un cura de derechas que despotrica contra los posconciliares y que no duda en gritarle al aristócrata que quiere la nulidad matrimonial: «Lo que yo he unido en la tierra no lo separa ni Dios en el cielo».

Comedia coral rodada en forma de largos planos secuencia superpoblados por esperpénticos personajes, *La escopeta nacional* es la película más ácida de la marca Berlanga-Azcona. Los guionistas no salvan de la quema a ninguno de sus más de veinte protagonistas. Si en *Plácido* (1961) o *El verdugo* (1963) había, al menos, un inocente, aquí todos son despreciables. Ni siquiera el empresario catalán –en divertida composición de José Sazatornil– puede considerarse un personaje positivo, ya que se le presenta como un arribista dispuesto a venderse al mejor postor a cambio de conseguir su beneficio personal –material, claro está–. Por otro lado, y a pesar de respetar los diálogos en catalán, resulta chocante, en estos tiempos de «corrección autonómica», la caricatura del señor Canivell y señora (en realidad su amante). Todos los tópicos sobre la catalanidad se vuelcan en sus personajes hasta convertirlos en ridículos. Como los miembros del Opus Dei, grupo al alza en el trapicheo tardofranquista, que son presentados ejerciendo su consabido proselitismo a base de regalar «el librito» *(El camino,* del entonces todavía monseñor Escrivá de Balaguer). La coletilla final «Y ni fueron felices ni comieron perdices... desgracia habitual mientras existan ministros y administrados», resume el ideario cuasi ácrata de esa pareja de genios que fueron Berlanga y Azcona, nuestros Wilder y Diamond nacionales. **AS**

El pez que fuma

Román **Chalbaud**   1977

Venezuela 118 m color
Guión Román Chalbaud
y José Ignacio Cabrujas
(basado en la obra teatral
homónima del primero)
Producción Nardy Fernández
(Gente de Cine)
Fotografía César Bolívar
Intérpretes Miguel Ángel Landa,
Orlando Urdaneta, Hilda Vera,
Haydée Balza, Arturo Calderón,
Rafael Briceño, Nelly Mernane,
Pilar Romero, Carla Lubell,
José Salas, Ignacio Navarro

Crítica
Público

El pez que fuma es el nombre del burdel regentado por la Garza y Dimas, su chulo y amante. El mismo día en que llegan los nuevos colchones que sustituirán a los ya muy usados, se presenta Jairo, un exconvicto que busca trabajo recomendado por un viejo conocido de la Garza, Tobías. A regañadientes, Dimas le ofrece el peor de los trabajos, la limpieza de los lavabos del burdel. Pero Jairo irá ascendiendo en la escala de poder de El pez que fuma en paralelo al descenso de Dimas.

Con una intención abiertamente comercial y sin las pretensiones artísticas e ideológicas de otras cinematografías latinoamericanas, el cine venezolano de los últimos años setenta supo aprovechar la bonanza económica que para el país supuso el alto precio del crudo. Durante aquellos años se produjeron un buen número de películas que obtuvieron una gran acogida por parte del público local. *El pez que fuma* y *Soy un delincuente* (Clemente de la Cerda, 1976) son un claro ejemplo de que el cine es –o era– un arte caro que requiere importantes recursos. Román Chalbaud, prolífico autor teatral y realizador de televisión, se benefició de los créditos a la realización cinematográfica que concedió el repentinamente enriquecido Gobierno venezolano. Basándose en su propia obra de teatro, puso en pie esta película que contiene, bajo su trivial apariencia, toda una teoría sobre los mecanismos del poder: Dimas usurpó el poder a Tobías, antiguo amante de la Garza, de la misma manera que el recién llegado Jairo lo desplazará a él. Además de seguir sus mismos pasos por la escalera del poder, Jairo sufrirá un proceso de mimetismo que acabará igualándole a Dimas, su predecesor. Chalbaud parece querer recordarnos que el poder corrompe.

En un orden más prosaico, resulta innegable que otro de los atractivos de la cinta es la desnudez de Haydée Balza, entonces popular, sexy y setentera, como toda la película. El resto del reparto vuela a media altura, sin matizar unos personajes escritos en un trazo más bien grueso, acorde con la historia que nos cuentan.

A pesar de su origen teatral y de alejarse poco del escenario casi único del burdel, Chalbaud consigue conferir a su historia un alma netamente cinematográfica. Lo hace a base de dialógos rápidos y frescos que suenan todo lo histéricos y soeces que deben sonar en un burdel arrabalero. La planificación también colabora; la secuencia inicial se abre con la llegada de los colchones desde un mundo exterior de niños, calle y jaleo hasta el microcosmos interior de putas, habitaciones y clientes. Hay quien ha visto en este burdel una gran metáfora nacional en la que los chulos/dirigentes se suceden en el poder/gobierno mientras las putas/trabajadores hacen el trabajo sucio/duro. De forma voluntaria o no, el film esconde esa lectura que lo eleva de su mera condición de entretenimiento puramente comercial. Y los guionistas supieron vengarse de los poderosos metiéndolos en la cárcel uno tras otro. **AS**

Bilbao

Juan José **Bigas Luna**   1978

A Leo le gusta coleccionar objetos. Vive con la amante de su tío, una exactriz en decadencia con la que tiene una relación masoquista. Pero Leo está enamorado de Bilbao, una prostituta del barrio Chino de Barcelona. Su obsesión por ella llega a tal extremo que decide secuestrarla.

El escándalo que provocó el film en el momento de su estreno (la calificación S por su alto contenido erótico o la famosa escena del afeitado púbico) puede desviar la atención sobre la verdadera naturaleza de una obra realizada a contracorriente. La segunda película de Bigas Luna se mantiene, con el tiempo, como una perturbadora e hipnótica historia de amor y posesión entre un niño grande al que le gusta coleccionar objetos hermosos y una mujer-muñeca a la que desea convertir en la joya de su colección. Relato de *amour fou* con bizarro triángulo amoroso de fondo, *Bilbao* se puede leer como un catálogo de perversiones que harían las delicias de Buñuel, Hitchcock o el mismo Berlanga, rendido admirador del film. Voyeurismo, fetichismo, travestismo y una relectura simbólica, de raíz surrealista, de ciertos objetos cotidianos (el pescado con una salchicha en la boca como recuerdo de una felación, o el inocente vaso de leche que, derramado sobre unas nalgas, sustituye a la eyaculación), son los poderosos ingredientes con los que el director aderaza una narración que versa sobre la soledad del hombre contemporáneo y su obsesión por poseerlo todo, por comprarlo todo, incluido el cuerpo femenino. *Tamaño natural*, de Berlanga, no anda muy lejos. Pero también *El coleccionista*, de Wyler, o *Peeping Tom*, de Powell.

Por otro lado, el *underground* americano (Jonas Mekas, Andy Warhol) y sus películas «baratas», rodadas en 16 mm, son el referente indiscutible de la estética conscientemente desaliñada del film. La elección de los intérpretes, auténticos personajes-tipo en vez de actores, responde igualmente a la búsqueda de cierto tono *amateur*. Ángel Jové, pintor amigo de Luna, Isabel Pisano, chica *Interviú*, y María Martín, antigua diva en un papel autoparódico, se limitan a otorgar cuerpo y rostro a los vértices que conforman el triángulo protagonista. Construida a partir de la dicotomía entre el tono onírico de los pensamientos de Leo –personificados en una voz en *off* incesante que actúa como hilo conductor de la narración– y la realidad, sucia y gris, que le rodea –la casa de María, claustrofóbica como el vientre materno, o las calles del barrio Chino, con sus luces de neón–, *Bilbao* se convierte, finalmente, en un viaje febril y alucinado por los laberintos del deseo de ese coleccionista compulsivo que prefiere los objetos a las personas. Bilbao, puta y mujer objeto por antonomasia, acabará rebelándose, involuntariamente, contra su destino. El cuerpo amado, fragmentado (en fotos, recuerdos, retazos de voz), y cosificado, acabará roto y convertido en carne inerte. Ya lo dice la canción: el amor, una vez más, nos destrozará. **MA**

España 95 m color
Guión Juan José Bigas Luna
Producción Pepón Corominas
Fotografía Pedro Aznar
Música Iceberg
Intérpretes Ángel Jové, Isabel Pisano, María Martín, Mario Gas (voz en *off*)

Crítica
Público

El corazón del bosque

Manuel **Gutiérrez Aragón**   1979

España 100 m color
Guión Manuel Gutiérrez Aragón
y Luis Megino
Producción Arándano
Fotografía Teo Escamilla
Música Jaime Robles, Jesús Oriola,
Pedro González, Vicente Martínez
Intérpretes Norman Briski,
Ángela Molina, Luis Politti,
Víctor Valverde, Santiago Ramos,
Raúl Fraire, Norma Bacaicoa,
Margarita Mas, Julio César Acera,
Ernesto Martín, Julián Navarro

Crítica
Público

En la España rural de los cincuenta, los maquis abandonan la resistencia armada, excepto el Andarín, que se refugia en el monte. Siguiendo las órdenes del partido, Juan inicia una larga búsqueda para convencerle de que regrese.

Durante los años setenta muchas películas españolas retrataron las secuelas de la Guerra Civil, pero ninguna con la complejidad de ésta. Por un lado, critica al Partido Comunista por abandonar a muchos de sus guerrilleros tras la derrota de la guerra. Por otro, muestra cómo, con el traslado de la resistencia del campo a la ciudad, el maqui pasa de ser un héroe a convertirse en una figura caduca. El Andarín es un guerrillero solitario y agónico que sobrevive en el monte gracias a la caridad de los pueblos. Precisamente será un miembro del clan quien acabe con él no tanto por traición, sino para evitar que pierda su carácter mítico. Así, la película sobrepasa la política para adquirir una dimensión antropológica.

Siguiendo la estructura de un cuento popular, Juan –el héroe del nuevo orden– tiene la misión de descifrar los misterios del anterior líder, el Andarín. En ese espacio limítrofe e impenetrable que es el bosque surgen dificultades que le abocan a un particular descenso a los infiernos, que le emparenta cada vez más con el mito. Como en *El corazón de las tinieblas* de Conrad, el viaje es, al final, un recorrido interior hacia el autoconocimiento. La cinta, como la novela, es introspectiva, y para subrayar el sentimiento de soledad del héroe le enfrenta a una naturaleza descomunal. Un espacio misterioso, telúrico, de luz brumosa, tan propio de las fantasías populares como de los devastados montes de la posguerra española. **JT**

Retrato de Teresa

Pastor **Vega**   1979

Cuba 103 m color
Guión Ambrosio Fornet
y Pastor Vega
Producción Evelio Delgado
(ICAIC)
Fotografía Livio Delgado
Música Carlos Fariñas
Intérpretes Daisy Granados,
Adolfo Llauradó, Alina Sánchez,
Raúl Pomares, Eloísa Álvarez
Guedes

Crítica ▬▬▬▬▬▬
Público ▬▬▬▬▬▬▬

Teresa es la madre de una familia trabajadora en La Habana de finales de la década de 1970. Además de atender a su marido y a sus tres hijos, trabaja todo el día en una empresa textil de la que es delegada sindical y promotora cultural. Sus múltiples ocupaciones laborales dificultan la conciliación con su vida familiar. A pesar de ser ella quien lleva el peso del trabajo doméstico, su marido le reprocha sistemáticamente el tiempo que pasa fuera de casa. Una noche, tras una fuerte discusión conyugal, Teresa decide replantearse la situación.

Si una sociedad debe ser justa en el reparto de la riqueza e igualitaria en los derechos de educación, también lo debe ser en la cuestión de igualdad entre sexos. Pero este asunto se enfrentó al machismo profundamente enraizado en aquella sociedad. Los años setenta fueron testigos de los grandes avances del movimiento feminista en todo el mundo y las mujeres cubanas también lucharon por su igualdad en el peculiar marco revolucionario (Sara Gómez había dirigido *De cierta manera* unos años antes, donde, sin embargo, tocaba este tema de forma más tangencial). En *Retrato de Teresa,* Pastor Vega elabora una tesis acorde con sus tiempos y lo hace de forma convincente, sin caer en el panfleto y elaborando una historia muy sólida en el aspecto cinematográfico, que ha resistido el paso del tiempo porque está bien contada. Con un estilo naturalista asistimos a la encrucijada en la que se ve una mujer inteligente y decidida que no quiere que su vida se parezca a la de su madre o su suegra, mujeres que vivieron bajo el dominio de sus maridos.

Vega, que ya había realizado varios documentales, dirigió con maestría su ópera prima de ficción, una historia en la que cada plano dura lo que debe durar, colocando la cámara en el lugar adecuado, sin alardes ni subrayados. Todos los personajes, incluídos los secundarios, tienen alma y se expresan a través de unos diálogos bien construidos que impulsan la trama sin ser sus rehenes. El guión contiene, además, detalles muy logrados como la elipsis de la breve secuencia de la peluquería gracias a la que entendemos que Teresa está al corriente de la infidelidad de su marido, sin que sean necesarias farragosas explicaciones.

El tono realista de la cinta se manifiesta en esa larga y magnífica secuencia en la que Teresa es la primera en levantarse un día cualquiera. Prepara los desayunos, despierta a los niños para ir a la escuela, hace las camas y reparte besos antes de la diáspora mañanera. Daisy Granados, en una brillante interpretación que mereció numerosos premios, personifica el papel de la madre.

La película comienza y termina con dos retratos de la protagonista. En el primero, Teresa aparece como objeto captado, poseído, por su marido, que es quien la fotografía. Su imagen es la de una mujer sometida. Mientras que en el último retrato, el plano que cierra la historia, es una mujer nueva. Camina por una calle llena de gente, mientras su marido la busca entre la multitud. Liberada, ha establecido la nueva regla de juego entre hombres y mujeres: la igualdad. **AS**

Arrebato

Iván **Zulueta**   1979

España 109 m color
Guión Iván Zulueta
Producción Nicolás Astiárraga PC
Fotografía Ángel Luis Fernández
Música Iván Zulueta y Negativo
Intérpretes Eusebio Poncela,
Cecilia Roth, Will More,
Carmen Giralt, Marta Fernández
Muro, Antonio Gasset, Luis Ciges

Crítica ▬▬▬▬▬▬▬
Público ▬▬▬▭▭▭▭

José Sirgado, un director de películas de terror de bajo presupuesto, recibe un misterioso paquete que le envía un viejo amigo al que hace tiempo que no ve. En ese paquete están las claves de la extraña desaparición del remitente. La vida de José está en plena descomposición: su inacabable ruptura sentimental y sus graves problemas con la heroína no le dejan mucho espacio para el misterio que le plantea su amigo a través de unas grabaciones; pero cuando comience a visionar las cintas, ya no podrá escapar al «arrebato».

El argumento fue creado a partir de una idea del autor para un cortometraje, el final de la historia, y desarrollado hacia el comienzo. Es uno de los mejores finales de la historia del cine: perverso, enfermizo y con múltiples lecturas. Y el resto de la historia está a la altura del desenlace. Con un *look* de serie B asistimos a temas tan profundos como la descomposición de la pareja, los problemas de adicción, el ansia creativa, la volubilidad de la confianza en uno mismo, la amenaza de la muerte; y todo ello contado con una original estructura que alterna distintos tiempos (pasado y presente) y planos narrativos (lo real y lo grabado).

La historia nos presenta a tres personajes en profunda crisis vital que parecen ser arrastrados irremediablemente hacia una especie de agujero negro. Pero la gran virtud de *Arrebato* es su extraña ambigüedad. La película comienza con un planteamiento dramático: la relación entre dos personajes (Eusebio Poncela y Cecilia Roth) carcomidos por la heroína. Pero de pronto nos vemos atacados por el misterio: la llegada de las cintas. Después, Zulueta nos lleva por un camino con dos orillas muy diferentes; la humorística de los divertidos personajes interpretados por Marta Fernández Muro y Carmen Giralt, y la del suspense psicológico encarnado en el personaje de Will More, para arrojarnos a un final memorable de clara filiación terrorífica.

La trama de *Arrebato* ha dado pie a múltiples lecturas, desde el *peterpanismo* hasta el vampirismo pasando por el mito de *Alicia a través del espejo*. Pero lo que resulta sobrecogedor es la marcha hacia un desenlace que intuímos fatal, que deja al espectador en estado de *shock*. Zulueta consigue tumbar a todos sus espectadores en el mismo colchón en el que Poncela siguió los pasos de More, hipnotizado ante las imágenes y los *clicks* de la cámara de super8.

Arrebato, que se ha convertido merecidamente en la película de culto del cine español, pasó casi desapercibida en el momento de su estreno. Su leyenda de film maldito y perturbador comenzó unos años más tarde y ha corrido una suerte inversa a la de su creador; el talentoso Zulueta quedó anulado por sus adicciones y no hay más frutos en su haber. Antes de realizar esta película dirigió otro interesante largo (*Un, dos, tres, al escondite inglés*) y una serie de estupendos cortos experimentales. Después, nada. Como si crear algo tan grande le hubiese vaciado para siempre. **AS**

El crimen de Cuenca

Pilar **Miró** 1979

España 92 m color
Guión Lola Salvador y Pilar Miró
(a partir de un argumento
de Juan Antonio Porto)
Producción Alfredo Matas
Fotografía Hans Bürmann
Música Antón García Abril
Intérpretes Daniel Dicenta,
José Manuel Cervino,
Ámparo Soler Leal,
Héctor Alterio, Fernando Rey,
Guillermo Montesinos

Crítica ▬▬▬▬▭▭▭
Público ▬▬▬▬▬▭▭

Osa de la Vega, Cuenca, 1910. Dos pastores, Gregorio y León, son acusados del asesinato de un tercero, el Cepa, que ha desaparecido. En el cuartel de la Guardia Civil son sometidos a todo tipo de torturas hasta que confiesan su implicación en los hechos.

El crimen de Cuenca, inspirada en un hecho real, ha pasado a la historia del cine español más por motivos extracinematográficos que por la calidad intrínseca de la película. Pilar Miró tuvo que soportar un kafkiano proceso de mal encubierta censura antes de poder ver proyectado su film en pantallas comerciales. Aunque en 1979 hacía ya dos años que había desaparecido la censura en España, la Dirección Nacional de Cinematografía decidió «retrasar» el estreno de la cinta debido a las duras y explícitas imágenes de tortura que sufren los protagonistas a manos de la Guardia Civil. Miró se defendió diciendo que el guión –escrito con Lola Salvador– era producto de una detallada investigación y que los hechos narrados estaban minuciosamente documentados. Meses después, Miró era procesada por un tribunal militar acusada de injurias contra la Guardia Civil. Finalmente, tras el fallido golpe del 23-F y la oleada progresista y antimilitarista que

éste provocó, la directora quedó libre de cargos el 30 de marzo de 1981. En agosto de ese mismo año, *El crimen de Cuenca* era estrenada en cines de toda España, provocaba reacciones encontradas y obtenía un formidable éxito de público: fue la película más taquillera de ese año, por delante de *En busca del arca perdida* de Spielberg.

Más allá de su condición de símbolo de la lucha por la libertad de expresión en un país en el que aún coleaban ciertas prácticas represoras, hay que valorar los logros artísticos de la cinta. Es cierto que su excesivamente sobria puesta en escena recuerda demasiado a las ficciones televisivas, obviando la poderosa carga trágica de un relato anclado en la crónica más negra de esa España rural y analfabeta sometida al dominio caciquil. Destaca, sin embargo, la intensidad con la que Miró dirige su *J'accuse* particular hacia cada uno de los estamentos del poder implicados en el drama de estos dos inocentes: desde el corrupto cacique local y el engreído juez, al cruel guardia civil que disfruta con la tortura. Son estas escenas, las que transcurren en esa sala vacía en la que unos hombres humillan e infligen un dolor insoportable a otros hombres –hasta quebrar su voluntad–, las que resumen el ideario de un film que, en el fondo, habla de la injusticia y del abuso de poder. De cómo un hombre con uniforme puede transformarse en un monstruo a instancias de otro vestido con un impecable traje de chaqueta. Y de cómo las personas humildes no pueden hacer nada contra la implacable maquinaria del poder. No es de extrañar que, en un país que acababa de salir de una dictadura y en el que dos años antes se estaban firmando penas de muerte, esta cinta escociera demasiado a algunos. Aunque sólo sea por esto, merece la pena verla. **MA**

Julio comienza en Julio

Silvio **Caiozzi**   1979

Don Julio García del Castaño, viudo terrateniente de una vasta propiedad en el Chile de comienzos del siglo xx, se dispone a celebrar el decimoquinto cumpleaños de Julito, su único vástago. Para iniciarlo en la vida adulta, invita a sus amigos a una gran fiesta en la mansión familiar, amenizada por las prostitutas de un burdel cercano. El adolescente Julito conocerá el amor a la vez que su despótico padre tratará de convertirlo en el digno heredero de la saga de los García del Castaño.

Segundo largometraje de Silvio Caiozzi (reconocido realizador publicitario), *Julio comienza en Julio* se produjo en las difíciles circunstancias de los primeros años de la dictadura de Pinochet. La junta militar acabó con las ayudas a la producción cinematográfica e impelió al exilio a sus más destacados autores (Raúl Ruiz, Miguel Littín). Caiozzi levantó esta cinta con sus propios recursos sumados a los de sus amigos y también productores. Las dificultades alargaron el rodaje y retrasaron más de dos años su estreno.

Julio comienza en Julio se configura como una aguda crítica hacia la aristocracia agrícola del país andino. Consiguió eludir la censura gracias al recurso de ubicar la acción en el pasado –concretamente en el año 1917–, pero la denuncia de la hipocresía, el clasismo, el machismo y la alergia al conocimiento de la clase dirigente parece extensible al resto del siglo. El guión de Frías está articulado a la manera clásica y se centra en la particular llegada a la vida adulta de un cachorro de la aristocracia. Julito deberá aprender los códigos que le impone su autoritario padre para convertirse en el próximo don Julio. Más que al nacimiento de un hombre, asistimos a la aniquilación de un niño. Don Julio, un hombre soberbio y encumbrado por su privilegiada posición, se asegura de forma insolente de que su hijo, huérfano desde niño, asimile los principios de su clase. La ausencia de la presencia femenina que garantizaría una madre hace que ese proceso sea más brutal. Pero el vástago Julito parece llevar ya en los genes los galones de clase de sus ancestros (profusamente retratados en las paredes de la mansión familiar) y su tímida rebeldía es puramente adolescente.

Uno de los aspectos más afilados de la historia es la lucha de intereses entre el rico terrateniente y la Iglesia, representada por los frailes a los que la anciana madre de don Julio dejó en herencia parte de las tierras. El conflicto acabará en acuerdo, como suele ocurrir entre esos dos bandos. También resulta original la mordaz crítica que esta cinta hace del desprecio al conocimiento por parte de los poderosos. Don Julio y

sus amigotes humillan al pusilánime profesor del muchacho –si no puedes apoyarte en la razón, mejor vivir en la ignorancia–.

La buena ambientación de la época se suma a la fotografía virada a un tono terroso, como de película muda, para conferir un aire antiguo a la narración. Pero la puesta en escena, los movimientos de cámara y las interpretaciones son modernas y de buena factura, de ahí que esté considerada como una obra fundamental del cine chileno. **AS**

Chile 120 m b/n
Guión Gustavo Frías
Producción Silvio Caiozzi, Alberto Celery y Nelson Fuentes
Fotografía Nelson Fuentes
Música Luis Advis
Intérpretes Felipe Rabat, Juan Cristóbal Meza, Schlomit Baytelman, Luis Alarcón, Gloria Münchmayer
Premios Festival de Huelva: Colón de Oro del Jurado y del Público

Crítica
Público

El nido

Jaime **de Armiñán**   1979

España 103 m color
Guión Jaime de Armiñán
y Peter Fernández
Producción A Punto P.C.
Fotografía Teo Escamilla
Música Alejandro Massó
Intérpretes Héctor Alterio,
Ana Torrent, Luis Politti, Patricia
Adriani, Amparo Baró, Ovidi Mont-
llor, Agustín González
Premios Oscar: nominada a mejor
película de habla no inglesa
Festival de Montreal: mejor actriz

Crítica
Público

Alejandro, que fue director de orquesta, vive retirado en su casa de campo en la provincia de Salamanca. Reparte su tranquila vida entre la música, el ajedrez, las discusiones con su ama de llaves y los paseos a caballo por el bosque. En uno de estos paseos encuentra una serie de notas escritas que le llevan a descubrir a Goyita, una niña de trece años, hija del guardia civil del pueblo vecino. Entre ellos surgirá una peligrosa atracción.

El nido nos cuenta una vieja historia, un argumento universal: el del amor prohibido. Y lo hace en la más clásica de sus variantes, la del hombre maduro y la adolescente casi niña. Jaime de Armiñán presenta a dos personajes unidos en una relación que, desde el principio, sabemos destructiva. Para abordar un tema tan visitado, el cineasta se hizo fuerte en uno de los pilares de la creación dramática: la elaboración de personajes. Como buen dramaturgo –Armiñán comenzó escribiendo teatro–, perfiló dos robustas personalidades bien matizadas. Alejandro es un hombre culto y sensible, aislado en el pequeño «nido» que ha escogido para acabar sus días. Solitario y descreído, pero capaz todavía de mantener una bonita amistad con el cura del pueblo, no espera ya gran cosa de lo que le queda de vida. Asume el apelativo con el que lo han bautizado en el pueblo: estrafalario. Frente a él aparece Goyita, una *lolita* inteligente y manipuladora, con talento para debutar a lo grande en la vida adulta. Para estos dos roles principales Armiñán contó con el gran trabajo de Héctor Alte-

rio, exiliado de la Argentina de Videla, y de Ana Torrent, cuya mirada ya había fascinado a la crítica y a los espectadores de *El espíritu de la colmena* y *Cría cuervos*. Ellos bastarían, pero los guionistas supieron crear un nutrido equipo de secundarios que acaban de redondear la función: la autoritaria madre (Amparo Baró) y el calzonazos del padre (Ovidi Montllor) que, en un alarde de guión, refleja toda su personalidad en la secuencia de los latigazos; el cura (Luis Politti, otro argentino exiliado), comprensivo y sensato, que sirve de contrapunto al protagonista masculino; la maestra (Patricia Adriani), que se percata de lo que se avecina e intenta prevenir para no tener que curar (divertida en la secuencia en la que pierde los nervios con la niña repelente); y el sargento de la Guardia Civil (Agustín González), conocido en el pueblo con el apodo de el Muñeco.

Con una estructura narrativa muy clásica y lineal, la historia avanza entre diálogos inteligentes, manteniendo siempre un tono algo frío y desapasionado que contrasta bien con lo escabroso del tema. La cinta, rodada en un entorno natural agradecido, muestra la España rural del siglo pasado que ya empezaba a cambiar. Las actitudes del cura y del guardia civil comienzan a ser más «democráticas».

Poco amigo de las modas, Armiñán hizo de *El nido* una película que ha envejecido sin arrugas y que hace pareja de baile con *Mi querida señorita*, su otra obra maestra, en la fiesta de los grandes títulos del cine español. **AS**

Maravillas

Manuel **Gutiérrez Aragón**   1980

Maravillas, una adolescente de quince años que ha crecido deprisa, vive con su padre, un maduro fotógrafo sin trabajo que le roba dinero a su hija para sus pequeños vicios eróticos. Pero Maravillas cuenta con la protección de sus padrinos –tres judíos de origen sefardí– y la amistad de un par de chicos con los que realiza pequeños hurtos.

Manuel Gutiérrez Aragón, uno de los directores mejor considerados de su generación, es un original fabulador que cimentó su prestigio con sus primeros films (Habla mudita,

El corazón del bosque), repletos de las obligadas metáforas que imponían los tiempos difíciles del tardofranquismo y la Transición.

Maravillas se sitúa al final de esa etapa y supone una encrucijada para un autor que ya podía hablar cara a cara con la realidad. Pero Gutiérrez Aragón encara esa realidad de soslayo, a través de una historia que funciona en tres niveles. Por un lado habla del rito del tránsito de la adolescencia, y aquí el cineasta coquetea con el cine de delincuentes, aunque huyendo del sociologismo fácil. En un segundo nivel aborda el conflictivo enfrentamiento generacional, con un intercambio de roles entre padre e hija. Y en tercer lugar introduce unos personajes secundarios –los padrinos judíos– que proyectan un halo de misterio a la historia. El cineasta vertebra acertadamente esas tres líneas argumentales hasta sugerir interesantes lecturas. Una de ellas sería cómo padre e hija –pasado y futuro– están sumamente alejados, incapaces de entenderse, y que para afrontar con éxito el futuro debe contarse con lo mejor de ese pasado, aquí representado por la recuperación de la memoria judeo-española. **LE**

España 96 m color
Guión Manuel Gutiérrez Aragón
y Luis Megino
Producción Luis Megino
Fotografía Teo Escamilla
Música Gustav Mahler
Intérpretes Cristina Marcos,
Fernando Fernán-Gómez,
Enrique San Francisco, Francisco
Merino, Eduardo McGregor,
León Klimovsky, Gerard Tichy,
Jorge Rigaud, José Manuel Cervino

Crítica
Público

Gary Cooper que estás en los cielos

Pilar **Miró**   1980

Andrea, una realizadora de televisión de cuarenta años, disfruta de un éxito profesional que no le acompaña en lo personal. Ante una peligrosa operación a corazón abierto se replanteará toda su vida.

Con esta película se consolidó la trayectoria y el reconocimiento a la obra de Pilar Miró, lo que animó a otras mujeres a hacer del cine su profesión (hasta entonces representadas tan sólo por Rosario Pi y Ana Mariscal). Tras su estreno, la prensa destacó el carácter feminista de la película, pese a la reticencia de la directora. Pero su postulado feminista ni era tan novedoso ni transcendió el ámbito cinematográfico. Es más, la película tiene tanto de melodrama –género femenino por excelencia– como de western –género masculino por antonomasia–.

Andrea, marcada por una herida del pasado, recorre la ciudad a lomos de su 2 Caballos para enfrentarse a un conflicto personal que ha de solucionar en poco tiempo. La protagonista emula así al héroe mítico del género: el Gary Cooper ídolo de su adolescencia. Como en otras películas de Miró, la nostalgia del tiempo perdido, un pasado tan irrecuperable como

malgastado, invade el metraje de esta cinta. El film habla de una generación educada en el silencio que creyó erróneamente que elegir un camino implicaba rechazar el resto –discurso similar al de Asignatura pendiente–.

Por encima de su valor feminista, este film destaca por su carácter introspectivo a modo de diario íntimo. Una historia personal narrada con sencillez y sinceridad e interpretada por Mercedes Sampietro, que en su primer papel protagonista en el cine se convirtió en el álter ego de Pilar Miró. **JT**

España 106 m color
Guión Antonio Larreta y Pilar Miró
Producción In-Cine, Jet Films,
Pilar Miró
Fotografía Carlos Suárez
Música Antón García Abril,
Werther de Massenet
Intérpretes Mercedes Sampietro,
John Finch, Carmen Maura, Víctor
Valverde, Mary Carrillo, Agustín
González, Fernando Delgado,
Amparo Soler Leal,
Guillermo Montesinos

Crítica
Público

Tiempo de revancha

Adolfo **Aristarain**   1981

Tras presentar su currículum en la compañía Tulsaco, Pedro Bengoa es contratado para desempeñar el cargo de dinamitero en una cantera del sur de Argentina. Su situación económica es delicada, y está ansioso por emprender una nueva vida. Sobre sus espaldas lleva un pasado de sindicalista, que mantiene oculto dado que el país está en plena dictadura. A los pocos días de la entrevista laboral, se traslada con Amanda, su esposa, al destino asignado. Nada más llegar, descubre que entre los trabajadores de la cantera está Bruno Di Toro, un viejo compañero de la lucha gremial; al ser presentados, ambos evitan dejar ver que se conocen. Con el correr de los días, Bruno invitará a Pedro a participar de un plan en el que, como en tiempos pasados, pondrán en riesgo sus vidas.

Cuarto largometraje de Adolfo Aristarain, y quizás uno de los más emblemáticos de todo el cine realizado durante el período dictatorial argentino (1976-1983), *Tiempo de revancha* logró esquivar la censura del momento, para lanzar un grito sordo de denuncia contra la corrupción asociada al terrorismo de Estado. En esos años de oscuridad, los recursos elípticos y figurados se ofrecieron como los únicos posibles para quienes buscaban representar la realidad en el arte; y a ellos recurrió Aristarain de modo muy acertado. Con gran sutileza, el director y guionista diseña una historia de acción, encuadrable dentro del género policial, en la que el suspense es tributario de unos diálogos precisos e ideológicos, y de unas imágenes impactantes y sugerentes.

Argentina 112 m color
Guión Adolfo Aristarain
Producción Héctor Olivera,
Luis Osvaldo Repetto (Aries Film)
Fotografía Horacio Maira
Música Emilio Kauderer
Intérpretes Federico Luppi,
Haydeé Padilla, Ulises Dumont,
Julio De Grazia, José Jofre Soares,
Rodolfo Ranni, Aldo Barbero,
Enrique Liporace, Arturo Maly
Premios 6 Cóndor de Plata,
entre ellos: mejor director
y mejor guión original

Crítica
Público

Aunque la narración tiene su eje en el ámbito económico, en el film abundan los aspectos críticos al régimen político vigente; entre ellos, destaca la inclusión de escenas que evocan las técnicas practicadas por los militares para obtener información o intimidar a sus víctimas (quemaduras con cigarrillos o lanzamiento de un cadáver a los pies de aquel a quien se quiere infundir miedo). La mirada se centra en el espacio donde confluyen el poder político y el de las grandes multinacionales que históricamente aterrizaron en los países en desarrollo para explotar sus recursos o beneficiarse de turbios negociados. La compañía se denomina Tulsaco, nombre que a partir de entonces Aristarain empleará en otros de sus films para designar empresas que encarnan, según él, a «los malos de la película».

Si el cariz político de la historia constituye uno de los reclamos de *Tiempo de revancha*, su desarrollo en el guión –de un intenso ritmo gracias a la sucesión de nudos narrativos que acaban en una impresionante escena final– es lo que convierte al film en una obra sólida, atrapante y eficaz. Estos rasgos permiten colocarlo en la categoría del buen cine a escala mundial. A ello contribuye la excelencia del elenco actoral, en el que sobresalen Federico Luppi (Bengoa) y Ulises Dumont (Di Toro). Película metafórica sobre el silencio impuesto, *Tiempo de revancha* es, sin duda, una clara muestra de que el mutismo nunca es total en una sociedad intimidada por el terror. **RB**

Volver a empezar

José Luis **Garci** 1982

El escritor Antonio Albajara lleva cuarenta años exiliado en los Estados Unidos. Tras recibir el Nobel de Literatura vuelve a Gijón para ser homenajeado por el Sporting, el club de fútbol de su juventud. Allí se reencuentra con su amigo Roxu y con Elena, su primer amor. Ambos revivirán su romance, pero el regreso de Antonio no podrá ser definitivo.

José Luis Garci ha sido el único director español nominado cuatro veces al Oscar en la categoría de película de habla no inglesa. Consiguió la estatuilla con *Volver a empezar* que, aunque quizá no sea su mejor obra, sin duda pasará a la historia por ser la primera película española en recibir el gran premio. Aun así, el galardón no estuvo exento de polémica. Defensores y detractores se dividieron bajo la sospecha de que no se había premiado a la cinta, sino a toda una nación que intentaba afianzar la democracia. Fuese cual fuese la razón, tiene sentido que gustase a los académicos norteamericanos, pues reproduce el sistema formal y narrativo de su cine.

La obra de Garci, como heredera del clasicismo, recupera el sistema de géneros. En *Volver a empezar* elige el melodrama, terreno en el que el director se ha sentido cómodo durante toda su carrera. El film se basa en la evolución emotiva antes que en la acción, llegando a recrearse en ocasiones en la exposición sentimental. El lenguaje ayuda: ligeros movimientos de cámara que enfatizan el dramatismo, composición romántica del paisaje asturiano y uso de la música como apoyo emocio-

nal –los populares *Canon* de Pachelbel y *Begin the Beginning* de Cole Porter–. Garci es un narrador eficaz y accesible, experto en los referentes populares del público al que se dirige. Como cinéfilo, conoce a la perfección el lenguaje que maneja, pero lo perpetúa con demasiado respeto. Sus películas evocan al referente clásico con una nostalgia que acaba impregnando tanto la forma como el fondo. Sus héroes, álter egos del director, están marcados por la melancolía y la frustración que les generó el franquismo (como sucede en la fundamental *Asignatura pendiente*).

La película contiene dos secuencias memorables. Una por la comicidad inesperada que ha adquirido con el tiempo, otra por su valor cinematográfico, que conservará siempre. En un momento en que se cuestionaba la legitimidad monárquica, Garci se desmarcó con una surrealista llamada de apoyo mutuo entre el Nobel y el rey don Juan Carlos (en voz de Pedro Ruiz). En la otra secuencia, Miguel explica a su amigo el motivo de su regreso a los Estados Unidos. La sutileza de los actores genera una sinceridad sorprendente. Buen trabajo de Antonio Ferrandis –el mítico Chanquete de *Verano azul* , José Bódalo y, en general, de todo el reparto. Tras la emotiva despedida de su amigo, y en uno de sus clásicos epílogos contemplativos, Antonio regresa a América, cuna de ese cine que tanto satisface a su director. **JT**

España 93 m color
Guión José Luis Garci
y Ángel Llorente
Producción Nickel Odeon
Fotografía Manuel Rojas
Música Jesús Gluck,
Johann Pachelbel, Cole Porter
Intérpretes Antonio Ferrandis,
Encarna Paso, Agustín González,
José Bódalo, Marta Fernández
Muro, Pablo Hoyos
Premios Oscar:
mejor película de habla no inglesa

Crítica
Público

España 93 m color
Guión Víctor Erice (a partir
del relato homónimo
de Adelaida García Morales)
Producción Elías Querejeta
Fotografía José Luis Alcaine
Música Piezas de Ravel, Schubert,
Granados y pasodobles populares
Intérpretes Omero Antonutti,
Sonsoles Aranguren, Icíar Bollaín,
Lola Cardona, Rafaela Aparicio,
María Caro

Crítica ●━━━━━━━
Público ●━━━━

El Sur

Víctor **Erice**   1983

España, años cincuenta. Estrella vive con sus padres en un pueblo del norte. El descubrimiento de un antiguo amor que su padre abandonó en su sur natal despertará en la niña cierta curiosidad por el misterioso pasado de su progenitor.

Tres películas en 35 años. Una obra maestra por década. Éstas son las cifras que definen a un autor cuya obra, aunque breve, se codea con la de los más grandes. *El Sur* es la más accesible y emotiva de sus películas, una pieza de orfebrería que va tan directa al intelecto como al corazón. Y un poema inacabado, ya que Querejeta detuvo el rodaje a la mitad, privándonos de acompañar a Estrella en el viaje a ese Sur mítico. *El Sur* versa sobre un misterio no resuelto. El del pasado del padre de Estrella, un hombre taciturno y ausente venerado por su hija. Una figura fantasmagórica situada en estado de tránsito permanente: entre la luz y la oscuridad (como cuando le vemos en la iglesia, emergiendo de entre las sombras), entre el Sur y el Norte, entre su verdadero amor –esa misteriosa mujer con nombre de estrella de cine– y su familia, y, en definitiva, entre la vida y la muerte. También es la historia del desamor de una hija hacia su progenitor. Esa niña que idolatraba a un padre al que suponía poderes mágicos se convierte en una adolescente que ha aprendido que los magos y los héroes no existen. Estrella descubre algo tan necesario como doloroso en el difícil tránsito a la madurez: la certeza de que los padres son, simplemente, seres humanos y no esos semidioses de la infancia.

Dos escenas magistrales resumen el devenir de esta relación paterno-filial. La devoción mutua que se desprende del sublime *travelling* que los muestra bailando juntos en la comunión de la niña, se transforma en el insalvable distanciamiento y frialdad –consecuencia de años de silencios y ausencias– de su última conversación en el comedor del hotel. El pasodoble *En er mundo*, que suena en ambas escenas, actúa de melancólico símbolo del implacable paso del tiempo. Un tiempo que ha acabado venciendo a ese hombre viejo y borracho al que Estrella deja en la sala vacía, abandonado a sus recuerdos.

La magnífica fotografía de Alcaine convierte la luz en un elemento físico, palpable, con un papel fundamental en las numerosas transiciones y elipsis del film. Los encuadres tenebrosos de raíz pictórica, auténticos retablos en sombras, cuyo interior es revelado a medida que la luz inunda el plano, son una de sus constantes estilísticas y originan algunas de las escenas más memorables, como la de los créditos iniciales.

El Sur del título aparece, fugazmente, en las postales coloreadas que Estrella atesora o personificado en esa niñera interpretada por la maravillosa Rafaela Aparicio. Así, se convierte en un territorio mítico al que Estrella se dirigirá para desentrañar el misterio de su padre. *El Sur* es, efectivamente, una fábula inacabada, pero también pura, hermosa y deslumbrante. Una de las razones por las que amamos el cine. **MA**

El pico

Eloy **de la Iglesia**   1983

España 90 m color
Guión Gonzalo Goicoechea
y Eloy de la Iglesia
Producción Opalo Films
Fotografía Hans Burmann
Música Luis Iriondo
Intérpretes José Luis Manzano,
José Manuel Cervino, Luis Iriondo,
Enrique San Francisco, Lali Espinet,
Queta Ariel, Marta Molins,
Alfredo Luchetti, Pedro Nieva,
Ovidi Montllor, Javier García

Crítica
Público

En Bilbao, a principios de los ochenta, la droga hace mella entre los jóvenes. Paco, hijo de un guardia civil, y Urko, hijo de un diputado nacionalista, encuentran en la heroína su particular forma de evasión.

A finales de la Transición, mientras el mensaje oficial prometía libertad, Eloy de la Iglesia cuestionaba el carácter represor de las instituciones españolas más representativas (Iglesia, Guardia Civil y familia). El suyo no era un discurso ideológico, sino más bien el reproche desconsolado de quien no encontraba su sitio, reflejo del conflicto generacional que vivió España tras la dictadura. En aquel conflicto, De la Iglesia dio voz a los jóvenes y, en especial, a los más desfavorecidos (*Navajeros, Colegas*). Como Pasolini, el director vasco sacó a los chavales de la calle para que representasen su realidad, la de los barrios marginales invadidos por la droga. Este esquema se repitió en tantas películas que llegó a convertirse en un subgénero: el *cine quinqui*. Sus protagonistas, adolescentes problemáticos olvidados por una democracia aún novata, eran presentados como bandoleros urbanos que luchaban contra la desigualdad. «Libre, libre quiero ser. Quiero ser, quiero ser

libre», pregonaban Los Chichos en un himno de esa época. Así es el cine de De la Iglesia: directo y sin metáforas, de un naturalismo escabroso que prescinde de sutilezas.

A pesar de sus discutibles méritos formales, esa épica de barrio conectó con muchos «españoles amedrentados por su pasado y por las dudas del desencanto» (John Hopewell). En su día, películas como *El pico* fueron oro para la taquilla. Hoy conservan un gran valor como testimonio sociológico de una época. **JT**

La muerte de Mikel

Imanol **Uribe**   1983

España 88 m color
Guión Imanol Uribe
y José Ángel Rebolledo
Producción Aiete-Ariane Films,
José Esteban Alenda
Fotografía Javier Aguirresarobe
Música Alberto Iglesias
Intérpretes Alicia Sánchez,
Amaia Lasa, Imanol Arias,
Daniel Dicenta, Jesús María Segues,
Martín Adjemian, Montserrat
Salvador, Ramón Barea, Xabier
Elorriaga, Fama

Crítica
Público

En un pueblo de Euskadi se celebra el funeral de Mikel, un joven homosexual muerto en extrañas circunstancias. Su madre, su amante y sus compañeros de partido se reúnen en la iglesia para reconstruir sus últimos días.

Tras el Estatuto de Autonomía de 1979, con el traspaso de competencias cinematográficas, el Gobierno de Euskadi puso en marcha su plan de subvenciones. Arrancaba así la época dorada del cine vasco. Las películas gustaban al público y a la crítica y, aunque no tenían una estética común, compartían

interés por la realidad de Euskadi. De ahí que muchos de sus protagonistas pertenezcan a grupos *abertzales*.

Mikel representa el ansia de libertad de la sociedad vasca, pero encarna además el deseo de libertad individual frente a una sociedad represora. Su condición de burgués comprometido con el incipiente terrorismo y su declarada homosexualidad le enfrentan, tanto a los valores religiosos impuestos por la dictadura (su castradora madre) como a la falsa tolerancia de quienes exigen libertades (el grupo *abertzale*). El film critica la homogeneización que ejerce cualquier forma de fanatismo, ya sea religioso o ideológico. A ello contribuye la puesta en escena, que contrapone la verticalidad y grandilocuencia del ritual funerario al estaticismo del féretro. El aglutinamiento del grupo político contrasta con el silencio del cuerpo muerto, lo que evidencia el interés por el objetivo antes que por el valor de uno de sus miembros. Al final, los dos bandos pelean por apropiarse de Mikel, cuando ambos han provocado su muerte. Todo fanatismo necesita víctimas; para advertir a los suyos del peligro que corren al desviarse del camino y para justificar su falacia ante el resto. **JT**

Epílogo

Gonzalo **Suárez**   1983

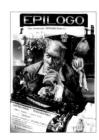

España 89 m color
Guión Gonzalo Suárez, Miguel Á. Barbero y Juan Potau (argumento basado en *Gorila en Hollywood* y *Rocabruno bate a Ditirambo*, ambos de Gonzalo Suárez)
Producción Gonzalo Suárez (Ditirambo Films)
Fotografía Carlos Suárez
Música Juan José García Caffi
Intérpretes José Sacristán, Francisco Rabal, Charo López, Sandra Toral, Manuel Zarzo, Cyra Toledo, Sonia Martínez, José Arranz, Manuel Calvo, Chus Lampreave

Crítico ▬▬▬▬▬▬▭
Público ▬▬▬▬▬▬▭

Ditirambo y Rocabruno escribieron juntos sus mejores libros y amaron a la misma mujer, pero hace diez años que el segundo decidió abandonar el tándem creativo y vive retirado en una casa de campo. Hasta allí llega una noche Ditirambo con la intención de convencerle para escribir una última historia a dos manos, un epílogo que cierre su obra y su tormentosa relación.

La trayectoria artística de Gonzalo Suárez se reparte entre la literatura (*Gorila en Hollywood*, *La reina roja*, *Doble dos*) y el cine. De entre la veintena de películas que ha escrito y dirigido destacan *Ditirambo* (1967), *Remando al viento* (1987) y *Mi nombre es sombra* (1996). Pero fue en *Epílogo* donde Suárez logró amalgamar su más sabrosa masa, compuesta por esos dos ingredientes: literatura y cine. El entramado que sostiene sus films es tan literario que el director asturiano ironizó sobre la posibilidad de que algún día le concediesen el Premio Nobel de Literatura por sus películas. Desde el mismo título, Suárez hace evidente esa filiación en *Epílogo*, una historia de escritores que hablan en letra impresa, citan a Chesterton y leen a Simenon y Will Eisner (padre de la novela gráfica *The Spirit*). Pero la predilección del director por ese género negro o policíaco distancia a sus personajes de un intelectualismo irritante hasta hacerlos humanos y reconocibles. Al fin y al cabo, detrás de sus egos, fabulaciones y conflictos, Ditirambo y Rocabruno esconden una historia de amor como motor de sus vidas. Dos gallos en pelea por su musa, una Charo López cuerda y lúcida que equilibra desde su vértice este triángulo equilátero. Ella es la luz con la que los dos escritores hacen su fotosíntesis artística. «El señor Rocabruno y el señor Ditirambo han sido siempre, en cierta manera, una sola persona. Nunca he sabido bien dónde empezaba uno y dónde acababa el otro. Era como cuando en un día gris se mira el horizonte. Es difícil distinguir dónde acaba el mar y dónde empieza el cielo. Algo así, pero en plena tempestad». El mar, el cielo y quien los contempla. Un autor con tres cabezas, todas imprescindibles en su particular proceso creativo.

La estructura narrativa de la cinta se desliza, también, a través de tres tiempos. La historia arranca y termina con una estudiante de literatura que entrevista a la musa superviviente del drama. Ella nos lleva a otros dos tiempos pasados para recomponer una historia que encierra otras muchas. Porque Ditirambo –Sacristán– y Rocabruno –Rabal– necesitan contarse historias. Como la del músico sin éxito que envidiaba al colega reconocido y a su muerte se comprobó que su obra, escuchada al revés, era idéntica a la del afamado. O la del niño que descubre que su tío mató a su padre para casarse con su madre. O la de los dos exboxeadores que disputan su último combate entre las olas. «Ya lo dijo Chesterton: la literatura es un lujo, la ficción una necesidad. Hagamos nuestras necesidades». Y a Suárez le salió esta joya haciendo sus necesidades. **AS**

Frida, naturaleza viva

Paul **Leduc** 1983

México 108 m color
Guión Paul Leduc y J. J. Blanco
Producción Manuel
Barbachano Ponce
Fotografía Ángel Goded
Música fragmentos de piezas
de Camille Saint-Saëns.
Intérpretes Ofelia Medina,
Juan José Gurrola, Max Kerlow,
Claudio Brook, Salvador Sánchez
Premios 7 Ariel, entre ellos:
mejor película y mejor dirección

Crítica
Público

«Desde su lecho de moribunda, Frida Kahlo (1907-1954), la gran pintora, reconstruye acorde a las auténticas palpitaciones de la memoria, es decir, de una manera inconexa y fragmentada, únicamente a través de las imágenes, su vida y su obra, que fue medular en la época del muralismo mexicano.» Éste es el primer fragmento del texto que, a modo de prólogo y síntesis del argumento, aparece en *Frida, naturaleza viva*.

Esta obra de Paul Leduc está muy lejos de las biografías cinematográficas convencionales; y éste es uno de los méritos del realizador, haber superado el desafío que supone la creación de un producto singular. Leduc se aproxima a la intimidad de la pintora mexicana y logra estructurar un puzzle que muestra el complicado mundo de Frida. Sin orden cronológico, y con imágenes de gran belleza, la existencia de la artista aparece en cuadros de atmósfera sugerente. Así, se deslizan recuerdos de la infancia, de la pintura, la política, las pasiones sexuales...

Frida fue un personaje complejo, y Paul Leduc no pretende desentrañar sus misterios; sólo los insinúa. La película está plagada de simbolismos que sólo permiten una aproximación al personaje, aunque sí se ponen de manifiesto los rasgos esenciales del carácter de la pintora, como su valentía, su apasionamiento, su rebeldía. Sobre el resto de los que acompañan a Frida, el espectador recibe muy pocos datos, salvo del padre y de Diego Rivera, del que se dan algunas pautas.

Ofelia Medina, excelente en la recreación de su personaje, logra darle verosimilitud, tanto por su parecido físico con Frida Kahlo como por la coherencia psicológica que le imprime, pese a lo fragmentario de la narración. La actriz envejece y rejuvenece en las distintas escenas mientras la película va y viene en el tiempo. En la cinta hay muy pocos diálogos, pero esto no perjudica la expresión; a veces las letras de las canciones cumplen este rol, como en la escena de la cocina, cuando Frida y su amiga cantan el bolero *Solamente una vez*. La música es muy importante en el film, en diversos momentos las canciones interpretadas en vivo son un referente de la acción.

Frida, naturaleza viva es una obra de gran valor plástico. La mirada de la cámara explora, en elaborados planos secuencia, no sólo las emociones de la protagonista, sino también el mundo de los objetos que la rodean.

Una fotografía luminosa y una escenografía de colores fuertes marcan la enorme fuerza vital de la pintora mexicana, rasgo que ya está implícito en el título: naturaleza viva. Leduc logra con sus imágenes transmitir el valor con que Frida se enfrentó a su desgarrador drama y el colorido que supo poner en su existencia. **AC**

Las bicicletas son para el verano

Jaime **Chávarri**   1983

España 103 m color
Guión Lola Salvador (adaptación
de la obra teatral homónima
de Fernando Fernán-Gómez)
Producción Incine y Jet Films
Fotografía Miguel Ángel Trujillo
Música Francisco Guerrero
Intérpretes Agustín González,
Amparo Soler Leal, Victoria Abril,
Gabino Diego, Marisa Paredes,
Aurora Redondo, Carlos Tristancho

Crítica ●━━━━━━━━━━▭
Público ●━━━━━━━━━━━

Madrid, junio de 1936. Luisito tiene 15 años, ha suspendido Física y quiere una bicicleta para salir con su pandilla. El 18 de julio su vida, y la de su familia, cambiará drásticamente con el estallido de la Guerra Civil.

Alfredo Matas propuso a Jaime Chávarri la adaptación de la exitosa obra teatral de Fernan-Gómez. Chávarri, apoyándose en ese poderoso texto, realizó un notable film que, si bien suaviza la carga ideológica del original, conserva esa sutil mezcla de humor, patetismo y ternura característica de su autor.

Las bicicletas son para el verano comienza en el tono ligero propio de la comedia costumbrista y narra las desventuras de una familia de clase media: los amoríos del hijo adolescente, la hija que quiere ser artista, el padre de ideas liberales que escribía obras de teatro Pero, de repente, estalla la guerra y los planes futuros (los estudios del niño, el matrimonio de la hija) quedan en suspenso y la vida cotidiana se esfuma por la ventana. La cinta cuenta, con una formidable capacidad elíptica, el día a día de esa familia durante los tres largos años que dura una guerra que sucede siempre fuera de campo. De la guerra se habla y se sufren sus consecuencias (el hambre, los bombardeos), pero nunca aparece de forma explícita. Es una guerra de puertas adentro.

El maravilloso elenco coral, con el insuperable Agustín González a la cabeza, está a la altura de un texto que es un auténtico regalo para cualquier actor (inolvidable el momento en que González afirma, derrotado, que «no ha llegado la paz sino la victoria»). Un texto magistral en el que un simple plato de lentejas pone en evidencia todo el patetismo que puede alcanzar el ser humano. **MA**

Truhanes

Miguel **Hermoso** 1983

España 90 m color
Guión Miguel Hermoso,
Luis Ariño y Mario Camus
Producción PE Films
Fotografía Fernando Arribas
Música José Nieto
Intérpretes Francisco Rabal,
Arturo Fernández, Isabel Mestres,
Vicky Lagos, Rafael Díaz,
Antonio Gamero, Lola Flores

Crítica
Público

Gonzalo Miralles, un hombre adinerado y bien relacionado metido en asuntos de estafas, termina en la cárcel por un lío de faldas. Su impecable aspecto y sus maneras de señorito desentonan en la prisión, y el resto de los presos no duda en aprovecharse de él. Gonzalo se siente absolutamente perdido hasta que conoce a Ginés, un ladrón de poca monta que lo acoge en su grupo de amigos y con quien sella un pacto: Ginés le protegerá mientras estén entre rejas y Gonzalo a cambio le ayudará cuando salgan. Ginés cumple con su palabra e intercede por él, pero Gonzalo tendrá más problemas para cumplir su parte del trato cuando ambos alcancen la libertad.

Truhanes, ópera prima y película más significativa de la irregular carrera de Miguel Hermoso (en la que también destaca *Como un relámpago*, 1996), comienza como un drama carcelario, vira al terreno de la comedia gracias a los trapicheos de sus dos protagonistas, para terminar convertida en una exaltación de la amistad masculina. La trama aplica una fórmula clásica y de contrastada eficacia: en un espacio cerrado poblado tan sólo por hombres (las mujeres sólo juegan roles secundarios), se establece un vínculo de amistad condicionado por los diferentes planteamientos éticos de dos personajes pertenecientes a clases sociales antagónicas.

Hermoso hace un retrato detallado de sus dos protagonistas, los filma a ellos por encima de cualquier espacio. Para ello contó con el trabajo de dos grandes cómicos ajustados a sus papeles. Arturo Fernández da vida al truhán de postín, matizando al vividor caradura que ha interpretado en innumerables ocasiones a lo largo de su extensa carrera en cine y teatro. Pero es el carismático Francisco Rabal, convertido en el humilde y entrañable Ginés, quien se apodera de la función. Gracias a una interpretación de una profunda naturalidad, él es el epicentro de las dos escenas de baile etílico de la película. En la secuencia del bar, Ginés pone una y otra vez la misma canción para terminar ocupando, al ritmo de la música, todo el espacio. Más tarde, en la casa de su hermana –interpretada por Lola Flores– se arranca a bailar en la que resulta ser la mejor secuencia de la película. No tanto por lo que ocurre (Ginés y Gonzalo se pelean), sino por la libertad desde la que transcurre la escena y por el magnetismo de un Rabal cuya presencia invade el cuadro con el apoyo de la gran Lola Flores. Hermoso volvería a recuperar la figura de la cantaora en *Lola, la película*.

Rabal queda por encima de su compañero de reparto, quizás porque *Truhanes* se sitúa claramente del lado de Ginés. La historia defiende a los personajes que, como él (ladrones honrados, hombres con pocos medios), jamás traicionarían a un amigo. En contraposición, el pudiente círculo de Gonzalo está compuesto por delatores y traidores. Pocos años más tarde, las cárceles españolas empezarían a hospedar a los *gonzalos del pelotazo*. Toda una premonición hecha comedia. **VK**

Nocaut

José Luis **García Agraz**   1983

Rodrigo huye tras cometer un asesinato. En su huída recuerda las circunstancias que lo llevaron a matar a don Saúl, promotor de boxeo y a la vez jefe mafioso. Rodrigo, un buen chico, accede a la profesionalidad en el *ring* a instancias de su padrino –hombre allegado a Saúl–, y termina por verse envuelto en el tráfico de drogas. Harto de ese mundo quiere iniciar una nueva vida, pero se da cuenta de que está atrapado y que la única manera de salir será por la fuerza.

Nocaut significó para México el despuntar de un nuevo cine. En un momento de estancamiento, como fue para la cinematografía mexicana el comienzo de la década de 1980, la producción de mayor calidad vino de la mano de cineastas independientes. Es el caso de José Luis García Agraz con esta, su primera obra. La película –realizada en 16 mm y luego pasada a 35 mm– se financió a través de una cooperativa creada con el aporte de amigos, y su filmación se alargó mucho más de lo previsto por falta de presupuesto.

García Agraz supo crear un *thriller* efectista, a partir de una intriga bien elaborada y de unos personajes creíbles. Con una estructura narrativa bastante innovadora para su tiempo,

la historia comienza casi por el final, y se desarrolla a través de sucesivos *flash-backs*, que definen una relación causal entre pasado y presente, y que actúan aportando complejidad a la trama. Una trama en la que abundan los ingredientes típicos del cine negro: drogas, una cantante de cabaret de la que el protagonista se enamora, hampones sin ningún tipo de escrúpulos, persecuciones en coche, etc. Todo con la cuota necesaria de suspense para hacer de *Nocaut* un referente del género en el cine mexicano. **AC**

México 90 m color
Guión José Luis García Agraz
Producción Jorge Díaz Moreno
Fotografía Ángel Goded
Música Gerardo Suárez
Intérpretes Gonzalo Vega, Blanca Guerra, Wolf Ruvinskis, Guillermo Orea
Premios Ariel: mejor ópera prima

Crítica
Público

Doña Herlinda y su hijo

Jaime Humberto **Hermosillo**   1984

Rodolfo, un médico joven y soltero de clase alta que vive con su madre, mantiene una relación homosexual secreta con Ramón. El chico, con menos recursos económicos, reside en una pensión y estudia música. Doña Herlinda, la madre de Rodolfo, desea que su hijo se case y le dé nietos. Para que todos queden contentos, ambos urden de manera tácita una trama por la que Rodolfo se casará con Olga y Ramón irá a vivir con Doña Herlinda.

Ésta fue la primera película del cine mexicano que trató abiertamente el tema de la relación erótica entre dos hombres: la cámara recorre sin tapujos los cuerpos desnudos, las manos que acarician, las bocas que besan... En una comedia rica en ironía, Jaime Humberto Hermosillo plantea la hipocresía de los miembros de una familia de clase acomodada, que se manejan de manera tal que logran conciliar sus deseos naturales con los sociales. El director eligió situar la acción en una ciudad tradicionalmente conservadora, machista y patriarcal como es la Guadalajara mexicana. En la primera toma aparece como telón de fondo su símbolo más conocido, la famosa catedral.

Doña Herlinda y su hijo es una comedia amable y simpática, que basa su mérito en la eficacia de un guión bien estructurado y en las estupendas caracterizaciones de los personajes. Las canciones rancheras complementan con sus letras la acción. O la provocan directamente, como en la escena en el palenque cuando Ramón llora al oír a Lucha Villa interpretar *Poco a poco*. Es de destacar, por su ironía y comicidad, la escena final en la que Rodolfo, rodeado por sus seres queridos, termina el recitado de un poema de Manuel Acuña, certeramente elegido para ilustrar la situación. **AC**

México 90 m color
Guión Jaime Humberto Hermosillo (basado en una historia de Jorge López Páez)
Producción Manuel Barbachano
Fotografía Miguel Ehrenberg
Música canciones de Lauro D. Uranga, Pepe Guízar, Juan Gabriel y José Alfredo Jiménez
Intérpretes Guadalupe del Toro, Marco Antonio Treviño, Arturo Meza, Leticia Lupercio, Guillermina Alba

Crítica
Público

¿Qué he hecho yo para merecer ésto?

Pedro **Almodóvar** 1984

España 98 m color
Guión Pedro Almodóvar
Producción Tesauro y Kaktus
Fotografía Ángel Luis Fernández
Música Bernardo Bonezzi
Intérpretes Carmen Maura,
Verónica Forqué, Chus Lampreave,
Ángel de Andrés-López, Kiti Manver,
Gonzalo Suárez, Emilio Gutiérrez
Caba, Amparo Soler Leal,
Luis Hostalot, Javier Gurruchaga,
Jaime Chávarri, Juan Martínez,
Katia Loritz

Crítica ▬▬▬▬▬▬▬▬▭
Público ▬▬▬▬▬▬▬▬▭

Gloria tiene que compaginar sus obligaciones familiares como madre, esposa y nuera con la limpieza de casas ajenas para poder completar los ingresos de su marido taxista.

Con su cuarta película, Pedro Almodóvar pasó de ser el portavoz de la *underground* movida madrileña a convertirse en el director de cine español más prometedor de los ochenta. Aunque no hubiese rodado ni un minuto más, *¿Qué he hecho yo para merecer ésto?* ya le hubiese asegurado un lugar destacado en la historia del cine. Su dibujo de la clase obrera urbana es tan divertido como demoledor, y logra una perfecta combinación entre comedia negra y drama de denuncia en línea neorrealista.

Guionista sobresaliente antes que director, Almodóvar escribió para esta película los personajes más vivos de su carrera. Gloria, la extenuada ama de casa que carga con las bolsas de la compra después de ejercer de asistenta, tiene que ver cómo sus vecinas (prostituta una y madre soltera la otra) llevan vidas más satisfactorias que la suya. Su infierno familiar está compuesto por un marido machista, una abuela egoísta, un hijo camello y un benjamín que se acuesta con los padres de sus amigos. Para sobrevivir a semejante escenario, Gloria recorre las farmacias en busca de calmantes y ansiolíticos. Todo vale para escapar de su penosa vida. Dicho así, podría pensarse que ésta es una historia triste, y no, es la más divertida de todas las comedias almodovarianas. Plagada de diálogos descacharrantes, la trama sigue las andanzas de su protagonista, su familia y sus vecinos hasta componer un retrato barrial que acaba por rozar el delirio surrealista.

Los habitantes de los bloques apiñados junto a la autopista son los hijos de aquellos emigrantes que llegaron a la capital a mediados del siglo pasado *(Surcos*, 1951). Treinta años después, seguían confinados en minúsculos pisos en los que convivían tres generaciones que todavía no habían encontrado su sitio en el mundo urbano. Almodóvar subraya esa inadaptación con el personaje de la abuela, que anhela volver al pueblo. Pero el escritor manchego no se limita a un sólo enfoque, y su denuncia principal es la alienación de la mujer trabajadora, explotada en el ámbito doméstico tanto o más que en el laboral. La heroína de esta cinta está interpretada por una gran actriz en el mejor papel de su carrera. Carmen Maura fue capaz de expresar todo el agotamiento y la desesperación de su personaje transmitiendo ternura y compasión, sin olvidar su enorme comicidad a la hora de dar la réplica exacta que exigían unos diálogos tan frescos como milimetrados. Y el talento de Almodóvar en la dirección de actores hizo que el resto del elenco bordase todos los secundarios. La abuela de Lampreave es antológica, como el taxista machista de De Andrés, el dentista pederasta de Gurruchaga, la puta adorable de la Forqué o la vecina desabrida de Manver. Aquí brilla hasta el lagarto *Dinero*.

En esta historia, reverso amargo de la familia idealizada que el franquismo quiso vendernos con *La gran familia*, Almodóvar supo dar un último giro y rematarla con un magnífico final esperanzador. Es la primera obra maestra de un autor que acabaría por convertirse en icono de la España democrática y embajador mundial de su cultura. **AS**

Tasio

Montxo **Armendáriz**   1984

España 91 m color
Guión Montxo Armendáriz
y Marisa Ibarra
Producción Elías Querejeta PC
Fotografía José Luis Alcaine
Música Ángel Illarramendi
Intérpretes Patxi Bisquert,
Amaia Lasa, José María Asín,
Isidro José Solano, Paco Sagárzazu,
Enrique Goicoechea, Elena Uriz,
Garikoitz Mendigutxia
Premios Festival
de San Sebastián:
Premio FIPRESCI

Crítica ▰▰▰▰▱▱
Público ▰▰▰▰▱▱

Tasio, un niño de 7 años, vive con su familia en un pequeño pueblo navarro de la sierra de Urbasa. Desde muy joven demuestra tener un gran ansia de libertad, que él traduce haciendo novillos. Ya de adolescente aprenderá el oficio de carbonero de su padre y conocerá a Paulina en el baile del pueblo vecino. Cuando Tasio se convierte en adulto, su necesidad de independencia le llevará a rechazar trabajos asalariados.

Montxo Armendáriz, nacido en Olleta (Navarra) en 1949, fue profesor de electrónica en Pamplona durante más de una década antes de interesarse por la realización. Su documental *Carboneros de Navarra* convenció a Elías Querejeta, que le produjo su primer largometraje de ficción. Basado en la historia de uno de los carboneros que Armendáriz había conocido en aquel documental, el guión de *Tasio* se planteó en forma de recorrido vital de la figura de un personaje que vive a contracorriente. Niñez, adolescencia y edad adulta se relevan en una estructura narrativa y dramática de gran clasicismo. Ciertos parecidos argumentales (el cazador furtivo y el entorno natural) y estilísticos (desnudez formal y lirismo) llevaron a Armendáriz a decirse influenciado por el Kurosawa de *Dersu Uzala*. Y lo cierto es que sus mejores historias, como las del maestro japonés, están muy apegadas a la tierra y a las tradiciones; en su caso, de la cultura vasco-navarra.

Con *Tasio*, Armendáriz inició su colección de personajes en conflicto con su entorno. El protagonista de esta cinta es un hombre taciturno que prefiere subsistir por sus propios medios antes que subordinarse a nadie. Al ser campesino y po-bre, esa decisión acabará por marcar su vida hasta convertirlo en un personaje marginal en un entorno rural que comenzaba a migrar hacia las capitales (años cuarenta del siglo pasado). El gran conocimiento de Armendáriz de ese entorno cultural y su decisión de ser fiel al carácter y las costumbres ancestrales de su gente convierten a *Tasio* en un valioso documento para el estudio de una forma de vida que, aunque minoritaria, aún perdura en los aislados valles y montañas del norte peninsular. Para aumentar el realismo de su propuesta, el director formó un elenco de actores naturales de la zona –no profesionales o con poca experiencia– que consiguieron plasmar el habla y el espíritu del país. De pocas y rotundas palabras, el pueblo vasco-navarro adoptó el peculiar castellano que se puede escuchar en la película, lleno de los singulares giros heredados de su idioma nativo, el euskera, joya amenazada pero hoy en buena recuperación.

Pero además de su interés antropológico, el primer film del director navarro demostró que se trataba de un autor sensible, alejado de las influencias de las modas del momento y preocupado por exponer su historia de forma emocionalmente contenida. Armendáriz evita con elipsis las secuencias más dramáticas y las decisiones radicales de su protagonista no están ni subrayadas ni aplaudidas. El retrato de la vida de un hombre digno y reservado merecía ese tono. **AS**

Camila

María Luisa **Bemberg**   1984

Argentina 105 m color
Guión María Luisa Bemberg,
Beda Docampo Feijóo
y Juan Bautista Stagnaro
Producción Lita Stantic
(Gea Cinematográfica)
Fotografía Fernando Rivas
Música Luis María Serra
Intérpretes Susú Pecoraro,
Imanol Arias, Héctor Alterio,
Elena Tasisto, Mona Maris,
Juan Leyrado, Boris Rubaja,
Carlos Muñoz, Héctor Pellegrini,
Claudio Gallardou
Premios Oscar: nominada a mejor
película de habla no inglesa

Crítica ▬▬▬▬▬▬▭
Público ▬▬▬▬▬▭▭

Durante la controvertida gobernación de Juan Manuel de Rosas en Buenos Aires (1829-1852), Camila O'Gorman, una joven educada bajo las severas pautas de una familia tradicional porteña, se enamora del jesuita Ladislao Gutiérrez y se atreve a seducirlo. El sacerdote, subyugado por la belleza de Camila, en quien se unen pureza y sensualidad, emprende una dolorosa batalla interior entre el cumplimiento de sus votos y sus arrebatados sentimientos. Aunque mortifica su cuerpo para olvidarla, la pasión se impone, y ambos abandonan todo para huir juntos. Ésa será la piedra del escándalo. Los poderes del momento se unen en contra de los enamorados y presionan a un Gobierno que podía ser despótico y violento si se lo proponía. La Iglesia se siente afrentada, el padre de Camila ve en peligro su autoridad patriarcal, y los defensores del régimen lo instan a tener mano dura, ya que los adversarios políticos aprovechan el suceso para resaltar la decadencia reinante.

María Luisa Bemberg es una *rara avis* del cine argentino. Inició su carrera cinematográfica casi a los 60 años y en su concentrada filmografía (seis largometrajes en doce años) se dedicó a contar historias de mujeres que, de una u otra forma, transgredieron los límites del rol asignado. Bemberg ensaya una óptica femenina apelando a la denuncia, a la reivindicación e incluso a cierto didactismo. Cuando filmó su primer largometraje, *Momentos* (1981), en la Argentina no había prácticamente mujeres realizadoras; tras su obra, son muchas las

que han ingresado en la industria cinematográfica en todos los rubros, incluidos los técnicos y la dirección.

Camila es un film de gran belleza visual, producto de una fotografía artificial que genera el efecto de un sueño o cuento de amor, si bien la historia en la que está basada es verídica. En cada cuadro, en los diálogos, en la música, y en particular en el final –uno de los más conmovedores de la historia del cine argentino–, Bemberg hace una apuesta fuerte por el romanticismo. El cine realista clásico, sobre todo el melodrama en el cual se inscribe esta obra, se caracteriza justamente por «devolver a la mujer a su sitio». Bemberg plantea una deserción de los modos hegemónicos de representación en lo que hace a la imagen y al papel tradicionalmente atribuidos a la mujer: Camila se rebela, y esta actitud crece hasta el cuestionamiento práctico de la moral de su época.

Además de ser un ensayo sobre el amor, y de reflejar el erotismo femenino de un modo sin precedentes en el cine argentino hasta entonces, *Camila* es un film político que denuncia la intolerancia, los valores morales represores y los manejos de las instituciones y los grupos de poder, incluida la Iglesia católica. La película es contemporánea al retorno de la democracia en el país (1983). La alegórica transgresión pasional que se enfrenta al despotismo, combinada con una rigurosa ambientación histórica y una alta calidad cinematográfica, hicieron de este film un extraordinario éxito de crítica y público. **ML**

Los santos inocentes

Mario **Camus**   1984

Paco, *el Bajo*, su mujer, *Régula*, y sus tres hijos, viven en una miserable cabaña en los lindes de un cortijo extremeño. Están al servicio de la despótica marquesa dueña de las tierras y de su heredero, el señorito Iván. A la familia de sirvientes se les unirá Azarías, el hermano deficiente de Régula, que ha sido despedido de un cortijo vecino.

Mario Camus, pionero del Nuevo Cine Español de los sesenta (*Los farsantes, Young Sánchez*), es autor de una prolífica obra en la que destacan las adaptaciones de dos importantes novelas de la literatura española del siglo pasado. En 1982 adaptó *La colmena* de Camilo José Cela y en 1984 *Los santos inocentes*, que Miguel Delibes había publicado dos años antes. Con la llegada al poder de los socialistas, la dirección de Televisión Española (coproductora del film) recayó en la progresista Pilar Miró, que modernizó los medios audiovisuales y facilitó las ayudas que revitalizaron la producción cinematográfica nacional.

La adaptación de la novela del escritor vallisoletano obtuvo un enorme éxito de público para convertirse en la película española más taquillera hasta entonces, además de merecer numerosos premios internacionales. El equipo de guionistas fue fiel al espíritu de la obra original, pero se permitió ciertas rupturas en la línea temporal que acabaron por trasmitir un mensaje final algo más esperanzador que el de la novela. El gran operador Hans Burmann supo dulcificar, con poética sobriedad, la gran crudeza de la trama.

Ambientada en los años sesenta, esta cinta se postula como una dura denuncia al sistema feudal que se mantuvo en algunas zonas rurales españolas hasta bien entrado el siglo xx. *Los santos inocentes* es, junto a *Furtivos* (Borau, 1975), una de las obras maestras del drama rural, género español por antonomasia. Pero si en *Furtivos* los poderosos y los humildes comparten ciertos vínculos que los unen, en *Los santos inocentes* la fractura social es tan fuerte que sólo se puede hablar de dominadores y esclavos. Frente a los crueles amos, Delibes y Camus presentan a unos seres sumisos («A mandar, para eso estamos») y sin esperanza para sus vidas. Pero la película ya apunta la solución: la educación. Paco y Régula se afanan en que sus hijos sanos estudien para escapar a la maldición del sometimiento. La ideología de Camus queda fuera de dudas y no hay matices en la maldad de sus villanos: rico igual a malo. El señorito Iván disimula el posible cariño que pueda sentir por Paco, su ayudante de cacería desde chico, con insultos y humillaciones de todo tipo.

El máximo representante de los desposeídos es el personaje de Azarías, Paco Rabal, en una de sus más aplaudidas composiciones. El deficiente es el más libre de los sometidos. Desde su retraso mental venga a los suyos canalizando los catatónicos berridos de su sobrina, «la niña chica», en un clímax digno de la España más negra. **AS**

España 105 m color
Guión Antonio Larreta, Manuel Matji y Mario Camus (basado en la novela homónima de Miguel Delibes)
Producción Julián Mateos (Ganesh y TVE)
Fotografía Hans Burmann
Música Antón García Abril
Intérpretes Alfredo Landa, Francisco Rabal, Terele Pávez, Juan Diego, Agustín González, Mary Carrillo, Ágata Lys, Juan Sánchez, Belén Ballesteros, Maribel Martín, José Guardiola
Premios Festival de Cannes: mejor interpretación *ex acquo* para Alfredo Landa y Francisco Rabal

Crítica ▬▬▬▬▬▭
Público ▬▬▬▬▬▬

Argentina 114 m color
Guión Aída Bortnik y Luis Puenzo
Producción Marcelo Piñeyro
(Historias Cinematográficas)
Fotografía Félix Monti
Música Atilio Stampone
Intérpretes Héctor Alterio,
Norma Aleandro, Chunchuna
Villafañe, Hugo Arana, Guillermo
Battaglia, Chela Ruiz, Patricio
Contreras, Aníbal Morixe,
María Luisa Robledo
Premios Oscar:
mejor película de habla no inglesa,
nominada para el mejor
guión original.
Festival de Cannes:
Premio del Jurado
y mejor actriz.
9 Cóndor de Plata, entre ellos:
mejor película y mejor dirección

Crítica ▬▬▬▬▬▬▬▬
Público ▬▬▬▬▬▬▭

La historia oficial

Luis **Puenzo** 1984

Argentina, marzo de 1983. La guerra de las Malvinas concluyó unos meses atrás. La última de las juntas militares que tomaron el poder por la fuerza en 1976 inicia su agonía. Alicia, una profesora de historia casada con un hombre de negocios no muy claros, comienza a despertar de un letargo que coincide en el tiempo con los años de dictadura. Tras el reencuentro con una vieja amiga, que regresa del exilio, en su mente se instala la sospecha de que Gaby, su niña de 5 años adoptada, sea hija de una mujer desaparecida. Las ansias de saber, ayudadas por el preámbulo de la apertura democrática, la llevan a enfrentarse cara a cara con las víctimas del horror engendrado por el terrorismo de Estado. Su vida da un vuelco dramático y se convierte en un infierno, del que intenta preservar a la pequeña. Un infierno por el que pedirá cuentas a su entorno más cercano, y también a su propia conciencia.

Desde el momento que decidió titular esta película *La historia oficial*, Luis Puenzo adoptó una postura política. La concreción del proyecto –para el cual fue determinante la colaboración de las Abuelas de Plaza de Mayo– no estuvo exenta de dificultades y riesgos, como las amenazas recibidas por algunos de sus participantes o los rodajes clandestinos. El film fue estrenado con una discreta respuesta de público en abril de 1985, y sólo remontó la taquilla después de que su protagonista femenina, Norma Aleandro, consiguiera el Premio a la mejor actriz en Cannes, y Puenzo se llevara el Premio del Ju-

rado en el mismo festival. Pero fue la concesión del Oscar a la mejor película de habla no inglesa lo que terminó por convertirla en un gran éxito de público y en uno de los hitos del cine argentino de la posdictadura. Sea por azar, o no, el equipo de *La historia oficial* recibió la estatuilla el 24 de marzo de 1986, día en que se cumplían exactamente diez años del golpe de Estado en la Argentina. Ese Oscar fue el primero conseguido por el cine latinoamericano y el segundo por un film en español, después de *Volver a empezar* (1983), de José Luis Garci.

Filmada con una sólida factura técnica –deudora del largo oficio de Puenzo como realizador publicitario– y sobre la base de un guión acertado, aunque a veces algo maniqueísta, surgido de la pluma del propio director y de Aída Bortnik –una de las guionistas más prolíficas y premiadas de la cinematografía argentina–, *La historia oficial* es una película en la que se combinan reflexión y didactismo con buen cine clásico. La narración sigue paso a paso la estructura de planteamiento-nudo-desenlace para poner al descubierto la existencia de una historia, la no oficial, que se mantiene oculta por el efecto de la represión o que no puede ser vista por quienes tienen la mirada sesgada por hallarse en el ojo del huracán. Una efectivas y conmovedoras actuaciones dan cuerpo a un coro de personajes que, con un registro naturalista, confirman o refutan sus creencias sobre el bien y el mal en relación al poder político y a los afectos. **RB**

Esperando la carroza

Alejandro **Doria**   1985

Argentina 87 m color
Guión Jacobo Langsner
y Alejandro Doria
Producción Diana Frey
Fotografía Juan Carlos Lenardi
Música Feliciano Brunelli
Intérpretes Andrea Tenuta, Antonio Gasalla, Betiana Blum, Cecilia Rossetto, China Zorrilla, Darío Grandinetti, Enrique Pinti, Juan Manuel Tenuta, Julio De Grazia
Premios Festival de Cine Iberoamericano de Huelva: mejor actriz

Crítica ▐▐▐▐▐▐▐▐▭▭
Público ▐▐▐▐▐▭▭▭▭▭

Mamá Cora tiene casi 80 años y la cabeza no le va muy bien. Vive con su hijo Jorge y su nuera Susana, que acaban de ser padres. Susana está agobiada por la permanente y conflictiva presencia de su suegra. Un día, mientras cambia los pañales al niño, Mamá Cora le reconvierte en *flancitos* una mayonesa que tenía a medio preparar. La situación estalla. Susana inicia un desgarrado ruego a sus cuñados para que compartan la tenencia de la anciana. Los rencores, las envidias y toda forma de sentimiento extremo son lanzados descarnadamente entre los miembros de la familia. Pero un hecho inesperado vuelve a unir a los hermanos en el afecto.

Esperando la carroza es la adaptación al cine de la obra de teatro homónima, estrenada en 1962. La película mantiene la estructura teatral (abundan las escenas de interiores) y los diálogos alternan entre enfrentamientos cara a cara y cuadros corales en los que varios personajes increpan a otro. El grotesco costumbrista al que se adscribe el film –que con altas dosis de humor deja al descubierto la hipocresía que en ocasiones subyace bajo la institución familiar– es heredero del sainete criollo, género típico de la dramaturgia rioplatense que mostraba el mundo arrabalero de los inmigrantes. En esta ocasión es el universo de la clase media (con sus variantes «trabajadora» y «acomodada», y sus coloquialismos) el que queda bajo la lupa de la mirada crítica. Entre los aspectos más sobresalientes de la película están la adaptación del guión –rubro en el que Alejandro Doria ha destacado– y la actuación del conjunto, en el que son notables Antonio Gasalla (Mamá Cora), Mónica Villa (Susana) y China Zorrilla (Elvira). **RB**

La ciudad y los perros

Francisco J. **Lombardi**   1985

Perú 132 m color
Guión José Watanabe
(sobre la novela homónima
de Mario Vargas Llosa)
Producción Francisco J. Lombardi
(Inca Films)
Fotografía Pili Flores Guerra
Música Enrique Iturriaga
Intérpretes Pablo Serra,
Gustavo Bueno, Luis Álvarez,
Juan Manuel Ochoa, Eduardo
Adrianzén, Liliana Navarro,
Miguel Iza, Alberto Isola

Crítica ▐▐▐▐▐▐▐▭▭▭
Público ▐▐▐▐▐▐▭▭▭▭

En el Colegio Militar de Lima coinciden un grupo de cadetes que preparan su ingreso en el ejército. El curso comienza con las consabidas humillaciones con las que los veteranos reciben a los novatos. Tan sólo uno de ellos, el Jaguar, se resiste y así comienza su liderazgo entre los de su promoción. A su alrededor se forma «el círculo», grupo de presión que marca las leyes internas de los cadetes. Frente a ese grupo se posicionan el Esclavo, muchacho de carácter débil, y su amigo el Poeta, que consigue ciertos ingresos escribiendo cartas y relatos pornográficos. El robo de un examen desatará el conflicto entre el riguroso teniente Gamboa y los reclutas.

Francisco J. Lombardi, figura principal entre los realizadores peruanos, se basó en la novela homónima de Vargas Llosa para hacer de *La ciudad y los perros* el primer largometraje que exportó el país andino. Con su cuarta película Lombardi consiguió más de ochocientos mil espectadores peruanos y el comienzo de su prestigio internacional, posteriormente confirmado con títulos como *Caídos del cielo* (1989) o *Bajo la piel* (1996).

El guionista Watanabe adelgazó la novela original para centrarse en el ambiente castrense en el que Vargas Llosa trazó un ambiguo discurso sobre la capacidad de adaptación de los más fuertes. Con su estilo seco y efectivo, Lombardi logró una sólida adaptación del dilema moral al que se enfrenta la verdad con la injusticia en el ámbito militar. La buena factura técnica de *La ciudad y los perros* supuso un importante salto de calidad en la producción peruana y el primer paso a la pantalla de la obra de Vargas Llosa. **AS**

Los motivos de Luz

Felipe **Cazals**   1985

Luz, una mujer pobre e ignorante, es acusada por su suegra y su marido de haber dado muerte a sus cuatro hijos. Frente a la falta de certezas sobre la autoría de los crímenes, una abogada y una psiquiatra de un colectivo feminista deciden ayudarla.

Una vez más, Felipe Cazals se basa en un hecho sacado de la crónica policial, el caso de Elvira Luz Cruz, *la Medea del Ajusco*, juzgada y condenada a 28 años de cárcel en un juicio lleno de irregularidades. Cazals no centra su argumento en el mero hecho policial, sino que ahonda en los problemas psicológicos que tienen sus raíces en la pobreza; pretende sugerir los motivos que pudieran haber llevado a Luz a cometer los crímenes. La suya es una mirada intensa e interrogativa sobre la marginación social. La película recrea con maestría el mundo de miseria en el que se ha desarrollado la vida de la protagonista, en la que no faltan el maltrato y los abusos sexuales. Luz es un personaje hermético, con delirios místicos. Sebastián, su marido, el prototipo del macho mexicano, enamoradizo y violento que vive protegido por su madre, la mamacita, capaz de hacer cualquier cosa para tener a su hijo contento a su lado. Patricia Reyes Espíndola, Alonso Echánove y Ana Ofelia Murguía componen de manera sobresaliente estos personajes.

Cazals filma con una técnica depurada, teniendo en cuenta todos los detalles. Abundan los primeros planos, sobre todo de Luz, como si la cámara buscara desentrañar su misterio, explicar lo que ella no dice. Un guión dinámico, que recurre al *flash-back*, y un montaje ajustado en la mezcla de los tiempos y las situaciones de dentro y fuera de la cárcel otorgan buen ritmo al film. **AC**

México 96 m color
Guión Xavier Robles
Producción Hugo Scherer
Fotografía Ángel Goded
Intérpretes Patricia Reyes Espíndola, Alonso Echánove, Ana Ofelia Murguía, Delia Casanova
Sonido Roberto Camacho
Premios Ariel: mejor actriz, mejor coactuación femenina
Festival de San Sebastián: Premio Especial del Jurado

Crítica
Público

La vaquilla

Luis **García Berlanga**   1985

España 109 m color
Guión Rafael Azcona
y Luis García Berlanga
Producción Alfredo Matas
Fotografía Carlos Suárez
Música Miguel Asins Arbó
Intérpretes Alfredo Landa, José
Sacristán, Guillermo Montesinos,
Santiago Ramos, Carlos Velat,
Juanjo Puigcorbé, Violeta Cela

Crítica
Público

El frente, Guerra Civil española. Cinco soldados republicanos son enviados tras las líneas enemigas para «secuestrar» una vaquilla y boicotear la fiesta que los nacionales quieren celebrar en el pueblo vecino. Los disparates se irán sucediendo en una misión cada vez más caótica.

La versión berlanguiana de la Guerra Civil no podía ser otra cosa que una comedia coral esperpéntica, repleta de humor e irreverencia. Esta farsa burlesca sobre el, hasta entonces, intocable tema de la contienda nacional fue, hasta el estreno de *El Dorado*, de Saura, «la película más cara del cine español» y el mayor éxito de público de la filmografía de su director.

El tono satírico respondía a la voluntad del cineasta de mostrar el absurdo de la guerra, pero *La vaquilla*, como todas sus películas desde *La escopeta nacional*, no consigue sustraerse de ese toque Berlanga que, a modo de un Rey Midas valenciano, convierte todo lo que toca en una desenfrenada «comedia fallera». Berlanga utiliza la guerra (como más tarde utilizará la industria turronera o la cárcel) como telón de fondo sobre el que desarrollar lo que a él y a su inseparable guionista, el genial Azcona, realmente les interesa: un afilado e hilarante retrato del carácter hispánico. La picaresca, la chulería, cierta despreocupación hedonista y festiva, así como otras características popularmente asociadas al modo de ser español, se hacen visibles en la impagable galería de personajes representativos de todos los estratos sociales: desde el sargento chusquero o el tonto del pueblo hasta los marqueses, curas y demás fuerzas vivas. Y, de fondo, la guerra convertida en una gran verbena en la que se suceden, como en un catálogo turístico, todos los tópicos nacionales: la paella, la traca, las procesiones y, por supuesto, la inevitable corrida de toros. ¿Y la vaquilla?: simplemente es el *McGuffin* que obliga a esos personajes-*ninot* a moverse a lo largo y ancho de esta frenética falla. La crítica antibelicista hace su aparición de manera ocasional en los pasajes menos logrados del film. Como en la explícita escena final, en la que el cadáver de la vaquilla, símbolo obvio de esa España por la que todos se pelean, acaba abandonado a merced de los buitres.

La vaquilla es considerada el último destello del genio berlanguiano a la vez que una síntesis de toda su obra. Muestra de ello son los planos secuencia marca de la casa, tan caóticos formalmente como efectivos en el aspecto cómico. O el formidable elenco, repleto de estrellas, que dan vida a una galería de personajes memorables, en la que destacan los cinco desastrosos integrantes del comando republicano. Landa y Sacristán funcionan increíblemente bien como pareja cómica, mientras que el resto les dan una muy digna réplica. Al final, es imposible no sentirse identificado con estos cinco seres humanos repletos de imperfecciones, unos antihéroes a los que, en el fondo, les importa tan poco esa vaquilla como una guerra en la que no han elegido participar. **MA**

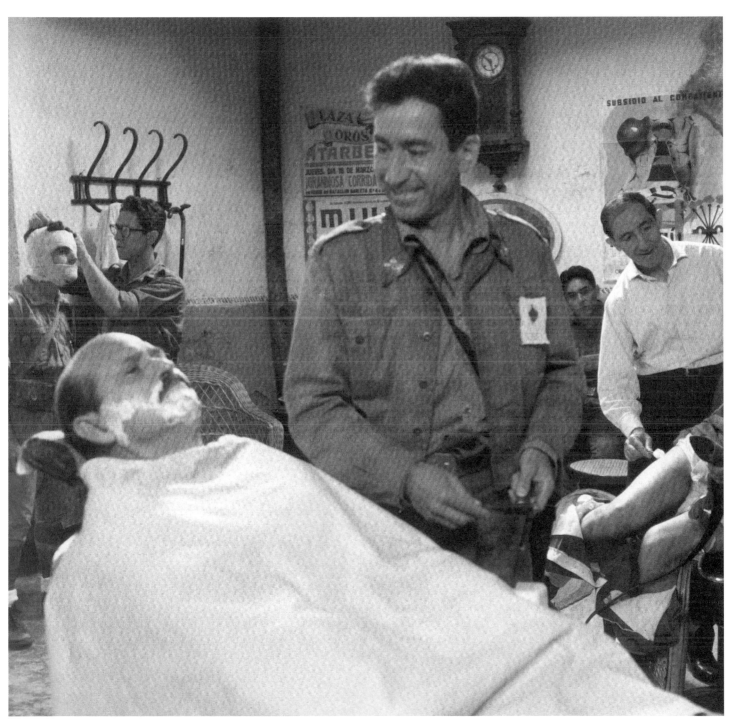

Oriana

Fina **Torres**   1985

Venezuela/Francia 86 m color
Guión Fina Torres
y Antoine Lacomblez (inspirado en
un cuento de Marvel Moreno)
Producción Fina Torres
y Patrick Sandrin
(Pandora Films/Arion Productions)
Fotografía Jean Claude Larrieu
Música Eduardo Marturet,
Fauré, Beethoven, Bach
Intérpretes Doris Wells,
Daniela Silverio, Rafael Briceño,
Mirta Borges, Maya Oloe,
Claudia Venturini, Martha Canelón,
Luis Armando Castillo,
Asdrúbal Meléndez
Premios Festival de Cannes:
Premio Cámara de Oro
Festival de Chicago: Hugo de Bronce

Crítica ▰▰▰▱
Público ▰▰▰▱

Un matrimonio francés recibe la inesperada noticia de la muerte de Oriana, la tía venezolana de la mujer, que le ha dejado en herencia su gran hacienda en el campo. Viajan hasta Venezuela para evaluar el estado de la mansión –en la que la mujer, María, pasó una temporada durante su adolescencia– con la intención de venderla. Pero el reencuentro con sus recuerdos y el descubrimiento del secreto que guarda la casa cambiarán la perspectiva de María.

Oriana es la cima artística de Fina Torres, venezolana que se formó en el parisino Instituto de Altos Estudios Cinematográficos. Inspirándose en el sensible cuento de su compatriota Marvel Moreno, *Oriane, tía Oriane*, Torres escribió, produjo y dirigió esta joya escondida de la cinematografía latinoamericana. A pesar de haber ganado numerosos premios en festivales importantes, el tono intimista y decadente de la cinta garantizó su rápido olvido. Es hora de recuperar esta historia de recuerdos, misterios y relaciones familiares contada a través de una compleja y bien resuelta estructura narrativa que nos muestra la vida de dos mujeres, tía y sobrina, unidas por un secreto olvidado.

Oriana comparte con *Secretos del corazón* de Armendáriz más de un parecido argumental y ciertos recursos de estilo. Pero si el director navarro abordó su bonita historia de forma directa y sin saltos temporales, la venezolana tejió una red de tiempos superpuestos en forma de largos *flash-backs* que

van dando pistas al espectador para la resolución del misterio. Con una mirada serena y profundamente femenina, Torres nos abre las puertas de un mundo perdido. La gran mansión a orillas de un plácido Caribe está llena de los silencios del pasado y del polvo del presente. En un juego de espejos que nos lleva del hoy adulto al ayer adolescente de María, Torres nos va desmadejando una trama escrita con precisión y delicadeza. Los tránsitos entre los tres tiempos de la acción se ciñen a objetos sugerentes. Así, de la hamaca compartida por tía y sobrina, las dos vestidas de un blanco decimonónico, pasamos a la juventud de Oriana, tumbada en la misma hamaca y a punto de desvelarnos su secreto.

La elegancia de la puesta en escena es una de las características más notables de esta película. La secuencia en la que una Oriana adolescente camina por el patio de la hacienda hasta rodear en silencio al muchacho que clava una estaca en el suelo, está cargada de belleza y de declaraciones no verbalizadas. Como cuando los dos jóvenes amantes hacen el amor sin tocarse desde el columpio y la mecedora. Esta manera de decir sin decir, de sugerir con elipsis y miradas calladas, hace de *Oriana* un valioso ejercicio cinematográfico que ha mantenido intacto su poder de evocación. Unos años más tarde, el vietnamita Trân Anh Hung presentó *El olor de la papaya verde* en un registro estilístico muy semejante. Un cine contemplativo que no olvida contar una buena historia. **AS**

Tras el cristal

Agustí **Villaronga**   1986

Klaus, un exoficial nazi que experimentó con niños, está ahora postrado en un pulmón de acero. Angelo, superviviente de sus torturas, se ofrece a cuidarle para apropiarse de su identidad. Rena, la hija de Klaus, presenciará el terrible proceso.

El contundente debut de Agustí Villaronga expuso la obsesión que atravesaría toda su carrera: buscar el lirismo en la sordidez, convencido de que podía extraer flores de la basura. Inclasificable en su época, desestimado por el público y ensalzado por los críticos, éste es uno de los pocos films de culto del cine español. Una película muy elaborada visualmente que mezcla terror con cine de arte y ensayo.

Tras el cristal muestra la transformación de la víctima en verdugo. El paso de dominado a dominante se materializa, como en Genet y Fassbinder, mediante el cambio de roles (homo)sexuales. Angelo obliga al inmóvil Klaus a que le haga una felación, como antes hacía él con los niños. La solemnidad con que se realiza este primer paso otorga a la posterior transformación un carácter ceremonioso, propio de un terrorífico cuento iniciático. El adolescente Angelo se inicia en la tortura como transición para adquirir el rol de *pater familia*. Una vez se ha hecho con el poder, sólo queda apropiarse del envoltorio del antiguo maestro: vestir su uniforme y convertir la casa en un campo de concentración. Esta película es un gran ejemplo de creatividad colectiva, pues todos los departamentos contribuyen a generar su angustiante atmósfera.

La sangrienta metamorfosis de Angelo tendrá su sucesora al final de la cinta. La pequeña Rena, víctima de la violencia sufrida en la casa, pasará a convertirse en la nueva verdugo. Despojada de sus angelicales rasgos infantiles, accede a su ceremonia iniciática enfundada en un uniforme militar. Esa escena final pervive en la memoria como el último fotograma de una pesadilla que nos despierta cuando no aguantamos más. La maldad ha generado más maldad, y su perfeccionamiento la ha llevado hasta el límite de lo tolerable, como sucede al final de *Saló* (P. P. Pasolini). Como en ésta, el uso degenerado del poder termina con la cosificación absoluta del individuo. Allí los jóvenes acaban reducidos a números, aquí los niños son meros sujetos narrados y proyectados (Klaus ve las torturas a través de un espejo rectangular que emula la pantalla de cine). Mientras el director italiano usó ese concepto sádico como parábola del fascismo, el film de Villaronga no permite una lectura política tan clara. La crítica Marsha Kinder comparó el proceso de maduración de los protagonistas con el tránsito sangriento por el que pasó España (guerra y dictadura) antes de adquirir su nueva identidad. Interesante correlación realizada a posteriori, pero no era la intención del director. Villaronga ahondó en los traumas del hombre antes que en los de su historia, para mostrar su fascinación ante la corrupción de la inocencia infantil. **JT**

España 110 m color
Guión Agustí Villaronga
Producción Iem Productores Asociados
Fotografía Jaume Peracaula
Música Javier Navarrete
Intérpretes Gunter Meisner, Marisa Paredes, David Sust, Gisela Echevarría, Imma Colomer, Josue Guasch, Alberto Manzano, Ricart Carcelero, David Cuspiner

Crítica
Público

El exilio de Gardel (Tangos)

Fernando **Solanas**   1986

Argentina/Francia 118 m color
Guión Fernando Solanas
Producción Fernando Solanas
y Envar El Kadri (Tercine/Cinesur)
Fotografía Félix Monti
Música Astor Piazzolla,
José L. Castiñeira de Dios,
Fernando Solanas
Baile Núcleo Danza
Intérpretes Marie Laforet,
Philipe Leotard, Miguel Ángel Solá,
Marina Vlady, Georges Wilson,
Lautaro Murúa, Ana María Picchio,
Gabriela Toscano
Premios Festival de Venecia:
Gran Premio Especial del Jurado
5 Cóndor de Plata,
entre ellos: mejor película
y mejor dirección

Crítica
Público

A finales de la década de 1970, un grupo de exiliados argentinos en París ensayan un espectáculo de música y danza con el que pretenden llamar la atención de productores y críticos franceses. El compositor de la música, Juan Dos, es uno de los exiliados; el autor del libreto, Juan Uno –que permaneció en Argentina tras el golpe militar de 1976–, vive en Buenos Aires. El espectáculo lleva por título *El exilio de Gardel* e inaugura un nuevo género, la tanguedia, mezcla de tango, tragedia y comedia. Los ensayos se suceden, pero Juan Uno demora el envío del desenlace final desde Buenos Aires. Mientras tanto, la nostalgia se apodera de estos desterrados y una nueva generación, la de sus hijos, comienza a construir su propia historia en una ciudad que se ofrece acogedora y extraña al mismo tiempo. María, una joven hija de madre exiliada, es quien hace el relato sobre esos tiempos de diáspora, dolorosos pero no exentos de humor.

Probablemente ninguna película ha plasmado un ensamblaje de categorías artísticas y conceptuales vinculadas a la Argentina tan diversas como *El exilio de Gardel*. ¿Cómo combinar la experiencia del expatriado con la danza? ¿Cómo hacer coexistir las figuras de los mitos nacionales –Carlos Gardel y José de San Martín– con los desaparecidos del terrorismo de Estado? ¿Cómo superponer sobre el dinámico y colorido esplendor de París la quietud en blanco y negro de una Buenos Aires sofocada por la represión? ¿O unir la maestría plástica de los dibujos de Hermenegildo Sábat con el intenso ritmo

musical de los tangos de Astor Piazzolla u Osvaldo Pugliese? Detrás de esta hiperquinética presencia de estímulos se vislumbra una búsqueda por mostrar la supervivencia de un diálogo al que la dictadura intentaba poner trabas, el entablado entre los que se fueron y los que se quedaron. Allí van los familiares del sur con noticias y dólares. Ahí están los exiliados intentando hablar gratis a Buenos Aires en cabinas intencionadamente averiadas. Todo conduce a la nostalgia y todo expresa la desesperación por no cortar amarras. Pero, a modo de entremeses, el anecdotario humorístico imprime bocanadas de alegría al destierro.

La estructura narrativa de *El exilio de Gardel* se opone a cualquier forma tradicional cinematográfica; se muestra fragmentada, con una apariencia de *collage* en el que se combinan cuadros naturalistas, oníricos, coreográficos o de efectos especiales. La diversidad de espacios y la iluminación efectista son determinantes en ese procedimiento; la panorámica urbana sobre el Sena se alterna con interiores de paredes dibujadas, con el escenario de un teatro poblado de bailarines y maniquís, con un campo nevado en el que la figura de una madre muerta se desvanece. Muchos y diversos son los lenguajes presentes en el film. Pero todos confluyen para dar como resultado una obra esteticista, transgresora de los cánones realistas vigentes en el momento de su estreno y, como ocurre en toda la producción de Fernando Solanas, claramente orientada al discurso político de la resistencia. **RB**

El viaje a ninguna parte

Fernando **Fernán-Gómez**   1986

Carlos Galván, cómico de profesión, repasa su vida desde el asilo. Una vida nómada, en la compañía teatral ambulante de su familia, repleta de alegrías y tristezas, encuentros y despedidas, miseria e ilusiones perdidas.

Fernando Fernán-Gómez firmó su obra más personal como director con este elegíaco y tierno homenaje al oficio de cómico. El actor, escritor y director proviene, como Juan A. Bardem (que dio su personal visión del oficio en *Cómicos*), de una saga familiar dedicada al teatro, lo cual impregna la película de un intenso aliento autobiográfico. Por la pantalla desfilan todas las castas (desde la más humilde –el cómico ambulante– a la más gloriosa –las estrellas del cine y el teatro–), de un duro oficio al que Fernán-Gómez retrata con tanto patetismo como sentido del humor. Pero al director le interesan poco los triunfadores, y detiene su mirada sobre los que no alcanzaron la gloria soñada, aquellos que se quedaron por el camino. El film es, así, una reivindicación de la labor de estos hombres y mujeres que, cargados sólo con su ilusión y un par de maletas, se echaban a la carretera y llevaban su función de pueblo en pueblo.

Fiel a su origen como serial radiofónico, la película presenta una estructura episódica, cohesionada por la gastada voz de Galván quien, desde el asilo, narra sus recuerdos de forma deshilvanada. La reiteración de ciertos motivos visuales da, asimismo, coherencia al relato: la carretera, el autobús, el grupo caminando a través de la gris meseta castellana. La repetición de estas imágenes otorga a la narración una sensación de circularidad: los personajes parecen atrapados en un recorrido sin fin; un viaje que acabará, efectivamente, en ninguna parte.

Más allá de su apariencia de relato clásico y naturalista, el film propone una moderna reflexión sobre la memoria y la evocación del recuerdo, así como un interesante juego, muy felliniano, entre realidad y ficción. El aire circense y vodevilesco de la compañía itinerante, así como la profunda carga autobiográfica de la película la sitúan cerca del Fellini de *Luces de variedades*. Poco importa lo que es verdad y lo que es mentira en el relato de Galván; al final de la vida –parece decirnos el autor–, lo único que importa son los recuerdos, ya sean reales o imaginados.

En una película sobre el oficio de actor, escrita y dirigida por un actor, el protagonismo es para los actores. Sacristán y Diego bordan sus papeles, pero Fernán-Gómez brilla tras la humillación recibida por su personaje en su primera incursión en el cine. Su rostro refleja el dolor de un viejo animal que sabe que le ha llegado el final.

En su inspirada crítica, Fernández Santos afirmó: «Allí donde muere un cómico, muere el teatro». De ahí este elegíaco homenaje a todos aquellos que murieron en carromatos, residencias o pensiones de mala muerte sin ver cumplidos sus sueños. De ahí que, al final, todo el Café Gijón se ponga en pie como muestra de condolencia por la muerte del último cómico de la legua. **MA**

España 134 m color
Guión Fernando Fernán-Gómez (según su novela homónima)
Producción Ganesh
Fotografía José Luis Alcaine
Música Pedro Iturralde
Intérpretes José Sacristán, Fernando Fernán-Gómez, Gabino Diego, Juan Diego, Laura del Sol, María Luisa Ponte, Nuria Gallardo
Premios 3 Goya: mejor película, mejor dirección y mejor guión

Crítica ▬▬▬▬▬▬▬
Público ▬▬▬▬▬▬▬

El año de las luces

Fernando **Trueba**   1986

España 99 m color
Guión Fernando Trueba
y Rafael Azcona
Producción A. Vicente Gómez
Fotografía Juan Amorós
Música Francisco Guerrero
Intérpretes Jorge Sanz,
Maribel Verdú, Manuel Alexandre,
Rafaela Aparicio, Verónica Forqué,
Chus Lampreave, Santiago Ramos,
José Sazatornil, *Saza*, Violeta Cela

Crítica
Público

Recién terminada la Guerra Civil, Manolo y su hermano peque-ño ingresan en una residencia infantil para «hijos de caídos» (huérfanos de guerra). Como Manolo ya no es ningún niño y el preventorio está lleno de enfermeras, cocineras y celadoras, la vida del adolescente pasará del aburrimiento inicial al descu-brimiento del primer amor.

Tras rodar varias comedias de éxito y justo antes de la experimental *El sueño del mono loco*, Fernando Trueba se alió con Rafael Azcona –el gran guionista del cine español– para escribir su eficaz quinta película. Entre ambos firmaron esta amable historia de iniciación ambientada en el crudo primer año de la posguerra. La mano de Azcona es reconocible en el tono irónico de muchas secuencias –como la del cura matando palomas dentro de la iglesia– pero esta vez sin la deriva hacia el humor negro de otras ocasiones. Otra incuestionable apor-tación de Azcona es su afinado oído para recordar y rescatar expresiones del léxico español de los años cuarenta.

La trama avanza encadenando situaciones cómicas am-bientadas en tiempos difíciles. Y la decisión de elegir a una actriz como Chus Lampreave para el papel de «mala» de la película es toda una declaración de intenciones. No se trataba de denunciar, sino de reírse de nuestro «glorioso» pasado en el que Franco, el Führer, el Duce y el emperador del Japón formaban la cuadrilla de guías de la humanidad. Como con-trapunto, el afrancesado interpretado por el querido Manuel Alexandre, que guarda, a modo de estampa, una foto de «San Buenaventura» Durruti, líder anarquista de la contienda. Y en medio de todos ellos un adolescente que no para de pecar (de pensamiento, palabra y obra) contra el sexto mandamiento. **AS**

El bosque animado

José Luis **Cuerda**   1987

España 108 m color
Guión Rafael Azcona
Producción Classic Films
Fotografía Javier Aguirresarobe
Música José Nieto
Intérpretes Alfredo Landa,
Fernando Valverde, Encarna Paso,
Miguel Rellán, Amparo Baró,
María Isbert, Fernando Rey
Premios 5 Goya, entre ellos:
mejor película, mejor actor
y mejor guión

Crítica
Público

Un bosque y sus alrededores se convierten en el punto de encuentro de toda una serie de personajes variopintos: un bandido al que le cuesta robar, un cojo enamorado, una niña repartidora de leche, una mujer que sueña con una vida distin-ta e incluso un alma en pena que deambula entre los árboles. Las dificultades del día a día en una Galicia marcada por las diferencias sociales protagonizan *El bosque animado*, película que supuso el primer acercamiento del tándem formado por Rafael Azcona y José Luis Cuerda a la adaptación literaria –en este caso la novela de Wenceslao Fernández Florez–, años antes de *La lengua de las mariposas*.

El bosque animado se enmarca en un cine de temática ru-ral que, de la mano de José Luis Borau y Manuel Gutiérrez Aragón, marcó toda una época entre finales del franquismo y hasta bien entrada la Transición. La desgarradora *Furtivos* (Borau, 1975) y la sobrecogedora *Los santos inocentes* (Ca-mus, 1984) son las obras cumbres de este subgénero neta-mente español. Con *El bosque animado*, Cuerda aportó cierto realismo mágico a las leyendas gallegas propias del paisaje donde se rodó. Alfredo Landa interpreta al bandido Fende-

testas, a quien aporta una comicidad alejada ya del *landismo* más grosero. El guión de Azcona, salpicado de un fina ironía, no está exento de cierto romanticismo desencantado y de un componente trágico encarnado en el personaje de la niña, re-presentación de la imposibilidad de escapar al destino mar-cado por las diferencias sociales. En definitiva, una película de acento rural que marcó el fin de una época, pues desde entonces el campo no volvería a tener tanto protagonismo en nuestro cine. **VK**

La ley del deseo

Pedro **Almodóvar**   1987

Pablo Quintero, un director de películas de culto, homosexual promiscuo y hermano devoto, vive una pequeña crisis sentimental cuando su amante, Juan, decide distanciarse. Al tiempo que mantiene el contacto con Juan mediante una intensa correspondencia, Pablo trabaja en el guión de su próxima película, cuya protagonista evoca la historia de su hermana Tina, una transexual que lleva tiempo sin tener relaciones con hombres después del fuerte desamor que sufrió cuando era joven. Un día, Pablo conocerá a Antonio, un admirador obsesionado enfermizamente por el director.

Pedro Almodóvar pasó de la locura de la movida de *Pepi, Luci, Boom* (1980) a la comedia con tintes dramáticos en *¿Qué he hecho yo para merecer ésto?* (1984). Esta última película presagiaba ya la capacidad de su director para romper con los moldes del género. La comedia se tornaba tan transgresora en el aspecto temático como refinada en el narrativo y formal, además de emparentarse con el género del melodrama, del que el director manchego exhibió un vasto conocimiento. Con *La ley del deseo* Almodóvar realizó la inmersión definitiva en las aguas del melodrama y pobló su fondo marino particular de homosexuales y transexuales, cineastas y heroinómanos; personajes situados normalmente en los márgenes y que en manos del director manchego pasaban a ocupar, de manera entrañable, el centro colorista del cuadro.

Más allá de sus argumentos transgresores, Almodóvar apuntaló al fin una puesta en escena que ha perdurado a lo largo de su filmografía. Un gusto por la estética impecable y de constantes referencias cinematográficas. La escena en la que Carmen Maura (la chica Almodóvar por antonomasia) se coloca bajo el chorro de agua de una manguera termina siendo tan emblemática como el baño de Anita Ekberg en *La dolce vita*. En cierta manera, ésta es la otra cara de aquella secuencia; en ambas la protagonista es una estrella de cine (aunque de distinta calaña) que se remoja en la calle de manera improvisada. Almodóvar se acerca a su actriz como Federico Fellini lo hizo con la suya, consciente de la sensualidad del momento. Pero lo hace desde el colorismo marcado por el vestido rojo que lleva Carmen Maura, que contrasta con el blanco y negro del filme de Fellini. En el estudio de Pablo cuelga un cartel con un cuadro de Edward Hopper en el que se ve desde la calle el interior de una cafetería de grandes ventanales. El detalle no es casual: los colores de Hopper influyen en la fotografía de *La ley del deseo*.

La ley del deseo prefigura algunas de las señas de identidad de una de las películas posteriores de Almodóvar, *La mala educación* (2004). Ambas comparten la figura de un transexual que regresa a los espacios donde se crió para visitar la iglesia y al cura. Indudablemente, *La ley del deseo* representa la quintaesencia del cine almodovariano. Color, pasión, fantasmas del pasado, personajes marginales y recreación cinematográfica: he aquí el universo del hombre que ha insuflado vida al melodrama contemporáneo. **VK**

España   102 m color
Guión Pedro Almodóvar
Producción: Agustín Almodóvar
(El Deseo)
Fotografía Angel Luis Fernández
Música Bernardo Bonezzi
Intérpretes Eusebio Poncela,
Carmen Maura, Antonio Banderas,
Miguel Molina, Fernando Guillén,
Fernando Guillén Cuervo,
Manuela Velasco
Premios Festival de Berlín:
mejor película del año

Crítica
Público

Hombre mirando al sudeste

Eliseo **Subiela**   1987

Argentina 108 m color
Guión Eliseo Subiela
Producción Luján Pflaum
(Cinequanon)
Fotografía Ricardo de Angelis
Música Pedro Aznar
Intérpretes Hugo Soto,
Lorenzo Quinteros, Inés Vernengo,
Cristina Scaramuzza, Tomás Voth,
David Edery, Rubens Correa
Premios Festival
de San Sebastián:
Premio CIGA a nuevos realizadores
9 Cóndor de Plata, entre ellos:
mejor película y mejor dirección

Crítica ●━━━━━━━━━━▭▭▭
Público ●━━━━━━━━━▭▭▭▭

Separado y con dos hijos pequeños –a quienes sólo ve los domingos–, el doctor Julio Denis añora sus épocas felices. Todas las noches vuelve a su apartamento, escucha los mensajes del contestador, toma un whisky y toca el saxo. Cotidianamente trabaja con desencanto y escepticismo en un neuropsiquiátrico. Un día aparece en su sala un nuevo enfermo. Nadie sabe quién es ni cómo llegó allí. Sin embargo, el paciente no tiene duda alguna: se llama Rantés y arribó a la Tierra en una nave proveniente de un mundo lejano para cumplir una misión. La fantástica y a la par racional historia del manso Rantés intriga al médico. Por primera vez en mucho tiempo, el psiquiatra se siente interesado por un paciente. Sano físicamente y de una inteligencia prodigiosa, Rantés pasa largas horas en el jardín, inmóvil, sin pestañear, siempre mirando al sudeste. Escucha y conforta a los otros internos, quienes lo siguen y veneran. Su inofensivo delirio se torna gradualmente más complejo sin que el psiquiatra logre desentrañar nada de su pasado. Hasta que Rantés recibe su primera visita: una joven mujer.

Hombre mirando al sudeste cambió el rumbo de una cinematografía argentina que estaba signada por el realismo. Su singular guión, escrito por Eliseo Subiela en sólo un mes, incorpora elementos fantásticos al drama. Las acciones para-normales de Rantés sólo son vistas por el espectador y por aquellos personajes a los que están destinadas. Nadie más, ni siquiera el doctor Denis, puede observarlas. Así, el relato mantiene siempre viva la dualidad entre lo real y lo fantástico: Rantés tanto puede ser un loco como un extraterrestre sin sentimientos, pero tan profundamente racional que escucha a los que hablan, abriga a los que sienten frío o alimenta a los que sufren hambre. Su personaje y su historia tienen indudables connotaciones cristianas: el misterio de su origen, sus gestos milagrosos, su impensado liderazgo, su misión salvadora e incluso la traición que precipitará su final.

En la película, lo formal se subordina a un impulso verbal en el que abundan los diálogos reflexivos y «llenos de verdades». Hay quienes han visto en ella un reflejo indirecto del estado de la sociedad argentina después de la dictadura militar (1976-1983), durante la cual la represión y el ocultamiento de la verdad dieron lugar a ciertas formas de deshumanización. No obstante, el film tiene ecos universales: en todas partes y en todos los tiempos la estupidez ha causado horrores, y los seres humanos han sido ciegos e insensibles a ellos. La apuesta creativa de Subiela pasa, sobre todo, por una idea argumental que busca crear una cierta atmósfera mística; y la banda sonora ayuda en esa dirección. Entre las escenas más recordadas por su potencia emotiva –con rasgos buñuelescos– está la del concierto al aire libre, cuando Rantés sale del público y dirige la orquesta para ejecutar una versión del *Himno a la alegría* que es festejada eufóricamente por los internos del psiquiátrico. **ML**

El amor es una mujer gorda

Alejandro **Agresti**   1987

José es un periodista treintañero, crispado y melancólico, que intenta sobrevivir económica y emocionalmente en la Argentina de la posdictadura. Sus artículos son demasiado críticos para la línea política del periódico donde escribe, y sus inestables ingresos lo llevan a cambiar una y otra vez de pensión. Deambula por la ciudad en busca de lugares posibles y respuestas que lo reconforten. Tiempo atrás tuvo una novia, Claudia, de la que no volvió a saber nada tras separarse de ella fortuitamente al final de un recital de rock. Él la sigue buscando. Una noche, tras increpar con un sermón ideológico a un grupo de coetáneos por su pasividad ante un mundo que se derrumba, asume que Claudia no aparecerá nunca más.

Esta película es un denso retrato de la desesperanza en la que quedó sumergida una parte de la juventud argentina que sobrevivió a la dictadura militar. A diferencia de otras cinematografías de la época –que plasmaron un relato más fáctico y convencional sobre los años de plomo–, *El amor es una mujer gorda* destacó en su momento por echar mano de un discurso intransigente y escéptico para argumentar el carácter irreversible de la herencia dejada por el régimen. Llama la atención la precoz adustez de Alejandro Agresti en este film, que dirigió cuando tenía sólo 26 años de edad. Una cámara inquieta, acompañada muchas veces de luces y encuadres no naturalistas, sube y baja en picados y contrapicados de amplias gradaciones, que enfatizan el abismo en el que habita el protagonista. Todo confluye para dar forma a una obra crítica y amarga, en la que incluso quedan resquicios para incluir teorizaciones sobre el rol social o político del cine. **RB**

Argentina/Holanda 82 m b/n
Guión Alejandro Agresti
Producción César Maidana, Liliana Cascante (Movimiento Falso, All Arts Enterprises)
Fotografía Néstor Sanz
Música Paul Michael van Brugge
Intérpretes Elio Marchi, Carlos Roffe, Sergio Poves Campos, Mario Luciani, Enrique Morales
Premios Festival de San Sebastián: Premio CIGA a nuevos realizadores

Crítica
Público

¡Plaff! (o demasiado miedo a la vida)

Juan Carlos **Tabío**   1988

Doña Concha, una viuda amargada que vive con su hijo y su nuera, es asediada por una mano oculta que lanza huevos contra su casa. Las sospechas hacia vecinos y allegados le impiden gozar de la vida y del amor que siente por Tomás, un veterano taxista perdidamente enamorado de ella.

Más conocido por sus posteriores codirecciones con Gutiérrez Alea en *Fresa y chocolate* o *Guantanamera*, Juan Carlos Tabío se consagró como director con esta comedia dramática, que a la vez parodiaba la Cuba de los ochenta. La película supuso un reflejo de las primeras críticas al ya arraigado sistema castrista, un cauto intento aperturista de una sociedad cansada de ciertas directrices oficiales que reclamaba más flexibilidad en la vida cotidiana.

El film, interpretado por un solvente elenco, cojea, sin embargo, por algunas limitaciones técnicas en sonido, montaje y planificación escénica. Pero lo sorprendente es que esos fallos concuerdan con los introducidos a propósito, lo que acentúa el carácter grotesco y burlesco de la cinta. Así, tras un primer plano invertido (boca abajo), una voz en *off* advierte el error y anuncia que se comienza con la segunda bobina en espera del arreglo de la primera. Además, los actores olvidan sus diálogos y el propio director narra en persona toda una secuencia. Pero nada carece de sentido. Se trata del juego del cine dentro del cine, donde todo es posible, donde múltiples metáforas se cruzan entre sí no sólo para criticar el sistema o parodiar la burocracia, sino para narrar originalmente una sencilla historia en la que se enfrentan dos actitudes irreconciliables. Quien le tiene miedo a la vida muere aplastado por ella; quien la encara, vive. **GS**

Cuba 92 m color
Guión Daniel Chavarría y Juan Carlos Tabío
Producción R. Ávila (ICAIC)
Fotografía Julio Valdés
Música Nicolás Reynoso
Intérpretes Daisy Granados, Thais Valdés, Raul Pomares, Jorge Cao, Luis A. García (hijo), Alicia Bustamante
Premios Festival de Huelva: mención especial del jurado

Crítica
Público

Mujeres al borde de un ataque de nervios

Pedro **Almodóvar**   1988

España 90 m color
Guión Pedro Almodóvar
Producción El Deseo,
Lauren Films
Fotografía José Luis Alcaine
Música Bernardo Bonezzi
Intérpretes Carmen Maura,
Antonio Banderas, Julieta Serrano,
María Barranco, Rossy de Palma,
Guillermo Montesinos, Kiti Manver,
Chus Lampreave, Loles León,
Fernando Guillén
Premios Academia Europea:
mejor director joven,
mejor actriz
Festival de Venecia: mejor guión
David de Donatello:
mejor director extranjero
5 Goya: mejor película,
mejor guión, mejor actriz,
mejor actriz de reparto,
mejor montaje
Oscar: nominada a mejor
película de habla extranjera

Crítica ▉▉▉▉▉▉▉▉▉▭▭
Público ▉▉▉▉▉▉▉▉▉▭▭

Pepa e Iván, una pareja de actores de doblaje, rompen su relación justo cuando ella descubre que está embarazada. Pepa va tras él para decírselo, pero sus intentos se ven frustrados por las apariciones de una amiga, de la exmujer de Iván y de su hijo.

Mujeres al borde de un ataque de nervios supuso un punto de inflexión en la carrera de Pedro Almodóvar. Su paso por numerosos festivales y la nominación al Oscar le dieron el reconocimiento internacional necesario para desplegar su artillería mediática. Sin embargo, la mala gestión de aquella fama separó al director de su musa Carmen Maura, con quien no volvió a trabajar hasta *Volver*, casi veinte años después. En la faceta artística, la cinta hace de bisagra en su camino hacia la madurez. Atrás quedaban los divertimentos irreverentes de la movida madrileña y los retratos costumbristas. El film confirmaba algo que ya se intuía en *Matador* y *La ley del deseo*: Almodóvar había encontrado su lenguaje. Esta nueva forma de expresión estilizaba su grotesco universo y buscaba en el propio cine la materia prima para construir sus historias.

El manchego nunca abandonará la esencia castiza de sus personajes, sus tics o sus expresiones. Durante toda su carrera, seguirá fascinado por la fotonovela, los *talk shows*, la publicidad o la copla, pero la cultura pop más pintoresca comparte protagonismo con sus sofisticados gustos cinematográficos y literarios. *Mujeres al borde de un ataque de nervios* está concebida como una libre adaptación de *La voz humana*, de Cocteau. De esa desgarradora obra recoge su idea básica: un hombre que huye, una amante dolida y una maleta. A partir de ahí, el argumento empieza a enredarse, poblándose de personajes excéntricos y acelerando sus vaivenes en un *crescendo* histriónico que desemboca en el vodevil.

Ésta es la comedia adulta más divertida de Almodóvar. Pero como en el monólogo de Cocteau, es el sufrimiento de la protagonista el que pone en marcha la disparatada acción. Así se llega al pilar fundamental de su cine: el melodrama. Almodóvar no concibe el cine si no es vinculado a este género. He aquí algunas de sus películas más celebradas hasta entonces: *Pepi, Luci, Boom y otras chicas del montón*, *¿Qué he hecho yo para merecer ésto?* o *La ley del deseo*. Revestidas de estética *camp*, costumbrismo u homofilia, todas son, en el fondo, grandes melodramas. No en vano, tras la muerte de Fassbinder, Almodóvar pasó a ser el gran valedor del género en Occidente

–Wong Kar Wai merece el mismo honor en su lado del mapa–. Devotos del género, ambos lo han homenajeado tanto como subvertido, al aportar sus particulares visiones gays, futuristas, incestuosas o fantasmales. Fascinados por lo pintoresco de la realidad local, el exceso visual o la música popular, han dedicado su obra al sufrimiento por un amor no consumado. Al principio del film, Pepa persigue a Iván como una adolescente loca por cazarle. Noventa minutos después, su actitud ha cambiado, Pepa renuncia a su amado y asume su soledad, abriendo la puerta a las nuevas protagonistas de Almodóvar.
JT

Amanece, que no es poco

José Luis **Cuerda** 1988

España 106 m color
Guión José Luis Cuerda
Producción Compañía de Aventuras Comerciales, TVE y Paraíso
Fotografía Porfirio Enríquez
Música José Nieto
Intérpretes Antonio Resines, Luis Ciges, José Sazatornil, *Saza,* Casto Sendra, *Cassen,* Pastora Vega, Ovidi Montllor, Chus Lampreave, Manuel Alexandre, Rafael Alonso, Gabino Diego, Aurora Bautista

Crítica ▬▬▬▬▭▭
Público ▬▬▬▬▬▭

Teodoro y su padre, que viajan por España en una moto con sidecar, llegan a un pueblo perdido en las montañas cuyos habitantes tienen extrañas costumbres: hay hombres que nacen de la tierra, la misa se celebra cada día y los exiliados sudamericanos un día van en bici y otro día huelen bien.

Tras el éxito conseguido con *El bosque animado,* Cuerda podría haber seguido la senda de las adaptaciones literarias de prestigio. En vez de eso, realizó una comedia a contracorriente que, desde el momento de su estreno, se convirtió en una película de culto, una especie de versión hispana de *La vida de Brian.* Como el film de los Monty Python, *Amanece...* se disfruta en tres fases: en el momento del primer visionado, cuando se lo descubres a tus amigos y, por último, al rememorar los mejores gags en reuniones y barras de bar con otros «iniciados».

Cuerda hace con la comedia rural de los cincuenta lo que Cleese y compañía con las superproducciones sobre la vida de Cristo: una relectura desmadrada y surrealista construida a partir de una desternillante sucesión de gags y un espectacular reparto coral. No hay esquema narrativo, línea argumental ni nada que se le parezca, y es cierto que eso provoca altibajos que lastran el conjunto total de la cinta. A pesar de ello, *Amanece...* contiene algunas de las escenas más hilarantes de la comedia española: la conversación en la cama entre Ciges y Resines («Hijo, me respetarás, ¿no?»), la detención del escritor argentino por haber plagiado a Faulkner («¡En este pueblo hay devoción por Faulkner!»), cualquier aparición del repelente estudiante americano interpretado por Gabino Diego o ese borrachín que sale corriendo cada vez que ve a su sobrino negro (con el que ha vivido 40 años, «pero no se acostumbra»). El humor *sur-ruralista* de Cuerda tiene un pie en el Berlanga de *¡Bienvenido, Mr. Marshall!* y *Calabuch* y otro en el teatro de Mihura. El tono absurdo de ese mundo al revés se mezcla con ciertos toques de (sur-)realismo mágico, como la mujer que da a luz a gemelos diez minutos después de haber hecho el amor o ese personaje que se desdobla y al que le sale un «otro yo» borracho.

Durante todo este disparate no deja de percibirse la irreverencia y la jocosa crítica a la autoridad y a las instituciones de ese descreído irremediable que es Cuerda. Así se entiende que las misas sean un espectáculo en el que el cura es vitoreado como una estrella de rock, o que se elija democrática y anualmente no sólo al alcalde, sino también al cura, los guardias civiles, el maestro, la puta e incluso las adúlteras.

El reparto parece una antología de los mejores cómicos españoles, desde la vieja guardia (Alexandre, Ciges, Alonso, Saza) a los de nueva hornada (Resines, Rellán, Montesinos, Diego). Cada uno de ellos protagoniza, al menos, un gag memorable. Al finalizar el film, los espectadores parecemos víctimas de ese extraño caso de licantropía que afecta a Resines, al que la Luna le provoca ataques de risa: no podemos borrar una enorme sonrisa del rostro. **MA**

¡Ay, Carmela!

Carlos **Saura** 1990

España/Italia 100 m color
Guión Rafael Azcona
y Carlos Saura (sobre la obra
homónima de Sanchís Sinisterra)
Producción Andrés V. Gómez
Fotografía José Luis Alcaine
Música Alejandro Masó
Intérpretes Carmen Maura,
Andrés Pajares, Gabino Diego,
José Sancho, Miguel Rellán
Premios 13 Goyas, entre ellos:
mejor película, director, actor, actriz,
guión adaptado y actor de reparto

Crítica
Público

Carmela y Paulino, una pareja de cómicos que entretiene a las tropas republicanas durante la guerra, se pierden de noche para aparecer en territorio nacional a la mañana siguiente. Allí serán obligados a participar en un espectáculo patriótico-musical a mayor gloria de la «Cruzada».

Tras el vía crucis de *El Dorado*, Saura volvió al terreno familiar de la Guerra Civil –marco metafórico de sus mejores films–, consiguiendo uno de sus mayores éxitos de crítica y público. El conflicto es tratado de forma tangencial, a través de las vivencias de unos artistas ambulantes. Esta tragicomedia musical se convierte así en un homenaje al papel del actor en tiempos de guerra, como *Ser y no ser* de Lubitsch, pero en un registro mucho más negro. El hambre, el frío y las bombas son sólo algunas de las miserias a las que se enfrentan estos cómicos de carretera interpretados con picardía y ternura por dos actores inconmensurables. Carmen Maura es Carmela, una mujer del pueblo que descubrirá, a destiempo, que en la guerra la neutralidad no es posible. Andrés Pajares –el rey de la *españolada*– se reinventa a sí mismo con un personaje que, como él, es un auténtico superviviente. Con esta elección, Saura homenajea a toda una profesión, la de cómico, desprestigiado precedente del actualmente venerado actor.

La Carmela de la canción que da título a la cinta se materializa en esa Carmela heroica que, envuelta en una bandera republicana, estalla ante los militares fascistas en una réplica femenina del «venceréis pero no convenceréis» unamuniano. Este pequeño gran gesto en defensa de la dignidad de los derrotados comportará a esa Antígona racial un final tan trágico como épico. **MA**

Jericó

Luis Alberto **Lamata** 1990

A principios del siglo XVI, fray Santiago, un fraile dominico español, es enviado a América en los comienzos del proceso colonizador. Tras una batalla contra los indios caribes, Santiago cae preso y acaba integrándose en la vida de sus captores. Emparejado con una nativa con la que tendrá hijos, Santiago se convertirá en un miembro más de la tribu. Pero una disputa con el jefe del clan le empujará a huir para caer ahora en manos de los soldados españoles.

En su ópera prima, Luis Alberto Lamata reveló su formación de historiador tras varios años como guionista y realizador de las más populares fotonovelas venezolanas de la década de los ochenta (*Topacio, Cristal*). El fraile Santiago acompaña a los colonizadores españoles en un intento evangelizador de doble frente: cristianizar a los indios y a sus crueles compatriotas soldados. «Ni la Iglesia ni yo tenemos parte en esto. No habrá comunión para los asesinos», les exhorta fray Santiago a los españoles tras una matanza de indígenas. Si la primera parte de la película trata las relaciones Iglesia-Ejército en el ámbito de la conquista, la segunda se centra en un interesante estudio antropológico sobre la sociedad nativa precolonizada, así como la capacidad de adaptación de un hombre noble y justo a un entorno nuevo. ¿Cómo reacciona un fraile ante una pareja de nativos emparejados sobre una hamaca? ¿Qué hacer siendo el único vestido en una tribu nudista? ¿Cómo hacerse entender sin conocer el idioma del otro? Pues emparejándose, desnudándose y aprendiendo. Una interesante historia de colonizador colonizado contada a buen ritmo, con sobriedad y sensibilidad antropológica. **AS**

Venezuela 85 m color
Guión Luis Alberto Lamata
Producción Luis Alberto Lamata
(Thalia Producciones y Foncine)
Fotografía Andrés Agustí
Música Federico Gattorno
Intérpretes Cosme Cortázar,
Francis Rueda, Alexander Milic,
Doris Díaz, Luis Pardi,
Yajaira Salazar, Amilcar Marcano

Crítica
Público

Caídos del cielo

Francisco J. **Lombardi**   1990

Perú/España 123 m color
Guión Augusto Cabada, Giovanna Pollarolo, Francisco J. Lombardi
Producción F. J. Lombardi, Gerardo Herrero (Inca Films, Tornasol Films)
Fotografía José L. López Linares
Música Alejandro Massó
Intérpretes Gustavo Bueno, Marisol Palacios, Elide Brero, Carlos Gassols, Delfina Paredes
Premios Goya: mejor película extranjera de habla hispana

Crítica
Público

Mercedes, una anciana ciega que vive en la miseria con sus dos nietos, ansía desesperadamente recuperar la visión con el dinero de la venta de un cerdo, al que previamente habrá que engordar. Don Lizardo y doña Cucha, una pareja de ancianos de clase alta pero venidos a menos, se empeñan en construir un costoso mausoleo donde deberán reposar sus restos, junto con los de su hijo ya muerto. Don Ventura, un locutor radiofónico de esperanzadores discursos, conoce una mujer al borde del suicidio, a la que salvará para vivir una complicada e imprevisible relación de amor.

Crítico, director y productor de cine y televisión, Francisco J. Lombardi nació en 1949 en Tacna (Perú), país que le reconoce como su cineasta más relevante. Su amplia filmografía se erige como estandarte de un cine característicamente latinoamericano, aunque con el tiempo ha desarrollado una temática y un estilo propios. Con un lenguaje cinematográfico más bien austero, Lombardi tiende a planteamientos ético-filosóficos que no persiguen juzgar o condenar a sus protagonistas. Deja que sus historias se cuenten por sí mismas para que sean las circunstancias las que guíen al espectador a una mayor comprensión de la realidad. En sus películas, la miseria, la ignorancia, las desigualdades sociales y las relaciones de poder son temas recurrentes que se abordan sin eludir la violencia, sin llegar a ser sensacionalista ni gratuita. Los espacios cerrados y la distensión del tiempo narrativo inducen a unas atmósferas enrarecidas y asfixiantes que saben acompañar el suplicio que atraviesan sus personajes. De sus trabajos más recientes, cabe destacar *Bajo la piel* (1996) y *Tinta Roja* (2000).

Pertenecientes a tres clases sociales distintas, las tres historias paralelas de *Caídos del cielo* (una de ellas adaptada del cuento *Gallinazos sin plumas* de Julio Ramón Ribeyro), nos ofrecen una completa radiografía de la sociedad limeña de la década de los ochenta. Un cuadro en el que la descomposición social y la fuerte crisis económica que vivió el Perú durante la presidencia del aprista Alan García (1985-1990) es el lienzo básico sobre el que se despliegan sus argumentos. Los personajes, con sus aspiraciones limitadas y sus prioridades confundidas, desencadenan unas acciones que se prevén trágicas, pero que están marcadas por el influjo de la esperanza. Don Ventura, en su programa de radio *Tú eres tu destino* lanza sentencias como «Todo está en nuestras manos, en nuestro estado mental» o «El deseo del éxito es la clave que separa a los vencedores de los vencidos». Así, se convierte en el portavoz esencial de un drama que enfrenta los anhelos personales en el crudo espejo de la realidad.

Escrita a tres manos entre Lombardi, Augusto Cabada y Giovanna Pollarolo –entonces mujer del realizador–, *Caídos del cielo* se despliega mediante una original estructura narrativa de relatos entrecruzados. A pesar de su poco atrevimiento formal, las paradojas planteadas resultan emotivas y el conjunto está a la altura del mejor cine latinoamericano de finales del siglo pasado. **GS**

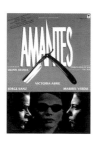

Amantes

Vicente **Aranda**   1991

España 107 m color
Guión Carlos Pérez Merinero,
Álvaro del Amo y Vicente Aranda
Producción Pedro Costa
Fotografía José Luis Alcaine
Música José Nieto
Intérpretes Victoria Abril, Jorge
Sanz, Maribel Verdú, Enrique Carro,
Mabel Escaño, Alicia Agut
Premios Goya: mejor película
y mejor director
Festival de Berlín: mejor actriz

Crítica ▬▬▬▬▬▬▬▬▬▭
Público ▬▬▬▬▬▬·▬▭▭

En plena España de la posguerra, Paco, un joven de pueblo que acaba de terminar el servicio militar, mantiene una casta relación con Trini, la criada que trabaja en la casa del que ha sido su capitán. Trini le cuida, le cocina... e insiste en mantener su virginidad hasta la boda. Cuando Paco alquila una habitación, conoce a Luisa, su casera, una mujer madura y viuda, que sobrevive haciendo distintos trapicheos y con quien inicia un tórrido romance basado en el sexo. La relación con Luisa se irá enviciando hasta arrastrar el compromiso de Paco con Trini a un turbulento territorio lleno de celos y dolor.

Vicente Aranda se sirvió de un suceso real en torno a un clásico triángulo amoroso para *Amantes*, la cima de su filmografía y una de las películas clave de la década de los noventa. El asesinato de Trini resulta la máxima representación del espíritu trágico de la película, ya que, aunque es Paco quien empuña el cuchillo, su muerte tiene el significado de un suicidio, pues es su única escapatoria al dolor. En cierta manera, *Amantes* es una historia de antirromanticismo, pues Trini –la única que ama realmente– se lleva la peor parte, frente al deseo y la relación compulsiva de Luisa y Paco, que salen mejor parados. Victoria Abril interpreta con maestría el papel de viuda negra dispuesta primero a enseñarle a su joven huésped los entresijos de la entrepierna y a mostrarse luego como la amante despechada. Jorge Sanz está espléndido en su papel

de macho aparentemente ingenuo, pero que en realidad dicta las órdenes en ambas relaciones. Y Maribel Verdú resulta muy convincente en su recatada entrega a Paco, en el que será uno de los mejores papeles de su extensa carrera. Aranda plantea de forma brillante el único encuentro que se produce entre los tres, con un plano contraplano magistralmente tensado en el que la cabeza de Victoria Abril se sitúa exactamente entre las de la pareja: el triángulo queda perfectamente delineado y la tragedia está servida.

Amantes es una película claustrofóbica, que se desarrolla sobre todo en interiores: la casa donde trabaja Trini y el piso donde vive Luisa. Allí es donde nace el tórrido romance entre la viuda y el joven; en cierta manera es el único espacio que comparten y el encierro contribuye a subrayar el carácter obsesivo de la relación. Las contadas ocasiones en las que la historia sale al exterior es para girar en torno a la Iglesia o el Ejército –o ambas, como en la secuencia de apertura–. Aranda condensa en esas dos poderosas instituciones la España franquista de puertas para afuera. Mientras, en el interior de las casas se cuecen la tragedia y el engaño. Las relaciones se deciden entre las sábanas y la carne puede más que el afecto. Por todo esto, *Amantes* es una de las películas más crudas, contundentes y fascinantes que ha dado el cine español. **VK**

Danzón

María **Novaro**   1991

México/España 96 m color
Guión María Novaro
y Beatríz Novaro
Producción Jorge Sánchez
Fotografía Rodrigo García
Música Danzonera Alma de
Sotavento, Danzonera Dimas de los
Hermanos Pérez, Marimba la Voz de
Chiapas, Pepe Luis y Felipe Pérez;
canciones: Felipe Pérez, Pepe Luis,
Agustín Lara y Consuelo Velázquez
Intérpretes María Rojo,
Carmen Salinas, Tito Vasconcelos,
Margarita Isabel, Victor Carpinteiro,
Cheli Godinez, Daniel Rergis,
Adyary Cházaro, Blanca Guerra,
César Sobrevals, Mikhail Kaminin
Premios Festival de Sundance:
mejor película latinoamericana

Crítica ▬▬▬▬▬▬▭
Público ▬▬▬▬▬▬▭

Julia es una telefonista de unos cuarenta años, divorciada y con una hija, que vive en la ciudad de México. Para ella el baile lo es todo, su única distracción para escapar de la rutina de una vida monótona. Todos los miércoles acude a la pista del Salón Colonial donde se encuentra con Carmelo, su pareja de baile. La vida de Julia cambia cuando éste desaparece. Ella ignora casi todo sobre él, pero sabe que es de Veracruz, y allí irá a buscarlo.

Esta cinta toma su nombre de un baile que posee unas reglas muy precisas y que es a la vez lascivo y contenido. El hombre y la mujer bailan enlazados pero los cuerpos no se tocan; él sujeta la cintura de ella con delicadeza y es quien la dirige. Los pasos son cortos; se dice que el danzón se puede bailar en una baldosa. En *Danzón* la música no está subordinada a la acción, sino que más bien es la acción la que se ajusta a la música. Las letras de las canciones funcionan muchas veces como discurso narrativo; como en la escena en la que Julia va a buscar a Carmelo al lugar donde trabaja mientras la letra del bolero desgrana «¿por qué no han de saber que te amo...?».

Danzón es una película optimista, sencilla y tierna, rica en los detalles que la cámara supo captar con maestría. La cinta tiene una estructura circular: comienza y termina exaltando la pasión por el baile. Se abre con un largo plano-secuencia en el que la cámara, a nivel de la pista de baile, acaba centrándose en los bailarines pies de los protagonistas, para alzarse después, poco a poco, hasta sus rostros. En la escena final, otra vez Julia y Carmelo están bailando en la misma pista del Salón Colonial; la cámara capta sus cuerpos y vuelve a ascender lentamente hasta captar sus miradas. La fresca interpretación de María Rojo en el papel protagonista de Julia es uno de los puntales en los que se fundamenta *Danzón*. La actriz supo hacer de carne y hueso a un personaje bien escrito, alejándolo de estereotipos reconocibles.

Si bien María Novaro utiliza en su filme algunos códigos y convenciones propios del melodrama clásico de la época de oro del cine mexicano –las décadas de 1940 y 1950–, lo hace desde un punto de vista nuevo; ahora es la mirada femenina y no la masculina, como era tradición, desde donde se articula la historia. Hay también en el argumento una suerte de reivindicación feminista. La protagonista parte en busca de un hombre, pero su viaje terminará por convertirse en la exploración de un mundo sensual y femenino, en una exaltación de la amistad entre mujeres y, sobre todo, supondrá una revelación sobre el amor y sobre ella misma. La Julia que vuelve al salón de baile ya no es la de antes; muy sutilmente la cámara lo registra en la escena final. Mientas bailan, Julia mira de frente a Carmelo, y no al infinito, como ella misma le había explicado a su amiga Susi que deben mirar las mujeres cuando bailan danzón. **AC**

Vacas

Julio **Medem** 1992

España 96 m color
Guión Julio Medem
y Michel Gaztambide
Producción Sogetel
Fotografía Carles Gusi
Música Alberto Iglesias
Intérpretes Carmelo Gómez,
Emma Suárez, Ana Torrent,
Karra Elejalde, Klara Badiola,
Txema Blasco, Kandido Uranga,
Pilar Bardem
Premios Goya: mejor
director novel

Crítica ▬▬▬▬▭
Público ▬▬▬▬▭

En lo alto de un monte, en el corazón del País Vasco, dos familias vecinas viven enfrentadas a lo largo de la historia. En plena guerra carlista, el joven Manuel Irigibel sobrevive a la encarnizada batalla en la que muere su vecino y enemigo. Ya entrado el siglo xx, Manuel envejece en el caserío mientras pasa los días pintando vacas junto a su nieta Cristina. Su hijo Ignacio, que se prepara para competir en un concurso de *aitzkolaris* contra su rival, está secretamente enamorado de Catalina, de la familia contraria. Un día, Ignacio y Catalina hacen el amor en el bosque. De ese encuentro nacerá Peru, un niño que se sentirá fuertemente atraido por su medio hermana Cristina.

A principios de los noventa el cine español se encontraba en un momento de cambio. Superado ya el cine de la Transición y con un Pedro Almodóvar en horas bajas, se respiraba la necesidad de savia joven. De entre todos los nombres de la nueva hornada, el de Julio Medem resonó con gran fuerza. *Vacas*, su ópera prima, resultaba rompedora por su personal estética al servicio de una narración arrebatada, propia de un novicio, pero con el aplomo de un cineasta con recorrido. Con una sola película, la crítica ya encumbró a Medem hasta situarlo a la altura de Carlos Saura y Víctor Erice, considerados los dos autores por antonomasia del cine español.

Medem impregna su película de un cierto realismo mágico. Por un lado, enrarece la atmósfera con un *tempo* narrativo inusual, acentuado por una banda sonora densa y abrasiva. Por otro, se instala en el corazón del bosque para retratar, con respeto y rigor antropológico, una forma de vida muy concreta: la del mundo rural vasco.

Vacas trata sobre el amor perseguido por el destino; un tema recurrente en el cine del director vasco, y que alcanzaría su máxima expresión en la geométrica *Los amantes del Círculo Polar* (1998). Medem se sumerge con gran precisión en el terreno de la emoción y la recorre en cada una de sus facetas: desde el horror de la sangre a la belleza de una nuca mecida por la suave brisa. Esta última imagen pertenece a la secuencia en la que el joven Peru contempla extasiado a su hermana Cristina. El abuelo, que se percata, le dice a su nieta: «Este niño te mira mucho», y Cristina responde: «Puede mirar todo lo que quiera».

Los ojos oscuros, profundos e inexpresivos de las vacas –testigos del paso del tiempo– se convierten en el hilo conductor de la historia. Así, la mirada se erige en el elemento primordial con el que Medem juega continuamente: los caseríos de las dos familias enfrentadas están separados por un bosque, pero se ven de un lado al otro del valle; Peru mira el mundo a través de la cámara fotográfica que lleva siempre consigo. De la misma manera, Medem parece contarnos su fascinante película acodado en el ventanuco de un caserío desde el que observa a las vacas pastar en el prado que esconde la fotografía de la mujer amada. **VK**

España 108 m color
Guión Rafael Azcona (argumento
de R. Azcona, F. Trueba
y J. L. García Sánchez)
Producción Andrés Vicente
Gómez (Lola Films)
Fotografía José Luis Alcaine
Música Antoine Duhamel
Intérpretes Jorge Sanz,
Fernando Fernán-Gómez,
Maribel Verdú, Penélope Cruz,
Ariadna Gil, Miriam Díaz Aroca,
Gabino Diego, Chus Lampreave,
Agustín González
Premios Oscar: mejor película
de habla no inglesa
9 Goya, entre ellos: mejor película
y mejor director

Crítica ▬▬▬▬▬▬▬▭
Público ▬▬▬▬▬▬▬▬

Belle Époque

Fernando **Trueba**   1992

España, 1931. Semanas antes de la proclamación de la Segunda República, Fernando, un joven desertor del ejército, se refugia en casa de Manolo, un viejo pintor de ideas libertarias. Cuando las cuatro hermosas hijas de Manolo lleguen a la casa para pasar unos días, Fernando decidirá quedarse.

La muerte de dos guardias civiles y el suicidio de un cura ejercen de desconcertantes prólogo y epílogo de un film que presenta la apariencia de comedia clásica. El relato, que discurre, fluido y gozoso, entre estos dos dramáticos momentos, se revela así como el destello de un instante de felicidad pasajera, el doloroso vislumbramiento del mundo mejor que pudo haber sido. Clara, Rocío, Luz y Violeta: estas cuatro *mujercitas*, con nombres que remiten a días primaverales y soleados (tan diferentes a esas Angustias y Soledades de posguerra), son las auténticas artífices de la *belle époque* que vivirá el joven protagonista. En un relato dominado por el deseo femenino, a los hombres sólo les queda acceder a sus peticiones

con una perpetua cara de asombro, como Fernando, o aceptar estoica y alegremente la inversión del *statu quo* tradicional, como Manolo, el padre de las chicas.

No es extraño que Hollywood la premiara con un Oscar (el segundo del cine español), ya que Trueba combina a la perfección el *tempo* de la comedia clásica americana, guiño a Wilder incluido (ese Jorge Sanz travestido como en *Con faldas y a lo loco*), con la sensualidad y ligereza del cine francés, desde el Renoir de *Un día de campo*, a Truffaut, ese director que «amaba a las mujeres». El magnífico guión de Azcona, sin embargo, está poblado de personajes marcadamente españoles, sobre todo en la impagable galería de personajes secundarios: desde el *pollopera* carlista que cambiará de bando político por amor, al sacerdote admirador de Unamuno, pasando por la maravillosa madre de las chicas, una famosa artista que protagonizará, con su llegada a la casa familiar cantando una zarzuela, una de las mejores escenas del film. Los diálogos fluyen con asombrosa facilidad en

boca del espectacular reparto coral, en el que destacan los protagonistas masculinos, Sanz y Fernán-Gómez, así como las cuatro jóvenes actrices, todas excepcionales.

Como relato de iniciación (al amor, al sexo, a la vida), *Belle Époque* conforma un revelador díptico con *El año de las luces*, con la que presenta puntos en común pero también una diferencia fundamental: la que supone crecer en esa primavera republicana y libertaria, repleta de alegría de vivir, a hacerlo en el invierno represor, beato y gris de la posguerra. Esa España edénica en la que los carlistas se hacían rojos, los cu-

ras dejaban de creer en Dios y las mujeres decidían con quién se iban a la cama sin que a nadie le importara es la España que perdimos en la guerra, parece decirnos Trueba. Siempre nos quedará, sin embargo, el melancólico recuerdo de esa *belle époque*, el fugaz y luminoso instante en el que vislumbramos que las cosas podían ser diferentes. **MA**

Como agua para chocolate

Alfonso **Arau**   1992

México 109 m color
Guión Laura Esquivel
(basado en su novela homónima)
Producción Alfonso Arau
(Instituto Mexicano
de Cinematografía)
Fotografía Emmanuel Lubezki
y Steve Bernstein
Música Leo Brouwer
Intérpretes Regina Torné,
Lumi Cavazos, Marco Leonardi,
Mario Iván Martínez, Ada Carrasco,
Yareli Arizmendi, Claudette Maillé
Premios Globo de Oro: nominada
a mejor película de habla no inglesa

Crítica ▬▬▬▬▬▬▭
Público ▬▬▬▬▬▬▬▭

Norte de México a principios del siglo XX. La tradición familiar exige a Tita, la más pequeña de tres hermanas, que renuncie a casarse con su enamorado Pedro para quedarse al cuidado de su madre. Las recetas de cocina de Tita se convertirán en la única forma de expresar sus sentimientos hacia su amado.

Nacido en la capital mexicana en 1932, Alfonso Arau empezó su carrera como cómico y bailarín, para adentrarse más adelante en el mundo del cine como actor y guionista. A caballo entre Hollywood y México, participó en numerosas producciones sin llegar a convertirse en una gran estrella. En los años setenta escribió y dirigió varias películas de bajo presupuesto protagonizadas por él mismo, con las que ganó popularidad y experiencia. Cuando Laura Esquivel, escritora mexicana que por aquel entonces era su esposa, logró un extraordinario éxito con su novela *Como agua para chocolate*, Arau se apresuró a trasladarla al cine. Sin dejar de ser fiel al libro, con un enorme presupuesto y un decidido sentido comercial al estilo de Hollywood, realizó esta cinta que obtuvo un rotundo éxito internacional. Así, Arau se consagró como director para embarcarse posteriormente en otros proyectos de similar o mayor envergadura como *Un paseo por las nubes* (1995), protagonizada por Keanu Reeves y Aitana Sánchez-Gijón.

Estilísticamente inscrita en el realismo mágico y siguiendo un principio de Laura Esquivel («somos lo que comemos, cómo lo comemos y con quién lo comemos»), la historia está contada a modo de *flashback* a partir de un recetario de cocina. Así, la comida mexicana tradicional se convierte en el vehículo del amor, la pasión y la sensualidad, pero también del odio, los celos y la pena. Trascendiendo la exageración Arau llega hasta lo fantástico rozando lo surrealista. Afrodisíacos, intoxicaciones, curaciones..., gran parte de la trama está protagonizada por los alimentos y sus efectos. No es de extrañar que esta orgía de olores y sabores que emanan de la novela y de la película, potenciada por su repercusión mediática, multiplicaran las ventas de guías gastronómicas y compilaciones culinarias.

Una elaborada ambientación histórica, con la Revolución mexicana (1910-1920) y las relaciones fronterizas como telón de fondo, envuelve y secunda un argumento ya de por sí muy sólido. Ese amor prohibido como origen del conflicto tensa las relaciones entre los miembros de la familia y se desploma a través de las siguientes generaciones. La difícil tarea de desarrollar una saga en sus distintos momentos históricos está bien resuelta por sus autores, que nos recuerdan que el amor puede con todo, hasta con los convencionalismos más arcaicos.

Arau y Esquivel nos cocinan esta tierna y deliciosa fábula que oscila entre la comedia y el drama. Una obra pletórica, llena de talento creativo y rica en simbolismos que consigue emocionar al tiempo que nos abre el apetito. Para chuparse los dedos. **GS**

El lado oscuro del corazón

Eliseo **Subiela**   1992

Argentina/Canadá 123 m color
Guión Eliseo Subiela
Producción Roger Frappier
(C. Q. 3 Films y Max Films Inc.)
Fotografía Hugo Colace
Música Osvaldo Montes
Intérpretes Darío Grandinetti,
Sandra Ballesteros, Nacha Guevara,
André Melançon, Jean P. Reguerraz,
Inés Vernengo, Mónica Galán,
Mario Benedetti, Adriana Pérez
Gianny, Tito Haas
Premios Festival de Huelva,
mención especial del jurado
4 Cóndor de Plata, entre ellos:
mejor dirección
4 Premios Sur, entre ellos:
mejor dirección

Crítica ▬▬▬▬▬▬▭▭
Público ▬▬▬▬▬▬▬▭

Oliverio es un poeta porteño obsesionado por encontrar a su mujer ideal. «Me importa un pito que las mujeres tengan los senos como magnolias o como pasas de higo; un cutis de durazno o de papel de lija. Le doy una importancia igual a cero, al hecho de que amanezcan con un aliento afrodisíaco o con un aliento insecticida. Soy perfectamente capaz de soportarles una nariz que sacaría el primer premio en una exposición de zanahorias; ¡pero eso sí! –y en esto soy irreductible– no les perdono, bajo ningún pretexto, que no sepan volar. ¡Si no saben volar pierden conmigo!» Con este parlamento se presenta Oliverio ante cada mujer que le interesa. Treintañero, bohemio e inmaduro, se gana la vida recitando poesía en la calle o escribiendo poemas de amor a cambio de un plato de comida; en ocasiones redacta a desgana textos publicitarios. Mientras la muerte lo acecha, peregrina por Buenos Aires y Montevideo. En uno de esos viajes conoce a Ana, una prostituta uruguaya, culta y amante de la poesía, que le devorará el corazón.

En su cuarto largometraje Eliseo Subiela se arriesga a la transposición de la poesía. Poemas de los argentinos Oliverio Girondo y Juan Gelman, y del uruguayo Mario Benedetti se vierten en los diálogos y los monólogos de esta historia de amor, aunque nunca se explicitan títulos ni autores. Son conmovedores en la potente voz de Darío Grandinetti (Oliverio) y en la del mismo Mario Benedetti, quien interpreta a un marino cliente del cabaret y los recita en un alemán raramente dulce.

En las películas de Subiela invariablemente un hombre y una mujer se conocen a través de una frontera, de un límite. Aquí el Río de la Plata separa Buenos Aires de Montevideo. En riberas opuestas los amantes monologan. Un montaje acertado tiende un puente etéreo entre ellos: organiza esos múltiples y disímiles textos poéticos en un diálogo que cruza el río.

Las sugestivas y a veces perturbadoras imágenes realzan el lirismo. Convencido de que, según sostenía Girondo, lo cotidiano es una manifestación admirable y modesta de lo absurdo, Subiela recurre a elementos casi surrealistas, como el artilugio que hace desaparecer de la cama a las mujeres que no saben volar o la vaca reprochadora que encarna a la madre muerta del poeta. El encuentro amoroso con la mujer que vuela se resuelve con metáforas: una puerta que se derrumba, un billete y una llave que arden, un frasco que se quiebra y el corazón de él lamido y besado por ella. Tangos y en especial boleros, himnos del amor por excelencia, potencian la melancolía de las palabras y las imágenes, o enfatizan la locura y la soledad urbanas, como el desgarrador canto de la rockera en el subterráneo.

La poesía adaptada cinematográficamente no sólo tiene una función argumental y estética, sino también social y política. Coherente con su convicción de que el cine puede cambiar la realidad y sin ningún temor a la cursilería, Subiela exalta el valor del amor y la poesía como únicas armas para la salvación del hombre. **RB**

El sol del membrillo

Víctor **Erice**   1992

España 139 m color
Guión Víctor Erice
Producción María Moreno
(Euskal Media
e Igeldo Zine Produkzioak)
Fotografía Javier Aguirresarobe,
Ángel Luis Fernández,
José Luis López Linares
Música Pascal Gaigne
Intérpretes Antonio López,
María Moreno, Enrique Gran,
José Carretero, Janusz Pietrzkiak,
Marek Domagala, Fan Xiao Ming,
Grzegorz Ponikwia, Yan Sheng Dong
Premios Festival de Cannes:
Premio del Jurado
y Premio de la Crítica

Crítica ▬▬▬▬▬▬▬
Público ▬▬▬▭▭▭▭

El artista Antonio López pinta un membrillero cuando la luz resalta su máximo esplendor. En este *making off* de un cuadro vemos cuanto sucede alrededor del pintor: las visitas de su mujer y sus amigos, las reformas de los obreros en su taller y la cotidianeidad del barrio.

Pocas películas han mostrado de forma tan precisa el proceso creativo como *El sol del membrillo*. Pero por encima de su valor documental está su revolucionaria propuesta sobre la relación entre arte y realidad. Erice parte de la pintura para reflexionar sobre el cine –proceso similar al que Portabella hizo con una película ajena en *Vampir-Cuadecuc*–. Como heredero de lo pictórico, el soporte cinematográfico perfeccionó algunas de sus limitaciones –captar el movimiento y el sonido–, pero también impuso barreras a la hora de acceder al mundo. Así, parece que tanto López como Erice se marcan un objetivo imposible: pintar algo fugaz, el primero, y eliminar el artificio del cine, el segundo.

El conflicto del héroe solitario que se lanza a una aventura inalcanzable ha alimentado la imagen mítica del artista. Erice elimina esa retórica eligiendo a un hombre sencillo enfrentado a un conflicto pequeño –la nube tapa el sol– y sus antagonistas son elementos tan cotidianos como la lluvia o el frío. Su espacio de trabajo tampoco es bucólico: un pequeño patio en una ciudad llena de ruidos. Finalmente, el vampirismo del artista moderno, que utiliza a los demás en favor de su obra, se reduce a algo tan simple como sostener una hoja con

un palo o ayudarle a mover un cuadro. El artista de *El sol del membrillo* no se corresponde con aquella imagen romántica, ni impresionista, ni moderna, sino más bien, con la de un artesano que trabaja la materia con sus propias manos –como su esposa María o los obreros polacos–.

Erice desmonta el mito construido por la propia tradición artística para advertir del artificio y mostrar que, en realidad, no ha estado persiguiendo un imposible, sino evidenciando las limitaciones del lenguaje que utiliza. Al final del film, cuando la cámara sustituye al pintor, se constata el modo en que el dispositivo separa al artista del modelo, es decir, de la realidad. No sólo le cuesta acceder a ella, sino que además la altera con su carácter invasivo. La presencia de la cámara se nota en la incomodidad de los interlocutores –personas que se representan a sí mismas– o en el intento de Enrique Gran por hacer otra toma de una canción que ha sonado mal. Erice reivindica, como Kiarostami, lo que Rossellini reclamó hace tiempo: una forma diferente de acercarse, contemplar y representar la realidad. Sus revolucionarias propuestas exigen que nos despojemos del hábito de mirar adquirido con el tiempo y recuperemos otro más primigenio. Este mensaje toma fuerza hacia el final de la película, cuando un sueño nos remite a la infancia del artista y a la sorpresa con que el niño descubría su entorno. Es difícil desprenderse de ese hábito. Como dice Antonio López, la pintura nació cuando el hombre era aún un niño y el cine cuando ya era viejo. **JT**

Un lugar en el mundo

Adolfo **Aristarain**   1992

Argentina 120 m color
Guión Adolfo Aristarain
(argumento original de Adolfo
Aristarain y Kathy Saavedra)
Producción Adolfo Aristarain
y Osvaldo Papaleo
Fotografía Ricardo de Angelis
Música Emilio Kauderer
Intérpretes Federico Luppi,
Cecilia Roth, José Sacristán,
Leonor Benedetto, Rodolfo Ranni,
Hugo Arana, Gastón Batyi,
Mario Alarcón, Lorena del Río
Premios Festival
de San Sebastián: Concha de Oro
Goya: mejor película extranjera
de habla hispana
8 Cóndor de Plata, entre ellos:
mejor película y mejor director

Crítica ▰▰▰▰▰▱
Público ▰▰▰▰▰▱

En un lejano paraje de la provincia de San Luis, conocido como Valle Bermejo, Mario, Ana y Ernesto, su hijo adolescente, parecen haber encontrado su lugar en el mundo. Tras ocho años de exilio en Madrid y de regreso en Argentina, la pareja decide lanzarse a una ambiciosa empresa en el valle: organizar una cooperativa ganadera con los pequeños productores, dirigir la escuela rural y potenciar el ambulatorio médico. Detrás de la decisión está la labor antes iniciada por una monja progresista, Nelda, quien los estimula para que se sumen a su proyecto social. Mario y Ana ven allí la posibilidad de retomar, de un modo efectivo y material, la lucha por unos valores que los años de dictadura y exilio no lograron sofocar. La aparición del geólogo español Hans en ese remoto lugar del mundo será uno de los factores que intervendrán en el progresivo vuelco dado por sus vidas.

Un lugar en el mundo constituyó el retorno al cine de Adolfo Aristarain después de diez años de ausencia, en los que el realizador se dedicó a filmar la serie televisiva *Las aventuras de Pepe Carvalho* (1986) y la coproducción argentino-estadounidense *The stranger* (1986), sin estrenar comercialmente. Este retorno marcó el inicio de una nueva etapa en la carrera del director, que dejó atrás el género policial –en el que había alcanzado quizá sus mayores logros y cuyo cierre fue *Últimos días de la víctima* (1982)– para emprender una serie de obras signadas por reflexiones morales sobre el mundo y las relaciones afectivas.

Estructurada sobre un largo *flash-back* rememorativo, la película muestra el tránsito de la primera adolescencia a la juventud que experimenta Ernesto, quien habiendo superado ya los 20 años de edad viaja hacia aquel lugar del pasado –que ya es otro– para pensar sobre su futuro. El recuerdo conmovedor de los años vividos en Valle Bermejo deja entrever el sentimiento de admiración por la figura de un padre que, aunque menos adusto que el de *Martín (Hache)* –película que Aristarain filmaría en 1997–, también acaba por beneficiarse de la comprensión y buena disposición del hijo. En ese paraje agreste y algo primitivo, una especie de arcadia rural en la que, sin embargo, existe la más cruda injusticia social, Ernesto siente el despertar del amor y observa, entre confundido y asombrado, el mundo de los adultos. Disfruta de los últimos coletazos de la infancia, mientras comienza a percibir las exigencias que implica entrar en ese universo.

A la hora de identificar el género al que pertenece *Un lugar en el mundo*, el *western* se ofrece, sin duda, como el más apropiado. Ya desde el inicio del film el espectador tiene a su alcance elementos familiares como el paisaje, la música y hasta la tipografía de los créditos que anuncian el título. Pero es la épica del relato y el perfil de los personajes –en particular, el del justiciero Mario, protagonizado por Federico Luppi– lo que confirma la pertenencia de esta película a tan clásico género cinematográfico. **RB**

Jamón, jamón

Juan José **Bigas Luna**   1992

España 93 m color
Guión Juan José Bigas Luna
y Cuca Canals con diálogos
de Quim Monzó
Producción Lola Films
Fotografía José Luis Alcaine
Música Nicola Piovani
Intérpretes Javier Bardem,
Penélope Cruz, Jordi Mollá,
Juan Diego, Stefania Sandrelli,
Ana Galiena, Armando del Río
Premios Festival de Venecia:
León de Plata a la mejor dirección

Crítica
Público

Silvia, costurera en una fábrica, sale con José Luis, el hijo de los dueños. Al quedarse embarazada, él le promete matrimonio. Pero la madre de José Luis, que no la considera suficiente para su hijo, contrata a Raúl –aspirante a torero– para que la seduzca.

Bigas Luna irrumpió en plena Transición derrochando testosterona. Sus primeras películas, ejercicios fetichistas entre el estilizado Fellini y el Brian de Palma más macarra, le facilitaron el pasaporte a los Estados Unidos. Tras la aventura americana, el catalán regresó para iniciar su trilogía ibérica. *Jamón, jamón*, *Huevos de oro* y *La teta y la luna* se impregnaron del espíritu nacional más castizo, forjado a base de simbología autóctona –toros y fiestas locales–, paisaje mediterráneo y estereotipos populares –el macho ibérico, la niña de pueblo o el marido calzonazos–.

Con estos elementos Bigas Luna construye un melodrama sobre dos héroes sacrificados de mundos opuestos: Silvia entre tortillas de patatas y José Luis entre collares de perlas. Con la aparición de Raúl (Javier Bardem) en el ruedo se desatan sus instintos más reprimidos. Capean como pueden la pasión y los celos (desde *Romeo y Julieta*, a *Madame Bovary* o *Don Juan Tenorio*). Pero la embestida final es inevitable. El duelo no se debate entre caballeros que pelean por su amada, sino entre animales que luchan por sobrevivir, como en *Duelo a garrotazos*, el cuadro que Goya dedicó a Caín y Abel.

Su formación como diseñador llevó a Bigas Luna a estilizar lo más pintoresco del carácter nacional. El espacio por el que deambulan los personajes parece indeterminado, pero nace de la sofisticación de una realidad española. Esta vez, el director la pinta con brochazos eléctricos –el azul del neón, el naranja del cielo o el rojo del bar–, para convertir lo local en universal, lo rancio en actual. Es importante poner esta idea en contexto. La cinta se estrenó tras las Olimpiadas de 1992, acto con el que España se deshacía definitivamente de su losa franquista y vendía su imagen de modernidad. Barcelona optó por imitar lo ajeno, haciendo gala de su obsesión por satisfacer al extranjero. En cambio, Bigas Luna tiró del olor a ajo para contar su drama con ironía. Mientras Barcelona vive aún condenada a tener un ojo fuera y otro dentro, *Jamón, jamón* descansa tranquila salándose conforme pasa el tiempo. Muestra de ese acierto fue el éxito que el film tuvo entre los jóvenes, seducidos seguramente por su atractivo reparto.

Atento observador de la juventud, Bigas Luna no sólo tiene un olfato innato para los jóvenes talentos –el trío protagonista de *Jamón, jamón* o Verónica Echegui en *La Juani*–, sino también para intuir sus gustos y comportamientos –desde Chimo Bayo, emblema de la ruta del bakalao, hasta la cultura del *tunning* y el politono–. Mientras sus protagonistas abandonan *Neverland* para enfrentarse al mundo, Bigas Luna sigue aferrado a su papel de Peter Pan. Quizá por ello ha retratado con tanto acierto la juventud española de los últimos años. **JT**

Gatica, "el Mono"

Leonardo **Favio** 1993

José María Gatica, *el Mono*, fue un boxeador de enorme popularidad en la Argentina de la década de 1940, y cuya vida terminó por dar forma a una figura de leyenda trágica. El film de Leonardo Favio atraviesa la casi totalidad de su existencia, signada por una humilde llegada a Buenos Aires desde el interior, una infancia de pícaro en las calles porteñas, un ascenso y apogeo en el mundo pugilístico que lo convirtieron en ídolo de multitudes, y un final trivial. La vida de Gatica estuvo íntimamente ligada al primer peronismo (1945-1955). Entre el humilde deportista y la pareja formada por Perón y Evita no sólo reinó una corriente de mutua simpatía, sino que la propia imagen del boxeador se volvió emblemática de un momento en el que las clases desposeídas tuvieron protagonismo.

Favio impone el paralelismo entre Perón y Gatica, y construye una parábola sobre la primera época del peronismo con procedimientos de montaje que dan nuevos significados a las secuencias de archivo. A los pocos minutos de iniciada la película, se evocan los sucesos del 17 de octubre de 1945, cuando miles de obreros fueron a la plaza de Mayo de Buenos Aires para exigir la liberación del coronel Perón. Conseguida la libertad, el coronel pronuncia un histórico discurso, que en la película coincide con la sobreimpresión de la portada de una revista con Gatica en actitud triunfante. Los gritos de la multitud que aclama al líder dan paso a la euforia del público que vitorea al púgil; todos enarbolando la bandera argentina.

El sujeto real con tintes legendarios se convierte en mito nacional y popular.

Focalizada sobre el personaje, la narración avanza cronológicamente a fuerza de insistencia en detalles, réplicas y diálogos que se repiten para delinear los rasgos de Gatica: mentiroso, mujeriego, tierno, bruto, juerguista, dependiente, fanfarrón y desequilibrado. El retrato del boxeador y su entorno de feria de atracciones se refuerza con la minuciosa marcación actoral y la grandilocuencia del maquillaje, el vestuario y el sonido. Los combates se libran a ritmo frenético de mambo y los planos frontales, de marcado expresionismo, realzan los hematomas y la sangre.

A mitad de la película Favio introduce la pelea que marcó el inicio del ocaso de Gatica (Nueva York, 1951), en la que perdió su única posibilidad de conseguir un título mundial. La cámara está distante del *ring*, y se desplaza luego hasta los relatores; con un *travelling*, recorre detenidamente cada uno de los rostros, que gesticulan casi en penumbras. El *knock out* lo anticipa el narrador. Este dominio formal de los instrumentos cinematográficos, sumado a un estilo visual que apuesta a lo espectacular y no teme a los extremos, han hecho de Favio un cineasta de culto en la Argentina. A lo largo de su trayectoria, iniciada en la década de 1960, realizó siete largometrajes y un documental en los que creó una poética que diluye los límites entre cultura elevada y cultura popular. **RB**

Argentina 138 m color
Guión Leonardo Favio y Zuhair Jury
Producción Juan Antonio Retamero (Choila S.R.L.)
Fotografía Alberto Basail
Música Iván Wyszogrod y Darío Tedesco
Intérpretes Edgardo Nieva, Horacio Taicher, Juan Costa, María Eva Gatica, Virginia Innocenti, Eduardo Cutuli, Cecilia Cenci, Armando Capo
Premios Goya: mejor película extranjera de habla hispana 6 Cóndor de Plata, entre ellos: mejor película y mejor dirección

Crítica ▬▬▬▬▬
Público ▬▬▬▬▬

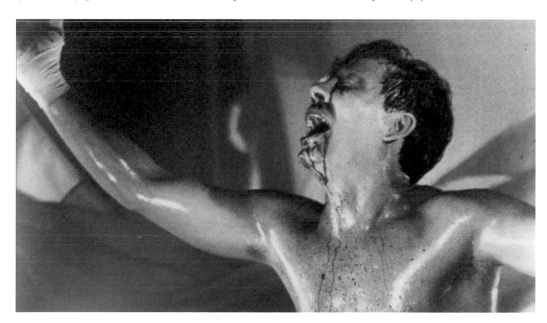

La estrategia del caracol

Sergio **Cabrera** 1993

Colombia 106 m color
Guión Humberto Dorado,
Jorge Goldenberg y Frank Ramírez
(sobre un argumento de Ramón
Jimeno y Sergio Cabrera)
Producción Sergio Cabrera
Fotografía Carlos Congote
Música Germán Arrieta
Intérpretes Frank Ramírez,
Fausto Cabrera, Saín Castro,
Ernesto Malbrán, Víctor Mallarino,
Luis Fernando Munera,
Humberto Dorado, Florina Lemaire,
Gustavo Angarita, Vicky Hernández,
Edgardo Román
Premios Semana Internacional
de Valladolid: Espiga de Oro,
Premio del Público
y Premio de la Juventud
Festival de Huelva: Colón de Oro

Crítica ▰▰▰▰▰▰▱▱▱
Público ▰▰▰▰▰▰▰▱▱

En un barrio humilde de Bogotá, los inquilinos de la casa Uribe van a ser desalojados injustamente por su propietario, un ricachón sin escrúpulos. Pero entre los vecinos se encuentran Romero, un hábil e ingenioso abogado, y Jacinto, un anarquista español exiliado. Gracias a las argucias legales del primero y a las artimañas y ocurrencias del segundo, capitanearán a toda la comunidad para llevar a cabo una disparatada estrategia que, al menos, salvaguarde su dignidad.

Hijo de actores españoles exiliados, Sergio Cabrera nació en Medellín en 1950. A los diez años viajó a Pekín, donde cursó sus estudios secundarios. En 1968 volvió a Colombia para unirse al Ejército Popular de Liberación durante cuatro años. Estudió Filosofía de regreso a China, pero pronto chocó con los cerrados ideales de la Revolución cultural, y se marchó a Londres para estudiar cine en la London Polytechnic School. Después de realizar varias producciones audiovisuales, incluidas tres miniseries para la television, sin demasiado éxito, leyó en un periódico un artículo sobre un peculiar proceso de desalojo. Así se inspiró para desarrollar esta ambiciosa película –la más taquillera hasta la fecha–, que significó un punto de inflexión en la historia del cine colombiano y su primera exportación. Un año más tarde, Cabrera corroboraría su talento dirigiendo *Águilas no cazan moscas*.

Como si de una mítica epopeya popular se tratara, *La estrategia del caracol* se enmarca dentro de una espontánea entrevista realizada por los medios de comunicación al encantador de serpientes Gustavo Calle, uno de los antiguos vecinos de la casa Uribe, con motivo de otro desalojo en el barrio seis años más tarde. Así advertimos que nada ha cambiado en la eterna lucha entre ricos y pobres y que el acoso inmobiliario continúa.

Revestida de un conmovedor realismo mágico, la historia avanza entre lo cotidiano y lo extraordinario, entre la verdad y la exageración, hasta el punto en que se desdibujan los límites entre lo real y la fantasía. En un tono caricaturesco van desfilando variopintos personajes para tejer un enrevesado mosaico costumbrista de comportamientos y creencias. Curas y travestis, abogados y anarquistas, fanáticos creyentes y razonables ateos se suman a esta causa solidaria en defensa de su dignidad. Además, pequeñas pinceladas en forma de escenas inconexas dan relevancia a unos personajes que acaban por adquirir una profunda humanidad sobre ese fondo de denuncia social. El resultado es un irónico contraste entre el entusiasmo, la creatividad y la desesperación de los inquilinos frente a la ridícula mezquindad de autoridades y burócratas.

Cabrera, ese izquierdista utópico y romántico que cambió su fusil por la cámara, nos lanza esta comedia fresca e inteligente, un canto al honor de los desposeidos en forma de mensaje esperanzado. **GS**

La madre muerta

Juan Manuel **Bajo Ulloa**   1993

Ismael, un criminal fugitivo, mata a una mujer en presencia de su hija. Con el *shock*, la pequeña Leire pierde el habla y la razón. Años después, Ismael la secuestra ante la duda de que aún pueda reconocerle.

A los 24 años, Juanma Bajo Ulloa ganó la Concha de Oro de San Sebastián con su debut, *Alas de mariposa* (1991). Su original imaginario lo convirtió, junto a su amigo Julio Medem, en líder del cine independiente de los noventa. Hay otro vasco fundamental en este trío: Karra Elejalde. Tras un pequeño personaje en *Alas de mariposa* –suprimido en montaje– y el papel de *La madre muerta*, intervino en todas las películas clave de esa generación: *Vacas*, *Acción mutante*, *La ardilla roja*, *Salto al vacío*, *Tierra* y *Airbag*, el *blockbuster* gamberro de Bajo Ulloa que dio la definitiva popularidad al actor.

La madre muerta completa el díptico iniciado por *Alas de mariposa* sobre los traumas de la infancia. Sus personajes, marcados por un recuerdo traumático, son incapaces de expresar emociones. En lugar de acercarnos a la víctima, el film nos pone en la piel de un ser despreciable para mostrar su proceso de humanización. No ahonda, como *Dexter*, en sus propios recuerdos, sino que apuesta por la capacidad redentora de la inocencia infantil. El director da la vuelta al cuento de Caperucita. En el relato original la niña perdía la inocencia por culpa del adulto. En *La madre muerta* el protagonista hace el camino a la inversa, para regresar al estado en el que los sentimientos brotan de forma natural. Al final, los roles se han cambiado. Ismael llora como un niño ante una Leire de aspecto maternal. Gracias a su víctima, el verdugo ha recuperado las emociones de un corazón reseco. Con todo, su dolor es tan fuerte y el último gesto de Leire tan ambiguo que, lo que a priori parece la redención del verdugo, puede ser también la cruel venganza de su víctima. Ahora que Ismael es capaz de sentir, la primera emoción que le abordará será la culpabilidad.

La ambigüedad entre la inocencia y la crueldad infantil fue el tema principal de muchos cuentos góticos. No en vano, la oscuridad del film y su evocación de la liturgia religiosa recuerda el tono de esos relatos. Vicente Molina Foix decía que el ritual católico es «demasiado lujuriante para que un esteta se lo pierda» y Bajo Ulloa es, sobre todo, un esteta. La fuerza visual de sus películas parece innata, propia de alguien que se expresa mejor con imágenes que con palabras. Sus guiones, parcos en diálogos, están llenos de soluciones visuales (el asesinato fallido de la anciana o el rescate frustrado de la enfermera). La potencia visual encubre, en ciertos momentos, la simplicidad del argumento. Sólo hay un mensaje, como en los cuentos, y excepto el protagonista, los personajes no evolucionan porque cumplen un rol dentro de la fábula. Aun así, sus excentricidades los hacen únicos. El Ismael de Karra Elejalde, mezcla de ironía y brutalidad alavesa, es uno de los malos más atractivos del cine español reciente. **JT**

España 107 m color
Guión Juanma Bajo Ulloa y Eduardo Bajo Ulloa
Producción Gasteizko Zinema
Fotografía Javier Aguirresarobe
Música Bingen Mendizábal
Intérpretes Karra Elejalde, Ana Álvarez, Lio, Silvia Marsó, Elena Irureta, Ramón Barea
Premios Goya: mejores efectos especiales

Crítica
Público

Fresa y chocolate

Tomás **Gutiérrez Alea** y Juan Carlos **Tabío**   1993

Cuba 110 m color
Guión Senel Paz
(basado en su cuento *El lobo,
el bosque y el hombre nuevo*)
Producción Miguel Mendoza
y Camilo Vives (ICAIC)
Fotografía Mario García Joya
Música José María Vitier
Intérpretes Jorge Perugorría,
Vladimir Cruz, Mirta Ibarra, Joel
Angelino, Francisco Gattorno,
Marilyn Solaya
Premios Festival de Berlín:
Oso de Plata a la mejor película
Goya: mejor película extranjera
de habla hispana
Oscar: nominada a mejor
película de habla no inglesa

Crítica ▬▬▬▬▬▬▬▬▭
Público ▬▬▬▬▬▬▬▬▭

En La Habana de los años setenta del siglo pasado, Diego, un artista homosexual, se enamora de David, un universitario miembro de la Juventud Comunista. El encuentro fortuito acabará derivando en una profunda amistad entre dos hombres que parecen tener muy poco en común. La lucha personal de Diego por ser libre y distinto en un entorno hostil como la sociedad cubana acabará por hacer tambalear los principios aprendidos por David. Junto a ellos, o entre ellos, una mujer, Nancy, que vive marcada por el bajo concepto que tiene de sí misma y que hará de catalizador de la amistad entre Diego y David.

En palabras de Gutiérrez Alea, «ésta es una película contra la intolerancia. Para aprender que no siempre el que no está conmigo, está contra mí». Gutiérrez Alea, que ya se había manifestado críticamente contra aspectos de la Revolución en películas como *La muerte de un burócrata* y *Memorias del subdesarrollo*, da aquí un paso más en esa dirección. Pero lo hace con el espíritu constructivo de quien cree en una sociedad socialista: «Alguien dijo que el guión del socialismo era excelente pero que la puesta en escena dejaba mucho que desear, y que, por lo tanto, debía ser objeto de crítica. Yo defiendo la necesidad de la autocrítica para construir una realidad mejor».

Fresa y chocolate se centra en un personaje marginal, Diego, para personificar la disensión dentro de la sociedad cubana. Diego es homosexual, artista, culto, religioso y valiente.

Tiene todos los números para ser la víctima de una sociedad programada. Y frente a él, David, el joven bien aleccionado en los principios revolucionarios, pero sensible, permeable y receptivo a las ideas no compartidas. Ellos son los duelistas de este combate sin vencedor plagado de ingeniosos diálogos y sólidas interpretaciones, narrado a buen ritmo por un maestro, Alea, y su discípulo, Juan Carlos Tabío, que supo aportar lo mejor de su cine, la frescura que desprenden sus populares pero imperfectas *Se permuta* y *Plaff!*

Resulta curioso que en una película que aborda frontalmente la temática gay, las tres secuencias de cama sean heterosexuales. Podría decirse que es una defensa de la homosexualidad (fresa) hecha por la heterosexualidad (chocolate), así como una crítica al comunismo hecha por comunistas. ¿Existe una metáfora mejor de la tolerancia?

Como dice el protagonista: «Yo tengo un amigo que de pequeño tenía un talento extraordinario para el piano, pero el padre se opuso por aquello de que el arte es cosa de afeminados. Hoy mi amigo tiene 60 años, es maricón y no sabe tocar el piano». Esta película gustará al gay y al que no lo es, al comunista y al liberal, al que aprendió a tocar el piano y al que nunca tocó una tecla. **AS**

Días contados

Imanol **Uribe** 1994

España 93 m color
Guión Imanol Uribe (basado en la novela homónima de Juan Madrid)
Producción Andrés Santana e Imanol Uribe (Ariane Films y Aiete Films)
Fotografía Javier Aguirresarrobe
Música José Nieto
Intérpretes Carmelo Gómez, Ruth Gabriel, Candela Peña, Javier Bardem, Karra Elejalde, Elvira Mínguez, Pepón Nieto
Premios Goya: mejor película, mejor director, mejor actor, mejor actriz de reparto, mejor actor de reparto, mejor actriz revelación, mejor guión adaptado, mejor montaje y mejores efectos especiales
Festival de San Sebastián: mejor director y mejor actor

Crítica ▮▮▮▮▮▮▯
Público ▮▮▮▮▮▮▯

Antonio se instala en un piso de Madrid y se hace pasar por fotógrafo. Charo, su vecina, es una joven que flirtea de manera peligrosa con las drogas y malvive con una amiga prostituta. Se atraen, pero se encuentran con varias barreras entre ambos. Ella tiene un marido celoso en prisión y él esconde un oscuro secreto: es un miembro desencantado de un comando etarra que se dispone a perpetrar un atentado en la capital. El entorno de Charo la irá cercando entre las drogas, el sexo por dinero, los camellos, los chulos y la policía corrupta de su barrio. Mientras, se acerca la fecha señalada del atentado que Antonio debe cometer.

A mediados de los años noventa, con ETA radicalizada en sus posturas tras la detención al completo de su cúpula dirigente, esta película se presentó con fuerza en la cartelera española para mostrar facetas inéditas de la organización terrorista. *Días contados* llegaba de la mano de Imanol Uribe, quien ya había reflejado el conflicto vasco una década atrás con sus tres primeras películas: *El proceso de Burgos*, *La fuga de Segovia* y, especialmente, *La muerte de Mikel*. Uribe, un experto en la materia, se servía de los recovecos del terrorismo para contar una historia de amor y tragedia.

Uribe plantea una película absolutamente sobria, marcada por el tono de su personaje principal, Antonio, un hombre callado y lleno de misterio, que a la vez no duda en mostrar su temple en las acciones más arriesgadas, como en la secuencia de apertura, cuando pasa un control policial con el coche de la banda terrorista gracias a una prostituta que ha recogido en la carretera. *Días contados* rehúye de los efectismos en la puesta en escena, pero también en las interpretaciones, especialmente en la de un contenido Carmelo Gómez. En contraposición, Javier Bardem interpreta de manera más vistosa, incluso salvaje, a un camello drogadicto que terminará jugando un rol determinante al final de la película, caracterizado con unos dientes destrozados que recuerdan a los del gángster romántico interpretado por Pierre Clémenti en *Belle de jour* de Buñuel.

El flirteo sexual directo y carnal entre Antonio y Charo en la bañera al principio de la película sienta las bases de una historia de amor imposible, pero también de una película absolutamente cruda. *Días contados* tiene más de drama social que de film de acción. Sus dos protagonistas viven en los márgenes de la sociedad: ella, rodeada de camellos, drogadictos y prostitutas; él, anclado en una organización terrorista en cuyos métodos e ideas ya no cree. Lo que en principio podría ser una película de policías y ladrones, es el retrato de dos personajes abocados inexorablemente a un final trágico. *Días contados* no es tanto un film al uso sobre ETA, sino sobre la imposibilidad de escapar al destino. Una película dura y áspera, que no teme bucear en los lugares más recónditos de nuestra sociedad e historia recientes. **VK**

Cuestión de fe

Marcos **Loayza**   1995

El santero Domingo y su amigo Pepelucho pasan sus vidas bebiendo en las tabernas. Hasta que una noche reciben el encargo del Sapo Estívariz –un mafioso local– de fabricar una imagen de la Virgen a tamaño natural y trasladarla a San Mateo, un pueblo escondido en el corazón de la Bolivia tropical. El Sapo paga por adelantado su encargo, pero los amenaza de muerte si no cumplen el plazo previsto. A los dos amigos se les une Joaquín, que aporta la Ramona, su vieja furgoneta prestada. Así comenzará un viaje que les llevará desde el altiplano hasta el oriente, haciendo escala en sus sentimientos.

Marcos Loayza, el guionista y director, dejó su carrera de arquitecto para dedicarse a la realización publicitaria. Tras su paso por la Escuela Internacional de Cine de San Antonio de los Baños, en Cuba –auténtica cantera de realizadores latinoamericanos–, abordó este primer largometraje que cosechó premios en numerosos festivales y obtuvo buenos resultados de público. La producción estuvo apoyada por CONACINE, organismo estatal que consiguió impulsar la débil industria fílmica boliviana a mediados de los noventa.

Rodada austeramente a base de largos planos-secuencia, cámara al hombro, interpretaciones mantenidas y poca edición, el resultado es una atractiva *road movie*. *Cuestión de fe* nos presenta a tres personajes que tienen en común una vida poco agraciada y un futuro menos prometedor. Un alcohólico, un jugador y un desarraigado, tres perdedores que obtendrán algún tipo de enseñanza vital en su viaje con la «virgensita». La camaradería y solidaridad entre ellos conforman una visión humanista del trayecto que nos muestra diversas facetas de la Bolivia popular en una de las pocas *road movies* que Latinoamérica ha aportado a este género. **AS**

Bolivia 88 m color
Guión Marcos Loayza
Producción Jean Claude Eiffel y Luis Prudencio Tardío (Iconoscopio)
Fotografía César Pérez
Música Óscar García
Intérpretes Jorge Ortiz, Elías Serrano, Raúl Beltrán, Gina Portugal, Fernando Illanes, Toto Aparicio, David Santalla
Premios XVII Festival de La Habana: mejor ópera prima

Crítica ▬▬▬▬▬▬
Público ▬▬▬▬▬▬▬

Éxtasis

Maríano **Barroso**   1995

Rober, Max y Ona son tres amigos que comparten el sueño de montar un chiringuito en la playa. Para obtener el dinero, atracan la tienda de los padres de Ona. Cuando encarcelan a Max por el robo, Rober se hace pasar por él ante su padre –Daniel–, un rico director teatral que abandonó a su hijo cuando era niño.

Maríano Barroso es uno de los directores españoles más emblemáticos de la década de 1990. Tras su potente ópera prima *(Mi hermano del alma,* 1993), se atrevió con un guión que de nuevo ahondaba en la psicología de unos personajes complejos envueltos en las dos tramas que configuran el relato. En la primera seguimos las andanzas de tres jóvenes que persiguen un sueño a cualquier precio. Y en la segunda –la más interesante–, las relaciones paterno-filiales entre dos personajes que en realidad no comparten tal vínculo de sangre, pero que se reconocen en esas figuras. Rober es el hijo que a Daniel le hubiera gustado tener: ambicioso y capaz, con su mismo toque amoral.

Daniel dirige los ensayos de *La vida es sueño* de Calderón de la Barca. La elección de esa obra no es casual, ya que el clá-

sico trata de la «vida como representación teatral y apariencia engañosa». *Éxtasis* versa también sobre el poder y la familia, y su tendencia a corromperse. Pero al final no vencen ni los genes ni el dinero, sino el concepto de la amistad.

Éxtasis sigue un ritmo vivo basado en la economía narrativa del uso de elipsis y de un ágil montaje. *Travellings* y encuadres expresivos siguen a un Bardem que, con su mirada de animal herido, recreó a la perfección al joven primario y dispuesto a todo. Un guiño al referente hitchcockiano del doble que acaba creyéndose su personaje. **VK**

España 93 m color
Guión Maríano Barroso y Joaquín Oristrell
Producción Gerardo Herrero (Tornasol Films)
Fotografía Flavio Martínez Labiano
Música Bingen Mendizábal y Kike Suárez Alba
Intérpretes Javier Bardem, Federico Luppi, Silvia Munt, Daniel Guzmán, Leire Berrocal, Alfonso Lusson

Crítica ▬▬▬▬▬
Público ▬▬▬▬▬▬

El día de la bestia

Álex de la Iglesia   1995

España/Italia 103 m color
Guión Álex de la Iglesia y Jorge
Guerricaechevarría
Producción Andrés
Vicente Gómez (Sogetel,
Iberoamericana Films, MG)
Fotografía Flavio
Martínez Labiano
Música Battista Lena
y Def Con Dos
Intérpretes Álex Angulo,
Armando De Razza,
Santiago Segura, Terele Pávez,
Nathalie Seseña,
María Grazia Cucinotta
Premios Goya:
mejor director, mejor actor reve-
lación, mejor dirección artística,
mejor maquillaje y peluquería, mejor
sonido y mejores efectos especiales
Festival Internacional de Cine
Fantástico de Bruselas:
mejor película y mejor director

Crítica ▰▰▰▰▰▭
Público ▰▰▰▰▰▰

Un cura viaja a Madrid tras descubrir un mensaje secreto según el cual el anticristo nacerá la noche de Navidad de 1995
en la capital española. Para averiguar el sitio exacto donde se
cumplirá la profecía, entra en una tienda de discos de *heavy-
metal* y ahí conoce a José María, que lo llevará a la pensión
que regenta su madre. Los dos recorrerán Madrid en busca de
alguna señal que les ayude a encontrar el lugar del nacimiento.
Para ello, recurrirán al presentador de un programa de televisión sobre sucesos paranormales que conoce las claves para
contactar con el maligno, un ser escondido tras las acciones
de unos neofascistas.

El día 20 de noviembre de 1995 se produjo un vuelco en el
cine español. Un bilbaíno que había asombrado con sus cortometrajes al mismísimo Almodóvar –quien ya le había producido su primer largometraje, *Acción mutante*– estrenaba en la
gran pantalla una película que iba a revolucionar nuestro panorama cinematográfico. Apocalipsis, música *heavy*, un cura
que desea contactar con el demonio y un exitoso presentador
de televisión; todo esto y mucho más se mezcló en una cocte-
lera agitada nerviosamente por las inquietas manos de Álex
de la Iglesia. El resultado fue *El día de la bestia*, convertida de
inmediato en película de culto.

El éxito de la propuesta se asienta sobre un sentido del humor sin ningún tipo de prejuicio y una contrastada capacidad
para aglutinar y dar la vuelta a las claves de un género. De
la Iglesia demostró poseer un pulso narrativo contundente e
impecable. La secuencia de apertura es una auténtica declaración de intenciones: dos curas están hablando del diablo en
un plano frontal cuando, repentinamente, una cruz gigante cae
sobre uno de ellos. De la Iglesia no le temía a nada ni a nadie,
y con *El día de la bestia* no sólo demostró que el cine español
podía romper con los moldes, sino que asentó también las bases de su cine: una crónica esperpéntica del universo íbero en
la que ya aparecía la que sería su musa, Terele Pávez.

El día de la bestia es sin duda la película con el imaginario
más fascinante y potente del cine español de los noventa: las
torres Kio convertidas en icono, la representación final del diablo –una bestia mitad hombre y mitad animal, de aires surrealistas– o la tendencia, tan propia de su director, a desarrollar
escenas de acción en lo alto de los edificios, como cuando el
irrisorio trío salvador se encarama en lo alto de un luminoso
anuncio de neón, algo similar a lo que ocurriría en *La comunidad*. Además, descubría a uno de los nuevos iconos de la comedia gruesa, Santiago Segura, y se aventuraba en el terreno del
thriller urbano, finiquitando de una vez por todas la tendencia
de un cierto cine español a mirar hacia el drama rural. Por si
fuera poco, entre el gamberrismo y la acción *gore* teñida de
sangre, se colaba un mensaje profundamente político. **VK**

Nadie hablará de nosotras cuando hayamos muerto

Agustín **Díaz Yanes**   1995

España 100 m color
Guión Agustín Díaz Yanes
Producción Edmundo Gil
(Flamenco Films/Xaloc/Cartel/Renn)
Fotografía Paco Femenia
Música Bernardo Bonezzi
Intérpretes Victoria Abril, Pilar
Bardem, Federico Luppi, Ana Ofelia
Murguía, Daniel Giménez Cacho,
Ángel Alcázar, Saturnino García,
Marta Aura, María Asquerino,
Fernando Delgado
Premios Festival
de San Sebastián:
Premio Especial del Jurado
y Concha de Plata a la mejor actriz
Goya: mejor película, mejor dirección
novel, mejor guión original,
mejor actriz principal,
mejor actriz de reparto,
mejor música y mejor montaje

Crítica ▰▰▰▰▰▰▱
Público ▰▰▰▰▰▰▱

Gloria sobrevive en México ejerciendo la prostitución tras haber abandonado en Madrid a su marido –un torero en coma por una cogida– al cuidado de su suegra. Tras presenciar un violento ajuste de cuentas entre los traficantes para los que trabaja, regresa a España con la intención de dar un golpe y cambiar de vida.

Autor de tres guiones previos protagonizados por Victoria Abril (*Baton Rouge*, 1988, *A solas contigo,* 1990 y *Demasiado corazón*, 1992), Agustín Díaz Yanes consiguió dirigir su primer título gracias al apoyo de la actriz, gran admiradora del trabajo del escritor. *Nadie hablará de nosotras cuando hayamos muerto* supuso un gran éxito de crítica y público y el despegue de la carrera de Díaz Yanes como director. Su esperada segunda película, *Sin noticias de Dios* (2001), no estuvo a la altura de las expectativas y el realizador volvió a decepcionar con *Alatriste* (2006), adaptación cinematográfica del personaje de Arturo Pérez Reverte. Así, *Nadie hablará de nosotras* ha quedado como la joya de su autor y una de las películas más emblemáticas de la década de los noventa.

La grandeza de la ópera prima de Díaz Yanes reside en un sólido guión que descansa sobre los hombros de sus dos protagonistas. Gloria (Victoria Abril) representa a la mujer descarriada (alcohólica y prostituta) que lucha por enderezar su vida con más tesón que suerte. Siempre al borde del abismo, Gloria busca su camino entre matanzas, felaciones, atracos y borracheras. Pero su redención personal está apuntalada por su suegra, doña Julia (Pilar Bardem), mujer fuerte, recta e idealista que la apoya sin desmayo. La relación entre ellas acaba por convertirse en el eje sobre el que gira una trama que comienza vestida de violento *thriller* para virar después hacia el drama. El ejemplo virtuoso de Julia hace que Gloria consiga erguirse desde su arrodillada posición al inicio del metraje (practicando sexo oral por dinero) hasta ponerse de pie gracias al trabajo digno conseguido con su propio esfuerzo. Ambas actrices realizan aquí los dos mejores trabajos de sus respectivas carreras. Victoria Abril dio el do de pecho en un papel escrito a su medida, la talla exacta de esta rotunda intérprete que brilla en los papeles más viscerales y sanguíneos. Pilar Bardem le da la réplica convertida en la roja culta y orgullosamente pobre que ejerce su generosidad desde la contención.

En su primer trabajo como director, Díaz Yanes muestra influencias de los maestros norteamericanos especializados en historias violentas. Un poco de Tarantino (crudeza entre diálogos descarnados), un poco de Scorsese (planos cortos hilvanados por un montaje ágil), un poco de Peckimpah (seco lirismo). Pero, curiosamente, la historia brilla más en las secuencias menos violentas. Es entre las cuatro paredes del modesto piso que comparten Gloria y Julia, en su acercamiento, en su unión en busca de la fuerza, donde la emoción se dispara. Esos disparos no llevan bala. La pequeña radio que Gloria regala a Julia o la merluza que se esfuerza por comprar para agradar a su suegra, se convierten en los proyectiles que derriban los muros entre las dos y que acaban por conquistar al espectador. Dura, tensa, emotiva y esperanzadora. Imprescindible. **AS**

Para recibir el canto de los pájaros

Jorge **Sanjinés**   1995

Bolivia 97 m color
Guión Jorge Sanjinés
Producción Beatriz Palacios
(Grupo Ukamau)
Fotografía Raúl Rodríguez,
César Pérez y Guillermo Ruiz
Música Sergio Prudencio
Intérpretes Geraldine Chaplin,
Jorge Ortiz, Guido Arce,
Lineth Herbás, Marcelo Guzmán,
Cindy Morales, Tatiana Ávila,
Fernando Illanes, Germán Román,
Ángel Rojo, Willy Pérez
Premios Festival de Locarno:
Premio del Jurado de la Juventud

Crítica
Público

Un equipo de realización llega hasta una comunidad indígena andina con la intención de rodar una película sobre los conquistadores españoles del siglo XVI. Como necesitan figurantes nativos para su producción, se ponen en contacto con los líderes de la comunidad, pero nadie parece estar dispuesto a colaborar.

La carrera cinematográfica de Jorge Sanjinés no puede ser más coherente en la persecución de un objetivo: revindicar las culturas andinas menospreciadas por la cultura occidental. Prototipo del cineasta latinoamericano comprometido con los ideales izquierdistas, Sanjinés fundó en los años sesenta el grupo Ukamau, motor de arranque del cine boliviano. Los frutos más destacables de ese empeño colectivo son *Yawar Mallku* (1969) y *La nación clandestina* (1989), ambas rodadas en lengua aymara. En la primera, Sanjinés denunció la campaña de esterilización de mujeres campesinas practicada por el «cuerpo de paz» norteamericano. En *La nación clandestina* –obra maestra del autor y pilar fundamental del cine boliviano y latinoamericano–, Sanjinés narra la historia de Sebastián Mamani, un indígena desarraigado que traiciona a su pueblo y acaba sometiéndose por voluntad propia a una antigua tradición expiatoria. Sebastián limpiará sus ofensas a la comunidad bailando el *Jacha Tata* hasta la extenuación. Esta cinta obtuvo la Concha de Oro en el Festival de San Sebastián y supuso la consagración de su autor como uno de los grandes cineastas sudamericanos.

Obra crepuscular, *Para recibir el canto de los pájaros* condensa el ideario político de Sanjinés, pero lo hace con un enfoque más comercial que en sus anteriores cintas. La historia se presenta en forma de metáfora: el equipo de realización accede al poblado pertrechado de los maletines que transportan cámaras y micrófonos como hicieran los colonizadores portando arcabuces y crucifijos cinco siglos atrás. Los componentes del equipo representan las distintas sensibilidades de la sociedad boliviana blanca y occidentalizada hacia la sometida mayoría indígena. Así, el prepotente y racista Pedro (el productor ejecutivo) reproduce los mismos defectos y prejuicios que la película que están rodando pretende criticar de la conquista española. Frente a él, Fernando (su hermano) trata de establecer un trato de igualdad con los nativos a la vez que se interesa por Rosita, la bonita maestra de la comunidad. Cuando Fernando comprueba que las puertas del poblado no están cerradas con llave, exclama alborozado: «No hay ladrones y no hay tiendas, entonces aquí no existe el neoliberalismo».

Al alternar las imágenes de la película que está siendo rodada con las peripecias vividas por los cineastas durante su rodaje, Sanjinés despliega su visión idílica de una sociedad no corrompida –la aymara– frente a la decadencia capitalista de quienes la retratan. Ingenua pero hermosa, *Para recibir el canto de los pájaros* condensa la obra de un director que entiende el cine como arma de denuncia social. **AS**

El callejón de los milagros

Jorge **Fons**   1995

La película está dividida en cuatro episodios que tienen como escenario principal el callejón de Los Milagros, situado –supuestamente– en pleno centro del Distrito Federal. Los protagonistas de estos episodios comparten sus historias. Rutilio, que da título al primero, es el dueño de un bar y experimenta un cambio en su sexualidad. Tiene un hijo, Chava, amigo íntimo de Abel, un peluquero enamorado de Alma, protagonista principal del episodio homónimo. Susanita –tercer episodio– es la casera solterona que se enamora del joven camarero del bar. El último episodio, titulado «El retorno», narra el reencuentro entre estos y otros personajes.

El escritor Vicente Leñero adaptó con pericia la novela del escritor egipcio Naguib Mahfuz, cuya acción sucede en El Cairo en la década de 1940, trasladándola al México de los noventa. Tanto la película como la novela presentan fragmentos de la vida de unos personajes un tanto desamparados, habitantes de un barrio deprimido.

La estructura de este melodrama –en el que no faltan momentos de comicidad y ternura– es muy interesante, ya que la división entre un episodio y otro no es neta, sino que las historias entrecruzadas se hilvanan una con la otra e incluso se repiten. Pero las escenas a las que se vuelve cíclicamente no son exactamente las mismas, porque la cámara las enfoca desde diferentes ángulos. El tiempo narrativo vuelve en cada episodio hacia atrás, hasta el momento en que cuatro personajes juegan una partida de dominó, y desde ahí arranca nuevamente. Los protagonistas principales de un episodio son los secundarios de otros. Todos muy creíbles debido a la excelente dirección de actores ejercida por Jorge Fons. **AC**

México 140 m color
Guión Vicente Leñero
Producción Alfredo Ripstein Jr.
Fotografía Carlos Marcovich
Música Lucía Álvarez
Intérpretes Ernesto Gómez Cruz, Salma Hayeck, María Rojo, Bruno Bichir, Juan Manuel Bernal, Margarita Sanz

Crítica
Público

Tierra

Julio **Medem**   1996

Un forastero visionario, mitad ángel y mitad humano, llega a una zona vinícola para acabar con una plaga de cochinilla. Allí conoce a dos mujeres muy diferentes que sacuden su compleja personalidad.

Tras plantear las bases de su original propuesta cinematográfica, Julio Medem desplegó sus obsesiones en la más sugerente de sus películas hasta la fecha. *Tierra* (algo así como si Bergman hubiese dirigido la *Ciencia del sueño* de Michel Gondry a mediados de los noventa) apareció en un momento en que el cine español necesitaba un recambio generacional. Medem, cineasta del tiempo, científico narrativo y funambulista formal, se convirtió en la gran esperanza del cine español.

El film parte de un concepto metafísico –la angustia existencial–, incorpora una complejidad que le insufla aún más vuelo –la víctima de este desasosiego padece desdoblamiento de personalidad–, para acabar aferrándose a lo terrenal –el amor–. Así, el conflicto cósmico deja lugar a una preocupación individual. El dilema del protagonista entre Mari (la pasión) y Ángela (la candidez) refleja la lucha interna por acabar con sus dudas y tomar el control sobre su personalidad. El proceso es doloroso, pero al fin pierde el miedo, se acepta a sí mismo y asume la irreversibilidad de la muerte. Con una estructura opuesta a lo habitual. *Tierra* parte de lo abstracto para llegar a lo concreto. Y su lógica, lejos de seguir la evolución convencional, se ciñe a la conciencia de una mente enferma. Si a todo ello se le suma la densa atmósfera generada por la partitura, la fotografía y el paisaje, el film acaba por ubicarse en un extraño limbo entre la filosofía y el cuento. **JT**

España 125 m color
Guión Julio Medem
Producción Sogetel, Lola 2002
Fotografía Javier Aguirresarobe
Música Alberto Iglesias
Intérpretes Carmelo Gómez, Emma Suárez, Silke, Karra Elejalde, Nancho Novo, Pepe Viyuela, Txema Blasco, Ane Sánchez, Vicente Haro, César Vea, Juan José Sánchez
Premios Goya: mejor música original, mejores efectos especiales

Crítica
Público

Bajo la piel

Francisco J. **Lombardi** 1996

Perú/España 107 m color
Guión Augusto Cabada
Producción Gerardo Herrero y
Javier López Blanco (Tornasol Films,
Pandora Films e Inca Films)
Fotografía Teo Delgado
Música Bingen Mendizábal
Intérpretes José L. Ruiz
Barahona, Ana Risueño,
Diego Bertie, Gianfranco Brero,
Jorge Rodríguez Paz, Gilberto Torres
Premios Festival de San
Sebastián: Concha de Plata

Crítica
Público

En Palle –pueblo al norte del Perú–, el comisario Percy Corso investiga, con la ayuda de una atractiva forense, una serie de crímenes que parecen seguir los ritos de los moches, una sanguinaria civilización precolombina.

Francisco J. Lombardi se alejó de sus habituales adaptaciones literarias *(La ciudad y los perros* de Vargas Llosa, 1985) o reconstrucciones de hechos reales *(En la boca del lobo*, 1988) para crear esta ficción de atípico cine negro. Aunque los personajes son estereotipos del género –policía, forense, asesino en serie–, la ubicación de la trama en un árido y remoto escenario presidido por un yacimiento arqueológico del siglo IV otorga a la cinta un exótico encanto. Ese polvoriento pueblo de deshabitadas calles sin asfaltar, rodeado de un desierto de apariencia lunar, acaba por convertirse en uno de los protagonistas de esta entretenida película.

La historia sigue los patrones más clásicos del género. Así, un policía honesto y pacífico queda subyugado por una mujer libre que actúa sin prejuicios y que acabará arrastrándolo a una situación que no podrá controlar. Los crímenes que investigan juntos pronto quedarán en un segundo plano para adentrarnos en una relación minada por el complejo de inferioridad del policía. Es una lástima que la pareja protagonista no desprenda la química que el guión requería. Pero Lombardi mantiene la función en alto hasta el final, con su reconocible estilo seco –acorde con trama y escenario–, haciendo uso de las técnicas narrativas tradicionales de la novela y el cine negro. Las mentiras de sus dos protagonistas convierten el sorprendente desenlace en un interesante dilema moral. **AS**

Familia

Fernando **León de Aranoa** 1996

España 94 m color
Guión Fernando León de Aranoa
e Ignacio del Moral
Producción Elías Querejeta
Fotografía Alfredo F. Mayo
Música Stéphane Grapelli
Intérpretes Juan Luis Galiardo,
Amparo Muñoz, Elena Anaya,
Chete Lera, Raquel Rodrigo

Crítica
Público

Aviso: si usted no ha visto *Familia*, vuelva a esta página cuando la haya visto, a menos que no le importe que le destripen el argumento. ¿Ya la ha visto? Pues vamos a allá. Santiago –un soberbio Juan Luis Galiardo– desayuna con su familia el día de su cumpleaños. Todo es normal hasta que su hijo pequeño le regala una pipa y monta en cólera: «Deberías saber que no fumo. Además, yo no quería a un hijo gordo. Ni con gafas. Mira que lo advertí. Estás despedido». En ese momento, muy al comienzo del metraje, el espectador descubre que la supuesta familia (mujer, madre, hermano, cuñada, y tres hijos) forman parte de una compañía teatral contratada por él mismo para que se hagan pasar ese día por su familia. La entrada en escena de una mujer que pincha la rueda del coche en la puerta de la casa dará, además, una vuelta de tuerca a la situación.

Familia fue el brillante debut de Fernando León. Brillante como director y, sobre todo, como guionista de un mecanismo de relojería. Mediante una precisión cargada de naturalidad, el guión juega con la realidad y la ficción hasta difuminar sus fronteras. Muchas veces los personajes y el espectador no saben en qué nivel se encuentran, si en la vida real o en la función de teatro. Con todo, la inteligencia de la trama y el trabajo de los actores, hace que sus virtudes vayan más allá del mero efecto sorpresa. Dentro de su género es una pieza casi perfecta. Aun así, León supo sacudirse su propia brillantez y arriesgar en películas de mayor enjundia, aunque más imperfectas, como *Barrio, Los lunes al sol* o *Princesas*. De hecho, el giro social de sus siguientes filmes ha dejado *Familia* como una estupenda *rara avis* dentro de su filmografía. **JRM**

Profundo carmesí

Arturo **Ripstein**   1996

México/Francia/España
114 m color
Guión Paz Alicia Garciadiego
Producción Miguel Necoechea,
Pablo Barbachano, José María
Morales, Marin Karmita
Fotografía Guillermo Granillo
Música David Mansfield
Intérpretes Regina Orozco,
Daniel Jiménez Cacho,
Marisa Paredes, Julieta Egurrola,
Patricia Reyes Espíndola,
Rosa Furman
Premios Festival de Venecia:
mejor música, mejor guión,
mejor ambientación
Oscar: nominada a mejor película
de habla no inglesa
Festival de Sundance:
mención de honor

Crítica
Público

Coral es una enfermera regordeta, insatisfecha de la vida y madre de dos niños. A través del correo sentimental de una revista se relaciona con Nicolás Estrella, que vive de seducir y estafar a las mujeres que le escriben. Estas dos almas solitarias terminan tundidas en un amor loco. Coral deja su profesión y hasta a sus hijos para unir su destino al de Nicolás, y se establece entre ellos una relación de mutua dependencia. La complicidad en el asesinato de las mujeres engañadas va creando entre ellos lazos cada vez más fuertes.

Este melodrama brutal y descarnado está basado en una historia verídica sucedida en Estados Unidos, y que ya había sido tema de un film de serie B, *Asesinos de la luna de miel (The Honeymoon Killers,* rodada por Leonard Kastele en 1970). Ripstein trasladó la acción al territorio mexicano, más precisamente a la zona desértica de Sonora, una elección que le sirve para acentuar el clima de desolación.

En los comienzos de su carrera cinematográfica Arturo Ripstein fue asistente de Luis Buñuel, de quien se considera deudor; comparte con su maestro el gusto por lo esperpéntico, la provocación y el humor negro. *Profundo carmesí* significó la consagración internacional de Ripstein, que ya llevaba filmando más de 30 años en su México natal. En un reportaje, con motivo de la presentación de esta película en el Festival de Cine de Venecia, manifestó: «Siempre me han gustado los personajes marginales. Me interesa el lado oscuro del corazón de los hombres y la conciencia negra». En general, los personajes que pueblan los filmes de este realizador mexicano son una muestra descarnada de la descomposición física y moral de la sociedad.

Apoyada en el notable guión de Paz Garciadiego, colaboradora habitual de Ripstein, la narración tiene en *Profundo carmesí* un fuerte *crescendo* dramático. Lo que en un principio parece una comedia grotesca termina por convertirse en un drama, una pintura sin concesiones de hechos brutales cometidos por una pareja de psicóticos. Un elenco actoral impecable, en el que sobresalen las actuaciones de Regina Orozco, una cantante de ópera y vodevil que Ripstein eligió certeramente para encarnar a Coral, la mujer que sueña con el amor y lo idealiza en la figura del actor Charles Boyer. Frente a ella, Daniel Jiménez Cacho, que compone el logrado personaje de Nicolás, un individuo al que su peluquín le da la seguridad que necesita para sus conquistas y del que no puede prescindir porque sin él se siente desnudo.

La ambientación detallista –en la que abundan los tonos rojizos– y una iluminación que deja grandes espacios en sombras, acentúan la atmósfera opresiva de la acción. En cambio, la música de fondo –un delicado vals– actúa como contraste. En ésta, como en otras películas suyas, Ripstein acude a su recurso estilístico por excelencia, el plano secuencia. Y una vez más, nada es casual en su elección; todos los elementos son fruto de un control extremo de la puesta en escena. **AC**

Tesis

Alejandro **Amenábar**   1996

España 119 m color
Guión Alejandro Amenábar
(basado en un argumento de
Alejandro Amenábar y Mateo Gil)
Producción José Luis Cuerda
(Producciones del Escorpión)
Fotografía Hans Bürmann
Música Alejandro Amenábar
Intérpretes Ana Torrent,
Fele Martínez, Eduardo Noriega,
Xavier Elorriaga, Miguel Picazo,
Nieves Herranz, Rosa Campillo,
Francisco Hernández, Rosa Ávila
Premios Goya: mejor película,
mejor director novel, mejor guión,
mejor montaje,
mejor actor revelación

Crítica
Público

Ángela, una estudiante universitaria que está preparando su doctorado sobre la violencia en el audiovisual, recurre a su director de tesis para que le consiga películas prohibidas. Al día siguiente, el profesor aparece muerto en la sala de visionado de la facultad. Ángela roba la cinta que provocó el fallo cardiaco y solicita ayuda a Chema –un compañero coleccionista de cine gore– para descubrir al autor de la grabación.

Alejandro Amenábar (Santiago de Chile, 1972) contaba con tan sólo 23 años cuando su profesor José Luis Cuerda decidió producir su primer guión. Tras rodar dos cortometrajes (Himenóptero y Luna) y sin acabar la carrera de Imagen y Sonido, Amenábar se lanzó a escribir, dirigir y componer la música de su ópera prima. El resultado de tanta precocidad es esta Tesis, un entretenido thriller concebido y rodado a la manera del estilo comercial norteamericano. Obtuvo un gran éxito de público, el respeto de la crítica y supuso el pistoletazo de salida del realizador más completo de su generación.

La idea principal sobre la que se articula Tesis se escucha en palabras de uno de los profesores de Ángela: «Hay que dar al espectador lo que el espectador quiere ver». Pero Amenábar no elabora una densa hipótesis sobre los límites del creador de imágenes, prefiere tejer una historia de clásico cine negro ambientada en los mismos pasillos de la facultad donde estudió. Partiendo de un guión bien resuelto, que administra los giros de la trama hasta un clímax oscuro, Amenábar construye tres protagonistas con entidad. Desatendiendo la recomendación hitchcockiana de desvelar desde el principio al villano, Ángela

es la «buena» que se debate entre los dos posibles «malos» que se alternan como autores del «quién-lo-hizo». Como detalle interesante de construcción de personajes cabe señalar la secuencia en la que vemos a Chema con los ojos de Ángela a la vez que escuchamos la música clásica de sus auriculares. A continuación vemos a Ángela con los ojos de Chema y su música heavy pegada al oído en un logrado intercambio de miradas subjetivas con fondos musicales dislocados que acaban por subrayar sus personalidades de una forma sintética y muy efectiva. Con una puesta en escena sobria y utilitaria, pero siguiendo el ritmo del cine de suspense americano, Amenábar redondeó su ópera prima con una buena dirección de actores entre los que destaca un Fele Martínez que supo darle a su personaje toda la ambigüedad que el guión requería.

La película rastrea la posibilidad de la existencia de las snuff-movies, grabaciones de mutilaciones y ejecuciones reales destinadas al comercio ilícito para los sádicos más enfermos. Pero Amenábar hace un cine para grandes audiencias y tiene la delicadeza de dejar fuera de campo las imágenes más desagradables. Mejor perseguir el morbo que mostrarlo.

Tesis es la brillantísima demostración de que se puede hacer cine comercial de alta calidad sin demasiados medios si hay detrás un talento generador de buenas ideas. Las siguientes realizaciones de Amenábar confirmaron que el cine español cuenta con un primera espada capaz de sorprender (Abre los ojos), asustar (Los otros), emocionar (Mar adentro) y exportar (todas ellas). **AS**

Sol de otoño

Eduardo **Mignogna**   1996

Argentina 105 m color
Guión E. Mignogna y S. C. Oves
Producción Lita Stantic
Fotografía Marcelo Camorino
Música Eduardo Rudnitzky
Intérpretes Norma Aleandro,
Federico Luppi, Jorge Luz, Cecilia
Rossetto, Roberto Carnaghi
Premios Goya: mejor película
extranjera de habla hispana
Festival de San Sebastián: Concha
de Plata a la mejor actriz
5 Cóndor de Plata

Crítica
Público

«Señora joven desea relacionarse con caballero de mediana estatura, entre 55 y 60 años, que sea completamente libre, con posición económica definida, de carácter suave, pero firme, culto, pulcro, de moral intachable, que sienta la soledad en toda su dimensión para ofrecerle amistad con fines serios.» Así reza el aviso que Clara Goldstein publica en un periódico porteño. Pero eso no es todo: debajo del texto hay una estrella de David. Tras la llamada de un candidato, Clara acuerda una cita. A partir del encuentro, el hombre se esmera por cumplir los requisitos; pero uno de ellos, que no depende de su voluntad, será el escollo y el puente entre estas dos almas deseosas de amor.

Historia urbana, íntima y esencialmente romántica, *Sol de otoño* trae a la memoria el cine argentino sentimental que tanto éxito tuvo en las décadas de 1940 y 1950. El film sigue los pasos de la más clásica comedia romántica, en la que diversos y a veces inverosímiles obstáculos se interponen entre quienes intentan construir un vínculo amoroso. En esta ocasión, la pretendida y el pretendiente son seres maduros, aquejados por el insidioso efecto de la soledad, que deciden poner a rodar sus energías –y también sus fantasías– para hallar alguien con quien compartir sus vidas. La tarea no es fácil, porque aquel que aparece no siempre es el esperado. En ese espacio de la sorpresiva decepción es donde Eduardo Mignogna amplifica su mirada. Y lo hace a través de un guión que ahonda en la calidez humana y se sumerge en el universo de la madurez. Los frecuentes primeros planos de Federico Luppi y Norma Aleandro demuestran la solvencia actoral de estos intérpretes y dan intensa emotividad a la película. **RB**

Abre los ojos

Alejandro **Amenábar**   1997

España/Italia 117 m color
Guión Alejandro Amenábar
Producción Las producciones
del Escorpión, Sociedad General
de Cine, Alain Sarde y Lucky Red
Fotografía Hans Bürmann
Música A. Amenábar y M. Marín
Intérpretes Eduardo Noriega,
Penélope Cruz, Chete Lera,
Fele Martínez, Najwa Nimri,
Gerard Barray
Premios Festival de Berlín:
mención especial director novel

Crítica
Público

César es un joven afortunado, vive de manera acomodada gracias al negocio de sus difuntos padres y disfruta de su éxito con las mujeres. La noche de su cumpleaños su mejor amigo se presenta en la fiesta con Sofía, una estudiante de interpretación. César enseguida se fija en ella y deja plantada a Nuria, su última conquista, para irse a casa de Sofía a pasar la noche. A la mañana siguiente, Nuria lo está esperando en la calle, lo obliga a subirse a su coche y conduce a toda velocidad hasta que ambos se estrellan. Tras el accidente, el rostro de César queda completamente desfigurado. Empieza entonces una auténtica pesadilla en la que nada es lo que parece y la realidad se confunde con las alucinaciones.

Abre los ojos es una suerte de *La vida es sueño* cinematográfica. Alejandro Amenábar, el niño prodigio del nuevo cine español, jugó con la vigilia y la ensoñación para brindar un *thriller* nacional que miraba sin prejuicios a los clásicos hitchcockianos a la vez que abría un nuevo horizonte hacia el cine de género de nuestro país, con imágenes como la del encuentro final con las torres de la puerta de Europa de fondo (quizá el edificio más emblemático del cine fantástico patrio, pues aparecía también en *El día de la bestia*).

Abre los ojos puso el nombre de Amenábar en la agenda de Hollywood, donde encandiló a la pareja formada por aquel entonces por Tom Cruise y Nicole Kidman. La película tuvo su *remake* americano, *Vanilla Sky*, protagonizado por Cruise, y Kidman fue la protagonista de la primera película en inglés del director, *Los otros*, nuevamente un filme de género. El cine español abría los ojos y se daba cuenta de que todo era posible. **VK**

Secretos del corazón

Montxo **Armendáriz** 1997

A principios de los años sesenta, Javi –de 9 años– y su hermano Juan –ya adolescente– viven con sus dos tías solteronas en Pamplona. Cuando llega la Semana Santa, los dos muchachos se van de vacaciones a su pueblo, en la montaña navarra. Allí Javi descubrirá los secretos, celosamente guardados, de su propia familia.

Secretos del corazón es la quinta película de Montxo Armendáriz, que se estrenó con *Tasio* (1984), y que ha realizado una carrera no muy numerosa en títulos pero de una gran calidad media. Sus películas más logradas están ambientadas en un entorno que él conoce bien: la Navarra rural. Su estilo está basado en una línea narrativa clásica sin estridencias, con guiones bien elaborados que presentan a personajes inocentes (Tasio, Alou, Javi) en conflicto con su entorno.

Armendáriz nos cuenta, en voz baja, una historia de iniciación. A través de la ingenua mirada de Javi asistimos al difícil tránsito de la niñez a la edad adulta. Pero el director navarro evita el dolor, el sufrimiento y los dramas. Javi es un niño curioso y preguntón que descubre y acepta. Descubre el significado de la palabra *chingar* y acepta el amor de los adultos.

Uno de los muchos puntos fuertes del Armendáriz guionista es su gran capacidad para componer personajes secundarios sólidos y con alma, que no viven solamente para dar la réplica al protagonista. Están, pero también son. Y es a través de ellos como se conforma este universo narrativo hasta ser reconocible y creíble. Javi no aceptaría lo que descubre si no fuera porque convive con dos tías solteronas que afrontan de modo antagónico su relación con los hombres. O si el personaje del abuelo, abrumado por lo sucedido, no resultase un ser amargado y derrotado. Hay, incluso, un secundario, que no aparece nunca en pantalla –el padre de su amigo Carlos–, que también aporta su lección al niño aprendiz. Esa rica escritura de personajes es la que hace posible que todo el elenco brille muy por encima de lo habitual. La mirada tierna de Javi –un natural Andoni Erburu– está bien acompañada del simpático Carlos –brillante Íñigo Garcés– y de su intrigante hermano –meritorio Álvaro Nagore–. Los actores adultos se adueñan de sus personajes; entre ellos destaca la premiada Charo López en su composición de bebedora solterona que sabe subirse a su último tren.

Otro de los puntales de esta cinta es su magnífica reconstrucción histórica; el equipo de dirección artística supo recrear el tiempo de la acción: interiores austeros iluminados por bombillas de 40 watios que hablan de un pasado de estrecheces. La serenidad de la propuesta formal acompaña bien el tono intimista de la historia.

Secretos del corazón está llena de puertas a medio abrir, divertidas y tiernas escenas infantiles, retratos rurales con vacas, perros y misas de pueblo, estaciones de autobuses de las de antes, zapatillas desgastadas por los dos lados, telarañas metafóricas... y un niño curioso que lo mira todo con la elegante fotografía del maestro Aguirresarobe, suavemente subrayada por la música sensible de Mendizábal. Amable película en la que tan sólo chirrían –y bien– las puertas que esconden los secretos. **AS**

España 104 m color
Guión Montxo Armendáriz
Producción Ariane Films/
Aiete Films
Fotografía Javier Aguirresarobe
Música Bingen Mendizábal
Intérpretes Andoni Erburu,
Carmelo Gómez, Silvia Munt,
Charo López, Vicky Peña, Álvaro
Nagore, Íñigo Garcés, Joan Vallés
Premios Festival de Berlín:
Premio Ángel Azul a
la mejor película europea
Goya: mejor actriz de reparto,
mejor actor revelación, mejor sonido,
mejor dirección artística
Oscar: nominada a mejor película de
habla no inglesa

Crítica ▰▰▰▰▱
Público ▰▰▰▰▱

Martín (Hache)

Adolfo **Aristarain**   1997

Argentina/España

134 m color

Guión Adolfo Aristarain
y Kathy Saavedra

Producción Adolfo Aristarain,
Javier López Blanco,
Gerardo Herrero
(Tornasol Films S.A.)

Fotografía Porfirio Enríquez

Sonido Goldstein y Steinberg

Intérpretes Federico Luppi,
Eusebio Poncela, Cecilia Roth,
Juan Diego Botto, Ana María
Picchio, Sancho Gracia,
Enrique Liporace

Premios Festival de San
Sebastián: mejor actor
4 Cóndor de Plata,
entre ellos: mejor director

Crítica
Público

Martín Echenique es un director de cine porteño, escéptico y gruñón, que desde hace dos décadas vive en Madrid. Lleva tiempo sin que ningún proyecto cinematográfico lo entusiasme, pero en el horizonte se vislumbra uno que parece tentarlo. Cuando pone a rodar las ideas para llevarlo adelante, es sorprendido por un episodio familiar que altera sus planes. Una noche, su hijo Martín, de 19 años, que vive en Buenos Aires con su madre y responde al sobrenombre de Hache, se excede en el consumo de drogas y es hospitalizado por una grave crisis. Martín se traslada de inmediato a la capital de Argentina; pero cuando llega el momento del regreso, su exesposa lo convence de que se lleve al desanimado joven a Madrid por un tiempo. Martín se resigna ante los acontecimientos, mientras que Hache no manifiesta gran entusiasmo por el viaje; sabe que su madre se lo ha quitado de encima y que él es casi un desconocido para su padre. Sin embargo, la convivencia en Madrid marcará un antes y un después en la vida de ambos.

Desde que dejó de lado el género policial –a partir de *Un lugar en el mundo* (1992)–, Adolfo Aristarain se dedicó a contar historias sobre conflictos íntimos, vínculos de familia contradictorios y dialécticas entre generaciones. *Martín (Hache)* se inscribe en esta serie de dramas reflexivos del director, en los que el guión muestra una gran preocupación por plantear preguntas a las que los personajes responden mediante diálogos introspectivos y conceptuales, a veces descarnados y otras humorísticos. En este caso, la reflexión se centra en la relación entre un padre y un hijo enfrentados por diferencias generacionales, pero sobre todo por la dificultad para saldar una afectividad que quedó fracturada en algún momento del pasado. El padre (encarnado por Federico Luppi, quien se ha convertido en auténtico *alter ego* del realizador) pretende de forma implacable que el chico sea otro, alguien diferente de quien es. El hijo (que desborda frescura y candidez en la interpretación de Juan Diego Botto) pelea por construir su identidad de manera autónoma, al tiempo que necesita la aprobación de un padre que un día decidió dejar de llamarlo Martín para comenzar a nombrarlo simplemente Hache (hijo), y así diferenciarlo de él.

El estímulo para que estos dos seres puedan conectarse viene, finalmente, de afuera. Lo proporcionan Dante (Eusebio Poncela) y Alicia (Cecilia Roth), el amigo libertino y la novia de Martín (padre), quienes en todo momento se esmeran por traducir las palabras y los sentimientos del joven. Implicados en la propia trama afectiva, estos dos personajes –que aunque funcionan como bisagra aportan universos propios de gran intensidad– quedarán atrapados en el desenlace de la historia de una manera determinante. Con un amplio predominio de primeros y medios planos, *Martín (Hache)* es un film que se apoya sobre todo en un elaborado guión y en cuatro actuaciones de gran vitalidad que logran atrapar de forma continuada la atención del espectador. **RB**

La buena estrella

Ricardo **Franco** 1997

España/Francia/Italia
101 m color
Guión Ricardo Franco
y Ángeles González-Sinde
Producción Pedro Costa
y Enrique Cerezo
Fotografía Tote Trenas
Música Eva Gancedo
Intérpretes Antonio Resines,
Maribel Verdú, Jordi Mollá,
Ramón Barea
Premios Goya: mejor película,
mejor director, mejor guión original,
mejor música y mejor actor

Crítica ▰▰▰▰▰▱▱
Público ▰▰▰▰▰▰▱

Rafa, un carnicero de barrio, vuelve de madrugada del matadero cuando se encuentra en la calle con una chica, Marina, a la que su compañero Daniel le está dando una paliza. El agresor huye y Rafa se lleva a Marina a su casa después de pasar por el hospital.

Nace así un triángulo que, además de la suma de tres personas, es el choque de dos mundos. Por una parte, Rafa, un cincuentón soltero, castrado a consecuencia de un accidente, que vive con las persianas bajadas y cuya vida se reduce a trabajar en la carnicería, jugar al ajedrez con el cura del barrio y salir al campo los domingos con una pareja amiga. Los otros dos ángulos los ocupan Daniel y Marina, tuerta desde niña y embarazada de Daniel, que se conocieron en un orfanato. Todo lo que es orden en la vida de Rafa es desorden en la de los otros dos protagonistas: entradas y salidas del hospicio, temporadas de Daniel en la cárcel, trapicheos... En casa de Rafa, Marina parece encontrar un refugio en el que nacerá su hija, a la que ponen por nombre Estrella y a la que Rafa reconoce como hija suya. Marina, no obstante, advierte: Daniel volverá. Un día, en efecto, Daniel sale de la cárcel y termina llamando, malherido por una paliza, a la puerta de Rafa. Se instala en la casa por unos días que se convierten en semanas. La tensión se corta. Daniel no quiere ataduras pero ronda a Marina. Rafa quiere a Marina pero necesita que ella elija. Y Marina los quiere a los dos. Cuando Rafa le dice que eso es imposible, ella, en uno de los diálogos clave de la película, contesta: «¿Por qué es imposible? A mí me pasa».

La buena estrella es casi una película de cámara (pocos actores, pocos escenarios) cuya fuerza reside en la soberbia interpretación de sus actores. Destaca, por la dificultad de componer un personaje verosímil, el trabajo de Jordi Mollá (al que estaba originalmente destinado el papel de Resines). Desde el aspecto físico hasta los mínimos gestos, todo contribuye a hacer creíble en el papel de quinqui a un actor hasta entonces acostumbrado a interpretar roles de niño pijo *(Jamón jamón, Historias del Kronen)*.

Un guión medido al milímetro sustenta una película levantada sobre escenas en la que la verosimilitud se juega en cada réplica. Quizás las únicas flaquezas residan en el epílogo del film y en la voz en *off* que cierra la historia.

Basada en hechos reales, *La buena estrella* supuso la consagración popular de Ricardo Franco, que había dirigido títulos como *El desastre de Annual* (1970), *Pascual Duarte* (sobre la novela de Camilo José Cela, 1975), *El sueño de Tánger* (protagonizada por Maribel Verdú en 1986) y *Después de tantos años* (secuela de 1994 de la mítica *El desencanto*, la obra de Jaime Chavarri sobre los hermanos Panero). Tras *La buena estrella* filmó *Lágrimas negras*, que se estrenaría de forma póstuma. Junto a Franco, firma el guión Ángeles González-Sinde, que hace un cameo en la cinta y que más tarde debutaría como directora con *La suerte dormida* (2003), a la que seguiría *Una palabra tuya* (2008). **AZ**

Cien años de perdón

Alejandro **Saderman**   1998

Durante un reencuentro navideño, un grupo de cuatro amigos de infancia tomará la decisión de robar un banco como solución a sus problemas financieros. Todos ellos pasan por momentos bajos y se ven a sí mismos como un hatajo de perdedores. Si consiguen su objetivo, recuperarán la autoestima. Y sin problemas de conciencia, porque como dice el refrán: «Ladrón que roba a ladrón tiene cien años de perdón».

De origen argentino, Alejandro Saderman se instaló en Venezuela en 1977 huyendo de la dictadura militar. Al llegar a Caracas se encontró con una industria cinematográfica en pleno esplendor por la eclosión de los petrodólares. Tras realizar numerosos trabajos publicitarios y documentales para la televisión venezolana le llegó la oportunidad de rodar su primer largometraje de ficción en 1993 con *Golpes a mi puerta*, basado en una obra teatral de Juan Carlos Gené.

Cien años de perdón se desarrolla en la Venezuela de la depresión económica previa al gobierno de Chávez y refleja bien el clima de hartazgo popular que vivía el país por la crisis bancaria que llevó a la ruina a muchos venezolanos. Con un planteamiento de comedia agridulce la trama comienza pre-

sentándonos a los improbables atracadores: cuarentones de clase media, arruinados y con problemas de pareja. Si bien el guión no es de una gran originalidad y presenta ciertas lagunas, la escritura de personajes es loable y el trabajo interpretativo más que digno. Pero la gran baza de esta película es su don de la oportunidad. *Cien años de perdón* contiene una explícita denuncia contra todos los estamentos del poder político y económico inmersos en la corrupción que acabaron por abrir las puertas al populismo de Chávez. **AS**

Venezuela 100 m color
Guión Carlos González
y Henry Herrera
Producción Alejandro Saderman
Fotografía Hernán Toro
Música Julio D'Escriván
Intérpretes Orlando Urdaneta,
Daniel Lugo, Diego Rísquez,
Aroldo Betancourt, Basilio Álvarez,
Mariano Álvarez, Llluz Peraza,
Flavio Caballero, Alicia Plaza

Crítica
Público

El abuelo

José Luis **Garci**   1998

El anciano conde de Albrit regresa a España tras una ruinosa aventura en América. Su único hijo ha muerto y su nuera se niega a desvelar el enigma que le mortifica: cuál de sus dos nietas es su auténtica heredera.

Hay que reconocerle a Garci el mérito de haber reunido a dos grandes de la cultura española: Galdós y Fernán-Gómez. *El abuelo* ya había sido adaptada anteriormente, pero aquí se desborda, como un torrente, el enorme genio del actor, que acaba fagocitando al personaje. Este furibundo abuelo de me-

lena blanca (una mezcla entre Tolstoi y Walt Whitman, según Garci) emprende un viaje físico (a su vetusta Jerusa natal) que será, a la vez, espiritual. En la búsqueda de la última heredera de su crepuscular saga, cambiará los caducos valores del honor y la *grandeur* por los del amor y la amistad. Amor, el que le demuestran sus nietas, sea cual sea la bastarda. Amistad, la que se fragua con el bonachón Pío Coronado, al que dota de vida y fragilidad el gran Rafael Alonso. Juntos forman un dúo a la altura de las grandes parejas de la literatura española, de don Quijote y Sancho Panza a Max Estrella y don Latino.

El enfrentamiento entre el viejo *gatopardo* y su nuera (mujer, extranjera y adúltera), se construye a partir de la clásica dialéctica entre lo Viejo y lo Nuevo: la desaparición de una clase –la aristocracia– por el empuje de otra –la burguesía–, que no se adivina muy distinta.

El film, que empieza en un artificial decorado (entre Dreyer y Ophüls), parece emular la progresiva apertura al mundo de su personaje principal, desplegándose hasta alcanzar ese final luminoso al borde del acantilado, un lugar a medio camino entre el cielo y el mar. **MA**

España 147 m color
Guión J. L. Garci y H. Valcárcel,
basado en la novela de Pérez Galdós
Producción Luis María Delgado
(Nickel Odeon)
Fotografía Raúl Pérez Cubero
Música Manuel Balboa
Intérpretes Fernando Fernán-
Gómez, Rafael Alonso, Cayetana
Guillén Cuervo, Agustín González
Premios Oscar: nominada a mejor
película de habla no inglesa
Goya: mejor actor

Crítica
Público

Torrente, el brazo tonto de la ley

Santiago **Segura** 1998

España 99 m color
Guión Santiago Segura
Producción Rocabruno
Fotografía Carles Gusi
Música Roque Baños
Intérpretes Santiago Segura,
Javier Cámara, Chus Lampreave,
Neus Asensi, Manuel Manquiña,
Tony Leblanc
Premios Goya: mejor director
novel y mejor actor
de reparto

Crítica ▰▰▰▰▱
Público ▰▰▰▰▰

José Luis Torrente es un policía que patrulla por la noche las calles de Madrid. Racista, machista, grosero, mugriento, fan del Atlético de Madrid y del Fary, vive con su padre paralítico, al que obliga a mendigar. Un día, Torrente descubre que algo raro se cuece en el restaurante chino del barrio y decide investigar el asunto junto a su joven y apocado vecino. Ambos irán inmiscuyéndose en una oscura conspiración, no apta para dos patanes como ellos.

Santiago Segura se sirvió del clásico argumento del policía venido a menos y su torpe aprendiz para dar un vuelco a los clichés cinematográficos y propinar un contundente revés a todos los tópicos españoles. El fútbol, el pan acompañando las comidas, los chistes verdes... todo esto y mucho más está presente en *Torrente*, la saga más popular del cine español. Torrente odia a los negros y a los chinos, no le importa poner a mendigar a su padre paralítico o robar en una tienda mientras unos ladrones están apuntando con una pistola a los dependientes. Torrente es el personaje más bajo y zafio que ha dado el cine español, he aquí su grandeza. Nunca antes se había expuesto lo peor de un país de manera tan sarcástica y directa. El éxito fue tan rotundo que dio dos entregas más, algo menos lúcidas y demasiado evidentes, y en las que la cita resulta más inmediata y que incluyen guiños a algunas de las noticias destacadas de la temporada, como la boda entre el príncipe y la periodista. A la primera parte, en cambio, le bas-

tó con recurrir a los tópicos clásicos del macho español para provocar hilaridad: desde el polvo rápido hasta la música del Fary; el humor de *Torrente* no destacará nunca por su sutileza, sino por una exacerbada utilización del chiste burdo y la broma escatológica.

Segura no dudó en incluir a algunos de sus amiguetes en el reparto: descubrió la comicidad ingenua de Javier Cámara; recurrió a la siempre eficaz Chus Lampreave, uno de los rostros más emblemáticos del cine español; incluyó al gran *showman* de la televisión del momento, Andreu Buenafuente, en el papel de dominguero; tres estrellas como Gabino Diego, Jorge Sanz o Javier Bardem protagonizaron sendos cameos; e incluso rescató, veintitantos años después de que se retirara, a un icono de la comedia hispana: Tony Leblanc.

Conocedor en profundidad de todos los entresijos de la cultura popular española –¿o sería mejor definirla, directamente, como cultura basura?– Santiago Segura maneja a su antojo y con desparpajo el batiburrillo de referencias. Ese mejunje expuesto en *Torrente, el brazo tonto de la ley*, junto al rescate de actores olvidados en algún lugar de la historia cinematográfica patria y el constante juego entre géneros y clichés convierte a Santiago Segura en una suerte de Quentin Tarantino –auténtico *discjockey* de la cultura audiovisual–, en su versión más bruta y castiza. **VK**

Solas

Benito **Zambrano**   1999

España 96 m color
Guión Benito Zambrano
Producción Antonio P. Pérez
(Maestranza Films)
Fotografía Tote Trenas
Música Antonio Meliveo
Intérpretes María Galiana,
Ana Fernández, Carlos Álvarez-
Novoa, Antonio Dechent,
Paco de Osma
Premios Festival de Berlín:
Premio del Público
5 Goya, entre ellos:
mejor director novel
y mejor guión original

Crítica ▰▰▰▰▱
Público ▰▰▰▰▱

Llegada del pueblo y mientras su marido se recupera en el hospital de una operación, Rosa (María Galiana) se instala a vivir en casa de su hija (Ana Fernández), que hace tiempo que dejó el campo por la ciudad.

Desde las primeras secuencias, la tensión se corta en *Solas*. La tensión en que vive una anciana obligada a moverse en un barrio de yonquis y borrachos de whisky DYC y coñac 103 cuyos códigos se le escapan. La tensión entre ella y su marido, un machista que la trata sin respeto alguno («Vieja tonta. Hueles a macho») y al que sólo le une la costumbre y la resignación. La tensión entre padre e hija, más insinuada que explícita, pero fundamental para entender la huida de la hija hacia la capital. Y, por fin, la tensión entre la madre y su propia hija, cuya amargura se transparenta en cada una de sus palabras, de sus silencios y de sus acciones. Y del escenario de todos ellos: un piso húmedo de camas deshechas y ventanas tapiadas, un trabajo temporal como limpiadora nocturna, un embarazo no deseado, el miedo a que el carácter se le agrie hasta convertirse en alguien como su padre. Y el alcoholismo como única escapatoria. La intervención de un vecino de la hija y la propia convivencia entre ambas irá dulcificando una relación marcada por la incomprensión y la soledad. La soledad, sobre todo, de aquellos que viven rodeados de gente a la que hace tiempo que no tienen nada que decir.

Solas supuso el debut como director de Benito Zambrano, un andaluz formado en la Escuela de Cine de San Antonio de los Baños de Cuba (su segundo largo, ambientado en la isla, se tituló *Habana Blues*, 2005). A pesar de un epílogo dulzón que lastra un filme veraz y contenido, *Solas* mezcla con sabiduría la lección del neorrealismo italiano y del cine de crítica social sin perder la profundidad psicológica de los personajes ni caer en el maniqueísmo fácil: ser pobre no garantiza la santidad.

La riqueza de matices corre a cargo de las dos actrices principales, María Galiana y Ana Fernández, catapultadas a la fama (sobre todo la primera, a través de la celebérrima serie de TVE *Cuéntame*) tras el éxito de *Solas*. Fogueadas hasta entonces en el teatro y los doblajes, sus interpretaciones alcanzan una profundidad que sostiene la película entera. *Solas* es una película de actrices y ambas están a la altura de un reto tal en cada uno de sus gestos y de sus diálogos.

Rodada entre Carmona y el barrio de San Bernardo de Sevilla, la cinta, que refleja unas vidas que huelen a cerrado y una realidad que se diría iluminada por una bombilla de 40 watios, se acerca como pocas a un ambiente alejado tanto del supuesto *glamour* de la clase media urbana de tantas películas españolas como del folclorismo habitual en la visión cinematográfica del sur. **AZ**

El chacotero sentimental

Cristián **Galaz**   1999

Chile 88 m color
Guión Mateo Iribarren
Producción Alejandro Castillo y
Roberto Artiagoitia
(Cebra Producciones)
Fotografía Antonio Farias
Música Carlos Cabezas
Intérpretes Roberto Artiagoitia,
Daniel Muñoz, Tamara Acosta,
Claudia Celedón, Lorene Prieto,
Pablo Macaya, Ximena Rivas, Patri-
cia Rivadeneira, Mateo Iribarren
Premios Festival Internacional de
Cine Latinoamericano de Toulouse:
Premio del Público y mejor guión
Festival Internacional de Cine
Latinoamericano de Nueva York:
mejor película

Crítica ▰▰▰▰▰▱▱▱
Público ▰▰▰▰▰▰▱▱

Una tarde cualquiera del programa radiofónico *El chacote-ro sentimental*. El locutor se coloca los auriculares, saluda a la audiencia y da paso a las llamadas de los oyentes. En la primera, un joven cuenta los peligrosos enredos originados por la relación con su vecina, una fogosa mujer casada. En la segunda, una tormentosa historia familiar, llena de amargura, es explicada entre llantos por la hija menor cuando lo peor ya ha pasado. Y en la tercera, un hombre de clase humilde, que vive con toda la familia en un pequeño apartamento, desvela las disputas conyugales para encontrar el momento y el lugar apropiado para mantener relaciones sexuales con su esposa.

Sinónimo de pene, el término *chacotero sentimental* fue asimilado por Roberto Artiagoitia, alias el Rumpy, en 1983, cuando era todavía un *scout* adolescente en un campamen-to de verano. Trece años más tarde, así tituló su programa radiofónico en la emisora Rock&Pop, el más exitoso del dial. Oyentes anónimos de todas las edades y clases sociales narra-ban todo tipo de experiencias, percances y anécdotas de alta carga erótica. Chile entero se paralizaba para oír estas histo-rias que seducían en vivo a la audiencia y que crearon todo un fenómeno mediático de voyerismo auditivo. Gran parte del éxito provenía de Rumpy, conductor del programa, que supo inyectar un estilo fresco, un argot de ocurrentes rodeos y un picante sentido del humor. Por eso, cuando Galaz se lo encon-tró casualmente en un ascensor y le propuso hacer la película, no dudaron en que el locutor se interpretaría a sí mismo.

En un país con valores consumistas e individualistas emergentes, floreció la necesidad de romper ciertos tabúes, de acabar con una sociedad instalada en el doble discurso y en la autocensura que se arrastraba desde la dictadura. Esta cinta, que en su momento fue la más taquillera, es el máximo exponente de una serie de películas que surgieron a partir de 1998, cuando una nueva generación de cineastas que prove-nían del mundo de la publicidad y de los videoclips, irrumpie-ron en el cine chileno para elevarlo a otra categoría. *Taxi para tres* (2001) de Orlando Lübbert o *Sexo con amor* (2003) de Boris Quercia son notorios ejemplos de esta etapa.

Fiel al programa radiofónico, a su espíritu y a su diversi-dad, y basándose en tres llamadas verdaderas, se despliega este tríptico que tiene como nexo común las relaciones afec-tivas. El amor, el sexo, el matrimonio, la sensualidad, la intimi-dad y la infidelidad se entremezclan en estos tres eclécticos mediometrajes. Tres historias descabelladas que acaban por resultar creíbles. Sorprende que este difícil y ambicioso ejer-cicio cinematográfico, este paseo por la comedia, la tragedia y el romance con pequeñas dosis de denuncia social, consiga esta cercanía y autenticidad.

Como diría Rumpy, *El chacotero sentimental* es el particu-lar *champañazo* –sexo oral con eyaculación– de Galaz. Todo un acierto. **GS**

La ley de Herodes

Luis **Estrada**   1999

México 120 m color
Guión Luis Estrada, Jaime Sampie-
tro, Vicente Leñero y Fernando León
de Aranoa, sobre una historia de
Luis Estrada y Jaime Sampietro
Producción Luis Estrada
Fotografía Norman Christianson
Música Santiago Ojeda
Intérpretes Damián Alcázar,
Pedro Armendáriz Jr.,
Delia Casanova, Alex Cox,
Miguel A. Fuentes, Juan Carlos
Colombo, Isela Vega, Leticia Huijara
Premios Ariel: mejor película,
mejor director, mejor guión original,
mejor actor, mejor actor de cuadro,
mejor coactuación femenina,
mejor coactuación masculina,
mejor escenografía, mejor
maquillaje, mejor vestuario
Festival de Sundance:
mejor película latinoamericana

Crítica ▰▰▰▰▰▰▱▱
Público ▰▰▰▰▰▰▱▱

En 1949 –durante el gobierno de Miguel Alemán– es deca- pitado el corrupto presidente municipal de San Pedro de los Saguaros por los habitantes del lugar. Se acercan las elec- ciones y al gobernador no le interesa que haya un escándalo político. Por esa razón ordena a su secretario de gobierno, el licenciado López, que designe un sustituto. El elegido es Juan Vargas, hombre gris del partido e ignorante del oficio político, que llega a San Pedro con su mujer, ambos ilusiona- dos con la nueva posición. De la ilusión pasan a la decepción cuando comprueban que el pueblo es un caserío miserable donde viven un centenar de indígenas que en su mayoría no hablan el español. Vargas tiene planes de hacer progresar el municipio pero las arcas están vacías y cuando solicita ayuda económica a López éste sólo le da un ejemplar de la Constitu- ción y un revólver. Con estos medios, Vargas, que se proponía actuar con honestidad, comienza a transitar el camino de la corrupción.

La ley de Herodes fue víctima de la censura porque su contenido molestó al Gobierno mexicano. Gracias a la presión ejercida por la comunidad cinematográfica y los medios de comunicación, tres meses después se estrenó en medio de un gran revuelo. Los motivos estaban claros. Si bien la acción se desarrolla en la década de 1950, es evidente que se hacía alu- sión a situaciones que aún subsistían, como la falta de escrú- pulos de los funcionarios públicos mexicanos, la hegemonía

de un partido político en el Gobierno –la película se realizó cuando el PRI llevaba 70 años en el poder , la influencia del clero en la población, la hipocresía de la oposición –el médico del PAN–, etc.

En tono de farsa, Estrada hilvana una trama con la que desnuda a los personajes para mostrar lo peor de todos ellos. Gracias a un lenguaje directo y una impecable factura técnica, la cinta se convierte en una sólida denuncia. Resulta destaca- ble el eficaz trabajo de sus intérpretes, entre los que despunta Damián Alcázar, que hace una soberbia caracterización del inocente Vargas y su rápido descenso a la corrupción.

El director rinde un evidente homenaje a Emilio Fernández, *el Indio*, y al operador de muchas de sus películas, Gabriel Figueroa. La meticulosa fotografía, que cuida hasta el más mínimo detalle, retrata los cielos azules con enormes nubes que remiten a las tomas de las nubes de Figueroa. Cuando Vargas se presenta al norteamericano a quien ha pedido ayu- da en la carretera, no lo hace con su nombre sino con el de Emilio Gabriel Fernández Figueroa, y el cochinillo que lleva de regalo a López es una clara alusión al de *María Candelaria*.

Estrada dijo de su película: «he querido hacer reír y a la vez reflexionar sobre el sistema». Y eligió acertadamente la comedia negra y la picardía para mostrar lo patético que puede ser el ejercicio de la política cuando todo vale. Como en el inesperado final de *La ley de Herodes*. **AC**

Todo sobre mi madre

Pedro **Almodóvar**   1999

España/Francia 101 m color
Guión Pedro Almodóvar
Producción El Deseo,
Renn Productions
y France 2 Cinema
Fotografía Affonso Beato
Música Alberto Iglesias
Intérpretes Cecilia Roth,
Penélope Cruz, Marisa Paredes,
Candela Peña, Antonia San Juan,
Rosa María Sardà, Fernando
Fernán-Gómez, Eloy Azorín,
Toni Cantó, Fernando Guillén,
Carlos Lozano
Premios Festival de Cannes:
mejor director
Academia Europea:
mejor película, mejor dirección
y mejor actriz
Oscar: mejor película
de habla no inglesa
Globo de Oro: mejor película
de habla no inglesa
7 Goya, entre ellos:
mejor película, mejor director,
mejor actriz protagonista

Crítica ▬▬▬▬▬▬
Público ▬▬▬▬▬▬

Tras perder a su único hijo, Manuela siente la necesidad de darle la noticia al padre del chico. Por eso, vuelve a Barcelona, de donde huyó embarazada hace dieciocho años. Allí se reencuentra con su pasado, hace nuevas amistades y halla motivos para seguir viviendo.

A mucha gente le entristecería ver de seguido las películas de Cassavettes, porque asistiría, en apenas unos días, al envejecimiento acelerado de la gran Geena Rowlands. Algo similar pasaría con la filmografía de Almodóvar. Sus chicas –Carmen Maura, Loles León, Cecilia Roth o Marisa Paredes– se han convertido, con el tiempo, en mujeres. Siguen sufriendo el desamor con la misma intensidad que al principio, pero se preocupan también por la maternidad, el paso del tiempo o la muerte. Igual que sus actrices y sus personajes –línea casi indivisible en la obra de este director–, el cine de Almodóvar ha madurado con el tiempo hasta alcanzar su cima creativa con *Todo sobre mi madre*.

Las mujeres sufrientes de todas sus películas se unen aquí para crear un universo exclusivamente femenino. Los únicos hombres que aparecen, o bien mueren o bien desaparecen para volver convertidos en mujeres. Así pues, el film es un homenaje a ellas, especialmente a aquellas que, sin ser actrices, han tenido que interpretar para evitar tragedias en su familia. Como decía Lorca, España es un país de grandes actrices. Por eso, en esta cinta las porteras están al mismo nivel que estrellas de Hollywood como Bette Davis, Romy Schneider o Lana Turner.

En *Todo sobre mi madre* el cine ya no aparece únicamente a través de referencias, sino que adquiere el papel protagonista. El cine ha sustituido a la vida, creando un sugerente juego de representaciones. Manuela, por ejemplo, se convierte en actriz involuntaria en varias secuencias: interpreta a Stella en la función de *Un tranvía llamado deseo*, invocando así a la Eva Harrington de *Eva al desnudo*, o se convierte en actriz improvisada en un taller del hospital sobre cómo informar a los familiares de un fallecido.

Esta idea estaba ya en *La flor de mi secreto*. El personaje de Cecilia Roth es una continuación del que Kity Manver interpretó en aquella película. He aquí otro de los procesos que culmina *Todo sobre mi madre*: el juego de referencias cruzadas al propio cine de su autor. Almodóvar es ya un sello, un universo tan reconocible que ni siquiera necesita su nombre –en los créditos aparece directamente «un film de Almodóvar»–. Su excesivo imaginario también es llevado aquí hasta el límite, sin miedo a realizar un fascinante ejercicio de *horror vacui*. Su sofisticación visual es sorprendente y cada uno de sus planos son una exhibición de estampados *kitsch* y colores saturados. Almodóvar explota también su habilidad de funambulista en la narración. Enreda, inventa y falsea a su antojo, consciente de que su gran arma es la fuerza que desprenden sus historias. JT

Manolito Gafotas

Miguel **Albadalejo** 1999

España 87 m color
Guión Elvira Lindo
y Miguel Albadalejo (basado en
el personaje de Elvira Lindo)
Producción Julio Fernández
(Sogedasa)
Fotografía Alfonso Sanz Aldúan
Música Lucio Godoy
Intérpretes David Sánchez
del Rey, Adriana Ozores,
Roberto Álvarez, Antonio Gamero,
Fedra Lorente, Marta Fernández-
Muro, Gloria Muñoz, Alejandro
y David Martínez, Laura Calabuig,
Sergio del Pino, Álvaro Miranda

Crítica ●━━━━━━━
Público ●━━━━━━━

A Manolito García Moreno, un niño gordito y con gafas, en su barrio le llaman Manolito Gafotas. El barrio es Carabanchel Alto, en la periferia de Madrid, donde todos se conocen. Manolito vive con sus padres, el abuelo y el Imbécil, su hermano pequeño. Cuando termina el curso en el colegio, a Manolito le han suspendido las matemáticas, así que este verano se quedarán, una vez más, sin vacaciones en la playa. Pero su padre, camionero, se lo llevará unos días de viaje.

Manolito Gafotas es la tercera colaboración de la escritora Elvira Lindo y Miguel Albadalejo tras las logradas *La primera noche de mi vida* (1998) y *Ataque verbal* (1999). En esta ocasión llevaron a la pantalla las aventuras del niño protagonista de los cuentos infantiles que Lindo publicó años antes y que se convirtieron en una popular colección. La adaptación cinematográfica conserva el espíritu divertido y tierno de su antecedente literario, un Manolito de carne y hueso convertido en cronista de su humilde barrio.

El extraordinario oído de Lindo queda plasmado en unos diálogos ocurrentes que reflejan la forma de hablar de la clase obrera española de finales del siglo pasado. A través de la voz en *off* de Manolito, el agente narrativo, vamos descubriendo los personajes que pueblan Carabanchel Alto, «uno de los barrios más importantes de Europa». Susanita, *Bragas Sucias*, Yihad y el Orejones componen la cuadrilla del chaval en sus juegos en el parque del Ahorcado y en el colegio. Al frente del pequeño piso familiar se encuentra la madre, Catalina, ama de casa gritona y quejosa de las largas ausencias de su marido camionero. Manolito comparte cuarto con el abuelo y trastadas con su hermano pequeño, el Imbécil, que «vino a este mundo para molestar».

A pesar de que Manolito utiliza un vocabulario más propio de adultos, el desparpajo del niño protagonista y el tono coloquial de los diálogos hacen creíble la impostura. Uno de los indudables logros de esta cinta es la labor de *casting*. Todos los personajes están interpretados por los actores indicados, siendo la elección de David Sánchez del Rey para el papel de Manolito un gran acierto (como se puede comprobar en la floja secuela que se realizó dos años más tarde: *Manolito Gafotas en imola ser jefe!*).

Albadalejo, un director que ha demostrado gran habilidad para las comedias de corte costumbrista, consigue el ritmo adecuado a base de secuencias cortas y elipsis ingeniosas. Pero si la primera parte de la película, la que transcurre en Carabanchel Alto, mantiene el interés centrado en el estudio sociológico a base de gags visuales, la segunda parte, la del viaje de Manolito en el camión, decae ligeramente. Será la aparición de la divertida pareja de guardias civiles interpretada por Geli Albadalejo y la propia Elvira Lindo –que repiten tras el impagable dúo de *Ataque verbal*– la que aportará la comicidad al desenlace. Una banda sonora de pasodobles y otros clásicos populares redondean una función de vivos colores apta para todos los públicos. **AS**

Ratas, ratones, rateros

Sebastián **Cordero**   1999

La precaria cotidianeidad de Salvador, un adolescente sin rumbo que se dedica a hurtos callejeros, se verá trastocada por la llegada de su primo Ángel, un problemático exconvicto.

Durante el siglo XX, el cine ecuatoriano no tuvo mucho que ofrecer. Sólo en la última década se experimentó cierto movimiento y apareció alguna obra destacable, como *Entre Marx y una mujer desnuda* (1996), la personal y premiada cinta de Camilo Luzuriaga. Pero es a partir del gran éxito en las taquillas nacionales de *Ratas, ratones y rateros* cuando el cine ecuatoriano rompe el cascarón y comienza una producción continua de films de más calidad. En los últimos años han destacado *Crónicas* (2004), el segundo largometraje de Sebastián Cordero, y *Qué tan lejos* (2006), de Tania Hermida, que ha gozado de una buena acogida internacional.

Con esta película de bajo presupuesto, Cordero firmó un sencillo y crudo retrato de la juventud urbana de Ecuador. Aunque la historia principal transcurre en el estrato más humilde de la sociedad, otros personajes de diferentes clases sociales se interrelacionan participando con naturalidad en la delincuencia y la corrupción. El afilado montaje impulsa la ac-

ción hacia un presente continuo en el que los acontecimientos se precipitan sin respiro, lo que crea la sensación de un devenir peligroso e inestable. Su protagonista vive con impotencia el tránsito de la inocencia a la madurez, mientras se extravía lo más importante de su vida. La notoriedad de este film estriba, además de en su carácter aleccionador, en su don de la oportunidad. El público ecuatoriano, carente de referentes culturales propios, se identificó con la historia hasta hacerla suya. **GS**

Ecuador 106 m color
Guión Sebastián Cordero
Producción Lisandra I. Rivera
(Cabeza Hueca Producciones)
Fotografía Matthew Jensen
Música Sergio Sakoto-Arias
Intérpretes Carlos Valencia,
Marco Bustos, Cristina Dávila,
Fabricio Lalama, Irina López
Premios Festival de Cine
Iberoamericano de Huelva:
mejor ópera prima

Crítica
Público

Krámpack

Cesc **Gay**   2000

Dani y Nico, dos amigos adolescentes, se disponen a pasar unas semanas de vacaciones en la casa de veraneo de los padres del primero aprovechando que se han ido de viaje. Para disfrutar de esa libertad, comienzan a relacionarse con las chicas del pueblo; pero los intereses sexuales de los dos muchachos toman caminos diferentes.

Partiendo de una obra teatral de Jordi Sánchez, los guionistas Gay y Aragay reescribieron los personajes principales recortándoles unos cuantos años hasta convertir en adolescentes lo que en el texto original eran veinteañeros. Esa acertada decisión de rejuvenecer al tándem protagonista confirió a la cinta un tono más tierno y creíble, mucho más apto para una historia de iniciación sexual. Los buenos resultados en taquilla lanzaron las carreras del neófito director y su joven reparto.

La trama de *Krámpack* recorre el descubrimiento de la homosexualidad de Dani. Tras la liberación en materia sexual que disfrutó la sociedad española a lo largo de las dos últimas décadas del siglo pasado, *Krámpack* confirmó que la aceptación de la homosexualidad se podía encarar sin dramatismos, en

un tono casi de comedia. La relación entre los dos amigos se enturbia conforme se acrecienta el impulso amoroso de Dani hacia Nico: «Es una mierda, me gusta estar contigo más que con nadie». El gay novato tendrá que aceptar que no podrá conseguir el amor de su amigo.

Una puesta en escena en la que abundan los exteriores mediterráneos y los diálogos frescos en voz de unos actores naturales alejan la cinta de su naturaleza teatral. En este apartado destaca la enorme vis cómica de un Jordi Vilches que llena la pantalla con su tierna mirada y escuálida figura. **AS**

España 89 m color
Guión Cesc Gay y Tomás Aragay
(inspirado en la obra teatral
homónima de Jordi Sánchez)
Producción Gerardo Herrero
y Marta Esteban (Messidor Films)
Fotografía Andreu Rebes
Música Riqui Sabatés y Joan Díaz
Intérpretes Fernando Ramallo,
Jordi Vilches, Marieta Orozco,
Esther Nubiola, Chisco Amado,
Ana Gracia, Myriam Mézières,
Mingo Rafols.

Crítica
Público

México 153 m color
Guión Guillermo Arriaga Jordán
Producción A. González Iñárritu
Fotografía Rodrigo Prieto
Música Gustavo Santaolalla
Intérpretes Gael García Bernal,
Emilio Echevarría, Goya Toledo,
Álvaro Guerrero, Vanessa Bauche,
Jorge Salinas, Marco Pérez,
Rodrigo Murray, Humberto Busto,
Lourdes Echevarría,
Gustavo Sánchez Parra
Premios Festival de Cannes:
Gran Premio Semana de la Crítica
11 Ariel, entre ellos: mejor película,
mejor director, mejor actor, mejor
actor de cuadro, mejor fotografía
Oscar: nominada a mejor
película de habla no inglesa

Crítica ▰▰▰▰▰▰▱
Público ▰▰▰▰▰▰▱

Amores perros

Alejandro **González Iñárritu** 2000

Tres historias cruzadas. En la primera, Octavio, un chico enamorado de la mujer de su hermano –un ratero de poca monta–, apuesta por su perro de pelea para ganar dinero y escaparse con ella. En la segunda, Daniel abandona a su familia para irse a vivir con Valeria, una modelo española; ese mismo día ella sufre un accidente de automóvil que significará el final de su carrera. La tercera tiene como protagonista al Chivo, un vagabundo de edad madura que cuando era joven dejó mujer e hija para unirse a la guerrilla.

Estos tres episodios, minuciosamente ensamblados, llevan los nombres de sus protagonistas (Octavio y Susana; Daniel y Valeria; El Chivo y Maru). Los tres tienen en común la presencia de perros y la narración de una historia de amor. Una relación con los perros y un tipo de amor muy diferentes en cada uno de los casos. Octavio utiliza su perro para lucrarse y es víctima de un amor prohibido. Pese a la adversidad, Daniel decide apostar por el amor que siente por Valeria, quien tiene un perro faldero al que adora. El Chivo junta perros callejeros, que constituyen su familia, mientras añora la que dejó y ama a su hija en silencio. Todos estos personajes también tienen en común que están viviendo un momento de inflexión, de cambio profundo en sus vidas. Un accidente de coche –filmado con impresionante realismo– es el elemento azaroso que los une en una trama –o tres subtramas– en que rotan de protagonistas a secundarios y viceversa.

Impactante; ése es el calificativo que mejor define esta película. Se ha dicho de *Amores perros* que marca un antes y un después en la cinematografía mexicana porque propone un estilo visual y narrativo totalmente novedoso. En las primeras escenas, el filme sigue un ritmo trepidante (fruto de la encomiable labor de montaje) y una carga de violencia que recuerda al mejor cine de Queentin Tarantino. Después, el relato se vuelve más íntimo para ahondar en los dramas personales desencadenados por esa violencia. *Amores perros* no contiene momentos muertos, las secuencias comienzan con la acción ya en movimiento y terminan antes de que ésta cese. La cámara –muchas veces en mano– no se regodea en lo superfluo sino que encuadra las imágenes justas, fija los personajes y capta de ellos lo esencial, para reforzar el dinamismo de la acción. El sonido y la música, por momentos desgarradora (Santaolalla utilizó, entre otros instrumentos, tubos de PVC, violines de lata y un harmonio hindú), elevan una tensión dramática que no decae en ningún momento y que mantiene al espectador en vilo desde un comienzo arrollador hasta un desenlace descorazonador.

Alejandro González Iñárritu dijo de su primer largometraje: «Ésta es la historia de unos personajes que son rebasados por su naturaleza animal, que están al límite, y por los que siento mucha empatía, ya que son personajes muy débiles, vulnerables como todos los seres humanos. Y me encanta esa debilidad porque ahí está su fuerza, su heroísmo». Gracias a esta cinta a Iñárritu se le abrieron las puertas de Hollywood, donde rodó las excelentes *21 gramos* y *Babel*, ya en inglés. **AC**

El Bola

Achero **Mañas**   2000

España 86 m color
Guión Achero Mañas
y Verónica Fernández
Producción José Antonio Félez
y Francisco Lázaro (Tesela)
Fotografía Juan Carlos Gómez
Música Eduardo Arbide
Intérpretes Juan José Ballesta,
Pablo Galán, Alberto Jiménez,
Manuel Morón, Nieves de Medina,
Gloria Muñoz, Soledad Osorio
Premios Goya: mejor película,
mejor guión original, mejor dirección
novel y mejor actor revelación

Crítica
Público

A Pablo (Juanjo Ballesta) lo llaman el Bola porque tiene un amuleto especial, un rodamiento que lleva siempre en la mano y con el que juguetea todo el rato. Es un chico de barrio al que le gusta jugar con sus amigos en la vía del ferrocarril. Juegos peligrosos: sin ir más lejos, cruzar la vía a toda carrera justo cuando se acerca el tren. Su padre tiene una ferretería y su abuela vive en la misma casa. Una casa en la que pesa la muerte del hermano de el Bola. A él no le pesa. No llegó a conocerlo. Se murió antes de que él naciera. Pero le molesta tener que vestirse de domingo para ir al cementerio en cada aniversario. Aunque más aún le molesta que su padre esté todo el rato comparándolo con el hermano muerto.

Un día llega al colegio un chico nuevo, Alfredo. Y muy pronto el Bola se hace amigo suyo. Con Alfredo, el Bola descubre un mundo que puede que no se ajuste a lo que su padre considera normal, pero en el que la gente trata de ser feliz. El padre de Alfredo es tatuador y tiene el cuerpo lleno de tatuajes. También el Bola tiene el cuerpo lleno de marcas. Las cicatrices que le han dejado las palizas que le da su propio padre. Cuando Alfredo lo descubre accidentalmente, trata de poner remedio, pero el Bola no quiere ayuda. Hasta que, tras la enésima paliza, se escapa de casa.

Cabría decir que *El Bola* es una muestra de cine social sin dejar de ser, ante todo, un film sobre la amistad (Pablo Galán está soberbio dando la réplica al protagonista). Es un trozo de vida que no evita las zonas de sombra de las relaciones familiares pero que huye del maniqueísmo al uso. Incluso en los peores momentos, el violento padre de el Bola aparece más como un hombre derrotado que como un arquetipo de adulto gratuitamente cruel, que también lo es. Como contraste, la poco tradicional familia de Alfredo, con ese aire de tribu urbana dura de pelar y buena gente que ha sentado la cabeza, tampoco responde al estereotipo. La vida misma.

La película, marcada por interpretaciones de gran nivel, supuso el debut como actor de un desconocido pero inspiradísimo Juan José Ballesta, cuya carrera se prolongaría más tarde en títulos como *Planta 4ª*, *El viaje de Carol*, *Cabeza de perro* y, sobre todo, *Siete vírgenes*, que en 2005 le valdría la Concha de Plata a la mejor interpretación masculina en el Festival de San Sebastián. Había nacido una estrella, en palabras de Angelica Houston, presidenta del jurado.

El Bola es el primer largometraje dirigido por Achero Mañas, hasta entonces conocido por sus interpretaciones en cintas como *Belmonte*, *El rey del río* o *La ley de la frontera*. Anteriormente había dirigido un cortometraje sobresaliente: *Paraísos artificiales*. En 2003 estrenó su segunda película, *Noviembre*, una valiente y arriesgada indagación en la vida de un grupo de actores callejeros empeñados en cambiar el mundo. Protagonizada por Óscar Jaenada, la película no obtuvo el eco que merecía. Una pena, porque Mañas se había revelado ya como un autor a tener en cuenta. **JRM**

En construcción

José Luis **Guerín**   2000

España 125 m color
Guión José Luis Guerín
Producción Ovídeo
Fotografía Alex Gaultier
Intérpretes Juana Rodríguez
Molina, Iván Guzmán Jiménez,
Juan López López, Juan Manuel
López, Santiago Segade
Premios Goya. mejor película
documental
Festival de San Sebastián:
Premio Especial del Jurado
y Premio FIPRESCI

Crítica ▬▬▬▬▬▬▬
Público ▬▬▬▬▬▬

Una joven pareja vive en un piso al borde de la demolición. Un obrero toma las medidas de un nuevo edificio y otro habla con un compañero inmigrante. En plena excavación se descubren los restos de unos cadáveres de época romana. La gente del vecindario observa el hallazgo. El barrio del Raval barcelonés cambia por completo. Lo viejo da paso a lo nuevo, se tira abajo un edificio y se construye uno nuevo. La historia se borra y se maquilla para dejar pasar la Barcelona moderna en una película que difumina la frontera entre documental y ficción.

José Luis Guerín revolucionó el documental español con *En construcción*. El director catalán y sus colaboradores –y alumnos– dedicaron miles de horas de rodaje a capturar el cambio de fisionomía de todo un barrio. La propuesta plantea un diálogo directo entre el documental y la ficción, entre la idea de historia y la idea de realidad. Los vecinos del Raval se convierten en personajes. Guerín deja que el tiempo discurra frente a su cámara mediante planos fijos (sólo existe una secuencia en movimiento, la última). De la contemplación de la realidad emanan las historias: una relación amorosa entre una joven prostituta y su novio, un albañil marroquí con alma de poeta, un padre que enseña a su hijo el oficio de encofrador, un anciano coleccionista de delicados objetos encontrados en la basura. Posteriormente, en una minuciosa labor de montaje,

Guerín filtró y moduló aquello que pasó frente a su objetivo. *En construcción* inauguraba así el concepto de *documental de creación* que luego dio pie a películas notables como *El cielo gira* (Mercedes Álvarez, 2004) o la brillante y tierna *La leyenda del tiempo* (Tsaki Lacuesta, 2005).

En construcción versa sobre el tiempo y la historia. Muestra un barrio que desaparece –el Chino–, tal y como lo describió Jean Genet en su *Journal du voleur*. Un barrio en el sentido amplio y profundo de la palabra, con sus olores, su tiempo, su historia, sus casas, sus espacios y su gente. La ropa tendida representa esa manera de vivir, la que mira hacia afuera en una ciudad de cálidos exteriores bañados por el sol. Así, en una destacable secuencia, el agente de una inmobiliaria muestra uno de los nuevos pisos a una familia que parece disgustada por el paisaje de edificios viejos con balcones de ropa tendida. Es entonces cuando la niña de la familia visitante mira a un anciano que los observa desde la ventana de enfrente y ambos se saludan. A través de ese gesto cálido se establece el vínculo entre lo viejo y lo nuevo, entre el Chino y el Raval.

Con esta historia de metamorfosis, *En construcción* revolucionó el panorama del documentalismo español, reflejando con maestría y realismo los tiempos cambiantes de una Barcelona que se maquillaba para seguir siendo fiel a su esencia. **VK**

La comunidad

Álex **de la Iglesia** 2000

España 101 m color
Guión Álex de la Iglesia
y Jorge Guerricaechevarría
Producción Andrés
Vicente Gómez
Fotografía Kilo de la Rica
Música Roque Baños
Intérpretes Carmen Maura,
Jesús Bonilla, Emilio Gutiérrez Caba,
Sancho Gracia, Terele Pávez,
Kiti Mánver, María Asquerino,
Eduardo Antuña, Roberto Perdomo,
Enirque Villén, Ane Gabarain,
Marta Fernández Muro, Manuel
Tejada, Andrés de la Cruz,
Paca Gabaldón, Eduardo Gómez
Premios Goya: mejor actriz,
mejor actor de reparto

Crítica ▬▬▬▬▬▬▭
Público ▬▬▬▬▬▬▭

No por cotidiano deja de ser un clásico: es difícil que los propietarios de inmuebles en una misma finca (la comunidad) se pongan de acuerdo para realizar labores propias de su organización como pintar la escalera, reparar las goteras de la azotea o cambiar las bombillas de los rellanos. Ese acuerdo imposible entre vecinos lo logra Álex de la Iglesia en su quinta película (le precedieron *Acción mutante*, *El día de la bestia*, *Perdita Durango* y *Muertos de risa)*. Para ello, utiliza una estrategia también clásica, casi infantil: alimentar el sueño de ser millonario. Con la voluntad de hacerse algún día con un dinero que no les pertenece, los vecinos de un inmueble madrileño llevan depositando su energía, su vigilia, sus ilusiones y su mezquindad durante años, desde que al inquilino del ático le tocó una quiniela de catorce con 300 millones de pesetas y llegó con las maletas repletas de fajos de billetes para nunca, nunca más, abandonar su piso y su dinero.

Esta situación de espera desesperada y de vigilancia vecinal se rompe al cabo de los años cuando aparece una intrusa, una nueva y accidental inquilina en la finca: la infiltrada Julia (Carmen Maura), una vendedora profesional de pisos que decide quedarse a pasar la noche en el apartamento que no ha conseguido vender. Es ahí cuando arranca la película. Julia descubre casualmente una gotera proveniente del piso del vecino del ático y, con los bomberos al rescate, va averiguando la historia del afortunado/desgraciado ganador de la quiniela de

catorce. El hombre ha muerto y su cadáver y su dinero siguen allí. ¿Quién encontrará la pasta? ¿Conseguirá alguien salir con los billetes de la escalera que vigila la comunidad? Un ritmo de suspense y misterio –con guiños a Alfred Hitchcock y a Roman Polanski– envuelve esta comedia que, dadas las dosis de sangre, golpes, envidia, mezquindad y supervivencia que baraja, ronda el género tragicómico.

El misterio es una excusa. El logro de la película es componer con humor la fotografía hilarante de un grupo de personas cuyo denominador común es algo tan preocupante y acechante como la mezquindad. De la Iglesia se apoya en dos potentes bazas para su hazaña: el magnífico liderazgo de una Carmen Maura sobrepasada, débil y fuerte a la vez, a causa de un montón de billetes. Y el papel estelar de los secundarios, tanto en el guión como en la actuación. Entre todos componen un retrato espeluznante, realista y cómico de una comunidad cualquiera. Unos años más tarde, el productor José Luis Moreno, visto el filón, presentó la serie de tevisión *Aquí no hay quien viva*, con parte del elenco de la película y muchas de sus coordenadas temáticas y estilísticas.

Más allá de los inspirados diálogos y del buen ritmo de guión y dirección, esta película es también un retrato de un Madrid poco frecuente: una ciudad monumental contemplada desde las alturas. La persecución final les moverá en sus asientos. **AZ**

Colombia/Francia/España

97 m color

Guión Fernando Vallejo
(adaptación de su novela homónima)

Producción Jaime Osorio (Tucán
Producciones, Le Studio Canal Plus,
Les Films du Losange, VértigoFilms)

Fotografía Rodrigo Lalinde

Música Jorge Arragada

Intérpretes Germán Jaramillo,
Anderson Ballesteros,
Juan David Restrepo,
Manuel Busquets

Premios Festival de Venecia:
Medalla de Oro de
la Presidencia del Senado

Crítica ▰▰▰▱▱

Público ▰▰▱▱▱

La virgen de los sicarios

Barbet **Schroeder**   2000

Tras una larga ausencia, el escritor Fernando Vallejo vuelve a Medellín, ciudad escenario de su infancia. Pronto descubre que no queda nada de lo que conoció. Sus padres y su hermana han muerto, y la mafia de la cocaína ha convertido la ciudad en un lugar violento y miserable. Vacío y hastiado de la vida, Fernando parece decidido a inmolarse en su último capítulo. Pero una noche conoce a Alexis, un jovencísimo chapero, al que invita a quedarse en su casa. Juntos recorren una ciudad donde la vida vale muy poco.

Barbet Schroeder, nacido en Teherán de padre suizo y madre alemana, y educado en la cultura francesa, vivió parte de su infancia en Bogotá. Cuando un viejo amigo le regaló la novela corta *La virgen de los sicarios* de Fernando Vallejo, supo cuál sería su siguiente película. Para ello, se puso en contacto con el autor y le animó a escribir un guión basado en la novela. Vallejo aceptó y convirtió en diálogos su provocador monólogo autobiográfico. Schroeder puso su oficio de gran narrador fílmico (*Mujer blanca soltera busca...*, *Medidas desesperadas*) al servicio del texto de Vallejo como ya hiciera con Bukowski (*El borracho*). De esa unión nació esta fuerte película que incomodó a muchos colombianos, hartos de ver el feo retrato que el cine ha hecho de su país en los últimos años. Pero el cine es un espejo de la realidad o, al menos, de una parte de esa realidad. Y Medellín fue un truculento escenario a finales del siglo pasado.

Como en un diario al que le quedan pocas páginas, el protagonista va desgranando potentes ideas en un tono entre provocador y nihilista. La acción, violenta y seca, está salpicada de reflexiones en voz alta, algunas rabiosas y hasta peligrosas. Schroeder consigue crear una atractiva tensión entre extremos: el escritor maduro y culto y su joven amante, un *Tadzio* de barrio bajo que le escucha admirado desde su ignorancia; la dulzura de algunos pasajes se encadena a continuación con la violencia desatada; la desnudez del apartamento del protagonista con el abigarrado urbanismo de la ciudad que se asoma por la ventana; la austeridad de la puesta en escena con el vallenato que suena en todos los taxis.

Rodrigo Lalinde, que ya había trabajado a las órdenes de Víctor Gaviria en su trilogía de Medellín, realiza aquí una fotografía más límpia y seca, acorde con la historia que se nos cuenta. La acertada composición de Germán Jaramillo en el papel del escritor contrasta con la torpe naturalidad de los actores no profesionales que dan vida a los jóvenes sicarios. Pero el resultado es satisfactorio porque esa diferencia de niveles interpretativos acentúa la distancia vital que separa a los personajes.

Resulta inevitable pensar en *Muerte en Venecia* de Visconti para trazar un paralelismo argumental, pero si allí el maduro músico sentía una irremediable fascinación por la belleza del nunca poseído efebo, aquí el amor se compra barato y la fascinación es más bien inversa, de la ignorancia a la inteligencia descarnada del escritor que quiere morir.

La virgen de los sicarios es una película insolente y escéptica, cruda e inteligente, elaborada y procaz. La suma de muchos talentos bien encauzados. **AS**

Nueve Reinas

Fabián **Bielinsky**   2000

Argentina 110 m color
Guión Fabián Bielinsky
Producción Pablo Bossi
(Patagonik Film Group)
Fotografía Marcelo Camorino
Música César Lerner
Intérpretes Ricardo Darín,
Gastón Pauls, Leticia Brédice,
Tomás Fonzi, Elsa Berenguer,
Rolly Serrano, Celia Juárez,
Antonio Ugo, Alejandro Awada
Premios 7 Cóndor de Plata,
entre ellos: mejor película
y mejor director

Crítica
Público

Dos timadores se conocen en un *drugstore* durante una madrugada porteña. Juan, el más joven, es novato en las técnicas del engaño. Marcos, que abandonó hace tiempo cualquier tipo de escrúpulos, es un auténtico profesional del oficio, un amoral especializado en seducir, convencer y distraer a las posibles presas. Nadie se salva de sus artimañas, ni siquiera las encantadoras ancianas. El azar hace que estos dos hampones de poca monta se asocien para un proyecto más gordo que el simple trapicheo. En sus manos cae un juego falsificado de las Nueve Reinas, unas estampillas de alto valor en el mundo filatélico que pretenden vender a un precio exorbitante a un español fanático del tema. Pero la operación debe hacerse en pocas horas, lo que implica que tendrán que dar todos los pasos con gran precisión.

Nueve Reinas, ópera prima de Fabián Bielinsky, es un policiaco adscrito al subgénero de las películas de timadores, del que forman parte clásicos como *El golpe* (1973), de George Roy Hill, y *The grifters* (1990), de Stephen Frears. En esta ocasión, la historia cobra cuerpo merced al *crescendo* que genera la urgencia. De modo constante, los protagonistas deben aguzar los sentidos para solventar, con rapidez, diversos impedimentos que aparecen en su camino hacia la meta. Una red de situaciones casuales, improvisadas o planificadas articula el perfecto mecanismo de relojería que permite construir una historia clásica y muy bien narrada. Detrás se reconoce un impecable guión, con diálogos precisos y cierta cuota de humor y sarcasmo, cuyo punto máximo de originalidad aparece en la vuelta de tuerca final.

Si el guión es el eje de ese mecanismo, la actuación de los dos actores protagónicos constituye una pieza indispensable para su funcionamiento. La fragilidad que otorga Gastón Pauls a su personaje, el principiante Juan, empuja al espectador de modo directo hacia la complicidad. Por su parte, Ricardo Darín (Marcos) construye un magnífico perfil del pícaro que puede conseguir casi todo –incluso el cambio de un billete con el que no pagó– procediendo con prepotencia y gran seguridad. A su manera, ambos engañan a sus víctimas, y también al espectador.

El buen hacer profesional de Bielinsky –quien después de *Nueve Reinas* dirigió sólo un segundo film (*El aura*, 2005), debido a su prematura muerte– proviene de su largo oficio como realizador publicitario. El uso de *travellings* circulares o el buen armado de escenas en el espacio público son algunas de las muestras que el film ofrece de ese profesionalismo. Pero fue su labor como asistente de dirección junto a Miguel Pérez, Carlos Sorín y Eliseo Subiela, entre otros, lo que le proporcionó herramientas propiamente cinematográficas. *Nueve Reinas* pone en evidencia el fino manejo que Bielinsky tiene de estas herramientas y que permite situarlo en la genealogía de los grandes realizadores argentinos modernos. **RB**

El hijo de la novia

Juan José **Campanella**   2001

Argentina/España
120 m color
Guión Fernando Castets
y Juan José Campanella
Producción Adrián Suar,
Gerardo Herrero
(Pol-ka Producciones,
Patagonik Film Group,
Jempsa, Tornasol Films)
Fotografía Daniel Shulman
Música Ángel Illarramendi
Intérpretes Ricardo Darín,
Héctor Alterio, Norma Aleandro,
Natalia Verbeke, Eduardo Blanco,
Gimena Nóbile, Claudia Fontán,
David Masajnik, Atilio Pozzobon,
Salo Pasik
Premios Oscar: nominada a mejor
película de habla no inglesa
8 Cóndor de Plata,
entre ellos: mejor película
y mejor director

Crítica
Público

Rafael Belvedere, un cuarentón algo fanfarrón agobiado por la inestabilidad económica que le reporta su restaurante, ha terminado por desatender los vínculos afectivos en pos de conservar su negocio, heredado de sus padres. Su día a día es un continuo maratón teléfono en mano, para retener proveedores y tapar agujeros bancarios. Apenas le queda tiempo para hacerse cargo de su pequeña hija, compartir alguna comida con su padre, sostener una frágil relación amorosa con Naty y visitar una vez al año a su madre, Norma, que vive en una residencia y tiene mal de Alzheimer. Un día, su padre le pide ayuda para llevar a cabo un proyecto: quiere casarse con su madre por la Iglesia, para complacerla en algo que le negó cuarenta años atrás. En medio del estrés desenfrenado, el hijo trivializa el pedido e intenta distraer al anciano. Pero un episodio dramático y la reaparición de un amigo de la infancia llevan a Rafael a reconsiderar tan singular reclamo.

El hijo de la novia es una comedia dramática que lanza al ruedo una variopinta red de temas que atañen a la vejez, la consolidación de la madurez, las responsabilidades afectivas, los mandatos familiares, la memoria y la idea del éxito. Y todo esto ambientado en un país en permanente cambio como la Argentina. De un modo ágil y entretenido, Juan Carlos Campanella vuelve efectiva una historia llena de humor, en la que conjuga elementos tan disímiles como la inclusión de un personaje afectado de una terrible enfermedad neurológica y las diatribas contra una Iglesia mercantilizada por el negocio de las bodas. La película destila una emoción priMaría, inherente al melodrama, que deriva de las reflexiones o las dudas planteadas por los personajes sobre sus vínculos filiales o amorosos. Así, Nino (el padre protagonizado por Héctor Alterio) se explaya en largas rememoraciones de su relación con su esposa (la magnífica Norma Aleandro), a quien sigue profesando un gran amor, más allá del tiempo y de la ausencia que ella padece. El retorno a la infancia que hace Rafael tras la reaparición de su amigo Juan Carlos, o las declaraciones que realiza frente a su madre impávida sobre su imposibilidad para «ser alguien» en la vida, son otros ingredientes que contribuyen al melodrama.

El guión de *El hijo de la novia* se inscribe en la tradición más clásica de las comedias hollywoodenses, con la salvedad de que el realizador se apoya en tipos e iconografías locales para articular el conjunto. Los guiños al espectador presentes en la película –como la escena en la que Rafael entona su *mea culpa* frente a Naty, delante del interfono de su edificio– comulgan claramente con los tópicos del género. Los diálogos son ajustados, ocurrentes –a lo que contribuyen las intervenciones de Norma con la lógica propia de su enfermedad– y por momentos agudos. Quizá deba mencionarse que en ocasiones se vuelven algo sentenciosos o artificiales, lo que queda compensado con las interpretaciones, desempeñadas por un elenco altamente profesional. **RB**

Argentina/España/Francia
102 m color
Guión Lucrecia Martel
Producción Lita Stantic,
4K Films (Cuatrocabezas)
Fotografía Hugo Colace
Sonido Hervé Guyader,
Enmanuel Croset, Guido Beremblun,
Adrián de Michele
Intérpretes Graciela Borges,
Mercedes Morán, Martín Adjemián,
Diego Baenas, Leonora Balcarce,
Juan Cruz Bordeu, Silvia Baylé,
Sofía Bertolotto
Premios Festival de Berlín:
Premio Alfred Bauer a la película
de lenguaje más innovador
Festival de Sundance:
mejor guión
3 Cóndor de Plata, entre ellos:
mejor ópera prima

Crítica ▬▬▬▬▬▬▬▬
Público ▬▬▬▬▬

La ciénaga

Lucrecia **Martel** 2001

En el sopor provinciano del verano salteño, en el noroeste argentino, Mecha, sus hijos y un marido infiel deslucido hacen transcurrir sus días en La Mandrágora, una finca con piscina que conoció tiempos mejores y que ahora parece amenazada de sucumbir ante la naturaleza salvaje que la rodea. Un accidente doméstico deja a Mecha en cama, en un reposo que podría tornarse definitivo. Más interesada en el alcohol y en las recriminaciones al personal doméstico y al marido que en sí misma o en sus hijos, desidia y fastidio la dominan. Su prima Tali, una mujer insegura y desbordada por su rol de madre, va de visita a la finca con sus chicos. El mundo infantil y adolescente está poblado de rifles, machetes, agua, barro y sangre; de animales heridos e inquietantes. Pero lo que aparece en primer plano es el despertar de los instintos. Mientras tanto, los encuentros de Tali y Mecha revelan el sinsentido en el que habitan; de pronto, y casi sin darse cuenta, comienzan a proyectar un breve viaje que supondría un paso hacia algún cambio posible en sus vidas.

La ciénaga es un film que no está inscrito en un género determinado, ni tiene una estructura formal de introducción, nudo y desenlace, y menos aún un cierre didáctico y tranquilizador. Es la ópera prima de una autora con un universo propio que sin llegar a ser ni experimental ni hermética se aparta del cine convencional. Si bien la película se halla en la línea realista del llamado *nuevo cine argentino* que explotó a mediados de la década de 1990, se trata, no obstante, de un realismo en el que se cuela la extrañeza.

Probablemente la clave de esta obra coral esté en la mirada, que parece construida desde el mundo infantil o desde una mente ingenua, aquella que podría creer en la aparición de la Virgen en un tanque de agua o en la leyenda de la rata africana. El pulso de las acciones recae en los niños y niñas, en los adolescentes y jóvenes que van y vienen, corren y bailan, se meten en el agua o en las camas, conducen autos, cazan en el monte, se lastiman o se hacen cargo de sostener a los adultos degradados. En todo momento sobrevuela un aire de promiscuidad incestuosa conjugada con pudor, pero también un juego algo perverso de atracción y rechazo entre clases sociales y etnias.

Desde un afilado sentido de la observación, que no es condescendiente ni acusatorio, sino más bien voyeurístico, Lucrecia Martel exige una participación activa del público, al que sorprende con el uso sintético de dos herramientas cinematográficas plenas: cámara y micrófono, ojo y oído. El encuadre, siempre detallista, y la banda de sonido, obsesivamente trabajada, se materializan en truenos, disparos, susurros, vasos que se quiebran, sobrecogedores ruidos animales y diálogos no explícitos de apariencia intrascendente, para instalar una atmósfera cargada de violencia y erotismo a punto de estallar. **ML**

Lucía y el sexo

Julio **Medem** 2001

Lucía trabaja de camarera en un restaurante de Madrid. Una noche recibe una llamada de la policía informándole de que a su novio Lorenzo, con el que lleva conviviendo más de seis años, lo ha atropellado un coche. Lucía decide dejarlo todo y escaparse a una pequeña isla del Mediterráneo. Allí, bajo una luz cegadora y marina, se enfrenta a su pasado en un viaje interior de impredecibles consecuencias.

Julio Medem irrumpió con sus *Vacas* a principios de los noventa revolucionando las pantallas con su apuesta por un cine de autor de gran potencial comercial. La crítica supo valorar su personal estilo basado en personajes de complicada psicología inmersos en desconcertantes tramas de narrativa rupturista. *Lucía y el sexo*, su quinta película, es un compendio de ese estilo y una de sus más logradas películas. Fiel a su predilección por los protagonistas de alma torturada y perdidos en una realidad inquietante, Medem sitúa a su rota Lucía en una Formentera luminosa y semivacía habitada por otros seres heridos. La estructura narrativa salta del presente isleño al pasado madrileño, de la luz de la playa a la oscuridad de la casa de Lorenzo, en un intento de explicar los males que aquejan al espíritu de Lucía.

Medem afirmó que su guión es la fusión resultante de dos historias escritas por separado: la de Lorenzo, un escritor atormentado, egoísta y autoexigente, con la de Lucía, la joven trastornada por la pérdida de su novio. El resultado es un puzzle con más piezas que espacios, pero a diferencia de otros fiascos de su autor (*Caótica Ana*, 2007) *Lucía y el sexo* consigue cierta coherencia dentro de esa provocada extrañeza. El cine de Medem recuerda al de David Lynch en su gusto por la recreación de atmósferas inquietantes, pero, si el director norteamericano busca el terror psicológico, el vasco prefiere instalarse en la sugestión de la angustia.

Uno de los puntales de este film es su gran contenido erótico. *Lucía y el sexo* desnuda a las dos jóvenes actrices más atractivas del momento: Paz Vega y Elena Anaya. Ambas protagonizan escenas de sexo explícito acordes con sus personalidades. Paz Vega (Lucía) hace el amor con su novio, mientras que Elena Anaya (Luna) protagoniza escenas más bizarras. Medem se atrevió incluso a introducir imágenes de penes erectos, algo inédito en el cine comercial. El público español aplaudió en el silencio de las salas tanta osadía rodada con buen gusto.

Además de personajes en crisis, bellos paisajes y morbo, *Lucía y el sexo* ofece una excelente factura técnica. La película es una de las primeras rodadas con sistema digital y sus luces y colores brillan de una manera especial. Los movimientos de cámara y el montaje alternan efectismo y serenidad, otra de las marcas del autor. Así como la exigente dirección de intérpretes que consigue que Vega, Ulloa, Anaya y Nimri se metan en la pieles desnudas de sus densos personajes mientras suena el elegante y emotivo piano de Alberto Iglesias. **AS**

España 123 m color
Guión Julio Medem
Producción Fernando Bovaira y Enrique López Lavigne
Fotografía Kiko de la Rica
Música Alberto Iglesias
Intérpretes Paz Vega, Najwa Nimri, Tristán Ulloa, Elena Anaya, Javier Cámara, Silvia Llanos, Daniel Freire, Diana Suárez, Juan Fernández, Javier Coromina
Premios Goya: mejor actriz revelación

Crítica
Público

Y tu mamá también

Alfonso **Cuarón**   2001

México 105 m color
Guión Alfonso Cuarón
y Carlos Cuarón
Producción Jorge Vergara
Fotografía Emmanuel Lubezki
Música La Mala Rodríguez,
Plastlina Mosh y Eagle Eye Cherry,
entre otros
Intérpretes Gael García Bernal,
Diego Luna, Maribel Verdú,
Daniel Giménez Cacho (voz en *off*)
Premios Oscar: nominada al
mejor guión original
Festival de Venecia:
mejor guión, mejores actores
revelación

Crítica
Público

Los adolescentes mexicanos Tenoch –miembro de una familia acomodada vinculada a la política– y Julio –un chico de clase media– son íntimos amigos. En una boda conocen a Luisa, la atractiva esposa española de un primo de Tenoch, y la invitan a un imaginario viaje que ellos, supuestamente, van a emprender. Luisa no les hace mucho caso pero, posteriormente y por circunstancias personales, decide aceptar la invitación. A los dos amigos no les quedará más remedio que organizar el viaje en coche a la imaginaria playa de Boca del Cielo.

La estructura de *Y tu mamá también* sigue la fórmula clásica de una *road movie*: un viaje alocado e improvisado, en el que se embarcan, en esta ocasión, dos chicos y una mujer que acaba de abandonar a su marido. Como siempre, habrá dos recorridos: el físico y el viaje al interior de los protagonistas. El trío atraviesa un México rural pobre, en el que los protagonistas se enfrentan a gentes y paisajes muy diferentes de los de su entorno habitual. Lo que había empezado con la excusa de llegar a una playa paradisíaca va convirtiéndose poco a poco en una dura experiencia.

Alfonso Cuarón introduce un recurso muy efectivo, la voz de un narrador omnisciente que a lo largo de toda la película interrumpe la acción –y hasta los diálogos–, para dar información sobre los personajes y sobre el entorno. Estas «acotaciones a pie de página» no constituyen tiempos suspendidos, sino que contribuyen a intensificar el dramatismo de la acción.

El tono intimista con que arranca esta historia, aparentemente frívola, contrasta con el lenguaje de las imágenes en clave de documento social y con el denso conflicto emocional que se desencadena. Cuarón elige mostrar una parte de la realidad social de México ligada a la pobreza en que vive gran parte de su población, lo que acentúa el contraste con los privilegiados protagonistas. La cámara da a estos fondos de paisaje social un tratamiento que enriquece la historia. Prácticamente toda la cinta está filmada con cámara en mano, que se mueve como un protagonista más. Conforme el viaje avanza, las luces, por lo general naturales, se van volviendo más oscuras, acompañando el momento psicológico por el que atraviesan los personajes.

Durante el trayecto, Tenoch y Julio darán rienda suelta a sus pasiones latentes en circunstancias que hasta ese momento habían sido impensables para ellos. Transitarán un doloroso recorrido a medida que ciertos secretos se desvelan y que los celos irrumpen. Van a dar el salto al mundo adulto.

Los hermanos Cuarón firmaron un guión en el que amistad, viaje y sexo se mezclan de manera impecable, y en el que encajan muy bien el humor, la melancolía y hasta el dolor. La película resulta muy entretenida por el dinamismo del relato y por la frescura ante la cámara de Gael García Bernal, Diego Luna y Maribel Verdú. El gran éxito de *Y tu mamá también* abrió las puertas de Hollywood a su realizador. **AC**

El otro lado de la cama

Emilio **Martínez-Lázaro**   2002

Sonia y Javier llevan años viviendo en pareja. Sus amigos Pedro y Paula son novios desde hace tiempo, hasta que ella rompe la relación porque se ha enamorado de Javier.

Tan sólo una semana después de presentar *La voz de su amo*, Martínez-Lázaro empezó a dirigir *El otro lado de la cama*. Pese a la tibia acogida de su *thriller,* se embarcó en la arriesgada idea de rodar un musical. Todo apuntaba a que se precipitaba hacia el naufragio: eligió un género casi extinguido, en un país cuyos niños prodigio no alcanzaron la pubertad. Pero el director tenía oficio suficiente para hacerse con el tesoro; tres millones de espectadores vieron el film. La fórmula era similar a la de otros aventurados como Resnais, Von Trier o Luhrmann. Para todos ellos, la ligereza de las coreografías clásicas fue sólo el punto de partida para adentrarse por nuevos caminos. Martínez-Lázaro, como el Woody Allen de *Todos dicen I love you*, se decantó por la ironía.

No importa si los actores desafinan mientras el número contribuya a la evolución de sus personajes (norma básica del género). Éstos se exponen constantemente a situaciones que les desnudan, pero la gracia del actor dignifica su patetismo.

He aquí la formulación de la comedia clásica: personajes + situaciones + actores, pasando la historia a un segundo plano. En este caso, el director utilizó todos los tópicos de la comedia de enredo que tan bien maneja: mentiras, celos y gags visuales. Martínez-Lázaro fue hábil, repitió el patrón que le dio el éxito *(Los peores años de nuestra vida)*, lo revistió de musical desenfadado *(hits* del pop nacional ochentero) y se ganó a un público nuevo. **JT**

España 114 m color
Guión David Serrano
Producción Tomás Cimadevilla (Telespan 2000) y José Sáinz De Vicuña (Impala)
Fotografía Juan Molina
Música Roque Baños
Intérpretes Ernesto Alterio, Paz Vega, Guillermo Toledo, Natalia Verbeke, Alberto San Juan, María Esteve, Ramón Barea, Nathalie Poza
Premios Festival de Málaga: Premio del Público y mejor película

Crítica ▬▬▬▬▬▭
Público ▬▬▬▬▬▬

Japón

Carlos **Reygadas**   2002

Un hombre abandona México D.F. para dirigirse a un aislado pueblo donde preparar su muerte. Ascen, una anciana viuda india, le da alojamiento en su vieja casa con vistas a un desolado cañón. Allí, el hombre enfrentará su inexplicada necesidad de morir a la entregada humanidad de su anfitriona.

Reygadas escribió, dirigió y produjo esta ópera prima que muy pronto alcanzaría el estatus de obra de culto. En 2006 rodó (en holandés antiguo, razón por la que no aparece en esta antología) su obra maestra: *Luz silenciosa*.

Japón es un encadenamiento de poderosas imágenes con alcance místico que hacen que esta obra tenga un extraño contacto con lo sagrado. Desconcertante muchas veces, sublime otras, su lenguaje se asemeja estilísticamente a Tarkovski, padre del cine trascendente. Con apenas dos personajes, pocos diálogos y una escueta e intermitente línea argumental, Reygadas despliega una sucesión de cuadros escénicos que consiguen dejar al espectador boquiabierto en numerosas ocasiones. También es cierto que entre las secuencias potentes se cuelan otras de puro trámite hasta la siguiente «iluminación». Pero cuando ésta llega lo hace con tal fuerza que inunda la sensibilidad del espectador.

Esta película contiene un buen número de éxtasis contemplativos: una hilera de niños con la *Pasión* de Bach como fondo musical; el protagonista tumbado junto al abismo, rendido a las fuerzas centrífugas del universo; el sordo apareamiento de los caballos; la canción imposible del peón tartamudo; la inenarrable escena de sexo; el sobrecogedor e hipnótico plano final. Esas transfiguraciones de la realidad son las que elevan a esta cinta a la categoría de *cult movie.* **AS**

México/España/Alemania/
Holanda 136 m color
Guión Carlos Reygadas
Producción Carlos Reygadas
Fotografía Diego Martínez
Intérpretes Alejandro Ferretis, Magdalena Flores, Bernabé Pérez
Premios Festival de Cannes: mención especial «Camera D'Or» Academia Mexicana de Artes y Ciencias Cinematográficas: mejor ópera prima, mejor guión original

Crítica ▬▬▬▬▬▭
Público ▬▬▬▬▬▭

Balseros

Carles **Bosch** y Josep Maria **Domènech**   2002

España 120 m color
Guión Carles Bosch y David Trueba
Producción Loris Omedes
(Bausan Films
y Televisió de Catalunya)
Fotografía Josep Mª Domènech
Música Lucrecia
Intérpretes Mericys González,
Misclaida González, Óscar del Valle,
Rafael Cano, Miriam Hernández,
Guillermo Armas
Premios Oscar: nominada a mejor
película documental

Crítica
Público

En agosto de 1994, y tras el cese de las ayudas soviéticas a Cuba, la situación económica de la isla había empeorado tanto que Castro se vio obligado a permitir la salida de los descontentos. Aproximadamente cincuenta mil personas se lanzaron al mar en improvisadas embarcaciones con la esperanza de llegar a Florida. *Balseros* sigue a siete de aquellos emigrantes en su odisea por alcanzar el sueño americano.

Carles Bosch y Josep M.ª Domènech realizaron un documental de media hora para el programa *30 minuts* de la televisión catalana sobre la crisis de los balseros cubanos. Cinco años más tarde, volvieron a cruzar el Atlántico para investigar qué les había deparado la vida a sus siete protagonistas en la «tierra prometida». Así, completaron las dos horas del documental español más galardonado de la década.

Las noventa millas que separan a Cuba de Florida representan una de las mayores fallas económicas e ideológicas del mundo contemporáneo, tan solo comparable a los catorce kilómetros del estrecho entre España y Marruecos. Los flacos cubanos, cansados de un país que sólo les ofrecía magra supervivencia, no dudaron en lanzarse al agua en cuanto el régimen comunista entreabrió sus puertas. La avalancha dejó en evidencia a Castro, que tuvo que cerrar las costas pocas semanas más tarde. Pero el seguimiento que *Balseros* hizo de los cubanos una vez en Estados Unidos supuso también un duro golpe para la admirada civilización capitalista. Jornadas de trabajo de doce horas, problemas de desarraigo, drogas y nostalgia ensombrecen las esperanzas de los supervivientes cubanos. Este empate técnico hizo que el documental gustara tanto en Cuba (Premio del Jurado del Festival de La Habana) como en Florida (Premio del Público del Festival de Miami). Cada lado vio la paja en el ojo ajeno y la realidad desplegó todos sus matices.

Balseros tiene un enfoque estríctamente periodístico en su primera media hora, persigue la noticia y a sus protagonistas, a los que entrevista en plena fabricación de las balsas. En cada fotograma se puede mascar la desesperación de un pueblo repentinamente empobrecido. Multitudes de habaneros se afanan en construir precarias embarcaciones con cualquier material capaz de flotar. Mientras sierran, clavan, atan y transportan sus lanchas a las playas, cuentan, a una cámara que no pregunta, lo que esperan encontrar al otro lado de los tiburones. Coches, casas con jardín, supermercados con las estanterías repletas de productos nunca vistos. Pero no contaban con el precio que debían pagar por ese bienestar. El gran acierto de los autores de *Balseros* fue regresar al supuesto paraíso, porque lo que iban a encontrar ya no era la noticia de primera página, sino el trasfondo social de un proceso migratorio. De alguna manera, dejaron de ser periodistas para convertirse en cineastas. Los testimonios de los cubanos que huyeron al norte emocionan, hasta el estremecimiento en alguno de los casos. Bosch, Trueba y Domènech habían conseguido medir la distancia que separa los sueños de la realidad. **AS**

Historias mínimas

Carlos **Sorín**   2002

Tres personajes emprenden un itinerario por rutas patagónicas con el propósito de hacer realidad una ilusión. Roberto (Javier Lombardo), un viajante de comercio, conduce su auto preocupado por la decoración de una torta de cumpleaños que lleva para agasajar al hijo de un posible amor. Don Justo (Antonio Benedictis), un anciano parco y empecinado, está decidido a recuperar a su perro Malacara, extraviado hace algún tiempo y visto por alguien en San Julián, a 400 kilómetros al sur de su casa rural. María (Javiera Bravo), una joven madre que se ha procurado el techo en una vieja estación de ferrocarril, se siente ansiosa tras ser elegida para participar en un concurso televisivo en el que podrá ganar una multiprocesadora. Los tres avanzan expectantes en medio de la extensa y solitaria llanura del sur argentino, mientras construyen su «historia mínima». Pero para llegar a destino tendrán que sortear diversos escollos y apelar a la solidaridad de quienes aparecen en su camino.

Adscrita al subgénero de las *road movies*, *Historias mínimas* es una comedia dramática que, ya desde su título, empuja al espectador hacia el intimismo. Los tres personajes protagónicos son gente sencilla, austera y sin grandes ambiciones, pero que no han perdido la ilusión, en un mundo impregnado por la ausencia de utopías. Quizás el acierto de Carlos Sorín para conseguir con gran éxito esos perfiles haya sido no recurrir a actores profesionales (con la excepción de Lombardo). El personaje de don Justo está encarnado por un mecánico jubilado oriundo de Montevideo, y el de María por una profesora de música de jardín de infantes procedente de Santiago del Estero; los otros participantes, en su mayoría, son lugareños. La no profesionalidad de los actores es uno de los ejes sobre los que se asienta el minimalismo que caracteriza a la película. Otro de los ejes radica en el modo en que son alteradas las jerarquías tradicionales de los nudos narrativos en el guión. Así, la transformación de la decoración temática de una torta de cumpleaños –que no se sabe si será para una niña o para un niño– se convierte en el hilo que conecta una larga secuencia de peripecias dramáticas protagonizadas por Roberto; un hecho en apariencia banal pasa a ser el motor de un personaje portador de un humor algo absurdo, finamente reflejado en diálogos plagados de malentendidos y lugares comunes. El tercer basamento «mínimo» es el paisaje –a través de la magistral fotografía de Hugo Colace–, que por su infinitud terrenal y celestial se vuelve inasible, vacuo y abismal.

La íntima y afectuosa *Historias mínimas* es la tercera película de Sorín, un director que durante muchos años se dedicó casi exclusivamente al cine publicitario. Su primer film, *La película del rey* (1986), rodado también en la Patagonia, cosechó varios premios internacionales y tuvo gran éxito de público. El segundo, *Eterna sonrisa de New Jersey* (1989), nunca fue estrenado en las salas argentinas por decisión del propio director. **RB**

Argentina/España 94 m color
Guión Pablo Solarz, a partir de una idea original de Carlos Sorín y Pablo Solarz
Producción Martín Bardi (Guacamole Films/Wanda Visión)
Fotografía Hugo Colace
Música Nicolás Sorín
Intérpretes Javier Lombardo, Antonio Benedictis, Javiera Bravo, Aníbal Maldonado
Premios Goya: mejor película extranjera de habla hispana
Festival de San Sebastián: Premio Especial del Jurado
8 Cóndor de Plata, entre ellos: mejor película

Crítica
Público

Los lunes al sol

Fernando **León de Aranoa** 2002

España 113 m color
Guión Fernando León de Aranoa e
Ignacio del Moral
Producción Elías Querejeta PC
(Media Pro/Quo Vadis Cinema/
Eyescreen)
Fotografía Alfredo Mayo
Música Lucio Godoy
Intérpretes Javier Bardem,
Luis Tosar, José Ángel Egido,
Nieve de Medina, Enrique Villén,
Celso Bugallo, Joaquín Climent,
Aida Folch, Serge Riaboukine
Premios 5 Goya:
mejor película, mejor director,
mejor actor protagonista,
mejor actor de reparto,
mejor actor revelación

Crítica ▬▬▬▬▬▭▭
Público ▬▬▬▬▬▬▭

No es un descubrimiento, más bien todo un clásico: la desventura une más que la buena ventura. La mala suerte convierte a cuatro parados, antiguos compañeros de astillero, en Amigos. Con mayúsculas, pero sin grandilocuencias, hablamos de parados. La suerte de cada uno de ellos –y los matices de sus caracteres–, va dibujando la vida cotidiana de esta película, una de las más valientes de León de Aranoa por carecer de un argumento al uso con planteamiento, nudo y desenlace. Las jornadas repetitivas, desesperanzadoras y cotidianas de los parados varían a pesar de que cada día amenace con ser otra espera desesperante. Tanto tiempo libre hunde o fortalece y hace que se rompan matrimonios o que un tipo de cincuenta años aprenda informática y recupere su dignidad. No gracias a la informática, sino por haber hallado el empuje para volver a aprender.

Escrito al alimón entre León e Ignacio del Moral, el guión contiene escenas y réplicas antológicas, como cuando un Bardem extraordinario (Santa) asegura, sentado frente a la piscina de una casa en la que hace de canguro: «Buen gusto tenemos todos. Lo que éste tiene es dinero». Sobresaliente para León que aquí se muestra como un Ken Loach a la española, capaz de inyectarle no sólo grandes dosis de sentido del humor a un realismo incuestionable, sino, a la manera de Loach, también a los detalles. Y eso es la película: la sabiduría y el tacto que ayudan a contar las pequeñas historias de los grandes acontecimientos. Así, a la hora de hablar de los que «viven en perpetuo domingo y se pasan el día buscándole a la vida salidas de emergencia» León lo hace sin palabras bonitas, pero elige el lado grande de los personajes, el generoso, el solidario, el miedoso o el arrogante si hace falta. La miseria, que es mucha, se la tragan cada día con las copas que le van sacando a otro excompañero.

El otro diez de la película es para un personaje, Santa, que cataliza la rabia de una situación injusta con sus pequeñas burlas al sistema y a las convenciones. Javier Bardem borda este personaje por encima de cualquier otro de sus papeles más dramáticos o mediáticos. Bardem es Santa. Camina como Santa, respira como Santa, tiene una idea de la amistad como Santa y, seguramente, piensa como Santa. Es un actor convencido. Metido en un personaje. Y el resto del reparto no le va a la zaga. José Ángel Egido, Enrique Villén y Celso Bugallo llenan la escena con su mera presencia. Aida Folch se come la cámara, aun cuando mira de reojo, y Nieve de Medina explica, desde la repetición de sus jornadas en la cadena de una conservera, que la vida puede tener secretos y que la compasión es un regalo. También entre el marisco buscan los guionistas poesía, y a esa mujer, que cada noche se baña en desodorante para disfrazar el olor del pescado, su temperamental marido en paro la llama sirena. Ése es el último logro del filme. De tan cuidado y sensato, roza embellecer la dureza, pero evita caer en un fotograma dulce.

Ya desde los créditos, con imágenes del cierre de los astilleros sobre una melopeya melódica y nada violenta (de Lucio Godoy), la película promete resignación y dureza, pero también grandeza. No defrauda. «La cuestión no es si creemos en Dios, sino si Dios cree en nosotros», explica uno de los parados. Es como la historia de los siameses, que se abrazan para nacer porque sienten miedo, pero luego, al salir, empiezan a pelearse. **AZ**

Un oso rojo

Israel **Adrián Caetano**   2002

El día en que su hija cumple un año, el Oso participa en un asalto a mano armada y cae preso. Cuando su esposa lo visita, él advierte que no lleva la alianza. Pasan los años y al salir de prisión busca a su familia: ella vive con su hija pero en pareja con otro hombre. El Oso quiere recuperar el cariño de la niña, que ahora parece lo más importante de su vida.

Un oso rojo, tercer largometraje del uruguayo Israel Adrián Caetano, concentra en el personaje encarnado por Julio Chávez todo su potencial dramático. Chávez transformó su cuerpo para ser el Oso: aumentó de peso, desarrolló músculos y calibró sus gestos para dejar entrever la violencia contenida que lo atraviesa. Este delincuente-justiciero se maneja con dos máximas: «toda la *guita* (dinero) es *afanada* (robada)», lo que lo autoriza a robar; y «hay que cuidar a la gente», que él preconiza como si en eso se cifrara el deber y la justicia.

El film recrea las reglas del *western* –en este caso suburbano– y del policial duro, con un antihéroe solitario que sostiene una seca lealtad viril, no exenta de machismo, con códigos éticos que no coinciden necesariamente con la ley. El escenario, como en anteriores filmes de Caetano (*Pizza, birra, faso*, codirigida con Bruno Stagnaro, y *Bolivia*), es el de los márgenes urbanos marcados por la crisis que dañó severamente el tejido social argentino a inicios del siglo XXI. La pintura de la decadencia se refleja en bares desastrados con vetustas mesas de billar donde juegan policías con mafiosos mientras hombres sin trabajo apuestan en sórdidos locales a las carreras de caballos. A esos espacios, Caetano los dota de un vital y provocador esteticismo. **ML**

Argentina 94 m color
Guión Israel Adrián Caetano, y Graciela Speranza
Producción Lita Stantic
Fotografía Jorge G. Behnisch
Música Diego Grimblat
Intérpretes Julio Chávez, Soledad Villamil, Luis Machín, René Lavand, Enrique Liporace, Daniel Valenzuela, Agostina Lage
Premios Cóndor de Plata: mejor actor

Crítica
Público

De niños

Joaquim **Jordà**   2003

En 2001 se juzgó en Barcelona el caso Raval, una supuesta red de pederastia descubierta cuatro años antes en ese barrio, el antiguo Chino. La hipotética red contó con casi cien niños implicados y doce detenidos. A la hora del juicio todo quedó reducido a cinco encausados: dos pedófilos confesos, un matrimonio acusado de alquilar a su hijo los fines de semana y una madre acusada de grabar los abusos a los que eran sometidos sus propios hijos.

De niños mezcla la grabación de aquel juicio con materiales que ilustran la hipótesis respecto al caso del director Joaquim Jordà, pionero de la Escuela de Barcelona y autor de títulos en los que se mezcla la experimentación artística y el compromiso político como *Dante no es únicamente severo* o *Monos como Becky*. Del juicio se recogen los diálogos entre acusadores, acusados y defensores. También las imágenes del juez dormido mientras alguien declara y el modo en el que son tratados los acusados: como culpables de antemano. La película se completa con testimonios de vecinos y expertos sobre la dura realidad del Raval. Según Jordà el Ayuntamiento de Barcelona aprovechó el escándalo para facilitar la especulación inmobiliaria. Jordà, que vivía en el propio barrio, se documentó sobre el caso por el libro *Raval. Del amor a los niños*. El periodista Arcadi Espada señala allí las irregularidades en que se basó la instrucción: ausencia de las mínimas garantías, declaraciones de los menores inducidas por la policía y retroalimentación entre policía, prensa y juez sin contrastar los hechos. En sus conclusiones, la propia fiscal del caso señaló a la prensa barcelonesa como la culpable de «hinchar y deshinchar» una red que nunca lo fue. **JRM**

España 188 m color
Guión Joaquim Jordà y Laia Manresa
Producción Joaquim Jordà
Fotografía Carles Gusi y Enric Daví
Música Albert Pla
Intérpretes Xavier Tamarit, Jaume Lli, Josefa Guijarro, Francesc Jufresa, Albert Pla, Arcadi Espada, Manuel Delgado, Oriol Bohigas, Joaquim Jordà

Crítica
Público

Dependencia sexual

Rodrigo **Bellot** 2003

Bolivia/EE.UU. 110 m color
Guión Rodrigo Bellott y L. N. Moise
Producción R. Bellott
y Ara Katz (BoSD Films)
Fotografía R. Bellott y Daryn Deluco
Música John Dobry y J. Vancans
Intérpretes Alexandra Aponte,
Roberto Urbina, Jorge A. Saavedra,
Ronica V. Reddick, Matt Guida,
Matt Cavenaugh

Crítica ▬▬▬▬▬▭▭
Público ▬▬▬▬▭▭▭

La película cuenta cinco historias encadenadas: una bonita adolescente de familia humilde de Santa Cruz pierde su virginidad con un jovencito de clase alta; un chico colombiano, de vacaciones en Bolivia, se inicia sexualmente en un prostíbulo; un joven cachorro de la burguesía cruceña se despide de los suyos antes de volar a Nueva York para continuar sus estudios; allí, una joven afroamericana relata las discriminaciones sufridas por su raza; en los vestuarios de una universidad neoyorkina, un estudiante sufre las consecuencias de su oculta homosexualidad.

El boliviano Rodrigo Bellot (1978) estudió cine en los Estados Unidos, donde consiguió financiación para su primer largometraje, un híbrido entre documental y ficción planteado con la osadía de sus 25 años. El interesante resultado le permitió rodar dos años más tarde *¿Quién mató a la llamita blanca?*, una *road movie* también arriesgada formalmente pero menos convincente de fondo. Con todo, Bellott es una de las promesas del joven cine latinoamericano.

Dependencia sexual es un valiente caleidoscopio en el que se mezclan historias, estilos y géneros. La amalgama de tramas (discriminación sexual, social y racial) y personajes (todos jóvenes y dolientes) consigue cierta unidad plástica gracias al recurso de la polivisión (pantalla partida). Las iniciaciones sexuales, violaciones, discriminaciones y la homofobia –miradas desde dos cámaras digitales– conforman un puzzle díptico sobre el dolor de sentirse diferente y el modo en que se agrede esa singularidad. *Dependencia sexual* es la obra de un debutante que, aunque todavía no ha encontrado su camino, demuestra sensibilidad y talento narrativo. **AS**

El viaje hacia el mar

Guillermo **Casanova** 2003

Uruguay/Argentina 80 m color
Guión Guillermo Casanova
y Julio César Castro
Producción Natacha López
Fotografía Bárbara Álvarez
Música Jaime Roos
Intérpretes Julio C. Castro, Diego
Delgrossi, Hugo Arana, César Troncoso, Julio Calcagno, Héctor Guido,
Premios Festival de Huelva:
Colón de Oro al mejor largometraje,
Colón de Plata al mejor actor

Crítica ▬▬▬▬▭▭▭
Público ▬▬▬▬▭▭▭

Un domingo soleado de 1963, seis personajes se lanzan a la ruta en busca del mar. El punto de origen es un pueblo de las sierras de Minas, en el interior de Uruguay. Cuatro de ellos verán la playa por primera vez. Sin embargo, Quintana (el sepulturero del pueblo) y el Vasco (el capataz de Fernández, quien los transporta en su vetusto camión) van a regañadientes. Los otros lugareños son Rataplán (el barrendero) y Siete y Tres Diez (el vendedor de billetes de lotería). Un joven capitalino, elegante y desconocido, que llega al pueblo momentos antes de la partida, se suma al estrambótico proyecto. Tras varias horas de viaje, el grupo llega al destino. El mar está ahí, con su embeleso; pero los novatos turistas dilatan el encuentro.

Primer largometraje de ficción de Guillermo Casanova, *El viaje hacia el mar* es una pequeña *road movie* que nace de un texto breve y con escasos diálogos. Esto explica la acertada labor de adaptación del guión, que en muchos de sus diálogos deja al descubierto la marca de Julio César Castro (intérprete de Siete y Tres Diez, y destacado humorista local). La película está hermanada con otras obras de este subgénero que apuestan por el minimalismo, entre ellas *Una historia verdadera* (1999), de David Lynch, e *Historias mínimas* (2002), de Carlos Sorín. En esta ocasión, los cuatro personajes a los que Fernández presenta el mar son seres rurales y pueriles, habitantes de los márgenes de la civilización; sólo pueden describir lo que ven a partir de lo que conocen: la vastedad del mar les recuerda la vastedad de la tierra. Humor, frescura y buenas actuaciones se funden para dar como resultado un film algo nostálgico y sin pretensiones épicas. **RB**

El abrazo partido

Daniel **Burman**　2003

**Argentina/España/Italia/
Francia** 99 m color
Guión Daniel Burman
y Marcelo Birmajer
Producción Diego Dubkovsky
Fotografía Ramiro Civita
Música César Lerner
Intérpretes Daniel Hendler,
Adriana Aizenberg, Jorge D'Elía,
Rosita Londner, Diego Korol,
Silvina Bosco, Salo Pasik,
Norman Erlich
Premios Festival de Berlín
 Oso de Plata (Gran Premio
del Jurado) y Oso de Plata
al mejor actor
Oscar: nominada a mejor película
de habla no inglesa

Crítica
Público

Ariel, un joven judío que atiende con su madre un negocio de lencería en una decadente galería comercial del barrio porteño del Once, tiene una obsesión: tramitar su pasaporte polaco para poder ingresar en Europa como ciudadano comunitario. En su intento de lograrlo, inicia la búsqueda de la documentación necesaria de su familia, que paralelamente lo lleva a una indagación sobre su propia historia, marcada por una tensa y cínica relación con su madre y el fantasma del abandono afectivo y real de su padre. La galería comercial –una suerte de torre de Babel en miniatura en la que tienen lugar diversos intercambios entre gente de distintos orígenes– es el escenario donde transcurren sus días, empapados de cierto hastío y mal humor.

El abrazo partido es una comedia dramática costumbrista que refleja algunos de los *leitmotiv* de la sociedad argentina contemporánea: las tradiciones judías, la inmigración y la constante preocupación de la gente por una economía inestable. Sin embargo, Burman construye este fresco desde una mirada que no es precisamente la canónica. El judío es un joven confuso, angustiado y en constante huida, que desconoce las costumbres religiosas de su familia. Los inmigrantes implicados no son sólo los españoles o italianos que llegaron a comienzos del siglo xx, sino también los bolivianos, los peruanos y los coreanos que dieron forma a nuevas comunidades culturales en el país desde las últimas décadas de ese mismo

siglo. La economía es la del popular barrio del Once, un ámbito tradicionalmente asociado a la comunidad judía y que el realizador ya había retratado en un documental anterior, *Siete días en el Once* (2002), pero que hasta entonces había permanecido casi ausente en el cine argentino.

En ese marco de situación, Burman articula una trama que gira en torno al eje central de la búsqueda de la identidad. El adolescente tardío que es Ariel intenta por todos los medios reconstruir el mapa de su historia, y reconocerse como alguien autónomo en una comunidad a la que pertenece, pero a medias. De pronto, se sorprende preguntando a su abuela sobre su Polonia de origen, o investigando en la sinagoga la documentación religiosa que avalaría su condición de hijo. Las imágenes con cámara en mano (muchas de ellas en exteriores urbanos) y los planos muy cortos, que incluso persiguen al personaje por su espalda para desentrañarlo, son quizá los rasgos técnicos más notables del film, el cuarto y uno de los más exitosos del director. Los diálogos sarcásticos, impregnados de «humor judío» (en especial los que mantienen Ariel y su madre), colaboran con el buen ritmo de la acción que, si bien en ningún momento abandona su formato de cuadro costumbrista, logra entretener con facilidad al espectador. **RB**

La gran aventura de Mortadelo y Filemón

Javier **Fesser** 2003

España 110 m color
Guión Javier y Guillermo Fesser
(basado en los cómics de F. Ibáñez)
Producción Pendelton y Sogecine
Fotografía Xavi Giménez
Música Rafael Arnau
y Mario Gosálvez
Intérpretes Benito Pocino,
Pepe Viyuela, Dominique Pinon,
Paco Sagarzazu, Mariano Venancio,
Berta Ojeda
Premios 5 Goya, entre ellos: mejor
dirección artística

Crítica ▬▬▬▬▬▬▭
Público ▬▬▬▬▬▬▬

El malvado dictador de Tirania ha robado el invento más peligroso del profesor Bacterio. La agencia secreta TIA, con el Súper a la cabeza, quiere recuperarlo a toda costa. La primera medida será apartar del caso a Mortadelo y Filemón, sus espías más patosos, y contratar al prepotente Freddy Mazas. Esta decisión no sienta bien a los dos agentes, que comienzan a investigar por su cuenta. La trama se complicará, ya que Freddy no ofrecerá mucha confianza, y la intromisión de Mortadelo y Filemón desencadenará todo tipo de desastres.

En una época en la que los superhéroes de la Marvel y el cómic *indie* norteamericano asaltaban la cartelera con sus *Hulk*, *Spider-man* y *Ghost World*, el tebeo patrio tuvo también su traducción al cine a través de dos de sus personajes más importantes: Mortadelo y Filemón. Francisco Ibáñez, el prolífico autor de los dibujos, aparece en *La gran aventura de Mortadelo y Filemón* en algunas caricaturas, un guiño al estilo de las adaptaciones cinematográficas del hombre araña, en las que, Stan Lee, el creador del personaje, hacía un cameo.

Javier y Guillermo Fesser, los hombres detrás de la cámara, ya habían proclamado su admiración por el estilo y la estética del cine de Jean-Pierre Jeunet (*Delicatessen*, *Amélie*) en *El milagro de P. Tinto*, su primer largometraje. La influencia se alargó hasta *La gran aventura de Mortadelo y Filemón*, llegando incluso a optar por Dominique Pinon, el actor fetiche del director francés, para que interpretara a Freddy Mazas. El resultado fue todo un éxito lleno de trucos y gags visuales con una estética muy elaborada y afín al imaginario de las viñetas de Ibáñez. **VK**

Los rubios

Albertina **Carri** 2003

Argentina 89 m color y b/n
Guión Albertina Carri
Producción Barry Ellsworth
Fotografía Catalina Fernández
Música Riuychi Sakamoto,
Charly García
Intérpretes Analía Couceyro
Premios Festival Bafici:
mención especial del jurado

Crítica ▬▬▬▬▭▭
Público ▬▬▬▬▭▭

Los rubios, segunda película de Albertina Carri, se inicia con una escena de campo en la que se escucha el mugido de las vacas, el canto de los pájaros y la voz de una joven. El sonido es nítido, «real», pero los personajes y los animales tienen algo extraño: son pequeñas figuras de Playmovil animadas. Desde este lúdico trampolín Carri se lanza a reparar una parte de su propia historia signada por la desaparición de sus padres, en 1977, a manos del aparato represor de la última dictadura militar en Argentina. Pero más que preocuparle la concatenación de los hechos históricos, o las relaciones políticas de causa-efecto (frecuentes en el cine argentino posdictadura), propone volver al pasado mediante procedimientos que ponen en duda la fijeza de conceptos como memoria y testimonio, ambos determinantes en la construcción de cualquier identidad, en particular la de una hija de desaparecidos.

En principio, podría decirse que el film se adscribe al género documental: hay una investigación, hay entrevistados, hay fotografías de archivo, hay un retorno a escenarios de la historia. Sin embargo, buena parte de la energía de la directora está orientada a desdibujar los límites entre géneros, marca común a otros realizadores de su generación. Para ello apela a recursos disruptivos como la actuación de una actriz que la interpreta a ella misma en escenas de ficción; en ocasiones, esa Albertina no real comparte cuadro con amigos de sus padres entrevistados. La ficción se funde con el testimonio y la memoria. Ahí reside, precisamente, la propuesta original de Carri, que con *Los rubios* logró instalar una forma menos reverencial de aproximarse al horror de la desaparición. **RB**

Suite Habana

Fernando **Pérez**   2003

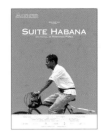

Amanece en La Habana. Sus habitantes más anónimos se despiertan y se preparan para una jornada cualquiera. Francisquito, un chiquillo con síndrome de Down, se prepara para ir a la escuela. Su abuela tiene listo el desayuno. Heriberto, obrero ferroviario, se dirige al trabajo en bicicleta. Amanda, una anciana sin recursos, vende cucuruchos de maní por la calle. Ernesto, un joven que por la noches baila en un teatro del centro, dedica el día a arreglar la destartalada casa de su madre. Juan Carlos, un médico con vocación de actor, despide en el aeropuerto a su hermano Jorge que parte hacia Miami para reunirse con su amada. Iván, después de trabajar como enfermero en un hospital, actúa en un cabaret. Francisco regresa a casa para compartir los últimos momentos del día con su hijo. Anochece en La Habana.

A través de todos esos personajes reales que interpretan sus propias vidas, Fernando Pérez revisita La Habana, como ya hizo con *Madagascar* y *La vida es silbar*. Ahora vuelve a contarnos su ciudad y su tiempo en un híbrido entre documental y ficción. La planificación, la iluminación, la música y los movimientos de cámara son los habituales de la ficción, pero el alma de la cinta pertenece al género documental. Un documental mudo, sin diálogos ni entrevistas, puramente visual, donde los devenires de sus protagonistas se entrecruzan para componer el callado retrato de una ciudad que espera tiempos mejores. Sobran las palabras en esta declaración de amor.

La escasez y las dificultades en las que se mueven los habaneros del tardocastrismo, oficialmente Periodo Especial, no impiden que la foto sea amable porque su autor los mira con ternura. No hay discursos ni apologías, no hay héroes ni víctimas. Tan sólo gente real que vive un día cualquiera en una ciudad muy peculiar. Es cierto que el tono es más bien melancólico, que hay más miradas tristes que alegres, que los personajes mantienen una actitud expectante, pero como dijo el director de esta película: «no vemos las cosas como son, sino como somos». Y Fernando Pérez debe de ser un hombre razonablemente optimista porque la cinta reconforta más que indigna. Desprende un entrañable aire de serenidad de tan precario escenario. *Suite Habana* tiene contenido político, pero muestra, no alecciona, dejando al espectador las manos libres para enjuiciar la realidad. La realidad que el director ha escogido mostrar. Aquí no hay *jineteras*, ni drogas, ni prohibiciones, ni ideas contestatarias. Sigue un callado mandato: «dentro de la revolución, todo; contra la revolución, nada». Pero el silencio escogido por Pérez puede interpretarse como el grito de lo que no se puede decir.

La película termina con un epílogo, algo innecesario, en el que los personajes nos revelan sus sueños. Pérez vuelve a utilizar las metáforas, muy presentes en su obra, para decirnos que son esos sueños los que hacen mantener vivos y esperanzados a sus personajes. La estatua de John Lennon que preside la plaza representa ese anhelo coral: «You may say I'm a dreamer, but I'm not the only one» (Puedes decir que soy un soñador, pero no soy el único) **AS**

Cuba/España 84 m color
Guión Fernando Pérez
Producción Magalys González, Camilo Vives (ICAIC, Wanda Films)
Fotografía Raúl Pérez Ureta
Música Edesio Alejandro, Ernesto Cisneros
Intérpretes Heriberto Boroto, Iván Carbonell, Francisco Cardet, Francisquito Cardet, Julio Castro, Ernesto Díaz, Amanda Gautier, Waldo Morales, Raquel Nadal, Norma Pérez, Jorge Luis Roque, Juan Carlos Roque
Premios Festival de San Sebastián: Premio Signis al mejor director

Crítica
Público

Te doy mis ojos

Icíar **Bollaín**   2003

España 109 m color
Guión Icíar Bollaín y Alicia Luna
Producción Santiago García de Leániz y Enrique González Macho
Fotografía Carlos Gusi
Música Alberto Iglesias
Intérpretes Laia Marull, Luis Tosar, Candela Peña, Rosa María Sardá, Kity Manver, Elena Irureta
Premios Festival de San Sebastián: mejor actor y mejor actriz 7 Goya, entre ellos: mejor película, director, actor y actriz

Crítica
Público

Pilar y Antonio están enamorados. Nada fuera de lo común si no fuera porque Antonio es un hombre inseguro que maltrata y humilla a Pilar de forma habitual.

Icíar Bollaín, actriz solvente que debutó en *El Sur* (1983) y a la que le marcó su experiencia con Ken Loach en *Tierra y libertad* (1995), es, ante todo, una guionista astuta que sabe a qué referentes acogerse para contar ciertas historias. Así, Loach y su cine de denuncia (en ocasiones, irritantemente aleccionador) se erige como máxima influencia en esta visión contenida y alejada del tremendismo sobre el tema de la violencia doméstica.

Tras la buena acogida de sus dos primeras cintas *(Hola, ¿estás sola?,* 1995, y *Flores de otro mundo,* 1999), Bollaín consiguió llenar las salas y obtuvo numerosos premios con *Te doy mis ojos.* La historia presenta interesantes perspectivas desde el planteamiento inicial del film; como el hecho de mostrar la realidad de la víctima (maltratada) y el verdugo (maltratador), diseccionando tanto la sumisión y dependencia de la primera como el alma torturada y furiosa del segundo. O la decisión de no mostrar la violencia física –que hubiese acercado el film al cine de terror– para dejarla en estado latente.

Bollaín opta por un estilo naturalista en su intento de reflejar la veracidad de lo narrado. Pero es esa presunta objetividad, esa intención de mostrar la realidad tal y como es (como si sólo hubiera una), lo que lastra el conjunto de la película. Sin embargo, las fundamentadas interpretaciones de su trío protagonista y el talento narrativo de su directora valieron para construir esta valiente aproximación al maltrato machista, un tema de triste actualidad. **MA**

María llena eres de gracia

Joshua **Marston**   2004

EE.UU./Colombia 97 m color
Guión Joshua Marston
Producción P. Mezey y J. Osorio
Fotografía Jim Denault
Música L. Heiblum y J. Lieberman
Intérpretes Catalina Sandino Moreno, Virginia Ariza, Yenny Paola Vega, Rodrigo Sánchez Bohorquez
Premios Festival de Berlín: Oso de Plata a la mejor actriz Festival de Sundance: Premio del Público Oscar: nominada a mejor actriz

Crítica
Público

María, una joven de 17 años, trabaja como empaquetadora en una plantación de rosas en un pequeño pueblo colombiano. Comparte casa con su humilde familia y los fines de semana se entretiene en el baile del pueblo con su novio. Pero el día que descubre que está embarazada se despide de su trabajo, harta de la explotación a la que se ve sometida. Alguien le convencerá de que la solución a sus problemas pasa por convertirse en *mula.*

María llena eres de gracia surge del país receptor de la cocaína, pues el norteamericano Joshua Marston escribió su ópera prima en Brooklyn, un barrio con un alto índice de inmigrantes colombianos. De ellos escuchó Marston los primeros relatos que le llevaron a escribir su relato sobre las *mulas,* mujeres que permiten llenar su cuerpo de *pepas* (envases de látex que contienen la droga) para pasarla a los Estados Unidos. La inestabilidad política de Colombia empujó al equipo de producción a rodar en el país vecino. El pueblo ecuatoriano de Amaguaña se convirtió en colombiano gracias a una esforzada labor de ambientación. El elenco fue seleccionado entre colombianos sin experiencia actoral, entre ellos su protagonista, Catalina Sandino Moreno, cuya contenida interpretación le llevó a la nominación de los Oscar.

A pesar del tono algo edulcorado de la cinta, *María llena eres de gracia* ilustra de forma didáctica sobre el perverso proceder de las bandas narcotraficantes. La cámara en mano sigue a María por su periplo basado en un guión algo previsible, pero que consigue conformar una creíble ficción a base de aglutinar en una sola historia los cientos de dramas sobre los que se basa esta cinta con alma de documental de denuncia. **AS**

Machuca

Andrés **Wood**   2004

Chile 121 m color
Guión Roberto Brodsky,
Mamoun Hassan, Andrés Wood
y Eliseo Altunaga
Producción Mamoun Hassan,
Gerardo Herrero y Andrés Wood
Fotografía Miguel J. Littín
Música José Miguel Miranda
y José Miguel Tobar
Intérpretes Matías Quer,
Ariel Mateluna, Manuela Martelli,
Ernesto Malbrán, Aline Küppenheim,
Federico Luppi, Francisco Reyes

Crítica ●▬▬▬▭
Público ●▬▬▬▭

Chile, 1973. Gonzalo y Pedro son dos niños de once años que viven en Santiago. El primero en un barrio elegante de la burguesía y el segundo en un poblado ilegal de chabolas situado a pocas manzanas de distancia. Sus vidas se cruzarán cuando el sacerdote que dirige el elitista colegio de Gonzalo abra las puertas a unos cuantos muchachos desfavorecidos.

Machuca, segundo largometraje de Andrés Wood, recoge acontecimientos que ocurrieron en el doloroso 1973 chileno –el año del golpe de Estado de Pinochet contra Allende– para convertirlos en ficción histórica. El personaje del padre McEnroe está basado en el rector del Saint's George's College, el padre Gerardo Whelan, quien implantó un programa de integración social en el colegio católico que dirigió desde 1969 hasta su destitución en 1973. A él está dedicada esta película casi tan redonda como necesaria. *Machuca* dispuso de un generoso presupuesto que sus realizadores supieron convertir en lo que será un clásico del cine latinoamericano.

A través de la mirada infantil del pelirrojo Gonzalo, la historia nos lleva al duro enfrentamiento de clases que tuvo lugar en el país andino. Con un enfoque más social que político, Wood y compañía elaboran un mensaje que denuncia la injusticia sin caer en el panfleto. La cinta logra evitar el maniqueísmo de buenos y malos. Quizás por esa razón fuera criticada de «tibia» por la izquierda y de «políticamente correcta» por la derecha. Pero el caso es que los personajes son más que creíbles, la historia más que entretenida, la ambientación más que lograda y el mensaje más que defendible. *Machuca* es una película de corte político-social que no olvida que para hacer buen cine comercial hay que trabajar el guión desde una sólida estructura dramática. Y esta película parte de un libreto que sabe administrar los tiempos y los clímax. El personaje del niño protagonista –Gonzalo– tiene todo lo necesario para que nos interesemos por él y sigamos su historia. Lo mismo ocurre con su madre, la adúltera, cariñosa y egoísta María Luisa, interpretada por una excelente Aline Küppenheim que sabe darle todo esos matices. En el otro lado de la barrera social nos encontramos con el niño que da nombre a la película y que salva con su mirada profunda lo que no acaba de darle el guión. También a este lado se encuentra Silvana, la prima rebelde y sensual con la que los dos muchachos comparten sus primeros besos endulzados con leche condensada.

Uno de los puntos álgidos de la historia es la secuencia en la que el padre alcohólico del niño pobre le recuerda a su vástago, a pie de chabola, que cuando su amiguito rico herede y dirija la empresa de su papá, él seguirá limpiando los baños de siempre. Que entre unos y otros hubiese alguien –Whelan-McEnroe– lo suficientemente idealista y valiente para hacer lo que hizo, reconforta. Y que treinta años más tarde un puñado de gente inteligente y capaz se acuerden de su pequeña gesta y la lleven a la pantalla, también. **AS**

Mar adentro

Alejandro **Amenábar**   2004

España 110 m color
Guión Alejandro Amenábar
y Mateo Gil
Producción Fernado Bovaira
y Alejandro Amenábar
Fotografía Javier Aguirresarobe
Música Alejandro Amenábar
Intérpretes Javier Bardem,
Belén Rueda, Lola Dueñas,
Mabel Rivera, Celso Bugallo,
Clara Segura, Joan Dalmau,
Alberto Jiménez, Tamar Novas,
Francesc Garrido.
Premios Oscar: mejor película
de habla no inglesa
Globo de Oro: mejor película
de habla no inglesa
Festival de Venecia:
Gran Premio del Jurado,
Copa Volpi
14 Goya, entre ellos: mejor película
European Film Awards:
mejor director y actor

Crítica ▰▰▰▰▰▰▰
Público ▰▰▰▰▰▰▱

Ramón Sampedro lleva treinta años postrado en una cama debido a un accidente que le dejó tetrapléjico. La única idea que le motiva es conseguir que su deseo de morir sea respetado. Su vida se verá alterada con la llegada de dos mujeres: Julia, una abogada que le ayudará en su lucha legal por la eutanasia, y Lola, una trabajadora de una fábrica de conservas que intentará convencerle de seguir viviendo.

Consolidado como uno de los cineastas de referencia del país, Alejandro Amenábar se alejó por primera vez de su espacio fílmico natural, el del género fantástico, para adentrarse en el territorio de la introspección dramática. Para ello se valió de una historia real de fuerte impacto popular, la larga lucha del tetrapléjico Ramón Sampedro para conseguir una muerte digna. La película se postuló, ya antes de su estreno, como una de las posibles triunfadoras del año. La gran recepción por parte del público y los innumerables premios recibidos confirmaron las expectativas.

Amenábar, en su primera aventura por el drama intimista, construye un dispositivo en el que el factor humano se sitúa por encima de los estereotipos del film-denuncia. El cineasta plantea una interesante disyuntiva al componer el retrato de un hombre vitalista –Sampedro desprende una profunda humanidad– que desea morir. El director logra un film seductor a través de las transiciones emocionales entre los personajes y sus pensamientos. Y todo bajo el epicentro de un héroe sin fisuras –Ramón– cuya dignidad y convicción hacen que el supuesto dilema moral quede en un segundo plano. Amenábar

intuyó que su historia requería de interpretaciones excelentes para convertirla en verdad y contó con Javier Bardem para el papel protagonista... y Bardem se hizo Sampedro. A los dos lados de la cama le acompañan la solvente Lola Dueñas y Belén Rueda, en su sólido debut en el cine tras una larga carrera televisiva. La crítica reconoció con numerosos premios el trabajo de los tres.

Mar adentro se vertebra en una realización medida y sin estridencias en la que se cuida celosamente el lenguaje visual –excelente trabajo de Javier Aguirresarobe– con la intención de ahondar en el aspecto emocional de la narración, recurriendo a constantes metáforas entre el paisaje y el ser humano. Amenábar sale indemne de su arriesgada propuesta gracias al equilibrio entre los diferentes tonos narrativos que lo habitan. El tono romántico del triángulo emocional que forman los protagonistas se complementa con el costumbrismo del entorno familiar de Ramón y los sutiles toques de humor en los diálogos hacen más digerible el drama latente.

Si bien el resultado es un drama sólido y de gran poder visual, se desatiende la posibilidad de un enfoque realista sobre la eutanasia. Pero esa sería otra película; en ésta, Amenábar confirmó una vez más el enorme talento de narrador cinematográfico que lo ha convertido en el abanderado de su generación. **LE**

Uruguay/Argentina/España
94 m color
Guión Pablo Stoll, Juan Pablo
Rebella y Gonzalo Delgado Galiana
Producción Fernando Epstein
(Control Zeta Films)
Fotografía Bárbara Álvarez
Música Pequeña Orquesta
Reincidentes
Intérpretes Andrés Pazos,
Mirella Pascual, Jorge Bolani,
Ana Katz, Daniel Hendler,
Verónica Perrota,
Maríana Velázques, Dumas Lerena
Premios Festival de Cannes:
Premio «Un certain regarde»
y Premio FIPRESCI
Goya: mejor película
de habla hispana
Festival de Sundance:
mejor guión latinoamericano
Ariel: mejor película
iberoamericana

Crítica ▬▬▬▬▬▬▬▬▬▬
Público ▬▬▬▬▬▬▬▬▭

Whisky

Pablo **Stoll** y Juan Pablo **Rebella**   2004

Amanece en una Montevideo invernal. Jacobo Köller estaciona su coche con parsimonia y, tras desayunar en el café de la esquina, se dirige a su modesta fábrica de calcetines para iniciar la jornada. Delante de la persiana lo espera Marta, su empleada de confianza. Una vez en el interior, encienden las luces, ponen en marcha las máquinas y emprenden la producción. El resto del día, los diálogos entre Jacobo y Marta son utilitarios, mínimos, monosilábicos. La secuencia se repite de idéntica manera día tras día. Cada jornada está invadida por una mecánica monotonía que la mujer mitiga escuchando canciones de Leonardo Favio y el hombre interesándose por el posible ascenso de su equipo de fútbol. Pero la visita de Herman, el hermano de Jacobo que vive en Brasil desde hace diez años, altera esa uniformidad cuando el patrón pide ayuda a Marta para abordar el inquietante encuentro familiar.

Calificada por una parte de la crítica como «comedia melancólica», *Whisky* es una película que muestra el singular universo en el que habitan ciertos individuos urbanos afectados por la soledad. La narración transcurre a ritmo de escenas aparentemente banales, que adquieren dramatismo a medida que el careo entre Jacobo y Herman deja al descubierto las frustraciones, las mezquindades y las cuentas pendientes entre los hermanos. La que se inicia como una aparente historia familiar, con ingredientes de la tradición judía, da paso a un drama cómico cuyo eje central es una relación triangular, gestada mediante fabulaciones y apariencias en las que Marta es pieza fundamental. El humor corrosivo y burlesco, esencialmente absurdo, cobra forma en igual medida a partir de los diálogos y de los silencios, que el excelente guión hace alternar con el sonido insistente de las máquinas, de los tubos fluorescentes o del ascensor.

En la primera parte de la película abundan los cuadros oscuros de ambiente fabril y doméstico: primeros planos de palancas, de mecanismos de fabricación de hilados o de botones de accionamiento; escenas del interior de la casa de Jacobo, en las que predomina una estética decadente. Con la llegada de Herman, la cámara sale en busca de la luz natural y de escenarios que estimulan el hedonismo. Los tres personajes se trasladan para unas breves vacaciones a la localidad de Piriápolis, un pueblo de playa con edificios de la década de 1930 donde Marta descubrirá el amor, Jacobo tendrá un golpe de suerte y Herman se sincerará con su hermano.

Segundo y último largometraje de la sociedad formada por Pablo Stoll y Juan Pablo Rebella –quien se suicidó en 2006 con sólo 31 años de edad–, *Whisky* alberga una delicada mirada sobre la humanidad más íntima de unos personajes que irradian humor y ternura. Original e inquietante modo de cuestionar el mecánico sinsentido en el que muchas veces vivimos inmersos. **RB**

Iluminados por el fuego

Tristán **Bauer**   2005

Argentina 112 m color
Guión Tristán Bauer,
Miguel Bonasso, Edgardo Esteban
y Gustavo Romero Borri, sobre el
libro homónimo de Edgardo Esteban
y Gustavo Romero Borri
Producción Carlos Ruta, Ana
de Skalon (Universidad Nacional
de San Martín)
Fotografía Javier Juliá
Música Federico Bonasso,
León Gieco
Intérpretes Gastón Pauls,
Virginia Innocenti, Pablo Ribba,
César Albarracín, Víctor Hugo
Carrizo, Marcelo Chaparro
Premios Goya:
mejor película extranjera
de habla hispana
Festival de San Sebastián:
Premio Especial del Jurado
4 Cóndor de Plata

Crítica ▰▰▰▰▱
Público ▰▰▰▱▱

Esteban Leguizamón, un excombatiente argentino de la guerra de las Malvinas (1982), veinte años después del conflicto y con 40 años de edad ha formado una familia y trabaja como periodista televisivo. Una llamada telefónica le anuncia que Vargas, un excompañero de regimiento, intentó suicidarse y quedó gravemente herido. La visita al hospital despierta en su memoria no sólo los horrores de la contienda bélica, sino también la experiencia afectiva entre esos seres casi adolescentes, que compartieron circunstancias extremas acechados por el frío, el hambre y la muerte mientras sufrían el maltrato de sus propios jefes militares. La invasión a las islas (históricamente argentinas y desde hace más de ciento cincuenta años bajo bandera británica) fue un intento de la última dictadura militar por conservar más tiempo su ya debilitado poder. La rápida derrota argentina –explicita el personaje de Esteban– se debió a los desaciertos de esos generales, los mismos de la represión, que apelaron al patriotismo más visceral.

El director Tristán Bauer llevó al cine el relato de Edgardo Esteban, un periodista que en su condición de recluta fue enviado a las Malvinas para combatir en una guerra cuyas heridas aún no parecen cerradas en la sociedad argentina. Lo que se narra en la pantalla está atravesado por la subjetividad del protagonista, que en voz en *off* va revelando su punto de vista. Este recurso de documento autobiográfico habilita una reflexión personal sobre la guerra, si bien hace que, de algún

modo, el film se sobrecargue de palabras. La estructura narrativa alterna dos tiempos. Uno está ligado a los episodios bélicos de 1982, concretado mediante *flash-backs* y escenas de combate de gran verosimilitud; el otro muestra la actualidad de los protagonistas veinte años después, ocurridos ya el estallido social y la crisis política de 2001.

Si bien los personajes están apenas delineados, el film destaca por poner en primer plano la experiencia traumática de los soldados. Por un lado, denuncia el maltrato de los superiores; por otro, deja al descubierto el drama de los suicidios de excombatientes, cuyo número (290) superaba al de los muertos en contienda. En la búsqueda de realzar la experiencia íntima de esos chicos, Bauer muestra particular sensibilidad para retratar los tiempos vacíos y los pequeños momentos reconfortantes en el escenario del enfrentamiento. Así queda demostrado en la escena en que los reclutas, derrotados y maltrechos, encuentran una pelota e improvisan torpemente un partido de fútbol que los devuelve a la vida.

Iluminados por el fuego es un emotivo homenaje a los combatientes de Malvinas, que sensibilizó especialmente a los integrantes de una generación. Además, constituye un aporte para la asimilación social de aquel dramático episodio, ya que en su epílogo hace que el protagonista retorne a las islas, con sus habitantes reales de fondo. **ML**

La leyenda del tiempo

Isaki **Lacuesta** 2005

Israel, un muchacho gitano que apunta maneras como cantaor, decide dejar de cantar cuando muere su padre. Esa muerte lleva el luto a la familia y marca la vida de Israel, que se mueve entre el amor-odio hacia su hermano mayor y la atracción hacia Saray, una chica que, como él, vive en la isla de San Fernando (Cádiz). Hasta allí llega Makiko, una muchacha japonesa fascinada por la voz de Camarón, que ha dejado en su país un empleo como enfermera y a un padre enfermo. Todo por aprender a cantar flamenco. Israel y Makiko nunca llegan a conocerse. La conexión entre ambos es Soichi, cocinero en el restaurante chino en el que trabaja Makiko y cliente del abuelo de Israel, canastero y afilador de cuchillos.

Compuesta por dos partes (una consagrada a cada protagonista), *La leyenda del tiempo* se rodó sin guión previo y utilizó a los personajes reales para que interpretaran su propia peripecia. Ni Israel ni Makiko (que conservan sus nombres) son actores. Isaki Lacuesta escribió un mínimo hilo conductor a partir de las historias de sus personajes y los dejó improvisar en cada secuencia. De ahí que la cinta mezcle la coherencia narrativa de la ficción y la veracidad del documental.

La leyenda del tiempo es el título de una canción de Camarón de la Isla, cuyo hermano aparece en la película como profesor de Makiko. La canción está, a su vez, recogida en el disco del mismo título, considerado uno de los álbumes fundamentales del flamenco moderno. Publicado en 1979, a la voz del cantaor más carismático de los últimos tiempos se sumaron instrumentos hasta entonces ajenos a la tradición flamenca como el bajo eléctrico, la batería o la flauta. Una interpretación de ese tema a cargo de músicos como Raimundo Amador, Jorge Pardo y Carles Benavent se escucha durante los títulos de crédito de la película. Fue, según Isaki Lacuesta, la escena más cara de la película. De ahí la desesperación del productor ante la posibilidad de que los espectadores abandonaran el cine en cuanto los créditos aparecieran en pantalla. Con todo, *La leyenda del tiempo* no es una película sobre Camarón. Ni sobre el flamenco. O no sólo. Es, sobre todo, el relato de dos vidas contadas con cierta poesía pero sin patetismos. La vida de un niño que crece ante los ojos del espectador, un chaval cuyo futuro, dice, pasa por marcharse de España: «A Marbella, a Barcelona». Y la vida de una chica cuyos sueños de Japón contrastan con la realidad de España y que para aprender a «ser española» tiene antes que aprender a «ser china» en un restaurante.

La leyenda del tiempo es la segunda película de Isaki Lacuesta (Girona, 1975), que debutó en 2002 con *Cravan vs. Cravan*. Ambos filmes comparten una visión del cine heredera de veteranos como Joaquín Jordá y Pere Portabella y se sitúan al lado de los trabajos de cineastas coetáneos de Lacuesta como José Luis Guerín (*En construcción*), Jaime Rosales (*La soledad*), Marc Recha (*Pau y su hermano*) o Mercedes Álvarez (*El cielo gira*), un grupo de directores empeñados en trascender la idea dominante de cine como mero espectáculo de entretenimiento y en romper la frontera entre documental y ficción. **JRM**

España 109 m color
Guión Isaki Lacuesta
Producción Paco Poch
Fotografía Diego Dussuel
Música Joan Albert Amargós
Intérpretes Israel Gómez, Makiko Matsumura, Francisco José Gómez, Saray Pinto, Soichi Yukimune

Crítica
Público

Secuestro express

Jonathan **Jakubowicz** 2005

Venezuela 86 m color
Guión Jonathan Jakubowicz
y Sandra Condito
Producción Elizabeth Avellán,
Eduardo Jakubowicz
Fotografía David Chalker
Música Angelo Milli
Intérpretes Mía Maestro,
Carlos Julio Molina, Pedro Pérez,
Carlos Madera, Jean Paul Leroux,
Rubén Blades

Crítica
Público

Tras una noche festiva, una joven pareja de la clase alta caraqueña es secuestrada por un trío de hampones que se proponen cobrar un rápido rescate.

Secuestro express es el primer largometraje de su jovencísimo realizador; Jonathan Jakubowicz tenía 27 años cuando presentó el film. La calidad y radicalidad de su propuesta convencieron a la multinacional Miramax, que distribuyó la cinta por todo el mundo, convirtiéndose de este modo en la primera producción venezolana digna de tal distinción. Tan sólo en el Reino Unido se estrenó en más de 150 salas, donde obtuvo

una gran acogida. En Venezuela batió todos los récords de taquilla, pero no gustó al gobierno de Chávez, cuyo vicepresidente la calificó de «película miserable, sin valor artístico». Lo cierto es que el retrato de Caracas le salió muy feo al joven Jakubowicz. Violencia, tráfico y consumo de drogas, corrupción policial, miedo, furia y desesperanza se suceden en este caleidoscopio nervioso –casi epiléptico– que parece querer denunciar la desigualdad social tanto como justificarla.

Con una puesta en escena acelerada, rodada en primeros planos y con un trabajo de edición tan elaborado como irritante, Jakubowicz deja sin aliento a un espectador horrorizado. La saturación de su gama cromática se suma a los encuadres forzados en una estética muy en la línea de MTV y sus discípulos, como Baz Luhrmann *(Moulin Rouge)*. En el capítulo interpretativo destacan Mía Maestro (actriz argentina que consigue un perfecto acento venezolano) y Pedro Pérez, convertidos en los personajes antagónicos de la indigesta historia. El Gobierno venezolano tendrá que invertir muchos petrodólares en propaganda amable para que los cinéfilos impresionables pisen Caracas. **AS**

Sumas y restas

Víctor **Gaviria** 2005

Colombia 108 m color
Guión Víctor Gaviria
y Hugo Restrepo
Producción Fernando Mejías
y Enrique Gabriel Lipschutz
(Latino Films, La ducha fría, ATPIP)
Fotografía Rodrigo Lalinde
Música Víctor García
Intérpretes Juan Uribe, Fabio
Restrepo, María Isabel Gaviria,
Fredy York Monsalve, José Roberto
Rincón, Juan Felipe Jiménez, Carlos
Arturo Valencia, Giovanny Patiño

Crítica
Público

Santiago Restrepo, constructor de buena familia en el Medellín de finales de los ochenta, tiene graves problemas financieros. Ante la negativa de su familia a concederle un nuevo préstamo, decide involucrarse en un sucio asunto de tráfico de cocaína asociándose con Gerardo, hijo de un antiguo empleado de su padre. Lo que iba a ser un rápido y lucrativo negocio acaba convirtiéndose en una trampa de la que no saldrá indemne.

Después de tratar las consecuencias de una sociedad enferma en la escalofriante *La vendedora de rosas* (1998), el antioqueño Víctor Gaviria –poeta antes que cineasta– bucea en su tercer largometraje en las causas de la enfermad. Si los protagonistas de sus anteriores largos eran los niños víctimas de la ciudad de Medellín, *Sumas y restas* se centra en los adultos (ir)responsables que creyeron que el dinero fácil que inundó Colombia en la década de los ochenta por el tráfico de cocaína podía ser la solución para la construcción del país. Santiago, el educado protagonista de la cinta, se ve inmerso de la noche a la mañana en una espiral de polvo blanco, violencia y expectativas no cumplidas. Su entorno familiar

se resquebraja a la misma velocidad que él se hunde. El contrapunto lo encarna Gerardo, un *traqueto* (traficante) que se mueve a sus anchas en ese ambiente de orgías y metralletas. Fabio Restrepo, su intérprete, compone un creíble personaje tan desquiciado y peligroso como la misma cocaína.

Gaviria escogió para este film un estilo a lo Scorsese, más clásico y digerible que en sus experimentos anteriores, pero lo que sumó en comercialidad lo restó en personalidad. Con todo, *Sumas y restas* es una cinta necesaria rodada por el director adecuado. **AS**

El violín

Francisco **Vargas Quevedo**   2006

Don Plutarco, un anciano violinista, su hijo Genaro y su nieto Lucio son campesinos y humildes músicos rurales. De vez en cuando dejan su poblado en el bosque para acudir a la ciudad y ganar unos pocos pesos tocando el violín por los bares. Al regreso de uno de esos viajes no podrán llegar a su aldea porque ha sido tomada por el ejército, que ha masacrado a los hombres del pueblo. Genaro se une a la guerrilla que planea levantarse contra el Gobierno y encomienda a Plutarco el cuidado del niño. El abuelo no sólo cuidará de Lucio, sino que el destino y su pericia con el violín lo llevarán a participar activamente por los derechos de su pueblo.

Esta historia consiguió convertirse en película gracias al empeño de su guionista y director, que la presentó en el Festival de San Sebastián cuando era todavía un cortometraje de media hora y base de un proyecto de largometraje. Allí consiguió las ayudas necesarias para terminarla.

La cinta plantea un tema clásico en la cinematografía latinoamericana: las revueltas populares contra el poder opresor. Y lo hace de manera que descontextualiza el conflicto. Podría ser en Chiapas o en cualquier otro lugar donde la injusticia se instaló hace tiempo. Podría ser en el presente o hace 30 años. De ahí su carácter universal. Es un cine político pero no maniqueo: el enemigo puede tener sentimientos, y se desdibujan las fronteras del bien y el mal. Pero sin olvidar quiénes son los débiles y quiénes atesoran la verdad. Resulta imposible no simpatizar con los protagonistas de la historia, los campesinos resueltos a luchar, pero llegamos a empatizar con uno de los agresores, el capitán melómano, que no deja de ser otra víctima, consciente de que está en el bando equivocado.

La enorme dignidad que desprende su protagonista, Ángel Tavira, un actor no profesional que recogió numerosos premios por su interpretación, es la piedra angular sobre la que se fundamenta el relato. Tras un inicio brutal que contiene toda la violencia de la cinta, la historia nos lleva por un sendero más calmo, pero no exento de una amenaza latente, que intuímos que finalmente explotará pero que el director prefiere no mostrar.

La historia, socialmente comprometida sin caer en panfleto; el guión, bien construido y que mantiene vivo el «qué pasará»; la interpretación, contenida y profunda; la planificación, serena y contundente; y la fotografía, resuelta y expresiva, hacen que esta película tenga alma de clásico.

El violín contiene, además, una secuencia magistral que pasará a formar parte de la historia del cine. Don Plutarco responde a las insistentes preguntas de su nieto sobre los porqués de la lucha de su pueblo. El anciano teje, pausadamente, un poderoso relato que emana de la misma tierra, con resonancias de mitos ancestrales. Mientras, la cámara recorre, lentamente, primero sus rostros castigados, luego el fuego que los calienta, para ascender después por el tronco de un árbol hasta llegar a la Luna que preside la noche del bosque. Las palabras del anciano se funden con las imágenes de una forma esencial y verdadera, dando lugar a un momento de ígnea belleza. **AS**

México 98 m b/n
Guión Francisco Vargas Quevedo
Producción Francisco Vargas Quevedo, Luz María Reyes Gil para Cámara Carnal Films
Fotografía Martín Boege Paré
Música Cuauhtémoc Tavira, Armando Rosas
Intérpretes Ángel Tavira, Dagoberto Gama, Gerardo Taracena, Mario Garibaldi, Fermín Martínez, Silverio Palacios, Justo Martínez
Premios Festival de Cannes: «Un certain Regard» al mejor actor
Festival de San Sebastián: mención especial a la mejor película latinoamericana

Crítica ▰▰▰▰▰▱
Público ▰▰▰▰▱▱

El laberinto del fauno

Guillermo **del Toro**   2006

España/México/EE.UU.

120 m color

Guión Guillermo del Toro

Producción Guillermo del Toro
Estudios Picasso Fábrica de Ficción/
Tequila Gang/Tele5/Sententia
Entertainment

Fotografía Guillermo Navarro

Música Javier Navarrete

Intérpretes Maribel Verdú,
Sergi López, Ivana Baquero,
Ariadna Gil, Álex Angulo,
Doug Jones

Premios Oscar: mejor dirección
artística, mejor fotografía
y mejor maquillaje
Ariel: mejor director, mejor actriz,
mejor dirección artística, mejor
fotografía, mejor vestuario, mejor
maquillaje, mejor banda sonora,
mejores efectos especiales
Goya: mejor guión original,
mejor actriz revelación,
mejor fotografía, mejor montaje,
mejor maquillaje y peluquería,
mejor sonido y efectos especiales

Crítica ▬▬▬▬▬▬▯
Público ▬▬▬▬▬▯▯

España, 1944. Ofelia viaja con su madre embarazada para reunirse con su padrastro, un militar franquista encargado de acabar con los maquis de la zona. El descubrimiento de un laberinto abandonado le conducirá a un mundo mágico habitado por faunos, hadas carnívoras y sapos gigantes.

Del Toro forma, junto a Iñárritu y Cuarón, el trío de oro del nuevo cine mexicano. *El laberinto* es su obra de madurez, aquella que condensa –y en la que brillan con especial intensidad– las constantes estilísticas de su filmografía *(Cronos, Mimic, Hellboy)*. Además, le ha reportado un prestigio crítico inusual para una película de género fantástico. El director mexicano ya había abordado el tema de la Guerra Civil en la notable *El espinazo del diablo*, influenciada por el cómic *Paracuellos* de Carlos Giménez. Ahora le toca el turno a la negra posguerra, y Del Toro cuenta esta historia sobre maquis escondidos en húmedos bosques, perseguidos por fascistas crueles, a través de los ojos de una niña que ve hadas y faunos donde los demás ven insectos y árboles. Como en *El corazón del bosque* o *El espíritu de la colmena*, Del Toro aborda el tema de la represión ejercida sobre el bando perdedor desde una perspectiva oblicua, narrando un cuento de hadas perverso en vez de una crónica realista.

El film se convierte así en una alegoría sobre el abuso del poder y la violencia ejercida sobre los inocentes, aquellos que, como Ofelia, sólo pueden resistirse a la autoridad mediante el poder ilimitado de la fantasía. Del Toro propone una interesante dialéctica entre el mundo real y el imaginario y, al contrario que *Alicia en el país de las maravillas* o *El mago de Oz* –desarrolladas íntegramente al otro lado del espejo–, hace saltar a su protagonista de una realidad a otra. Como Alicia o Dorothy, el recorrido de Ofelia por ese peligroso laberinto de la España de posguerra constituirá un viaje iniciático en el que la niña acabará convirtiéndose en la princesa que era, dejando atrás su caparazón mortal.

Del Toro, como Ofelia, es un niño grande que prefiere la fantasía a la realidad. Y es en las secuencias inscritas en el mundo mágico cuando el desbordante y personal imaginario visual del director –que bebe tanto de la ilustración fantástica como del cómic o la pintura– se expande y alcanza cotas magistrales. *El laberinto del fauno* es un cuento de hadas gótico que comienza como *Alicia* (con un insecto sustituyendo al conejo blanco) y termina como *El resplandor*, con un padre demoníaco persiguiendo a sus hijos a través del laberinto para devorarlos. Los monstruos que pueblan nuestras pesadillas pueden presentar el aspecto de un inquietante ser pálido con ojos en las palmas de las manos, pero Del Toro sabe que no hay nada más terrorífico que el mal que habita en el interior de cada ser humano. **MA**

Volver

Pedro **Almodóvar**   2006

España 110 m color
Guión Pedro Almodóvar
Producción El Deseo
Fotografía Javier Aguirresarobe
Música Alberto Iglesias
Intérpretes Penélope Cruz,
Carmen Maura, Blanca Portillo,
Lola Dueñas, Yohana Cobo,
Chus Lampreave, María Isabel Díaz
Premios Oscar: nominada
a mejor actriz
Goya: mejor director, mejor película,
mejor actriz, mejor música,
mejor actriz revelación
Festival de Cannes:
mejor guión, mejor interpretación
femenina, Premio Critica FIPRESCI
Premios Cine Europeo:
mejor director, mejor actriz,
mejor compositor

Crítica ▰▰▰▰▰▰▱
Público ▰▰▰▰▰▰▱

Raimunda recibe la llamada de su hermana para comunicarle que su tía ha fallecido. Pero Raimunda tiene sus propios problemas: su hija acaba de matar a su padrastro cuando intentaba abusar de ella. A pesar de todo, acaba yendo al pueblo para el entierro. Lo que no sabe es que, de vuelta a Madrid, se ha traído –en el maletero del coche–, al «fantasma» de su madre, supuestamente fallecida en un incendio. Los secretos guardados durante años en esta familia de mujeres no tardarán en salir a la luz.

La película comienza en un cementerio azotado por el viento en el que unas mujeres cuidan y limpian con cariño las tumbas de sus familiares, en una imagen ritual que remite tanto a la muerte como a los vínculos afectivos –irracionales e instintivos–, asociados a la familia. *Volver* es el capítulo que cierra una brillante trilogía iniciada por *Todo sobre mi madre* (1999) y continuada por *Hable con ella* (2001). Tres películas dominadas por la figura materna, tanto en su vertiente icónica como en la real, ya que la madre de Almodóvar, persona clave en su vida, falleció en este período. La madre almodovariana es un personaje vital, una mujer luchadora que sale adelante enfrentándose al machismo imperante, encarnada a la perfección en el personaje de Raimunda. El cineasta se inspira en las *maggioratas* del cine clásico italiano, aquellas que, en palabras del propio Almodóvar «con su culo han levantado toda una familia». Aunque también es la madre reencontrada que interpreta Maura, una figura fantasmal que, aunque no esté presente en la realidad, sigue siendo inspiradora. Defi-

nitivamente *Volver* es una película sobre la vuelta al hogar familiar, de ahí la recuperación de un paisaje conocido, el de La Mancha de su infancia. A su vez, supone el reencuentro con ciertos parámetros de su filmografía: el universo femenino como centro de la narración, la utilización de algunas de sus actrices fetiche (en especial una inolvidable Carmen Maura), y el viraje hacia la comedia después del tránsito melodramático que suponían los dos capítulos precedentes de la trilogía. Si *Todo sobre mi madre* representó el dolor de la pérdida y *Hable con ella* un particular itinerario emocional a través de la soledad y la incomunicación, *Volver* supone la superación de las adversidades. La vuelta a los orígenes sirve de terapia reparadora, de confrontación catártica con los recuerdos familiares y artísticos. Para Almodóvar la muerte no es un capítulo final, sino un punto y seguido, un ritual de paso dibujado aquí con trazos de comedia de corte «mágico», donde los vivos y los muertos comparten el mismo espacio y establecen una relación basada en la aceptación mutua.

Volver es una nueva muestra de la capacidad del director manchego de incorporar a su obra su propio devenir vital de una manera emotiva pero también elegante, a través de una estilizada puesta en escena aparentemente sencilla. Es el tránsito entre el cineasta revoltoso y transgresor al lúcido y clásico. Un artista en estado de gracia capaz de sacar lo mejor de sí mismo y de los que le rodean, en especial de un estelar reparto de magníficas actrices. **LE**

La soledad

Jaime **Rosales**   2007

Adela está separada y decide instalarse con su bebé en Madrid. Antonia reparte su tiempo entre el supermercado que regenta y sus tres hijas. La aparente tranquilidad de sus vidas quedará marcada por una repentina tragedia.

La breve filmografía del catalán Jaime Rosales ahonda en la insatisfacción. La anterior *Las horas del día* apuntaba que la represión del descontento puede llevar a alguien hasta el extremo de asesinar. *La soledad* muestra que la familia puede convertirse en la primera estructura social que genera ese malestar. La reflexión es similar a la que Delillo hace en su novela *Ruido de fondo* (título también de un capítulo del film). No obstante, Rosales arroja una dudosa esperanza sobre su mensaje: si el tedio es el principal mal de la clase media y la familia es la estructura principal que lo perpetra, la muerte de uno de sus miembros puede hacer tambalear este sistema.

Esa esperanza aparece porque el cine de Rosales, aun siendo conceptual, parte de lo humano, y es la emoción más cotidiana la que genera reflexiones. Tiene sentido, por tanto, que un elaborado experimento formal como éste desprenda tal sensación de realismo. Todos los elementos son imprescindibles en el engranaje: diálogos llenos de pausas forzadas, puntos de vista imposibles en una misma escena o el artificio de la pantalla partida. La llamada polivisión desempeña una función narrativa antes que visual, pues ayuda a contar cómo varios personajes se encuentran en diferentes etapas de un mismo proceso. Las lágrimas de Antonia al conocer la enfermedad de su hija nos hablan también del llanto nunca visible de Adela tras su tragedia. **JT**

España 131 m color
Guión Enric Rufas i Bou
y Jaime Rosales
Producción Fresdeval Films,
Wanda Visión, In Vitro Films
Fotografía Oscar Durán
Intérpretes Petra Martínez,
Luis J. Villanueva, José L. Torrijo,
Sonia Almarcha, Miriam Correa,
Núria Mencía, María Bazán, Jesús
Cracio, Luis Villanueva
Premios Goya: mejor película,
director y actor revelación

Crítica
Publico

Matar a todos

Esteban **Schroeder**   2007

Bajo la luz del amanecer, un hombre huye desesperado a través de una pineda. Consigue llegar a una comisaría y denuncia que ha sido secuestrado y quieren matarlo. El comisario le toma declaración, pero recibe órdenes superiores: los captores se presentan en el centro policial y recuperan al fugitivo. Pocas horas después, una llamada anónima a un juzgado advierte a la Justicia sobre el episodio; la abogada asistente del juez emprende la investigación del caso, en el que descubrirá claras evidencias de ocultamiento de pruebas por parte de la policía. Los hechos tienen lugar en Uruguay, en 1993, y el cautivo es el chileno Eugenio Berríos, un químico que trabajó para la policía secreta de su país (DINA) durante la dictadura, desarrollando una nueva versión del gas sarín, que permitía asesinar a personas sin dejar rastros.

Matar a todos es un *thriller* político que reconstruye con realismo un caso paradigmático de la herencia dejada por los regímenes dictatoriales de las décadas de 1970 y 1980 en América Latina, en especial por el Plan Cóndor. A la manera de Costa-Gavras –aunque más preocupado por las implicaciones políticas que por el *suspense*–, Esteban Schroeder muestra la compleja trama de solidaridades que existió entre los militares y los servicios de inteligencia de Uruguay, Argentina y Chile, y que se prolongó incluso más allá del retorno de las democracias a la región, como pone en evidencia la película. Las correctas actuaciones, en particular la de Roxana Blanco en el personaje de la abogada, dan credibilidad a esta versión de una sórdida historia con la que Schroeder ha querido contribuir a la preservación de la memoria en el Cono Sur. **RB**

Uruguay/Argentina/Chile
97 m color
Guión Pablo Vierci, Alejandra
Marino, Daniel Henríquez
y Esteban Schroeder
Producción E. Schroeder (Guazú
Media, SurFilms, Morocha y Parox)
Fotografía Sergio Armstrong
Música Martín Pavlovsky
Intérpretes Roxana Blanco, Walter Reyno, César Troncoso, Jorge
Bolani, Patricio Contreras, Claudio
Arredondo, Darío Grandinetti

Crítica
Público

REC

Jaume Balagueró y Paco **Plaza**   2007

España 85 m color
Guión Jaume Balagueró,
Luis Berdejo y Paco Plaza
Producción Julio Fernández
Fotografía Pablo Rosso
Intérpretes Manuela Velasco,
Pablo Rosso, Ferran Terraza,
María Lanau
Premios Goya: mejor actriz
revelación, mejor montaje

Crítica ▰▰▰▰▱
Público ▰▰▰▰▱

Un equipo de televisión acompaña a los bomberos a un edificio desde el que han recibido una llamada de alarma. Al llegar, atienden a una anciana enferma que acaba atacando a un bombero. La epidemia se extiende y el edificio es precintado. Vecinos, bomberos y reporteros se verán atrapados en su interior junto a los «infectados».

Tras exitosas y estilizadas incursiones en el género fantástico con *Los sin nombre* o *Frágiles*, Balagueró decidió poner en marcha una película barata, rodada en digital y que explorara los mecanismos del terror. El experimento provocó un éxito imprevisto en taquilla, una secuela y un *remake* americano.

La narración en primera persona –a través de la cámara de vídeo de la reportera atrapada en ese edificio siniestro– originó inevitables comparaciones con *La bruja de Blair*. Pero este film se acerca más a la estética del *reality show* y los videojuegos que al falso documental. *[REC]* comienza –sin prólogo explicativo ni títulos de crédito– con la periodista hablando a cámara. Esta imagen banal, vista mil veces por televisión, precede a la irrupción de lo siniestro. El horror se cuela por las rendijas de lo real, a través de un formato innoble como es el *reality* televisivo. El film pronto se convierte en un videojuego en el que la cámara adopta el punto de vista de la víctima, lo que obliga al espectador a abandonar su confortable posición externa a la narración. *[REC]* hace visible el miedo a través de la «fragilidad del pulso de quien filma, ese temor humano hecho temblor», como dice Xavier Pérez. El escalofrío de las víctimas se extiende al encuadre y, de ahí, al espectador, que asiste impotente al ascenso de los protagonistas hacia un Mal aniquilador. **MA**

XXY

Lucía Puenzo   2007

Argentina/España 87 m color
Guión Lucía Puenzo
Producción Luis Puenzo
(Historias cinem./Wanda Visión)
Fotografía Natasha Braier
Música A. Goldstein, D. Tarrab
Intérpretes Ricardo Darín,
Inés Efrón, Valeria Bertuccelli,
Germán Palacios, Martín Piroyansky
Premios Festival de Cannes:
Premio de la Crítica. Goya: mejor
película extranjera de habla hispana
6 Sur, entre ellos: mejor película

Crítica ▰▰▰▱▱
Público ▰▰▰▱▱

Alex es una adolescente de 15 años, rebelde e impulsiva, que encarna un enigma. Poco a poco, la intriga se devela: el cuerpo sexuado de esta joven presenta una ambigüedad orgánica. El anhelo de los padres era que Alex creciera al margen de los prejuicios del entorno; sin embargo, con la llegada de la pubertad las cosas no son tan fáciles. Un día, la madre invita a su casa a un matrimonio amigo y a su hijo adolescente con la intención de que el hombre, cirujano plástico, le diga si Alex es quirúrgicamente «normalizable»; pero el padre no quiere oír nada acerca de una intervención médica. La tensión se instala en la casa, al tiempo que una previsible atracción entre los jóvenes los enfrenta a situaciones perturbadoras.

En su primer largometraje como directora, la guionista y novelista Lucía Puenzo hace foco en la intersexualidad. Mientras algunos personajes son presentados casi como figuras decorativas (las madres) o demasiado funcionales (el transexual adulto que da consejos), el trío que componen la propia Alex (la pseudohermafrodita a la que da vida Inés Efrón), su padre y Álvaro, el joven visitante, funciona como la pieza clave sobre la que se apoya un relato de fría y formal precisión. El peso ideológico del discurso que intenta transmitir Puenzo –el derecho a la libre elección sobre el cuerpo y el respeto a las diferencias– está en primer plano, por lo que queda poco espacio para el humor y las emociones. Con un estilo propio, distante y grave, con diálogos pulidos y calculados, la hija del director Luis Puenzo *(La historia oficial)* logra concentrar en dos escenas, la de la iniciación sexual y la del acoso grupal, un buen pulso inicial como realizadora. **ML**

El orfanato

Juan Antonio **Bayona**   2007

Laura se muda con su marido y con su hijo, Simón, a la vieja mansión que albergó el orfanato donde ella creció. Al poco de llegar, Simón entra en contacto con unos misteriosos amigos invisibles que están relacionados con los secretos que guarda la casa y la propia infancia de su madre.

El orfanato fue uno de los debuts más espectaculares del cine español. La expectación creada antes de su estreno (la compra de los derechos para hacer un *remake* en Hollywood, la participación de Guillermo del Toro en el proyecto como productor ejecutivo, etc.) vaticinaba, tanto un formidable éxito en taquilla como cierto recelo por parte de un determinado, y descreído, sector de la crítica. El film no sólo cumplió las expectativas comerciales, sino que se convirtió en la película más taquillera de ese año en España. En cuanto a la crítica, parte de sus reservas se plasmaron en la continua comparación de la película con producciones similares, sobre todo con respecto a *Los otros* de Amenábar.

Es evidente que Bayona es un alumno aventajado que se fija en sus maestros. El director posee fuertes raíces cinéfilas que le han otorgado solidez a la hora de afrontar una ópera prima de tal envergadura. Entre sus referencias más directas encontramos desde la atmósfera gótica de *Sospecha (The Innocents,* 1961) hasta las similitudes argumentales con *Poltergeist* (1982), *El sexto sentido* (1999) e, incluso, *Escondite (Hide and seek,* 2005).

Bayona había debutado en la dirección con un premiado cortometraje, *Mis vacaciones* (1999), una onírica inmersión en el mundo de la infancia en clave de comedia *naïve.* El cineasta retoma esta temática y la traslada a un universo mucho más siniestro, combinando drama, misterio y terror. G. Sánchez y Bayona plantean una alegoría sobre la capacidad infantil para imaginar mundos paralelos y la dificultad del adulto para adentrarse en ellos debido a las represiones originadas por la edad, y elaboran, a la vez, una hermosa metáfora sobre el propio cine como creador de territorios imaginarios. La cinta aúna un brillante guión y una magnífica ambientación (en la que ocupa un papel clave tanto la vieja mansión como el modo de filmar la naturaleza) con una poderosa inventiva visual y, sobre todo, un dilatado pero seguro sentido del suspense. Una excelente dirección de actores, entre los que destaca Belén Rueda y la exigua pero intensa presencia de Geraldine Chaplin, hace el resto, aunque el hecho de desdibujar tanto el personaje del marido convierta demasiado pronto la historia en un duelo entre madre e hijo.

El orfanato está destinado a ser un título de referencia por su carácter aglutinador del tan ansiado «relevo generacional», ya que no sólo el director y su guionista eran debutantes, sino que para la mayoría del equipo técnico éste era su primer largometraje. Pero también simboliza la urgencia de cambio de una cinematografía que debe abrirse a diversos géneros y temas, y dejar paso a autores con propuestas más ambiciosas visualmente. Un camino abierto por Amenábar o Fresnadillo y continuado por gente como Bayona. **LE**

España/México 100 m color
Guión Sergio G. Sánchez
Producción Joaquín Padró, Mar Targarona, Álvaro Agustín y Guillermo del Toro
Fotografía Óscar Faura
Música Fernando Velázquez
Intérpretes Belén Rueda, Geraldine Chaplin, Fernando Cayo, Roger Príncep, Mabel Rivera, Montserrat Carulla, Andrés Gertrudix, Edgar Vivar
Premios / Goya, entre ellos: mejor director novel y mejor guión

Crítica ▬▬▬▬▬▬▭
Público ▬▬▬▬▬▬▬▬

Historias extraordinarias

Mariano **Llinás**   2008

Argentina 245 m color
Guión Mariano Llinás
Producción Laura Citarella
Fotografía Agustín Mendilaharzu
Música Gabriel Chwojnik
Intérpretes Klaus Dietze,
Eduardo Iaccono, Walter Jacob,
Mariano Llinás, Horacio Marassi,
Agustín Mendilaharzu
Premios Festival Bafici:
mejor película y Premio del Público

Crítica ▬▬▬▬▬▬▭▭
Público ▬▬▬▭▭▭▭▭

X, un forastero anónimo, se ve involucrado en un asesinato y huye del escenario del crimen con un misterioso maletín. Z acepta un nuevo trabajo en una aislada oficina y comienza a investigar la enigmática historia de su antecesor en el cargo. Un ingeniero contrata a H para localizar y fotografiar una serie de extraños monolitos situados en la orilla de un río.

Así se inician las tres historias que nos llevarán a otras muchas a lo largo de las cuatro horas de esta cinta predestinada a ser un hito del cine argentino. Una película de culto (no estrenada en salas comerciales) escrita, dirigida e interpretada por un gran talento a la altura de una gran ambición. Mariano Llinás ya había demostrado ser un cineasta prometedor con su documental apócrifo *Balnearios* (2002), pero aquí da un salto definitivo al crear una película tan desmesurada como fascinante. En esos 245 minutos de exaltación de la ficción, Llinás nos adentra y acompaña en el territorio de la aventura. Mil historias que se yuxtaponen, suceden y alternan en un ejercicio lleno de imaginación, inteligencia y generosidad. La imaginación de un narrador desbordante capaz de interesarnos por tesoros escondidos, asesinatos campestres, guerras selváticas, historias de amor a tres bandas, monolitos fluviales y hasta un león agonizante.

Y lo hace de una forma nueva, esta película no se parece a nada antes visto. Su principal particularidad es el uso intensivo y extensivo de la voz en *off*. Tres narradores se dan el relevo en una locución muy literaria que va desde el primer hasta el último minuto de la cinta. Llinás consigue tirar abajo el viejo precepto de que la voz en *off* es el recurso fácil del mal relator de imágenes. La inteligencia del discurso –plagado de agudas observaciones– se suma a lo entretenido del relato, haciendo de éste un film que hasta un ciego podría ver. El desaforado universo literario de Llinás recuerda al de los consagrados Borges, Bolaño o Auster y sus filiaciones fílmicas están entre Lynch y Cronenberg, para resultar, finalmente, único y profundamente argentino.

Por el otro lado, las imágenes de estas *Historias extraordinarias* –rodadas con cámara digital y sin grandes alardes de realización– están sobradamente cuidadas y colaboran con su silencio a generar la tensión que sus incontables historias requieren.

La estructura narrativa se olvida del clásico planteamiento-nudo-desenlace para entrar en un sinfín de puertas que se abren para llegar a otras puertas que esconden más puertas. Y es al llegar al desenlace cuando el artefacto decae. La flecha se pierde en el cielo. Parece que el imperativo de terminar no esté en consonancia con un esquema que funciona como suma infinita de elementos narrados. Esta película dura lo que dura –mucho–, pero podría continuar eternamente. Como X, nos quedaríamos para siempre encerrados en la habitación del hotel, asomados a la ventana, imaginando las historias que protagonizan cada uno de los desconocidos transeúntes que cruzan la plaza. **AS**

Camino

Javier **Fesser**   2008

España 143 m color
Guión Javier Fesser
Producción Luis Manso
y Jaume Roures
Fotografía Alex Catalán
Música Rafael Arnau
y Mario Gosálvez
Intérpretes Nerea Camacho,
Carmen Elías, Mariano Venancio,
Manuela Vellés
Premios 6 Goya, entre ellos:
mejor película, director y guión

A Camino, una encantadora niña de once años, le diagnostican una grave enfermedad a la vez que descubre el primer amor de su vida. La madre de la niña, supernumeraria del Opus Dei, inculca en su hija enferma el placer de la redención a través de la fe y la santidad.

Tras despuntar con surrealistas y ambiciosas comedias *(El milagro de P. Tinto*, 1998, y *La gran aventura de Mortadelo y Filemón*, 2003), Javier Fesser dio un giro radical en su carrera para adentrarse en un terreno mucho más comprometido. *Camino* es una película de denuncia social con una tesis tan arriesgada (inspirada en la historia real de la niña Alexia González-Barros) como efectiva y bien resuelta. Fesser radiografía en este cuento de amor y muerte un entorno familiar abrazado a la ortodoxia católica más radical: el Opus Dei. El retrato de esta prelatura/institución/secta ultraconservadora está bien documentado, a pesar de incurrir en evitable trazo grueso en la descripción de todos los miembros del Opus Dei. No parecía necesario pintar tan unánimemente feos a los componentes de ese siniestro cuadro.

A través de un ingenioso y mantenido guión, Fesser nos presenta la dicotomía clásica entre fe y razón. La postura ideológica del autor parece demasiado firme y evidente en un principio: conviene ceder más terreno al contrario, porque las verdades absolutas no suelen ser muy útiles para combatir a las verdades absolutas. Dejando la ética aparte, lo cierto es que *Camino* funciona gracias a una dramaturgia bien construida apoyada en interpretaciones sobresalientes: perfecta Carmen Elías y cautivadora Nerea Camacho.

Intenso y dolorosamente bello, finalmente *Camino* es un drama con el espíritu más ambiguo de lo que prometía. **AS**

Crítica ▰▰▰▰▰▰▰▱
Público ▰▰▰▰▰▰▱▱

La teta asustada

Claudia **Llosa**   2009

Perú/España 94 m color
Guión Claudia Llosa
Producción A. Chavarrías, J.M.
Morales (Oberón, Wanda y Vela
Producciones)
Fotografía Natasha Brier
Música Selma Mutal
Intérpretes Magaly Solier,
Susi Sánchez, Efraín Solís,
Marino Ballón, Bárbara Lazón
Premios Festival de Berlín:
Oso de Oro a la mejor película

Fausta se empeña en conseguir un entierro digno para su recién fallecida madre. De ella heredó el «mal de la teta asustada», una extraña enfermedad que se transmite por la leche materna de las mujeres que fueron violadas por los terroristas de Sendero Luminoso. La súbita muerte de su madre la empujará a enfrentarse a sus propias debilidades en un viaje del miedo a la libertad.

En su segundo largometraje (tras la notoria *Madeinusa*, 2006), Claudia Llosa vuelve la vista al país en el que creció para contarnos una historia de superación personal inscrita en la cultura quechua. Siguiendo la senda temática del director boliviano Jorge Sanjinés *(Yawar Mallku*, 1969), Llosa denuncia la marginación del pueblo andino y su silencioso intento de acomodar su cultura y sus tradiciones en el Perú blanco contemporáneo. Con un enfoque más poético y contemplativo que en la obra de Sanjinés –pero desprovisto de su áspera autenticidad–, *La teta asustada* se inscribe en una de las corrientes clásicas del cine latinoamericano: la denuncia social. Un pueblo, el autóctono, ha sido aplastado cultural y anímicamente por un invasor que lleva cinco siglos imponiendo sus normas y forma de vida. Llosa no rehuye a la tentación del dibujo fácil: los sometidos quechuas son buenos y los dominadores los tratan con desprecio.

A pesar de que el guión casi cabe en la patata que guarda Fausta en su vagina como escudo y de que el ritmo es demasiado pausado, la película atesora no pocos momentos de riqueza visual e interés antropológico (la boda, las reuniones en el patio familiar). La música, serena y bien emplazada, y una fotografía de calidad redondean esta interesante cinta. **AS**

Crítica ▰▰▰▰▰▰▱▱
Público ▰▰▰▰▰▰▰▱

Índice de películas

Índice de países (atendiendo a su localización de rodaje)

* Películas coproducidas (ver ficha técnica).
** Películas localizadas en un país distinto al de su origen de producción.

Índice de directores

Créditos fotográficos

A tiro limpio Balcazar; Album
Abre los ojos Sogecine
Ahí está el detalle Televisa S.A. de C.V.
Allá en el Rancho Grande Archivo Luis Gasca
Amanece, que no es poco Compañía de Aventuras Comerciales; Album
Amanecer en Puerta Oscura Filmoteca Española; Instituto de la Cinematografía y de las Artes Audiovisuales; Ministerio de Cultura
Amantes Video Mercury Films SAU; Pedro Costa P.C.; TVE; Album
Amores perros The Kobal Collection
Apartado de correos 1001 Video Mercury Films SAU; Emisora Films; Album
Araya Archivo Luis Gasca
Arrebato Nicolás Astiarraga P.C.; Album
Asignatura pendiente Video Mercury Films SAU; José Luis Tafur P.C.; Album
Atraco a las tres Hesperia Films; Album
Aventurera Archivo Luis Gasca
¡Ay, Carmela! Iberoamericana Films; Album
Bajo la piel Tornasol Films; Album
Balseros Bausan Films S.L.
Belle Époque Video Mercury Films SAU; The Kobal Collection
¡Bienvenido, Mister Marshall! del cartel © Jano, VEGAP, Barcelona 2009; Video Mercury Films SAU; Uninci S.A.; Album
Bilbao Figaro Films; Album
Boquitas pintadas The Kobal Collection
Caídos del cielo Archivo Luis Gasca
Calle Mayor Suevia Films-Cesáreo González; Guión Prod.Cinematográficas; Album
Camila Impala S.A.; Filmoteca Española; Instituto de la Cinematografía y de las Artes Audiovisuales; Ministerio de Cultura
Campeón sin corona Archivo Luis Gasca
Canciones para después de una guerra Archivo Luis Gasca; Turner Films; Album
Canoa Archivo Luis Gasca
Carta de amor de un asesino Video Mercury Films SAU; Elías Querejeta P.C.; Album
Cielo negro del cartel © Jano, VEGAP, Barcelona 2009; Video Mercury Films SAU; Archivo Luis Gasca
Como agua para chocolate Imcine; Album
Cría cuervos del cartel © José María Cruz Novillo, VEGAP, Barcelona 2009; Video Mercury Films SAU; Elías Querejeta; Album
Cuando vuelvas a mi lado Video Mercury Films SAU; Sogecine
Cuestión de fe Marcos Loayza
Danzón Archivo Luis Gasca
De cierta manera Archivo Luis Gasca
De niños Massa d'Or Produccions Cinematogràfiques i Audiovisuals (Jordi Olivé; Daria Esteva)
Del rosa al amarillo Album
Dependencia sexual Londra Films; Bioteca Audiovisual

Días contados Aiete Films-Ariane Films; Album
Diferente Video Mercury Films SAU; Águila Films; Album
Dios se lo pague Archivo Luis Gasca
Distinto amanecer Televisa S.A. de C.V.
Doña Herlinda y su hijo Album
Él The Kobal Collection
El abrazo partido Wanda Vision S.A.
El abuelo del cartel © Eduardo Úrculo, VEGAP, Barcelona 2009; Nickel Odeon Dos S.A.; Album
El amor es una mujer gorda Archivo Luis Gasca
El ángel exterminador Video Mercury Films SAU; The Kobal Collection
El año de las luces Video Mercury Films SAU; Album
El Bola Tesela P.C.; Album
El bosque animado Eduardo Ducay
El callejón de los milagros Alameda Films; Archivo Luis Gasca
El castillo de la pureza Instituto Mexicano de Cinematografía
El chacotero sentimental Archivo Luis Gasca
El cochecito Films 59; Album
El corazón del bosque Arándano; Album
El crimen de Cuenca Jet Films S.A.
El desencanto Video Mercury Films SAU; Elías Querejeta P.C.; Album
El día de la bestia del cartel © Oscar Mariné, VEGAP, Barcelona 2009; Sogetel; Album
El espíritu de la colmena del cartel © José María Cruz Novillo, VEGAP, Barcelona 2009; Elías Querejeta; Wanda Vision S.A.; The Kobal Collection
El esqueleto de la Sra. Morales Archivo Luis Gasca
El exilio de Gardel (Tangos) Archivo Luis Gasca
El extraño viaje del cartel © Jano, VEGAP, Barcelona 2009
El hijo de la novia Archivo Luis Gasca
El hombre que se quiso matar del cartel © Jano, VEGAP, Barcelona 2009; Video Mercury Films SAU; Album
El Judas Video Mercury Films SAU; Album
El laberinto del fauno The Kobal Collection
El lado oscuro del corazón Eliseo Subiela
El lazarillo de Tormes del cartel © Jano, VEGAP, Barcelona 2009; Hesperia Films; Album
El nido Calabuch Produccions Audiovisuales Europeas; Archivo Luis Gasca
El orfanato The Kobal Collection
El otro lado de la cama Telespan Producciones; Impala/Telecinco; Album
El pequeño ruiseñor Arturo Marcos
El pico Sogepaq
El sol del membrillo The Kobal Collection
El Sur del cartel © José María Cruz Novillo, VEGAP, Barcelona 2009; Video Mercury Films SAU; The Kobal Collection

El Topo Producciones Panic; Album
El ultimo cuplé Producciones Orduña Films; Album
El verdugo Video Mercury Films SAU; The Kobal Collection
El viaje a ninguna parte Ganesh Producciones; Album
El viaje hacia el mar Instituto del Cine y Audiovisual del Uruguay; Archivo Luis Gasca
El violín Cámara Carnal Films S.A. de C.V.
En construcción Archivo Luis Gasca
En este pueblo no hay ladrones Archivo Luis Gasca
Enamorada Televisa S.A. de C.V.; The Kobal Collection
Ensayo de un crimen Alianza Cinematográfica S.A; Album
Epílogo Album
Esperando la carroza Rosafrey S.R.L.; Susy Suranyi Asociados; Album
Éxtasis Album
Familia del cartel © José María Cruz Novillo, VEGAP, Barcelona 2009; Video Mercury Films SAU; Elías Querejeta P.C.; Album
Fresa y chocolate The Kobal Collection; Album
Frida, naturaleza viva Televisa S.A. de C.V.
Furtivos El Imán; Album; The Kobal Collection
Garbancito de La Mancha Video Mercury Films SAU; Balet y Blay; Album
Gary Cooper que estás en los cielos Jet Films S.A.
Gatica, el Mono Archivo Luis Gasca
Hay que educar a Niní Archivo Luis Gasca
Historias de la radio del cartel © Jano, VEGAP, Barcelona 2009; Video Mercury Films SAU; Chapalo Films; Album
Historias mínimas Wanda Vision S.A.
Hombre mirando al sudeste Eliseo Subiela
Iluminados por el fuego Distribution Company; Album
Invasión Archivo Luis Gasca
Jamón, jamón Lolafilms; Album
Japón Mantarraya
Juguetes rotos Sogepaq
Krámpack Messidor Films; Album
Las aventuras de Juan Quinquín Archivo Luis Gasca
La barraca Archivo Luis Gasca
La buena estrella Enrique Cerezo P.C. S.A; Pedro Costa P.C. S.A; Nanitta Inversione; Album; Video Mercury Films SAU
La casa del ángel Argentina Sono Films; Album
La caza Video Mercury Films SAU; The Kobal Collection
La ciénaga Archivo Luis Gasca
La ciudad no es para mí Pedro Costa P.C.; Album
La ciudad y los perros Album
La comunidad Video Mercury Films SAU; The Kobal Collection; Lolafilms; Album

La escopeta nacional del cartel © José María Cruz Novillo, VEGAP, Barcelona 2009; In-cine S.A.; Album; The Kobal Collection
La estrategia del caracol Album
La gran aventura de Mortadelo y Filemón Sogecine/Películas Pendelton; Album
La gran familia Video Mercury Films SAU; Pedro Masó P.C.; Album
La guerra gaucha Archivo Luis Gasca
La historia oficial The Kobal Collection
La ley de Herodes Wanda Vision; Album
La ley del deseo del cartel © Ceesepe, VEGAP, Barcelona 2009; Jorge Aparicio; El Deseo DA SLU
La leyenda del tiempo Paco Poch, Mallerich Films
La madre muerta Gasteizko Zinema
La muerte de Mikel Aiete Films; Album
La muerte de un burócrata Album
La mujer del puerto Archivo Luis Gasca
La otra Archivo Luis Gasca
La pasión según Berenice Instituto Mexicano de Cinematografía
La piel quemada Films de l'Orient (Josep Maria Forn)
La prima Angélica del cartel © José María Cruz Novillo, VEGAP, Barcelona 2009; Album
La primera carga al machete Archivo Luis Gasca
La Raulito Archivo Luis Gasca
La soledad Wanda Vision S.A.
La sombra del caudillo Archivo Luis Gasca
La teta asustada Wanda Vision S.A.
La tía Tula Eco Films S.A./Surco Films S.A.; Album
La torre de los siete jorobados España Films/Judez Films; Album
La tregua Album
La última cena Archivo Luis Gasca
La vaquilla Jet Films S.A.
La vendedora de rosas Wanda Vision; Album
La verbena de la paloma Video Mercury Films SAU; Cifesa; Album
La vida en un hilo Video Mercury Films SAU; Album
La vida por delante Filmoteca Española; Instituto de la Cinematografía y de las Artes Audiovisuales; Ministerio de Cultura; Archivo Luis Gasca
La virgen de los sicarios Les Films du Losange; Album; The Kobal Collection
Las aguas bajan turbias Archivo Luis Gasca
Las bicicletas son para el verano Impala S.A.; Filmoteca Española; Instituto de la Cinematografía y de las Artes Audiovisuales; Ministerio de Cultura
Las largas vacaciones del 36 Album
Locura de amor Video Mercury Films SAU; Cifesa; Album

Los inundados Album
Los lunes al sol del cartel © José María Cruz Novillo, VEGAP, Barcelona 2009; Video Mercury Films SAU; Elías Querejeta P.C.; Mediapro; Album
Los olvidados del cartel © Jano, VEGAP, Barcelona 2009; Televisa S.A. de C.V.; The Kobal Collection
Los santos inocentes Ganesh P.C.; TVE; Album
Los Tarantos del cartel © Jano, VEGAP, Barcelona 2009; Filmoteca Española; Instituto de la Cinematografía y de las Artes Audiovisuales; Ministerio de Cultura
Los últimos de Filipinas Alhambra-cea; Album
Lucía Album
Lucía y el sexo Sogecine/Alicia Produce; Diego López Calvin; Album
Manolito Gafotas Castelao Productions; Album
Mar adentro Sogecine; Teresa Isasi; The Kobal Collection
Maravillas Luis Megino Grande; Producciones Cinematográficas; Cameo Media S.L.
Marcelino pan y vino del cartel © Jano, VEGAP, Barcelona 2009; Video Mercury Films SAU; Chamartín Producciones y Distribución; Album
María, llena eres de gracia New Line Cinema; Christobal Corral Vega; Album
Martín (Hache) Tornasol Films; Album
Matar a todos Instituto del Cine y Audiovisual del Uruguay
Memorias del subdesarrollo The Kobal Collection

Mi querida señorita El Imán Cine y Televisión S.A.; In-cine Compañía Industrial; Album
Mi tío Jacinto Chamartín Prod. y Distrib.; Ente Nazionales Industrie Cinema; Album
Morena Clara Video Mercury Films SAU; Cifesa; Album
Muerte de un ciclista del cartel © Jano, VEGAP, Barcelona 2009; Video Mercury Films SAU; Manuel José Goyanes; Album
Mujeres al borde de un ataque de nervios Macusa Cores; El Deseo DA SLU; The Kobal Collection
Nadie hablará de nosotras cuando hayamos muerto The Kobal Collection
No desearás al vecino del quinto del cartel © Jano, VEGAP, Barcelona 2009; Atlantida Films; Album
Nobleza baturra Video Mercury Films SAU; Cifesa; Album
Nocaut José Luis García Agraz; Desiertos Films; Estudios Churubusco S.A.
Nocturno 29 Films 59
Nosotros los pobres Archivo Luis Gasca
Nueve cartas a Berta Eco Films; Transfisa; Album
Nueve Reinas The Kobal Collection
Oriana Archivo Luis Gasca
Patagonia rebelde Héctor Olivera; Aries Cinematográfica Argentina S.A.
Plácido Jet Films S.A.
Profundo carmesí Ivania Films; MK2 Productions; Wanda fi; Album
Pueblerina Televisa S.A. de C.V.
¿Qué he hecho yo para merecer ésto? Tesauro/Kaktus; Antonio de Benito; Album

¿Quién puede matar a un niño? Album
Raza Video Mercury Films SAU; Cancillería del Consejo de la Hispanidad; Album
REC Screen Gems/Vértigo Entertainment; Album
Reed, México insurgente Archivo Luis Gasca
Retrato de Teresa Archivo Luis Gasca
Rosaura a las diez Archivo Luis Gasca
Secretos del corazón Aiete Films; Teresa Isasi; Album
Sierra de Teruel (L'Espoir) Ed. Corniglion Molinier; Album
Sol de otoño Archivo Luis Gasca
Solas The Kobal Collection; Maestranza Films; Album
Soy Cuba Wanda Vision S.A.; The Kobal Collection
Suite Habana Wanda Vision S.A.
Sumas y restas Wanda Vision S.A.
Surcos del cartel © Jano, VEGAP, Barcelona 2009; Video Mercury Films SAU; Atenea Films; Album
Tasio Video Mercury Films SAU; Elías Querejeta P.C.; TVE; Album
Te doy mis ojos Producciones La Iguana S.L./Alta Producción S.L.; Album
Tesis Las Producciones del Escorpión S.L.; Album
Tiburoneros Album
Tiempo de revancha Héctor Olivera; Aries Cinematográfica Argentina S.A.
Tierra del cartel © Oscar Mariné, VEGAP, Barcelona 2009; Sogecine
Tigres de papel Album
Tlayucan Archivo Luis Gasca

Todo sobre mi madre del cartel © Oscar Mariné, VEGAP, Barcelona 2009; Teresa Isasi; El Deseo DA SLU; The Kobal Collection
Torero Secine S.A. de C.V.; Album
Torrente, el brazo tonto de la ley Rocabruno; Album
Tras el cristal Album
Tristana The Kobal Collection;
Truhanes Miguel Hermoso; Archivo Luis Gasca
Un lugar en el mundo The Kobal Collection
Un oso rojo Wanda Vision S.A.
Un rayo de luz Video Mercury Films S.A.; Benito Perojo-C.E.A.; Album
Una familia de tantas Archivo Luis Gasca
Vacas del cartel © Eduardo Úrculo, VEGAP, Barcelona 2009; Sogecine
Vámonos con Pancho Villa Archivo Luis Gasca
Vida en sombra Castilla Films; Album
Viridiana Video Mercury Films SAU; The Kobal Collection
Volver Paola Ardizzoni y Emilio Pereda; El Deseo DA SLU
Volver a empezar Nickel Odeon S.A.; Album
Whisky Instituto del Cine y Audiovisual del Uruguay; Wanda Vision S.A.; The Kobal Collection
XXY Wanda Vision S.A.
Y tu mamá también IFC Films; Album

★ Cartel no disponible, recreación fictícia.